Theodor Landscheidt

Astrologie

Hoffnung auf eine Wissenschaft?

RESCH VERLAG INNSBRUCK 1994

Printed in Austria
Gesamtherstellung: Andreas Resch Verlag, Innsbruck, 1994
ISBN 3-85382-060-3

Meiner Frau Christiane gewidmet,
die Sonne in meine Tage bringt

VORWORT

Es wird allgemein angenommen, Wissenschaftler seien objektiv, unvoreingenommen und stets bereit, auf neue Phänomene und Theorien unparteiisch und ohne Vorurteil einzugehen. Wissenschaftler sind aber auch nur Menschen; sie sind parteiisch, subjektiv und einseitig wie jeder andere, soweit es um ihre eigenen Vorstellungen geht. Die Erforschung außergewöhnlicher Phänomene wie der Außersinnlichen Wahrnehmung und der Astrologie legt hiervon ein beredtes Zeugnis ab. Behauptungen auf diesen Gebieten werden von durchaus angesehenen Wissenschaftlern nicht nach einer genauen Prüfung der Beweise zurückgewiesen, sondern einfach aufgrund der vorgefaßten Meinung, daß so etwas nicht wahr sein könne. In ähnlicher Weise waren frühere Gelehrte fest davon überzeugt, daß es unmöglich ist, daß die Erde sich um die Sonne bewegt oder die Form einer Kugel hat. Selbst als die Gebrüder Wright schon mit ihren Maschinen geflogen waren, obwohl sie schwerer als Luft sind, veröffentlichten prominente Physiker noch Arbeiten, die beweisen sollten, daß solche Flüge unmöglich sind. Zugleich lehnten sie es ab, sich an Ort und Stelle von den Tatsachen zu überzeugen. Edisons Erfindung der elektrischen Kohlenfadenlampe wurde noch als offensichtliche Unwahrheit hingestellt, als er schon längst mit der Glühlampe sein Laboratorium beleuchtete.

Die Astrologen haben andererseits ihrem Anliegen dadurch einen schlechten Dienst erwiesen, daß sie die grundsätzliche Fähigkeit der Wissenschaft, ihre Ansprüche zu beurteilen, nicht anerkennen und überdies in den Medien landläufige Interpretationen und Vorhersagen verbreiten, die auf nichts anderem als den Tierkreiszeichen beruhen. Die meisten seriösen Astrologen distanzieren sich zwar mit Abscheu von solchen Simplifikationen; sie sind aber für die meisten Menschen alles, was sie von der Astrologie wissen. So sind wir mit subjektiven Argumenten und Gegenargumenten konfrontiert, die mit Wissenschaft wenig gemein haben. In dieser Situation wirkt Dr. Landscheidts Buch wie eine wohltuende frische Brise. Als Wissenschaftler weiß er um die Bedeutung von Theorie, Experiment und statistischer Untersuchung. Er hat die Fähigkeit, die zahlreichen Experimente auf diesem Gebiet zu bewerten und die gewonnenen Erkenntnisse zu den bereits etablierten wissenschaftlichen Theorien in Beziehung zu setzen. Seine richtungweisenden Ausführungen sind verläßlich und frei von Vorurteilen. Er ist weder ein unkritischer Anhänger der traditionellen Astrologie, noch ein unversöhnlicher Gegner. Das Gewicht der vorgebrachten Argumente zeugt von einem kenntnisreichen und wissenschaftlich geschulten Geist.

Besonders positiv wirkt sich aus, daß Dr. Landscheidt vielfältige eigenständige Forschungsergebnisse auf einem Gebiet erzielt hat, das er als „Neo-Astrologie" bezeichnet. Hierbei stützt er sich auf wissenschaftlich gesicherte Phänomene wie die wechselseitige Anziehung von Sonne und Planeten oder die Auswirkungen von Sonneneruptionen, die zur Entwicklung von Theorien dienen, welche den Einfluß extraterrestrischer Phänomene *erklären* und *Vorhersagen möglich machen*, die experimentell getestet werden können. Insoweit stellt sein Buch einen Quantensprung dar. Selbst die Hardliner unter den Wissenschaftlern werden der Kette der von ihm dargestellten Ergebnisse und seiner Argumentation kaum etwas entgegensetzen können. Ich empfinde die Arbeit als faszinierend und bahnbrechend; sie wirft helles Licht auf Bereiche menschlichen Bestrebens, in die bisher – zumindest vom Standpunkt der exakten Wissenschaft her gesehen – nur wenige vorgedrungen sind. Wenn dies Astrologie ist, so muß sie als post-Einsteinsche und post-quantenmechanische Astrologie bezeichnet werden, eine Astrologie, die sich schreiend und Verwünschungen ausstoßend dagegen wehrt, an den Haaren in das 20. Jahrhundert gezogen zu werden. Ein solcher Sprung war unumgänglich, wenn die Astrologie nicht auch noch den letzten Rest an Ansehen verlieren sollte. Michel Gauquelin war vielleicht der erste, der unbestreitbare Beweise planetarer Einflüsse auf das menschliche Leben vorgelegt hat, welche die orthodoxe Wissenschaft nicht erklären kann. Landscheidt hat viele neue hinzugefügt. Wir haben es hier mit einem wirklichen wichtigen Buch zu tun, das jeder kennen sollte, der den Anspruch erhebt, mit der modernen Entwicklung des wissenschaftlichen Verständnisses des menschlichen Lebens vertraut zu sein. Der Autor fordert uns nicht auf, die Astrologie insgesamt zu befürworten oder abzulehnen. Er möchte lediglich, daß wir alte und neue Tatsachen in unvoreingenommener Weise betrachten. Das ist nicht zuviel verlangt.

London, den 29. Oktober 1994

H. J. Eysenck, Ph.D., D.Sc.,
Professor Emeritus,
University of London

INHALTSVERZEICHNIS

Vorwort von H. J. Eysenck VII
Inhaltsverzeichnis IX

1. Teil: Kritik der Astrologiekritik und Test astrologischer Praxis 3

A. Kritik der Astrologiekritik 5

I. Die Kopernikanische Revolution: eine Katastrophe für die Astrologie? 5
II. Sind die Grundsätze der Astrologie unvereinbar mit heutiger Wissenschaft? ... 7
1. Der Kosmos als ganzheitliches Gefüge und das Bellsche Theorem 8
a) Nichtlokalität kontra Lokalität 11
b) Das Gedankenexperiment von Einstein, Podolsky und Rosen 11
c) Bells Kriterium 14
d) Experimente widerlegen das Prinzip der Separabilität 15
e) Mystiker erfahren den Weltgrund als lebendige Ganzheit 17
f) Makroskopische Konsequenzen der Bell-Experimente 20
1) Weiträumiger Wirkradius der Quantenphänomene 21
2) Quanteneffekte in der Welt des Lebendigen 22
3) Quantengesetze als Garanten komplexer Wirklichkeit 24
4) Verknüpfung aller Quantenprozesse zu einem kosmosumspannenden Quantensystem 25
5) Nichtlokalität und Astrologie 28
6) Die Geburt eines Menschen: Eingliederung in das kosmische Quantensystem? 28
2. Ganzheitliche kosmische Verknüpfungen und Allgemeine Systemtheorie 32
3. Stehen die „riesigen Entfernungen“ und „winzigen Kräfte“ der kosmischen Körper ihrer Einwirkung auf die Erde entgegen? 33
a) Das Machsche Prinzip und die Astrologie 33
b) Wirksame Effekte schwacher klassischer Kräfte 35
c) Planeten stören die Bahn der Erde und lösen Eiszeiten aus 37
d) Bohms Führungswelle komplexer Quantensysteme und ihre Bedeutung für die Astrologie 40
e) Bohms Quantenpotential und astrologische Aspekte 44
4. Sind die geometrischen Strukturelemente der Astrologie ein antiquiertes Relikt? 48
a) Ohnmacht des Kalküls 49
1) Schwierigkeiten bei der Lösung von Differentialgleichungen dynamischer Systeme 49

2) Sensible Abhängigkeit von den Anfangsbedingungen: Schmetterlingseffekt ... 50
b) Renaissance der qualitativen Verfahren ... 52
1) Geometrisch geordnete Unordnung: seltsame Attraktoren ... 52
2) Die „Rückkehr der Geometrie" wertet die geometrischen Grundlagen der Astrologie auf ... 54
3) Chaos-Forschung ... 58
4) Theorie der Elementarkatastrophen ... 59
5) Geometrisierte Naturbetrachtung der Allgemeinen Relativitätstheorie und Grundkonzepte der Astrologie ... 61
6) Fünfdimensionale Raum-Zeit-Geometrie ... 63
7) Umfassende Geometrisierung der Physik durch zehndimensionale Superstring-Theorie ... 64
8) Geometrische Projektion in Wissenschaft und Astrologie ... 66
5. Schließt die Fixierung des Erbguts bei der Zeugung durchgreifende kosmische Einflüsse bei der Geburt aus? ... 70
a) Bedeutung der Zeugung ... 70
b) Die Doppelspindel: Träger der Erbinformation ... 71
c) Dynamisches Modell der Erbinformation: springende Gene und Austausch von Erbgut durch Viren ... 72
d) Gezielte Anpassung der Gene an die Umwelt ... 73
e) Signalmoleküle aktivieren oder blockieren Gene ... 75
f) Auslösung der Gen-Dynamik durch psychische Faktoren ... 77
g) Probleme der Morphogenese: Wie entsteht die Gestalt der Lebewesen? ... 80
h) Die Menge der Erbinformation ist für die Erklärung der Entwicklung von Organismen viel zu gering ... 81
i) Organizismus und morphogenetische Felder ... 83
j) Sheldrakes Hypothese formbildender Verursachung ... 85
k) Eine neue Lösung des Problems der Formentwicklung: die Quantensystem-Hypothese ... 85
l) Experimentum crucis ... 92
m) Verknüpfung der Hirnzellen erst nach der Geburt ... 95
6. Läßt sich eine wissenschaftliche Hypothese aufstellen, die astrologische Zusammenhänge erklärt? ... 99
a) Stufenbau von Schwingungselementen ... 99
1) Hirnschwingungen ... 99
2) Lichtschwingungen ... 100
3) Schwingende Atome ... 101
4) Schwingungen von Molekülen, Molekülverbänden und Makromolekülen ... 102

5) Resonanzsensitivität des Hirns 105
6) Schwingende Organismen 106
b) Phasensynchronisation: Integrationselement komplexer Schwingungssysteme 108
1) Phänomene der Schwingungsangleichung 108
2) Der zirkadiane Rhythmus als kosmischer Taktgeber 109
3) Mondumlauf, Sonnenjahr und Zyklen der Sonnenaktivität als Synchronisationsfaktoren 112
4) Schwingungskopplung zwischen Erde, Sonne und Galaxis 114
5) Resonanzeigenschaften des Sonnensystems 116
6) Resonanzgüte der Sinnesorgane von Lebewesen 118
c) Die Geburt des Menschen: Phasensynchronisation endogener Rhythmen und exogener Zyklen 119
1) Klassische Hypothese der Geburts-Synchronisation 120
2) Quantensystem-Hypothese der Geburts-Synchronisation 125
3) Indiziert die Ähnlichkeit des Schwingungsmusters des Sonnensystems zur Zeit der Geburt verschiedener Menschen eine Ähnlichkeit ihrer individuellen Schwingungsstrukturen? 129
4) Einheit von Schwingungsform und Qualität 133
5) Die wirkliche Wirklichkeit: „Leere und Rhythmus" 136
6) Geburt als „Begegnung" mit der nichtlokalen Ganzheit kosmischer Quantensysteme 137
7. Fazit der Kritik der theoretischen Astrologiekritik 140

B. Probleme der Astrologie 143

I. Unbefriedigende Ergebnisse praktischer Bewährungstests 143
1. Notwendigkeit praktischer Beweise 143
2. Unumgänglichkeit statistischer Untersuchungen 144
3. Einwendungen gegen den Einsatz statistischer Methoden 145
4. Subtilität moderner statistischer Verfahren 146
5. Trügerische Evidenz 147
6. Unhaltbarkeit der Ergebnisse erster statistischer Tests von Astrologen 149
7. Prüfung der astrologischen Überlieferung durch M. Gauquelin 150
8. Begutachtung astrologischer Statistik durch H. V. Werthmann 152
9. Statistische Untersuchungen des parapsychologischen Instituts in Freiburg 153
10. Negative Ergebnisse von Zuordnungstests 154

11. Statistische Tests von Einzelbeziehungen 155
12. Kritische Gesamtanalysen 158
13. Niederschmetternde Ergebnisse des statistischen Experiments von G. Dean 159
14. Zwischenbilanz des Bewährungstests der Astrologie 164
II. Sinnvermittlung durch Astrologie? 170

2. Teil: Neo-Astrologie **173**

C. Neo-Astrologie 175

I. Forschungskonzept 174
1. Praktizierende Astrologen und Alchimisten: Begründer moderner Naturwissenschaft 174
2. Interdisziplinarität: ein vielversprechendes Forschungsprinzip 177
3. Neue Ziele 179
4. Heliozentrische Aspekte in der Astrologie 180
5. Beschränkung der Grundlagenforschung auf elementare Naturereignisse 181
6. Erfolge des interdisziplinären Ansatzes 182
II. Fünfzahl als Gliederungsprinzip solar-terrestrischer Zyklen 185
1. Riesenplaneten steuern die Schwingung der Sonne um das Zentrum des Sonnensystems 185
2. Dynamik der Sonnenschwingung als Grundlage erfolgreicher Vorhersagen 189
3. Variation der Sonnenschwingung, 90-jähriger Zyklus der Sonnenfleckentätigkeit und Klimaschwankungen 190
4. „Fünffingrige Hände“ als Ausdruck der Dynamik der Sonnenbewegung 196
5. Es gibt doch Kristalle mit fünfzähliger Symmetrie: Quasikristalle 198
6. „Große Finger“ der „Sonnen-Hände“ bezeichnen Wendepunkte im Jahrhundert-Zyklus der Sonnenflecken 200
7. Vorhersage schwacher Sonnenaktivität und kalten Klimas um 2026 203
8. Irdische Resonanzen der solaren Zyklen „großer Finger“ 205
a) Regen-Zyklen in geschichteten Ablagerungen des Gletschersees Saki 205
b) Langfristige Schwankungen in der Rotation der Erde 206
c) Menschliche Reaktionen auf Zyklen solarer Aktivität 208
1) Einheit von Mensch und Biosphäre 208

2) Instabilität als Voraussetzung für die Entstehung neuer Strukturen 209
3) Sonneneruptionen, geomagnetische Stürme und menschliche Instabilität 210
4) Zentralphasen „großer Finger“ und Volksaufstände 212
5) Rückläufigkeit der Sonne, hochenergetische Sonneneruptionen und menschliche Unruhe 213

9. Fraktale in der Dynamik der Sonnenschwingung 215
a) Was ist ein Fraktal? 215
b) Fraktale und Stabilität des Sonnensystems 217
c) „Kleine Hände“ mit „kleinen Fingern“ in „großen Fingern“ 218

10. Rhythmusstörungen bei Konflikten „großer Finger“ und „kleiner Finger“ ...220

11. Terrestrische Entsprechungen solarer Zyklen „kleiner Finger“ 222
a) Roheisenpreise 222
b) Börsenkurse 223
c) Geomagnetische Stürme 225
d) Regenfälle und Temperaturdatej 228
e) Zinsentwicklung 230

III. Der Goldene Schnitt als Baustein der Natur 231

1. Flutkräfte der Planeten, energetische Sonneneruptionen und Goldener Schnitt 231

2. Das Teilungsverhältnis des Goldenen Schnitts 234

3. Die Fibonacci-Folge 235

4. Goldener Schnitt, Kunst und Ästhetik 239

5. Keplers Sectio divina 241

6. Die Fibonacci-Folge im Pflanzenreich 242

7. Fünfzahl und Sectio aurea 244

8. Die goldene Spirale 247
a) Das goldene Rechteck und die logarithmische Spirale 247
b) Die goldene Spirale in der Natur 248
c) Chaos-Forschung und logarithmische Spirale 250
1) Komplexe dynamische Systeme, Julia-Mengen und Mandelbrot-Menge 250
2) Phasenübergänge als Grenzphänomen 250
3) Die logarithmische Spirale: eine Grenzstruktur 254
4) Magnetismus-Modell der komplexen Dynamik 256

9. Der kosmische Modulor 259
a) Modulor-Abbild im Flutkraftzyklus 259
b) Generationenfolge im Modulor 262

c) Modulor und „Sonnenfinger" ... 263
d) Kosmischer Modulor und Quasikristalle ... 265
e) Der Modulor in der Pflanzenwelt ... 266
10. Gliederung von Zyklen durch Major und Minor ... 267
a) Sonnenfleckenzyklus ... 267
b) Sonneneruptionen ... 269
c) Gewitterhäufigkeit ... 270
d) Mondzyklen ... 272
1) Regenfälle ... 272
2) Nahrungsaufnahme von Termiten ... 274
3) Aktivität von Hamstern ... 275
4) Junge oder Mädchen? ... 276
5) Magnetische Störungen und Wachstum von Pflanzenkeimen ... 278
e) Zyklen der „kleinen Finger", Stratosphärenerwärmung und Winterverlauf ... 279
f) Zyklen „großer Finger" und internationale Kriege ... 282
g) „Große Finger", „kleine Finger" und Bruttosozialprodukt der USA ... 284
h) Das tropische Jahr: Schwankungen des Erfolgs von Kurbehandlungen . 286
i) Tageszyklen ... 287
1) Menschliche Reaktion auf Reize und Medikamente ... 287
2) Moskitoaktivität ... 289
3) Körpertemperatur, Harnausscheidung, Leistungsfähigkeit, Herzinfarkte, Fieber und Zahnschmerzen ... 290
j) Halbtägige Zyklen: Virusinfektion, Zahnschmerzen und Todesfälle ... 291
IV. Der Goldene Schnitt im Tageskreis ... 292
1. Vom Minor abgeleitete „goldene Kreuze" im Tageskreis ... 293
2. Die Entdeckungen M. Gauquelins: Beziehungen zwischen Berufserfolg und Planetenpositionen im Tageskreis ... 295
3. Korrelation zwischen Gauquelin-Daten und goldenen Kreuzen des Minor ... 297
4. Marspositionen und goldene Kreuze bei Sportlern und bei Schauspielern und Wissenschaftlern mit „Marseigenschaften" ... 298
5. Marspositionen und goldene Kreuze bei Künstlern ... 300
6. Korrelation zwischen goldenen Kreuzen des Major, Berufserfolg und Tageskreis-Positionen von Sonne, Merkur und den fernen Planeten ... 301
V. Tierkreisjahr, Goldener Schnitt und goldene Kreuze ... 305
1. Dauerhafte Wetterlagen ... 305
2. Jahreszeit der Geburt, Extraversion und Emotionalität ... 306

3. Geburtspositionen der Sonne bei britischen und amerikanischen Offizieren ... 308
4. Sonnenstand, Arztberuf und goldene Kreuze ... 309
VI. Goldene Aspekte ... 310
1. Aspektkonzeption ... 310
2. Maximum-Entropie-Spektralanalyse der Winkelabstände zwischen Sonne und galaktischem Zentrum am Geburtstag von 600 Berühmtheiten ... 312
3. Diskriminanzanalyse von Tageskreispositionen und planetaren Winkelabständen ... 315
VII. Fazit der praktischen Untersuchung ... 316
1. Bestätigung astrologischer Grundkonzeptionen ... 316
2. Erste Bewährungsschritte der Quantensystem-Hypothese der Geburts-Synchronisation und der Morphogenetik ... 318
3. Interludium: Hildegard von Bingens Vision „Der Kosmosmensch" und die Teilung von Halbkreisen und Viertelkreisen im Goldenen Schnitt ... 320
4. Unterschiedliche Qualität goldener Aspekte? ... 323
VIII. Der Goldene Schnitt als Element polarer Spannung ... 325
1. Die goldene Zahl G: die irrationalste aller Zahlen ... 325
2. Das irrationalste und das rationalste Zahlenverhältnis: Pole einer Polarität ... 326
3. Irrationalität und Rationalität in der Himmelsmechanik ... 327
4. Der irrationale Schnitt und die rationalen Zahlen in der Musik B. Bartóks 331

D. Schlußwort 335

Tafel ... 339
Bibliographie ... 341
Namenregister ... 357
Sachregister ... 363

Der irrende Mensch irrt zweifach. Er ist objektiv im Irrtum und weiß nicht, daß er irrt. Dieser subjektive Irrtum ist besonders schwerwiegend, denn die innere Sicherheit, in der sich jener wiegt, der irrt, ist nicht zu unterscheiden von der Sicherheit dessen, der nicht irrt.

Emile Borel

1. TEIL:

KRITIK DER ASTROLOGIEKRITIK
UND
TEST ASTROLOGISCHER PRAXIS

A. KRITIK DER ASTROLOGIEKRITIK

Ist das Thema *Astrologie* nicht schon bis zum Überdruß in Literatur, Rundfunk und Fernsehen erörtert worden? Ja! Es wurde geradezu zerredet. Der Kern der Probleme blieb aber unberührt. Die Diskussion wurde fast ausschließlich mit Argumenten geführt, die im 19. Jahrhundert gerechtfertigt gewesen wären, im ausgehenden 20. Jahrhundert aber nicht mehr tragfähig sind. Die Kontrahenten verhalten sich, als ob es die moderne Quantentheorie, die allgemeine Relativitätstheorie, die evolutionäre Erkenntnistheorie, die allgemeine Systemtheorie, die Informationstheorie, die Synergetik, die Erforschung der Zusammenhänge zwischen Chaos und Ordnung in dynamischen Systemen, die Morphologie komplexer Grenzen, die neue Formulierung des Einstein-Podolsky-Rosen-Paradoxons, die Bellschen Ungleichungen und die Diskussion über solar-terrestrische Beziehungen nicht gäbe.

I. DIE KOPERNIKANISCHE REVOLUTION: eine Katastrophe für die Astrologie?

Naturwissenschaftliche Kritiker wiederholen stereotyp die Behauptung, die *Kopernikanische Revolution* habe die Existenzgrundlage der Astrologie zerschlagen. In einer Erklärung von 186 führenden Wissenschaftlern gegen die Astrologie, die 1975 in der amerikanischen Zeitschrift "The Humanist"[1] erschien, heißt es ausdrücklich, daß der Untergang des geozentrischen Ptolemäischen Systems der Astrologie den Todesstoß versetzt habe. Wer so argumentiert, verleugnet den Fortschritt der Naturwissenschaften im 20. Jahrhundert. Albert EINSTEIN hat auf der Grundlage seiner allgemeinen Relativitätstheorie festgestellt:

> „Alle Bezugskörper sind für die Naturbeschreibung gleichwertig, welches auch deren Bewegungszustand sein mag."[2]

1 B. J. BOK / L. E. JEROME / P. KURTZ: Objections to Astrology (1975)
2 A. EINSTEIN: Über die spezielle und allgemeine Relativitätstheorie (1920), S. 42

Selbst die Beschleunigung erweist sich als standpunktbedingt. Ein absolut ruhendes, besonders ausgezeichnetes Bezugssystem, das als Inertialsystem dienen könnte, existiert nicht.[3] Auch die Sonne, die von KOPERNIKUS in das Zentrum des Planetensystems gerückt wurde, ist kein solcher ausgezeichneter Bezugskörper, ebensowenig wie das Zentrum unserer Milchstraße, das Zentrum des Virgo-Superhaufens, um welches die Milchstraße zusammen mit vielen anderen Galaxien herumschwingt, oder irgendein anderes denkbares Systemzentrum. Im Hinblick auf die Relativität jeglicher Bewegung ist es lediglich eine Frage der Zweckdienlichkeit, der Bequemlichkeit oder der Eleganz, ob bei der Beschreibung naturgesetzlicher Zusammenhänge ein heliozentrisches oder ein geozentrisches System zugrunde gelegt wird.

Die *heliozentrische Beschreibung* ist nicht „wahrer" als die *geozentrische*. Selbst wenn die Erde als ein im Raum stillstehender Körper angesehen wird, der nicht einmal rotiert, lassen sich von diesem Bezugszentrum aus die Naturgesetze mit den Tensorgleichungen der Relativitätstheorie richtig beschreiben. Der Mathematiker M. GARDNER[4] hat daher zu Recht gesagt:

> „Die einzige ‚wahre' Bewegung ist die relative Bewegung von Erde und Kosmos."

Der Physiker M. BORN, der für die Mitbegründung der Quantenmechanik den Nobelpreis erhielt, sagt dies ebenso deutlich:

> „Damit ist die Rückkehr zu des Ptolemäus Standpunkt der ‚ruhenden Erde' ins Belieben gestellt; es würde das die Benutzung eines fest mit der Erde verbundenen Bezugssystems bedeuten ... Von Einsteins hoher Warte gesehen, haben Ptolemäus und Kopernikus gleiches Recht; beide Standpunkte liefern die gleichen Naturgesetze."[5]

Es ist hiernach nicht rückständig, die Welt von der Erde her anzuschauen, sondern nach wie vor legitim. Man könnte auch sagen, es sei wieder legitim. Schon G. C. LICHTENBERG wußte:

> „Es ist ein großer Unterschied zwischen etwas noch glauben und es wieder glauben. Noch glauben, daß der Mond auf die Pflanzen wirke, verrät Dummheit und Aberglauben; aber es wieder glauben, zeugt von Philosophie und Nachdenken."[6]

3 H. FRANKE (Hg.): Lexikon der Physik (1969), S. 1397
4 M. GARDNER: Some Mathematical Curiosities Embedded in the Solar System (1946)
5 M. BORN: Die Relativitätstheorie Einsteins (1922), S. 251; Neuaufl. (1964), S. 296
6 G. C. LICHTENBERG: Aphorismen, Briefe, Schriften (1940), S. 127

Astronomen und Astrophysiker können keine Kosmologie treiben, ohne auf die allgemeine Relativitätstheorie zurückzugreifen. Wenn sie trotzdem bei Diskussionen über Astrologie alles vergessen, was sie von EINSTEIN gelernt haben, kann dies wohl nur psychologisch erklärt werden.

II. SIND DIE GRUNDSÄTZE DER ASTROLOGIE UNVEREINBAR MIT HEUTIGER WISSENSCHAFT?

Der Astronom B. J. BOK hat der bereits zitierten Erklärung von 186 führenden Wissenschaflern der USA eine Stellungnahme hinzugefügt, in der es heißt:

> „Ich kann nur klar und unzweideutig sagen, daß moderne Begriffe der Astronomie und der Raumphysik die Grundsätze der Astrologie nicht nur nicht unterstützen, sondern geradezu unterminieren ... Es gibt keine wissenschaftliche Grundlage für ihre Grundsätze."

Mit dieser Einstellung steht BOK nicht allein. Der im Grunde fortschrittlich eingestellte Physiker D. RUELLE, der wesentliche Beiträge zur Chaos-Forschung geleistet hat, bemerkt zu diesem Thema:

> „Der schlechte Ruf, in dem die Astrologie bei den Wissenschaftlern steht, hat einen besonderen Grund: Die Wissenschaft hat unser Weltverständnis in so starkem Maße verändert, daß Zusammenhänge, die im Altertum noch vorstellbar waren, sich inzwischen als gänzlich unvereinbar mit unserem heutigen Wissen von der Struktur des Universums und der Natur der physikalischen Gesetze erwiesen haben."[7]

Solche Feststellungen, welche die Meinung einer erdrückenden Mehrheit der Naturwissenschaftler repräsentieren, erweisen sich als nicht haltbar, wenn sie mit den jüngsten Erkenntnissen der Naturwissenschaft unserer Zeit konfrontiert werden. Ebenso zweifelsfrei wie bei dem Argument, die kopernikanische Revolution habe der geozentrisch ausgerichteten Astrologie den Todesstoß versetzt, läßt sich zeigen, daß die Grundthesen der Astrologie, die schon vor vielen hundert Jahren aufgestellt wurden, besser mit den heutigen Erkenntnissen der Avantgarde der Naturwissenschaftler übereinstimmen als manche antiquierten Glaubenssätze der naturwissenschaftlichen Lehre. Naturwissenschaftlern, die ihr

7 D. RUELLE: Chance and Chaos (1991), S. 22

Metier beherrschen, müßte dies ins Auge springen. Sobald es um das Tabuthema Astrologie geht, scheint sich jedoch bei jenen Wissenschaftlern, die sich als Verteidiger des reinen Glaubens aufgeklärter Wissenschaft berufen fühlen, eine mentale Regression zu ereignen, welche die Diskussion auf das Argumentationsniveau der zweiten Hälfte des 19. Jahrhunderts zurückwirft. Dies hindert sie daran zu realisieren, in welchem Umfang moderne wissenschaftliche Erkenntnisse die astrologische Weltsicht bestätigen.

Es ist richtig, daß auch die Astrologen die Bedeutung der revolutionierenden naturwissenschaftlichen Erkenntnisse des 20. Jahrhunderts für die Astrologie nicht erkennen. Dies wiegt um so schwerer, als sie die Beweislast für ihre Lehre tragen. Unabhängig hiervon müssen aber Behauptungen, die Naturwissenschaftler in der heutigen Zeit aufstellen, nach dem tatsächlichen Wissensstand der Gegenwart beurteilt werden. Dieser spricht dafür, daß die grundlegenden Thesen der Astrologie mit den Ergebnissen vereinbar sind, die kreative Naturwissenschaftler im 20. Jahrhundert erarbeitet haben.

1. Der Kosmos als ganzheitliches Gefüge und das Bellsche Theorem

Nach der fundamentalsten These, auf die sich die astrologische Weltsicht gründet, stellt sich der *Kosmos als ein ganzheitliches Gefüge* dar, in dem alles, das Größte wie das Kleinste, mit allem zusammenhängt und alles wechselseitig auf alles einwirkt. Entsprechende Formulierungen finden sich bereits im *Corpus hermeticum*[8], das zwischen dem 1. und 3. Jahrhundert n. Chr. verfaßt wurde. Die ersten Texte waren hauptsächlich astrologischer Natur.[9] Einer dieser Texte, die *Tabula Smaragdina*[10], beginnt mit den Worten:

> „Quod est inferius, est sicut quod est superius. Et quod est superius, est sicut quod est inferius, ad perpetranda miracula rei unius."[11]

Die Tafel selbst, um die sich Legenden ranken, ist nie gefunden worden. In den zwanziger Jahren des vorigen Jahrhunderts wurden jedoch in einem Grab in Theben zwei Papyri entdeckt, die den Text der Tabula Sma-

8 A. D. NOCK / A. J. FESTIGUERE: Corpus Hermeticum (1945 – 1954)

9 R. MERKELBACH: Hermetic Writings. Bd. IV (1977), S. 1049

10 J. RUSKA: Tabula Smaragdina (1931)

11 Wie unten, so oben, wie oben, so unten; so vollendet sich das Wunder des ganzheitlichen Universums.

ragdina enthalten. Nach ihren späteren Aufbewahrungsorten werden sie Leydener und Stockholmer Papyrus genannt.[12]

PARACELSUS hat die astrologische Grundthese der dynamischen Einheit des Universums in der Sprache des 16. Jahrhunderts formuliert:

> „Der astrologische Zusammenhang erstreckt sich auf die gesamte Natur. Der Mensch beeinflußt die kosmischen Körper, die wiederum den Menschen beeinflussen, denn die Natur ist eine ungeteilte Ganzheit, deren Teile innig verbunden sind."

Und:

> „Ein Firmament, ein Gestirn, eine Natur, ein Wesen."[13]

In unserer Zeit hat der Astrologe T. RING, der sich auch als Künstler einen Namen gemacht hat, in etwas anderer Form das gleiche gesagt:

> „Ordnung betrifft immer ein Ganzes, und so werden wir Teilerscheinungen nur aus dem ganzheitlichen Zusammenhang sowohl des Lebewesens als auch des Gestirnsystems verstehen ... Es ist ein Wirken vom Ganzen auf das Ganze."[14]

Dieses Ganze, das Sonnensystem, innerhalb dessen sich Lebensvorgänge und Konstellationen kosmischer Körper in elementarer Resonanz entwickeln, ist nach T. RING ein Organismus, dessen Entwicklung Gesetzmäßigkeiten folgt, wie sie für integrierte Ganzheiten gelten.[15]

Die Grundthese vom *Kosmos als ganzheitlichem Prozeß* darf hiernach zu den Grundsätzen der Astrologie gezählt werden, die nach der Behauptung des Astronomen BOK mit modernen Ergebnissen der Naturwissenschaft nicht vereinbar sind. Richtig ist, daß die ganzheitliche astrologische Weltsicht, die das gesamte Sonnensystem als Umwelt ansieht, welche das irdische Geschehen beeinflußt, nichtlokale Eigenschaften hat, die in scharfem Gegensatz zu den lokalen physikalischen Theorien stehen, die dem Prinzip der örtlichen Ursachen gehorchen und eine genaue Beschreibung physikalischer Vorgänge in Raum und Zeit als Ergebnis von Nahewirkungen aus der unmittelbaren Umgebung ermöglichen. Daraus folgt aber nicht zwangsläufig, daß die nichtlokale astrologische Auffassung nicht mit der Wirklichkeit übereinstimmt. Im Gegenteil, seit 1972 sind auf der Grundlage der *Bellschen Ungleichungen* und des *Einstein-*

12 F. STÖCKLE: Gold aus der Retorte (1981), S. 33

13 K. ALLGEYER: Paracelsus (1984), S. 75

14 T. RING: Das Lebewesen im Rhythmus des Weltraums (1939), S. 121

15 Ders., ebd., S. 194

Podolsky-Rosen-Paradoxons Experimente durchgeführt worden, die mit großer Präzision beweisen, daß die lokalen Theorien, die von der Zerlegbarkeit der Welt in getrennte und unabhängig existierende Teile ausgehen, nicht haltbar sind. Es ist heute eine wissenschaftliche Tatsache, daß sich beliebig weit voneinander entfernte Systeme in einer tieferen Seinsschicht wechselseitig so beeinflussen können, wie dies in einem Organismus geschieht, und zwar merkwürdigerweise ohne jeden Zeitverzug. Alle zukünftigen Theorien der Physik müssen von diesem Faktum ausgehen. Hiernach erweist sich die Grundvorstellung der Astrologie vom Kosmos als einer ganzheitlichen Struktur, die alle mikrokosmischen und makrokosmischen Prozesse zu einer Einheit verbindet, als fortschrittliches Konzept, das mit den jüngsten Forschungsergebnissen in Einklang steht.

Diese grundstürzenden Ergebnisse sind wenig bekannt, selbst unter Naturwissenschaftlern. Nach der ganz überwiegenden Meinung der kompetenten Physiker, die sich mit den Experimenten auf der Grundlage der Bellschen Ungleichungen befaßt haben, steht jedoch fest, daß die umfassendste und präziseste physikalische Theorie, die *Quantenmechanik*, nicht mit einer Welt vereinbar ist, die in separierbare Elemente der Realität zerlegt werden kann.[16] Dies beweist nach den Worten des Physikers H. STAPP,

> „daß die Welt entweder keinerlei Gesetzen gehorcht – was niemand glaubt – oder grundsätzlich unteilbar ist.“[17]

Die scheinbar voneinander getrennten mikrokosmischen und makrokosmischen Körper und Systeme müssen auf einer tieferen Ebene, die der Forschung noch verschlossen ist, eine unmittelbar zusammenhängende Ganzheit bilden. M. GARDNER[18], der sich durch besonders kritische Beiträge zur Wissenschaftsgeschichte auszeichnet, hat diesen noch der Entdeckung harrenden Naturbereich in einem tastenden Versuch als „subquantum field“ bezeichnet. Obwohl H. STAPP[19] bereits 1975 festgestellt hat, daß BELLs Theorem die schwerwiegendste Entdeckung der Wissenschaftsgeschichte sei, ist die Tragweite der experimentellen Prüfung dieses Theorems bisher kaum in das Bewußtsein der Öffentlichkeit und selbst vieler Fachphysiker gedrungen.

16 J. S. BELL: On the Einstein-Podolsky-Rosen Paradox (1964), S. 195; F. SELLERI: Die Debatte um die Quantentheorie (1984)

17 H. P. STAPP: S-Matrix Interpretation of Quantum Theory (1971)

18 M. GARDNER: The ERP Paradox and Rupert Sheldrake (1986 / 87), S. 131

19 H. STAPP: Bell's Theorem and World Process (1975)

a) Nichtlokalität kontra Lokalität

Es geht im Grunde um folgendes: EINSTEIN hat den Nobelpreis nicht für seine Relativitätstheorie erhalten, sondern für seinen grundlegenden Beitrag zur Entwicklung der Quantentheorie, den Nachweis der *Quantennatur des Lichts*. Trotz dieser Geburtshilfe für die Quantenmechanik hat sich EINSTEIN zeitlebens gegen die weitreichenden Konsequenzen dieser Theorie gesträubt. Während die *Quantenmechanik* im Gegensatz zu dem bisher ohne Einschränkungen herrschenden Kausalprinzip davon ausging, daß Mikroereignisse, wie zum Beispiel der radioaktive Zerfall von Atomkernen, ohne erkennbare Ursache stattfinden und nur noch Wahrscheinlichkeitsgesetzen unterworfen sind, wertete EINSTEIN die Erschütterung des Kausalprinzips als eine temporäre Schwierigkeit der noch nicht hinreichend entwickelten Theorie und hielt seinem Kontrahenten N. BOHR entgegen: *„Der Herrgott würfelt nicht."* Ganz besonders wehrte sich EINSTEIN gegen die Existenz nichtlokaler Zusammenhänge, die der Quantenmechanik inhärent sind. EINSTEINs Forschungsbeiträge waren darauf ausgerichtet, unerklärliche Fernwirkungen aus der Physik zu eliminieren und an ihre Stelle lokale Theorien zu setzen, die dem Prinzip der örtlichen Ursachen gehorchten und von Nahewirkungen ausgingen. Die Quantenmechanik war aber gerade durch nichtlokale Zusammenhänge gekennzeichnet, die Einstein als „spukhafte Fernwirkungen" bekämpfte.

b) Das Gedankenexperiment von Einstein, Podolsky und Rosen

Im Verlauf seiner Auseinandersetzung mit den Anhängern der herrschenden *Kopenhagener Deutung* der Quantenmechanik ersann EINSTEIN ein Gedankenexperiment, das er zusammen mit B. PODOLSKY und N. ROSEN unter dem Titel *„Kann die quantenmechanische Beschreibung der gegenständlichen Realität als vollständig angesehen werden?"* veröffentlichte (*EPR-Experiment*)[20]. In der ursprünglichen Version ging es um die Position und den Impuls von Elementarteilchen. Die Argumentation war sehr abstrakt und eigentlich nur für Fachphysiker nachvollziehbar. Der Physiker D. BOHM[21] hat 1951 eine Form des Gedankenexperiments erdacht, die sich leichter erklären läßt. Hierbei spielt der Spin von

20 A. EINSTEIN / B. PODOLSKY / N. ROSEN: Can Quantum-Mechanical Description of Physical Reality Be Considered Complete? (1935), S. 777

21 D. BOHM: Quantum Theory (1951)

Elementarteilchen eine wesentliche Rolle. Der Begriff *Spin* knüpft cum gra-no salis an den Drehimpuls eines um seine Achse rotierenden Körpers an. Jedem subatomaren Teilchen wird ein feststehender Drehimpuls nebst einem gequantelten Spin zugeschrieben. Dies darf aber nicht makrophysikalisch verstanden werden. Nach M. BORN geht dieser spezielle Begriff des Spins von der Vorstellung einer Rotation aus, „ohne daß da etwas existiert, das rotiert". Jedenfalls verhalten sich subatomare Teilchen so, als ob sie einen Drehimpuls hätten, der eine feste gequantelte Größe annimmt, der sie charakterisiert. Dem Spin eines Photons ordnen die Physiker die Größe 1 zu, während massebehaftete Elementarteilchen wie Elektron, Positron, Proton und Neutron den Spin 1/2 haben. Subatomare Teilchen haben die Tendenz, ihre „Rotation" auf bestimmte Achsen auszurichten. Teilchen, die ein System bilden, „rotieren" um Achsen, die parallel oder antiparallel ausgerichtet sind. Diese Richtungen werden als „+" und „–" bezeichnet.

Ausgangspunkt des Gedankenexperiments ist ein *Teilchenpaar*, das durch Wechselwirkung derart in Kontakt getreten ist, daß es ein System mit dem Gesamtspin Null bildet. Wie auch immer die Teilchen ausgerichtet sind, ihr Spin ist immer gleich groß und die „Rotationsachsen" zeigen in entgegengesetzte Richtungen. Die gleich großen positiven und negativen Spinwerte heben sich gegenseitig auf. Werden die beiden Teilchen gezwungen, sich zu trennen und in entgegengesetzte Richtungen davonzufliegen, so bilden sie nach wie vor ein System mit dem Spin Null und der Tendenz, die „Rotationsachsen" antiparallel auszurichten. Dies gilt nach der Quantenmechanik auch für makroskopische Entfernungen. Die Teilchen können sich Lichtjahre voneinander entfernen, ohne daß sich an der ganzheitlichen Struktur ihres Richtungspotentials etwas ändert.

Wird eines der Teilchen gemessen, nachdem es sich schon weit von dem anderen entfernt hat, so bricht nach der Quantenmechanik die Wellenfunktion zusammen, welche die Möglichkeiten des Systems repräsentiert, und eine dieser Möglichkeiten realisiert sich. Da hinsichtlich der Achsenorientierung nur zwei Möglichkeiten mit gleicher Wahrscheinlichkeit gegeben sind, wird eine von ihnen verwirklicht. Im selben Augenblick realisiert das andere Teilchen, so oft auch die Messung wiederholt wird, die entgegengesetzte Achseneinstellung. Dies geschieht ohne jeden Zeitverzug. Da sich keine Form der Energie und keine wie immer geartete Information schneller als mit Lichtgeschwindigkeit ausbreiten kann, ist es unmöglich, daß ein Signal im Einsteinschen Sinne im Spiele ist. EINSTEIN fragte daher, woher das zweite Teilchen jeweils wisse, welche Achseneinstellung richtig sei, damit der Gesamtspin Null erhalten bleibe. Er glaubte, daß zwischen den beiden Teilchen eine bisher unbekannte Kausalverbindung bestehen müsse. Hieraus folgerte er, daß die Quantenmechanik unvollständig sei. Aus der Verletzung des Prinzips der örtlichen Ursachen zog er darüber hinaus den Schluß, daß die Theorie mit einem schwerwiegenden Fehler behaftet sein müsse. Abschließend bemerkte EINSTEIN:

> „Diesem Schlusse kann man nur dadurch ausweichen, daß man entweder annimmt, daß die Messung (telepathisch) ... den Realzustand verändert, oder aber daß man Dingen, die räumlich voneinander getrennt sind, unabhängige Realzustände überhaupt abspricht."

N. BOHRs Antwort[22] ließ nicht auf sich warten; sie ging weniger als vier Monate nach der Veröffentlichung des EPR-Gedankenexperiments beim Herausgeber der Zeitschrift „Physical Review" ein, die EINSTEINs Arbeit veröffentlicht hatte. BOHR wies darauf hin, daß das von EINSTEIN und seinen jungen Kollegen aufgezeigte Paradoxon „nur enthülle, daß die üblichen Ansichten über Naturphilosophie ungeeignet seien, die physikalischen Phänomene, mit denen sich die Quantenmechanik befasse, zutreffend zu beschreiben." Weiter plädierte er für eine „endgültige Ablehnung der klassischen Idee der Kausalität" und eine „radikale Revision unserer Haltung gegenüber dem Problem der physikalischen Realität". Letzten Endes blieben die Standpunkte der Kontrahenten und ihrer Anhänger unvereinbar, weil EINSTEIN, der von der Realität räumlich getrennter Objekte ausging, am Prinzip der örtlichen Ursachen festhielt und „Fernwirkungen" ablehnte, während BOHR nichtlokale Zusammenhänge akzeptierte, weil sich isolierte Materieteilchen mit den Beobachtungen im subatomaren Bereich nicht vereinbaren ließen. Die meisten Physiker ließen sich durch das EPR-Gedankenexperiment nicht beunruhigen, weil sie es für ein praxisfernes und etwas verschrobenes Geistesgebilde hielten, das zu Kontoversen zwischen Leuten führte, die weniger Physiker als Philosophen waren.

22 N. BOHR: Can Quantum-Mechanical Description of Physical Reality Be Considered Complete? (1935), S. 696

c) Bells Kriterium

Diese verfahrene Situation änderte sich grundlegend, als der Physiker J. S. BELL[23] im Jahre 1964 seinen aufsehenerregenden mathematischen Beweis veröffentlichte, welcher heute als *Bells Theorem* bekannt ist. Dieser Beweis eröffnete zum ersten Male die Möglichkeit, die EPR-Aussagen durch konkrete Experimente zu überprüfen und den Streit über die Existenz nichtlokaler Zusammenhänge und das Prinzip örtlicher Ursachen zu entscheiden. Damit hat es folgende Bewandtnis: Der bereits beschriebene Spin von Elementarteilchen kann durch einen Vektor dargestellt werden. Darunter kann man sich einen dem Elementarteilchen zugeordneten Pfeil vorstellen, der an seine „Rotationsachse" gekoppelt ist. Der Vektor kann durch Projektion im dreidimensionalen Raum in drei Spinkomponenten A, B und C zerlegt werden, deren Richtung durch die jeweilige Komponentenachse festgelegt wird. Auch hier besteht nur die Möglichkeit einer parallelen oder antiparallelen Ausrichtung, die durch + und – gekennzeichnet wird. Insgesamt ergeben sich so die Kombinationen A+A–, B+B– und C+C–.

Bei einem einzelnen subatomaren Teilchen läßt sich aus quantenmechanischen Gründen immer nur eine der Spinkomponenten entlang einer der Achsen A, B oder C messen. Werden wie bei dem EPR-Experiment nur Paare von Teilchen zugelassen, die ein System bilden, weil sie in enge Wechselwirkung getreten sind, so wird durch eine Messung, die A+ ergibt, zugleich festgelegt, daß der Teilchenpartner die Eigenschaft A– hat. Hinreichende Information über alle Achsen läßt sich aber nur sammeln, wenn eine ausreichend große Stichprobe von Teilchenpaaren zur Verfügung steht, die trotz der Beschränkung, daß bei jedem Teilchen nur die Spinkomponente einer der drei Achsen bestimmt werden kann, Meßdaten über alle Achsen in einem Umfang ermöglicht, der eine statistische Auswertung zuläßt. Wenn zufällig dieselben Komponenten von Paaren gemessen worden sind, eine Kombination also keine neue Information ergibt, werden diese Fälle (AA, BB, CC) ausgeschieden. Bei den übrigen Paaren ergeben sich die Kombinationen AB, AC und BC mit den zusätzlichen Variationen durch parallele oder antiparallele Ausrichtung: A+B+, A+B–, A–B+ etc. Die Zahl solcher jeweils beobachtbarer Paare kann mit n (A+B+) etc. bezeichnet werden.

23 J. S. BELL: On the Einstein-Podolsky-Rosen Paradox

Interessant ist nun, ob diese Zahlen aufschlußreiche Verhältnisse bilden. Dies ist tatsächlich der Fall, wie J. S. BELL entdeckt hat. Setzt man wie EINSTEIN voraus, daß voneinander getrennte kosmische Objekte existieren, die sich als separierbare Elemente der Realität darstellen (*Separabilität*), so ergeben sich scharf umrissene Grenzwerte, deren Überschreitung nicht zulässig ist. So darf die Zahl der Paare A+B+ nicht über die Summe der Anzahl der Paare A+C+ und B+C+ hinausgehen. Dies läßt sich in der Form einer Ungleichung ausdrücken, die nach BELL benannt ist:

$$n\,(A+B+) \leq n\,(A+C+) + n\,(B+C+).$$

Weitere gleich strukturierte Ungleichungen lassen sich für andere Kombinationen von Achsenrichtungen ableiten. Strenge mengentheoretische Argumente beweisen die Richtigkeit dieser Ungleichungen. Sie gelten jedoch nur, wenn die Prinzipien der Separabilität und der örtlichen Ursachen tragfähig sind. Im Ergebnis bietet die Bellsche Ungleichung eine präzise Vorhersage des Ausgangs eines praktischen EPR-Experiments, welches den Beweis anstrebt, daß EINSTEINs Prinzip der Separabilität richtig ist, die untersuchten Teilchen also als räumlich getrennte Elemente der Realität existieren und dem Prinzip der lokalen Ursachen unterworfen sind.

Im Gegensatz hierzu kommt die Quantenmechanik, die das Prinzip der Nichtlokalität stützt, bei ihrer Vorhersage über den Ausgang des ERP-Experiments zu einem ganz anderen Ergebnis. Nach der quantentheoretischen Rechnung sind mehr Paare A+B+ zu erwarten als Paare A+C+ und B+C+ zusammengenommen. Die Abweichung von der Bellschen Ungleichung beträgt mehr als 40%. Es handelt sich also um ein sehr scharfes Kriterium.

d) Experimente widerlegen das Prinzip der Separabilität

Die tatsächlich durchgeführten, technisch sehr schwierigen Experimente geben der Quantentheorie recht. Inzwischen liegen mehr als ein Dutzend Ergebnisse mit verschiedenen Arten von Elementarteilchen vor, die alle gegen EINSTEINs Prinzip der Separabilität sprechen.[24] Bei den neueren Versuchen, die auch den größten Datenumfang erreichen und die genauesten sind, beträgt die Abweichung der beobachteten Werte von der Bellschen Ungleichung mehr als 13 Standardabweichungen. Mit be-

24 F. SELLERI: Die Debatte um die Quantentheorie, S. 129 – 135

sonderer Spannung wurde der Ausgang eines raffiniert konzipierten Experiments mit der Polarisierung von Photonen erwartet, das nachweisen sollte, daß eine „Übertragung von Information", wenn eine solche stattfindet, mit „Überlichtgeschwindigkeit" erfolgt, praktisch sogar ohne jeden Zeitverzug. Dieses Experiment wurde 1982 von A. ASPECT, P. GRANGIER und G. ROGER[25] durchgeführt. Trotz der strengen Versuchsbedingungen ergab sich wiederum eine Verletzung der Bellschen Ungleichung und eine genaue Bestätigung der Vorhersage der Quantentheorie. Spätere Experimente mit dem Impuls von Photonenpaaren, die von J. G. RARITY und P. R. TABSTER[26] vom *Royal Signals and Radar Establishment* ausgeführt wurden, hatten erneut das gleiche Ergebnis. Ein nichtlinearer optischer Versuch mit Photonenpaaren, den J. D. FRANSON 1989 vorgeschlagen hatte, ist inzwischen von R. Y. CHIAO, P. G. KWIAT und A. M. STEINBERG[27] durchgeführt worden, wiederum mit dem Ergebnis, daß die Photonen augenblicklich wußten, wie sich der Partner verhalten hatte und sich ohne Zeitverzug hierauf einstellten. Wissenschaftler wie B. d'ESPAGNAT[28], M. JAMMER[29], F. SELLERI[30], F. R. KRUEGER[31] und J. S. BELL[32], die sich eingehend mit den Ergebnissen auseinandergesetzt haben, stimmen daher in dem Urteil überein, daß die realistischen lokalen Theorien, die vom Prinzip der örtlichen Wirkung und der Separabilität ausgehen, den Bell-Test nicht bestanden haben.

EINSTEIN hatte einmal bei einer Diskussion über die Quantentheorie seinen Kollegen A. PAIS gefragt, ob er wirklich daran glaube, daß der Mond nur existiere, wenn er ihn anschaue. Der Physiker F. D. PEAT[33] hat sich bei seiner Würdigung der Bedeutung der Experimente auf der Grundlage der Bellschen Ungleichung hierauf bezogen und hervorgehoben, daß die neuen Ergebnisse zeigten, daß der Mond nicht nur ständig anwesend sei, sondern daß wir alle unausgesetzt mit ihm verbunden sei-

25 A. ASPECT / P. GRANGIER / G. ROGER: Experimental Test of Realistic Local Theories Via Bell's Theorem (1982), 460; A. ASPECT / P. GRANGIER: Experiments on Einstein-Podolsky-Rosen-Type Correlations With Pairs of Visible Photons (1986)

26 R. Y. CHIAO / P. G. KWIAT / A. M. STEINBERG: Faster than Light? (1993), S. 59

27 Dies., ebd., S. 52, 58 – 60; P. G. KWIAT / A. M. STEINBERG / R. Y. CHIAO: High-Visibility Interference in a Bell-Inequality Experiment for Energy and Time (1993), R2472 – R2475

28 B. d'ESPAGNAT: The Quantum Theory and Reality (1979)

29 M. JAMMER: Le paradoxe d'Einstein-Podolsky-Rosen (1980)

30 F. SELLERI: Die Debatte um die Quantentheorie

31 F. R. KRUEGER: Physik und Evolution (1984), S. 13, 82 f.

32 J. S. BELL: Speakable and Unspeakable in Quantum Mechanics (1987)

33 F. D. PEAT: Einstein's Moon – Bell's Theorem and the Curious Quest for Quantum Reality (1990), S. 123, 124

en, gleichgültig ob wir ihn ansähen oder überhaupt nicht an ihn dächten. Weiter hat PEAT ausgeführt:

> „Die Wirklichkeit hat für uns ihren Charakter verändert. Die Bellsche Nichtlokalität bedeutet, daß alles, was in einem bestimmten Raumbereich geschieht, mit den Geschehnissen in anderen weit entfernten Regionen des Universums zusammenhängt. Unsere Vorstellungen von Raum und Zeit müssen dieser nichtlokalen Realität Rechnung tragen. Dies erfordert eine noch radikalere Umstellung der Denkweise als die Relativitätstheorie und die Quantentheorie."

Der Physiker BOHM[34] hat die neue Sicht auf ein ganzheitliches Universum, die sich nicht auf Spekulationen, sondern auf physikalische Experimente stützt, in gedrängter Form zusammengefaßt:

> „Teile eines Systems können nicht mehr als isoliert betrachtet werden. Das dynamische Gefüge, das sie bilden, hängt auf nicht reduzierbare Weise vom Zustand des gesamten Systems ab, das wiederum durch den Zustand größerer Systeme und letzten Endes vom gesamten Universum beeinflußt wird. Dies führt zur Vorstellung einer organischen Ganzheit, die mit der klassischen Idee von der Zerlegbarkeit der Welt in getrennte und unabhängig existierende Teile unvereinbar ist."

e) Mystiker erfahren den Weltgrund als lebendige Ganzheit

Diese mit modernsten rationalen Methoden gewonnene Einsicht bestätigt die *überrationale Erfahrung des Universums* als einer unteilbaren lebendigen Ganzheit, von der die *Mystiker* aus allen Zeitaltern übereinstimmend berichten.[35] Solche Erfahrungen werden oft von Naturwissenschaftlern, die noch dem mechanistischen Materialismus anhängen, obwohl er seit fast einem Jahrhundert überholt ist, als Ausgeburten überhitzter Phantasie abgetan. Eine unvoreingenommene Analyse zeigt jedoch, daß echte Mystik ein Forschungsbereich ist, in dem besonders tiefschürfende und hingebungsvolle Forscher mit hochsensibler Psyche schon seit Tausenden von Jahren Experimente durchführen, deren Ergebnisse immer wieder den gleichen Grundsachverhalt bestätigen, obwohl die Experimentatoren ihre Beobachtungen an ganz verschiedenen Orten, in großem zeitlichen Abstand und unter gänzlich verschiedenen Versuchsumständen wiederholt haben. Die beteiligten Forscher sind

34 D. BOHM / B. HILEY: On the Intuitive Understanding of Non-Locality As Implied by Quantum Theory (1974)

35 T. LANDSCHEIDT: Mystik und Liebe (1986); ders.: Wir sind Kinder des Lichts (1987)

nicht nur hochqualifiziert, sondern auch integre Persönlichkeiten, deren Vorurteilsfreiheit und unbestechliche Objektivität außer Zweifel steht. Sie gehen an die Erforschung dessen, was ist, mit zumindest gleicher Geistesschärfe und Kritikfähigkeit heran wie Wissenschaftler des 20. Jahrhunderts, ja sind sogar zum Teil Wissenschaftler dieses Jahrhunderts wie der Paläontologe und Anthropologe M.-J. P. TEILHARD de CHARDIN, der Physiker und Philosoph Carl Friedrich von WEIZSÄCKER und der Biochemiker Erwin CHARGAFF.[36]

Mystiker sind Spezialisten und ihr Fachbereich ist die Seinsforschung. Ihr Forschungsfeld ist die Grenzzone zwischen der Schöpfung, wie sie ist, und der Welt, wie sie den Sinnen erscheint. Besonders befähigte Spezialisten dringen weit in unerforschtes Gebiet der existentiellen Schöpfung ein. Die bei anderen Wissenschaftlern vorwiegend eingesetzte zergliedernde Ratio dient lediglich der Aufarbeitung der Beobachtungsergebnisse nach Rückkehr von einer Forschungsexpedition. Die eigentliche Forschungsarbeit geschieht mit einem Erkenntnisinstrument, das auf sehr feine Schwingungen reagiert, die von Nichtspezialisten nicht wahrgenommen werden. Im Gegensatz zur gewöhnlichen Sinneserfahrung, die nur ein stark reduziertes „Abbild" bloßer Erscheinungen erzeugt, erfaßt das spezielle Erkenntnisinstrument der Mystiker die Wirklichkeit als lebendige Ganzheit, so wie sie ist, nicht wie sie erscheint. Der Beobachter, der seine gesamte Persönlichkeit in das Experiment einbringt, wird zu einem mitschwingenden Teil dieser energetischen Ganzheit, die seine Persönlichkeit durch einen Prozeß der Wechselwirkung wandelt und sein kreatives Potential durch Berührung mit der schöpferischen Wirklichkeit verstärkt. Hierdurch wird nicht nur seine Forschungskapazität erweitert; er wirkt insbesondere richtunggebend auf die Menschen seiner Zeit ein als Katalysator einer Welt-Sicht, die den Menschen als Teil einer urlebendigen kosmischen Ganzheit erkennt, die ihn mit ihrem Schöpfungsgrund trägt und seiner Entwicklung Sinn gibt.

Verschwommene okkulte Zusammenhänge sind mit der Klarheit und Gewißheit dieser Welt-Sicht unvereinbar. Die *Schöpfungswelt*, in welche die Mystiker eindringen, ist erfüllt von schwingender Energie und von einem klaren, lebendigen Licht, demgegenüber das Licht in der zergliederten Erscheinungswelt, die sich den Sinnen zeigt, nur als realitätsschwacher Abglanz erscheint. Mystiker dieser Art bezeichnen, wie zum Beispiel der kritische Zeitgenosse Arthur KOESTLER, ihre Erfahrung als wirkli-

36 T. LANDSCHEIDT: Wir sind Kinder des Lichts, S. 80 – 81, 85, 86

cher als alles, was ihnen je in ihrem Leben in der Erscheinungswelt begegnete. Ihrer übereinstimmenden Aussage über die Natur des *Weltgrundes* als einer unteilbaren lebendigen Ganzheit kann hiernach nicht der Beweiswert abgesprochen werden, der gemeinhin den Berichten vertrauenswürdiger Forscher zugestanden wird, zumal die Ergebnisse der EPR-Experimente in die gleiche Richtung weisen. Wer wird A. KOESTLER, der sich nicht nur bei seiner weitsichtigen Beurteilung des Kommunismus, sondern auch in seinen Schriften über komplexe Probleme des Lebens, der Kultur und der Forschung als kritischer Kopf erwiesen hat, der Kritiklosigkeit und Unzuverlässigkeit zeihen können, soweit er feststellt, daß er mit der „wirklichen Wirklichkeit" in Berührung gekommen sei durch einen Zustand, der „viel realer ist als irgendein zuvor erlebter"? Wer wird Forscher wie TEILHARD de CHARDIN, C. F. von WEIZSÄCKER und E. CHARGAFF, die durch die harte Denkschule der Naturwissenschaften und der Philosophie kritisches Urteilsvermögen und Formulierungsdisziplin erlangt haben, der Unfähigkeit bezichtigen, eine überwältigend eindrucksvolle Wirklichkeit als solche zu erkennen? H. BERGSON hat hierzu bemerkt:

> „Man könnte in das Reich der Mystik eindringen; den Weg haben diese einsamen Forscher mit bestürzender Übereinstimmung vorgezeichnet ... Manche halten dieses Reich für nichtexistent, weil es in ihnen keine Resonanz auslöst. Manche hören auch die Musik nicht: dennoch gibt es sie."[37]

Ähnlich hat sich der Träger des Nobelpreises für Physik, E. SCHRÖDINGER[38], geäußert:

> „Die Mystiker aus vielen Jahrhunderten haben jeder für sich, völlig unabhängig voneinander, aber in vollkommener Übereinstimmung miteinander (so etwa wie Teilchen in einem idealen Gas) die einzigartige Erfahrung ihres Lebens ... beschrieben."

Ein wichtiges Ergebnis der seit Jahrtausenden andauernden Forschung der Mystiker ist der Sachverhalt, daß die tiefere Seinsschicht, die bei den Bell-Experimenten nur mittelbar hervortritt, unmittelbarer sinnlicher Erfahrung zugänglich ist. Zwar verfügt nicht jeder Mensch über derart hochresonante „Erkenntnisinstrumente" wie Mystiker und kann daher solche subtilen sinnlichen Fähigkeiten nicht ohne weiteres zur Überprü-

37 M. BARTHÉLEMY-MADAULE: Bergson und Teilhard de Chardin (1970), S. 619
38 E. SCHRÖDINGER: What is Life? (1944), S. 88

fung der Aussagen der Mystiker einsetzen. Diese Schwierigkeit gilt allerdings auch für „gewöhnliche“ Forschung, die oft eine jahrzehntelange Ausbildungs-Bemühung erfordert, ehe etwas „gesehen“ werden kann. Jedenfalls ist bemerkenswert, wie sich die Erkenntnisströme der mystischen Erfahrung und der physikalischen Forschung in unserer Zeit vereinigen und trotz der grundverschiedenen Ausgangspunkte und Methoden zu der übereinstimmenden Einsicht gelangen, daß unter der Oberflächenschicht, die ein Konstrukt unserer grobsinnlichen Alltagswahrnehmung ist, eine ganzheitliche Wirklichkeit existiert, in der die Oberflächenkategorien Kausalität, Raum und Zeit nicht vorkommen oder eine ganz andere Bedeutung haben.

f) Makroskopische Konsequenzen der Bell-Experimente

G. ZUKAV hat seiner Verwunderung über die Merkwürdigkeiten der nichtlokalen Bell-Realität lebhaften Ausdruck gegeben:

> „Die Quantenmechanik geht davon aus, daß subatomare ‚Teilchen‘ ständig Entscheidungen treffen, die obendrein auf Entscheidungen beruhen, die andere ‚Teilchen‘ an anderer Stelle treffen. Das Wissen um solche Entscheidungen verbreitet sich augenblicklich, selbst wenn sie sich in einer anderen Galaxis ereignen. Wie kann ein subatomares ‚Teilchen‘ hier wissen, wie die gleichzeitig dort drüben getroffene Entscheidung aussieht? ... Die Quantenphysiker erkannten schon früher, daß die Vorstellungen des gesunden Menschenverstandes nicht ausreichen, um subatomare Phänomene zu beschreiben. BELLs Theorem zeigt, daß das Vorstellungsvermögen des sogenannten gesunden Menschenverstandes nicht einmal ausreicht, ganz alltägliche makroskopische Vorgänge zu beschreiben. Es projiziert die irrationalen Aspekte der subatomaren Phänomene mitten in den makroskopischen Bereich. Es besagt, daß Vorgänge nicht nur im Bereich des sehr Kleinen auf eine Weise ablaufen, die sich von unserer gewöhnlichen Weltansicht sehr stark unterscheidet, sondern daß auch Prozesse in der grossen Welt der Autobahnen und Sportwagen völlig anders vor sich gehen als wir uns dies vorstellen.“[39]

Der Physiker N. HERBERT kommt zu dem gleichen Ergebnis:

> „Die Bellsche Quantenverknüpfung verbindet nicht nur die Attribute von unsichtbaren mikroskopischen Systemen, sondern bringt auch die

39 G. ZUKAV: Die tanzenden Wu Li Meister (1981), S. 325

Wirkungen von schweren Meßapparaten aus Stahl, Glas oder Flußspat zueinander in Beziehung. In dem EPR-Experiment dringt Bells tiefere Nicht-Lokalität in die makroskopische Welt ein und manifestiert sich in der Form von superstarken Beziehungen zwischen weit voneinander entfernt liegenden Detektoren ... Das Bellsche Theorem ... nimmt die Nicht-Lokalität aus der unzugänglichen Mikrowelt heraus und versetzt sie ... in die vertraute Welt der Katzen und Badewannen."[40]

Auch der Physiker H. STAPP hat diesen Aspekt betont:

„Das Wichtigste an Bells Theorem ist, daß es das von den Quantenphänomenen hervorgerufene Dilemma unübersehbar in das Reich makroskopischer Entscheidungen hineinstellt. Dies zeigt, daß unsere gewöhnlichen Vorstellungen von der Welt sogar auf der makroskopischen Ebene sehr mangelhaft sind."[41]

1) Weiträumiger Wirkradius der Quantenphänomene

Mancher Leser wird demgegenüber einwenden, daß die subatomaren Teilchen, Atome und Moleküle der Quantenwelt so winzig seien, daß ein Einfluß auf makroskopische Phänomene gänzlich unvorstellbar sei. Dieses Argument mag plausibel klingen, war aber schon unzutreffend, als das Bellsche Theorem noch gar nicht erdacht war. Bei der Arbeit mit der Quantentheorie hat sich gezeigt, daß die Quanteneffekte trotz ihrer Winzigkeit weit in die makroskopische Welt hineinreichen. Der Wirkungsradius kann viele Meter oder sogar Lichtjahre betragen.[42] Die Dimension der Wellenfunktion von Photonen, die von unserer Sonne ausgestrahlt werden, erreicht nur den Bruchteil eines Millimeters. Handelt es sich jedoch um Photonen sehr weit entfernter Sterne, so geht die Breite der Wellenfunktion, die vom Sehstrahl aus gemessen wird, über die Breite des australischen Kontinents hinaus.[43] Elektrische Leitungen, Transistoren, integrierte Schaltungen, Computerchips, Laser und Supraleitfähigkeit erstrecken sich auf Materieansammlungen, die trotz ihrer ungeheuren Größe im Verhältnis zum Atom quantenmechanischer Natur sind.[44]

Ohne die moderne Quantentheorie könnten wir grundlegend wichtige Phänomene wie die Festigkeit der Materie, die physikalischen und che-

40 N. HERBERT: Quantenrealität (1990), S. 301, 302, 308

41 H. STAPP: S-Matrix Interpretation of Quantum Theory (1971)

42 R. PENROSE: The Emperor's New Mind (1989), S. 237

43 N. HERBERT: Quantenrealität, S. 175, 176

44 G. GREENSTEIN: Die zweite Sonne (1991), S. 284; S. HAWKING: A Brief History of Time (1990), S. 56

mischen Eigenschaften von Stoffen, die Farben von Substanzen, die Anordnung und Schärfe von Spektrallinien, die Struktur chemischer Verbindungen sowie das Frieren und Kochen von Wasser nicht verstehen.[45] Erst 1927 konnten W. HEITLER und F. LONDON und später J. SLATER und L. PAULING mit Hilfe der Quantenmechanik das Rätsel der chemischen Bindung lösen. Auch die Theorie der Einfach- und Mehrfachbindungen zwischen Kohlenstoffatomen, die eine grundlegende Erscheinung der organischen Chemie sind, stützt sich auf quantenmechanische Effekte. L. PAULING hat zu Recht festgestellt:

> „Soweit es um die grundlegende Theorie geht, gibt es nichts in der Chemie, was nicht auf Quantenprinzipien beruhte."[46]

2) Quanteneffekte in der Welt des Lebendigen

Selbst in der *Biologie* ließen sich viele rätselhafte Erscheinungen erst durch die Quantentheorie erklären. Auch hier hat sich herausgestellt, daß die mikroskopische Größenordnung der Quantenwelt einen Einfluß auf makroskopische Systeme nicht ausschließt. So stellt W. H. WESTPHAL in seinem Lehrbuch der Physik fest:

> „Es darf heute als sicher gelten, daß die spezifischen Lebensvorgänge durch quantenmechanische Zustandsänderungen an Gebilden von molekularer Feinheit gesteuert werden, die durch eine Art Verstärkerwirkung makroskopische Reaktionen des Organismus auslösen ... Damit überträgt sich die Undeterminiertheit jener Vorgänge auf diese Lebensäußerungen. Hierauf beruht der grundsätzliche Unterschied zwischen einem lebenden Organismus und einer Maschine."[47]

Es ist heute eine gesicherte Tatsache, daß einzelne Photonen, welche die Netzhaut des Auges treffen, ein makroskopisches Nervensignal auslösen können.[48] Der Physiker R. PENROSE[49], der an der Front der Forschung steht, hält es für möglich, daß auch im Innern des Hirns Zellen existieren, die so sensibel sind, daß sie auf einzelne Quanten reagieren. Er geht da-

45 R. PENROSE: The Emperor's New Mind, S. 225, 226; E. SCHRÖDINGER: Was ist Leben? (1989), S. 93; F. CAPRA: The Tao of Physics (1975), S. 69 – 70

46 S. WEINBERG: Dreams of a Final Theory (1992), S. 44

47 W. H. WESTPHAL: Physik (1963), S. 626

48 S. HECHT / S. SHLAER / M. H. PIRENNE: Energy, Quanta, and Vision (1941), 891; D. A. BAYLOR / T. D. LAMB / K. W. YAU: Responses of Retinal Rods to Single Photons (1979)

49 R. PENROSE: The Emperor's New Mind, S. 150, 400, 401; siehe auch J. G. NICHOLS / A. R. MARTIN / B. G. WALLACE: From Neuron to Brain (1992)

von aus, daß Quantenprozesse unmittelbar die Tätigkeit des Hirns beeinflussen.

Mikrophysikalische Systeme wie Atome und Moleküle ändern ihren Zustand durch Quantensprünge. Dies gilt auch für komplizierte Makromoleküle wie Gene, welche die gesamte Erbinformation für den Aufbau eines Enzyms enthalten. So läßt sich erklären, daß ein einzelnes energetisches Lichtquant eine Zelle töten oder eine Mutation auslösen kann. P. JORDAN hat schon in den fünfziger Jahren auf diesen Zusammenhang zwischen Quantenvorgängen und makrobiologischen Prozessen hingewiesen:

> „Tritt an einem Genmolekül ein Quantensprung ein, so ist hernach das Steuerungszentrum der Zelle einschneidend verändert, derart, daß makrophysikalische Auswirkungen daraus entstehen: Beispielsweise kann die Zelle durch einen solchen Quantensprung lebensunfähig werden und absterben; oder es kann, wenn es sich vielleicht gerade um eine Keimzelle handelt, der aus ihr erwachsende vielzellige Organismus sich erheblich von demjenigen unterscheiden, welcher ohne das Eintreten dieser Mutation entstanden wäre. Der Quantensprung selber aber unterliegt als mikrophysikalisches Elementarereignis keiner kausalen Determinierung, so daß die makrophysikalischen Wirkungen, die durch ihn ausgelöst wurden, in ihrer kausalen Zurückverfolgung auf ein indeterminiertes Einzelereignis als letzte Wurzel führen."[50]

Diese Feststellungen wurden zur Zeit ihrer Veröffentlichung als revolutionär empfunden. Inzwischen erregen selbst so weitgehende Äußerungen wie die folgende Zusammenfassung des Physikers A. A. COCHRAN kein Aufsehen mehr:

> „Die bekannten Tatsachen der modernen Quantenphysik und der Biologie lassen den folgenden Satz von Hypothesen vernünftig erscheinen: Atome und Elementarteilchen haben rudimentäres Bewußtsein, Willen und Eigenaktivität; die grundlegenden Eigenschaften der Quantenmechanik sind ein Ergebnis dieser Tatsache; die quantenmechanischen Welleneigenschaften der Materie sind eigentlich die Bewußtseinseigenschaften der Materie, und lebende Organismen sind eine direkte Folge dieser Eigenschaften der Materie."[51]

Der Kernforscher, Informatiker und Spezialist auf dem Gebiet der Einheitstheorien J. E. CHARON[52] hat sogar eine umfassende physikalische

50 P. JORDAN: Das Bild der modernen Physik (1957), S. 102, 106, 107; ders.: Erkenntnis und Besinnung (1972), S. 161 – 163

51 A. A. COCHRAN: Quantum Mechanics and Biology (1971), 235

Theorie entwickelt, welche die Hypothesen COCHRANs in einen quantitativ detaillierten Gesamtzusammenhang stellt, der nicht nur die bisherigen Ergebnisse der physikalischen Forschung abbildet, sondern auch die fundamentalen Konstanten der Physik erklärt, die selbst für die Quantentheorie ein Rätsel sind.

3) Quantengesetze als Garanten komplexer Wirklichkeit

Es wurde bereits erwähnt, daß die Festigkeit der Materie, die uns daran hindert, mit dem Kopf durch die Wand zu gehen, aber uns auch davor bewahrt, ins Bodenlose zu stürzen, eine unmittelbare Folge der Quantenwirklichkeit ist. Aber auch die Existenz von Atomen mit Elektronenhüllen, ohne die es differenzierte Materie in Form von Sonnen, Planeten und Lebewesen überhaupt nicht gäbe, ist ohne die *Quantenmechanik* nicht zu verstehen. Als E. RUTHERFORD 1911 sein Atommodell entwickelte, ging er von einem massiven positiv geladenen Kern aus, um den winzige Elektronen mit negativer Ladung herumkreisten wie Planeten um die Sonne. Nach der klassischen Elektrodynamik war unverständlich, daß die Elektronen beständig ihren Abstand vom Kern aufrechterhielten, obwohl die unterschiedlichen elektrischen Ladungen zu einer Anziehung und Vereinigung im Kern hätten führen müssen. Was hält die Elektronen davon ab, in den Kern zu stürzen? Ein abstraktes quantenmechanisches Prinzip: die *Heisenbergsche Unschärferelation*. Wird der Impuls eines Teilchens exakt gemessen, läßt sich sein Ort nicht mehr genau festlegen und umgekehrt. Je genauer man die eine dieser beiden Größen bestimmt, desto ungenauer wird die andere. Fielen die Elektronen in den Kern, so wüßten wir genau ihre Position. Nach dem Unbestimmtheitsprinzip wäre dann der Impuls unbestimmt und zugleich sehr groß. Die kinetische Energie der Elektronen reichte aus, um das Atom zu verlassen. Die Elektronen müssen also ihren Abstand vom Kern einhalten, damit die Struktur des Atoms erhalten bleibt.[53]

In der Quantentheorie ist an keiner Stelle ein Hinweis darauf zu finden, daß sie nur auf Prozesse sehr kleiner Größenordnung anwendbar sei. Sie gilt grundsätzlich für alle Erscheinungen im Universum, also auch für den Menschen, der sich aus lauter Quantensystemen zusammensetzt.[54]

52 J. E. CHARON: Théorie de la Relativité Complexe (1977); ders.: Les Lumières de l'Invisible (1985); ders.: Der Geist der Materie (1982); ders.: Der Sündenfall der Evolution (1987)

53 R. P. FEYNMAN / R. B. LEIGHTON / M. SANDS: The Feynman Lectures on Physics (1966), S. 2 – 6

54 G. GREENSTEIN: Die zweite Sonne, S. 284

Die quantenmechanische Natur jeglicher Existenz ist aber bei makrokosmischen Größenordnungen nur schwer zu erkennen, weil die unvorstellbar große Zahl der beteiligten Quantensysteme und ihre verwickelten wechselseitigen Beziehungen den Eindruck erwecken, die makroskopische Welt sei anderen Gesetzen unterworfen. Ist dies die Maya der indischen Philosophie? Die Komplexität der makroskopischen Vorgänge und nicht die Größenordnung scheint zu verhindern, daß wir nicht unmittelbar die Quantennatur aller Naturerscheinungen erkennen. In jüngster Zeit sind *Supraleitende Quanteninterferenz-Detektoren* (SQUID) entwickelt worden, die in einer makroskopischen Größenordnung Quantenprozesse ablaufen lassen, die sich sonst nur im submikroskopischen Bereich ereignen. Eine ganze Reihe von Quanteneffekten, die so mit bloßem Auge beobachtet werden konnten, spielten sich genau so ab, wie sie die Quantenmechanik beschreibt.[55]

4) Verknüpfung aller Quantenprozesse zu einem kosmosumspannenden Quantensystem

Die wenigen hier dargestellten Zusammenhänge zeigen deutlich, daß schon die *Quantenprozesse*, wie sie die *Quantentheorie* vor der Veröffentlichung des Bellschen Theorems beschrieb, weit in die makroskopische Welt hineinreichen, ja sogar die Grundlage ihrer Existenz sind. Durch die Präzisionsexperimente, welche die Bellsche Ungleichung verletzen, sind diese Hinweise auf eine ganzheitliche physikalische Wirklichkeit in dramatischer Weise verstärkt worden. Jetzt steht fest, daß die Welt in ihrer Gesamtheit, ob mikrophysikalisch oder makroskopisch, in einer tieferen Schicht der Wirklichkeit nichtlokal zusammenhängt. Die *Nichtlokalität* liegt der alltäglichen Welt des Menschen nicht nur deshalb zugrunde, weil die Quantentheorie auf einen solchen Zusammenhang hindeutet, sondern weil die Realität selbst sich als nichtlokal erwiesen hat.[56]

Die *Eigenschaft der Nichtlokalität* ist eng mit der Quantentheorie verknüpft. Sie tritt schon bei einem Einzelakt wie der Messung eines Quantenobjekts zutage. Die Quantenattribute sind nicht oder zumindest nicht vollständig in dem Quantenobjekt selbst lokalisiert, sondern in der gesamten „Versuchsanordnung"[57], die nach der kausalen Interpretation der

55 J. BAGGOTT: The Meaning of Quantum Theory (1992); G. GREENSTEIN: Die zweite Sonne, S. 285, 286

56 N. HERBERT: Quantenrealität, S. 281

57 Ders., ebd., S. 225

Quantenmechanik von D. BOHM[58] nicht nur die unmittelbare Umgebung des Quantendetektors einschließt, sondern selbst energieschwache, aber hochstrukturierte Potentiale in beliebig weiter Entfernung vom Aufzeichnungsort. Treffen mehrere Quantenobjekte zusammen, so vereinigen sich die Wellenfunktionen, die ihren Zustand darstellen. Trennen sie sich wieder, wie die Teilchen in den EPR-Experimenten, so laufen nur die Amplituden ihrer Wellenfunktionen auseinander, während ihre Phasen derart miteinander verbunden bleiben, daß sie wie eine Ganzheit ohne jeden Zeitverzug auf Zustandsänderungen reagieren, und zwar auch dann, wenn sie nicht mehr in der Lage sind, konventionelle Wechselwirkungskräfte aufeinander auszuüben. Im vieldimensionalen Konfigurationsraum der Wellenmechanik erscheinen die in diesen Prozeß verwickelten Teilchen als verschiedene Aspekte einer einzigen Wellengestalt. E. SCHRÖDINGER empfand diese *Phasenverbundenheit*, die zu instantanen Ganzheitsreaktionen führt, als so ungewöhnlich, daß er sie als Hauptmerkmal der Quantentheorie bezeichnete.[59]

Obwohl die Quantenmechanik außerordentlich erfolgreich ist und hinsichtlich der Übereinstimmung mit experimentellen Ergebnissen bisher keinerlei Schwachpunkte erkennen läßt, ist nach den Erfahrungen in der Geschichte der Physik doch nicht auszuschließen, daß sie irgendwann in der Zukunft durch eine umfassendere, tiefer gehende Theorie ersetzt wird. Dies würde jedoch nicht dazu führen, daß das Prinzip der Lokalität eine neue Chance erhielte. Die Experimente auf der Basis der Bellschen Ungleichungen haben die *Nichtlokalität* als ein allgemeines Merkmal der Natur nachgewiesen. Alle zukünftigen Theorien der Physik müssen von diesem Faktum ausgehen.[60] Dieses unumstößliche Ergebnis bedeutet, daß weit voneinander entfernte Systeme in einer Weise miteinander verbunden sind, die Physiker des 19. Jahrhunderts für völlig unmöglich gehalten hätten. In allen großen Theorien der Vergangenheit, der *Newtonschen Gravitationstheorie*, den *Maxwellschen Gesetzen* und selbst noch in der *allgemeinen Relativitätstheorie* EINSTEINs war die *Entfernung zwischen den Systemen* ein beherrschendes Element. Nun zeigt sich, daß alle physikalischen Objekte in einer existentiellen Tiefenschicht in einer völlig neuen Weise miteinander verbunden sind, bei der die Entfernung keine Rolle mehr spielt. Nach einer Formulierung von N. HERBERT wird

58 D. BOHM / F. D. PEAT: Das neue Weltbild (1990)
59 N. HERBERT: Quantenrealität, S. 226 – 228
60 F. D. PEAT: Einstein's Moon (1990), S. 116

„die tiefere Realität der Welt durch eine unsichtbare Quantenverknüpfung aufrecht erhalten, deren allgegenwärtiger Einfluß unvermittelt, ungeschwächt und unmittelbar ist.“[61]

Der Physiker N. HERBERT hat sich nicht den Hinweis versagt, daß auch die ureigenen Atome unseres Körpers Teil dieser nichtlokalen Realität sind.[62]

Letzten Endes fügt die Nichtlokalität alle mikrophysikalischen Quantenobjekte im Universum zu einem unermeßlich komplizierten Wechselwirkungs-Netzwerk zusammen, das den Charakter eines einzigen kosmosumspannenden Quantensystems hat.[63] S. WEINBERG, Träger des Nobel-Preises für Physik, scheut sich daher nicht, von einer „augenblicklichen Änderung der Wellenfunktion des gesamten Universums“ zu sprechen.[64] WEINBERG hat sich hier nicht zu einer „philosophischen“ Bemerkung hinreißen lassen, sondern vertritt diesen Standpunkt als Physiker. An anderer Stelle schreibt er:

„Wir sind überzeugt, daß die Quantenmechanik das gesamte Universum beherrscht. Sie regiert nicht nur die individuellen Elektronen, Atome und Moleküle, sondern auch die makroskopischen Beobachtungsapparate und die Physiker, die sie einsetzen.“[65]

Der Physiker J. J. HALLIWELL, ein Schüler S. W. HAWKINGs, zieht in einer Arbeit über Quantenkosmologie und die Entstehung des Universums das Fazit:

„Die Quantenmechanik ist auf das gesamte Universum anzuwenden, zu jeder Zeit und auf alles, was sich in ihm befindet. Ob man dies für annehmbar hält oder nicht, aber so lautet die Grundaussage der Quantenkosmologie.“[66]

61 N. HERBERT: Quantenrealität, S. 326

62 Ders., ebd., S. 327

63 M. KAFATOS / R. NADEAU: The Conscious Universe (1990), S. 11; P. DAVIES / J. GRIBBIN: The Matter Myth (1992), S. 224

64 S. WEINBERG: Dreams of a Final Theory (1992), S. 81; siehe auch N. HERBERT: Quantenrealität, S. 293; HERBERT weist darauf hin, daß alle Systeme, die irgendwann einmal in der Vergangenheit miteinander in Wechselwirkung getreten sind, auch nach ihrer Trennung durch die fortbestehende quantentheoretische Phasenverknüpfung in einer einzigen Wellenform vereinigt bleiben, deren entfernteste „Teile“ auf unvermittelte, ungeschwächte und unmittelbare Weise miteinander verbunden sind.

65 S. WEINBERG: Dreams of a Final Theory, S. 82

66 J. J. HALLIWELL: Quantum Cosmology and the Creation of the Universe (1991), 82; siehe auch J. B. HARTLE / S. W. HAWKING: Wave Function of the Universe (1983)

5) Nichtlokalität und Astrologie

Es wurde bereits erörtert, daß der Physiker F. D. PEAT aus den Bell-Experimenten den Schluß gezogen hat, daß wir alle auf merkwürdige Weise ständig mit dem Mond verbunden sind. Das gilt genauso für andere Körper des Sonnensystems wie die Sonne und die Planeten. Die eingangs zitierte Auffassung des PARACELSUS, daß der Mensch und die kosmischen Körper eine ungeteilte Ganzheit bildeten, deren Teile innig miteinander verbunden seien, feiert hier fröhliche Urständ. Wir können zwar ebensowenig wie zur Zeit des PARACELSUS oder im Zeitalter der Formulierung der Tabula Smaragdina genau sagen, wie diese Ganzheit zustande kommt und ob sie Gesetzmäßigkeiten gehorcht, die in einer noch tieferen Seinsschicht liegen. Es ist aber inzwischen eine unumstößliche Tatsache, daß sie existiert. Somit ist der *astrologische Grundsatz vom Kosmos als ganzheitlichem Gefüge*, das alle in ihm enthaltenen Teilsysteme miteinander verbindet, nicht nur mit moderner Naturwissenschaft vereinbar, sondern sogar von ihr bewiesen. Naturwissenschaftler, die bei Auseinandersetzungen über die Grundlagen der Astrologie einen Verstoß gegen das Prinzip der örtlichen Ursachen als unwiderlegbares Argument ins Feld führen, stehen hiernach mit ihrer Argumentation noch in der zweiten Hälfte des 19. Jahrhunderts, während sich die Grundvorstellung der Astrologie vom Kosmos als einem organischen Prozeß, der alle mikrokosmischen und makrokosmischen Teilprozesse zu einer Einheit verbindet, als fortschrittliches Konzept erweist, das mit den jüngsten Forschungsergebnissen in Einklang steht. Wenn es der Astrologie gelänge, mit ihren Mitteln zweifelsfreie Zusammenhänge zwischen weit voneinander entfernten Systemen nachzuweisen, die nicht durch konventionelle Wechselwirkung erklärt werden können, wäre sie sogar in der Lage, einen wichtigen Beitrag zur weiteren Entwicklung der Wissenschaft zu leisten.

6) Die Geburt eines Menschen: Eingliederung in das kosmische Quantensystem?

Die seltsame unteilbare Einheit, die alle Quantensysteme in Mikrokosmos und Makrokosmos miteinander verbindet, ist allerdings an die Voraussetzung geknüpft, daß zunächst einmal etwas geschieht, was die beteiligten „Teilchen" und „Teilchenaggregate" zu einem System werden läßt. Eine „Begegnung" muß stattfinden, Teilchen müssen gemeinsam entstehen oder in intensive Wechselwirkung treten. B. d'ESPAGNAT hat jedoch mit überzeugenden Gründen darauf hingewiesen, daß die meisten Teilchen und die von ihnen gebildeten Aggregate in der langen Entwicklungsgeschichte des Universums, die 12 bis 18 Milliarden Jahre gedauert hat, irgendwann aufeinander „eingewirkt" haben mit der Folge, daß alle diese Objekte eine unteilbare Ganzheit bilden.[67] M. KAFATOS und R. NADEAU bemerken hierzu:

> „Praktisch alles in unserer unmittelbaren physikalischen Umgebung besteht aus Quanten, die vom Anfang des Universums bis in unsere Gegenwart mit anderen Quanten in Wechselwirkung getreten sind wie die Elementarteilchen bei den Experimenten zur Überprüfung des Bellschen Theorems. Die Atome in unserem Körper bestehen aus Teilchen, die zur Zeit des Big Bang eng benachbart waren, während andere Teilchen, die durch den kosmischen Feuerball zu Quantensystemen vereinigt wurden, in den entferntesten Sternen zu finden sind. Dies bedeutet, so merkwürdig es auch erscheinen mag, daß die Quanten in unserem Körper genauso Teil eines allumfassenden Systems sind wie die Teilchen, die in einem Bell-Experiment in unterschiedliche Richtungen davonfliegen."[68]

Hier drängt sich der Gedanke auf, ob nicht die *Geburt eines Lebewesens*, der Augenblick, in dem es erstmals als in neuer Weise strukturiertes selbständiges „Teilchenaggregat" dem Evolutionsprozess der kosmischen „Objekte" ausgesetzt wird, die bereits eine untrennbare Ganzheit bilden, als eine „Begegnung" anzusehen ist, die das in die Eigenexistenz tretende Aggregat zum Mitglied des bereits existierenden einheitlichen Systems macht. Es ist bereits erwähnt worden, daß das Phänomen der fortgesetzten Phasenverbundenheit von Teilchen, die sich nach einer Begegnung wieder getrennt haben, von E. SCHRÖDINGER als so ungewöhnlich empfunden wurde, daß er es als Hauptmerkmal der Quantentheorie bezeichnete. Die in einen solchen nichtlokalen Prozeß verwickelten Teilchen erscheinen im vieldimensionalen Konfigurationsraum als verschiedene „Aspekte" einer einzigen Wellengestalt. Wird ein Lebewesen bei seiner Geburt durch den Akt der „Begegnung" zu einem hochkomplizierten „Aspekt" der äußerst verwickelten Wellenfunktion des Sonnensystem und letzten Endes des gesamten Universums? Die Folge könnte sein, daß von diesem Augenblick an Zustandsänderungen der anderen Aggregate das neu in das System eingetretene Aggregat unabhängig von klassischen Kausalzusammenhängen beeinflussen, wobei möglicherweise die struk-

67 B. d'ESPAGNAT: The Quantum Theory and Reality, S. 140
68 M. KAFATOS / R. NADEAU: The Conscious Universe, S. 73

turellen Anfangsbedingungen im Augenblick der „Begegnung“ eine wichtige Rolle spielen.

Es soll hier nicht behauptet werden, daß es tatsächlich so ist. Selbst wenn es so wäre, könnte ein exakter Beweis beim heutigen Stand des Wissens nicht erbracht werden. Die nichtlokale Realität ist eine Tatsache, die bisher kein Physiker erklären kann. Immerhin zeigen aber die bisherigen Ausführungen, daß die Vorstellung der Geburt eines Lebewesens als „Eingliederung“ in die nichtlokale Realität nicht als unvereinbar mit dem jüngsten Stand fortgeschrittener Naturwissenschaft angesehen werden kann. Insoweit sollten Kritiker der astrologischen Weltsicht beherzigen, was der Physiker C. F. v. WEIZSÄCKER in einem Interview zum Thema Astrologie gesagt hat:

> „Die Naturwissenschaft ist meinem Gefühl nach nicht weit genug entwickelt, um sagen zu können, daß das nicht wahr sein kann und auch nicht weit genug entwickelt, um zu sagen, wie es zusammenhängt, wenn es wahr ist.“[69]

Auch der Wissenschaftstheoretiker W. STEGMÜLLER hat vor einer Überschätzung des jeweils als gesichert angesehenen Wissens gewarnt:

> „Welche Garantie haben wir denn, daß man in näherer oder fernerer Zukunft über Relativitätstheorie und Quantenphysik nicht ähnlich denken wird, wie man heute über Phlogistonchemie denkt? Zu behaupten, dies sei ausgeschlossen, wäre nichts weiter als Ausdruck intellektuellen Hochmuts und überdies eine irrationale Verabsolutierung der heute üblichen Methoden sowie der heute für gültig gehaltenen Auffassungen.“[70]

Der Mathematiker von Weltrang J. v. NEUMANN[71] hatte allerdings 1932 bei der Veröffentlichung des nach ihm benannten Theorems als bewiesen angesehen, daß die Quantentheorie in der vorliegenden Form abgeschlossen sei und nicht durch neorealistische Vorstellungen ergänzt werden könne. Nach einer langwierigen Diskussion hat sich jedoch herausgestellt, daß es doch möglich ist, daß es Dinge, Eigenschaften oder Vorgänge in der realen Außenwelt gibt, die von der Quantentheorie nicht erfaßt werden.[72] Wer kann ausschließen, daß hierzu spezielle Zusammenhänge

69 C. F. v. WEIZSÄCKER, Interview in der ARD-Sendung „Sammelsurium“ vom 7. 1. 1976

70 W. STEGMÜLLER: Hauptströmungen der Gegenwartsphilosophie (1975), S. 495; siehe auch K. HÜBNER: Kritik der wissenschaftlichen Vernunft (1979)

71 J. v. NEUMANN: Die mathematischen Grundlagen der Quantenmechanik (1934)

72 F. SELLERI: Die Debatte um die Quantentheorie, S. 49 – 52; D. BOHM: A Suggested Interpretation of the Quantum Theory in Terms of Hidden Variables (1952), 166

gehören, von denen die Astrologie ausgeht, zumal sich gezeigt hat, daß die nichtlokale Weltsicht der Astrologie sich auf die Ergebnisse der Experimentalphysik unserer Zeit stützen kann. Oft ist es ganz einfach die noch nicht hinreichende Entwicklung der Technik, insbesondere der Meßtechnik, die dem Beweis eines Denkansatzes im Wege steht.

So hat der Physiker F. R. KRUEGER zur Überraschung seiner Fachkollegen dargelegt, daß GOETHE in dem berühmten Streit über die Farbenlehre NEWTON leicht hätte widerlegen können, wenn ihm moderne Laser und nichtlineare optische Instrumente zur Verfügung gestanden hätten:

> „Newton präpariert angeblich reines Rot, indem er dieses mittels eines Prismas und Spaltes herausblendet. Er zeigt dann, daß weitere Prismen dieses Rot nicht weiter zerlegen. Damit sagt er etwas über sein Prisma aus, aber mitnichten über die „Röte". Nehmen wir unseren Laser-Baukasten zur Hand und erzeugen uns rotes Licht, von dessen angeblicher Reinheit wir uns mittels eines Prismas überzeugt haben. Nun nehmen wir nicht sofort ein weiteres Prisma, sondern erst einen Kristall besonderer Art, auf den wir das Licht fokussieren und nach Durchtreten dieses Kristalls wieder mittels eines Prismas untersuchen; und siehe da, nicht nur rotes Licht erblicken wir, sondern auch blaues und ultraviolettes ... Enthält nun das „reine" rote Licht etwa doch Blau und Ultraviolett? NEWTON müßte das akzeptieren. Er würde gar finden: Je intensiver das rote Licht, desto überproportional mehr Blau und Ultraviolett enthält es."[73]

GOETHE hat übrigens mit seiner Kritik der Newtonschen Versuchsanordnung Erkenntnisse der Quantentheorie vorweggenommen. Wie F. R. KRUEGER hervorgehoben hat, ist es ihm gelungen, ein widerspruchsfrei durchführbares Paradigma der Naturbetrachtung zu finden, nämlich das der Untrennbarkeit von Erkennendem und Erkanntem, Messendem und Gemessenem. Was vor kurzem noch von der Fachwelt als widerlegte Rückständigkeit angesehen wurde, erweist sich jetzt als Gedankensprung in die Zukunft über einen Zeitabgrund von eindreiviertel Jahrhunderten. Solche Denksprünge, die erst in der Zukunft Nachweisbares vorwegnehmen, sind auf jedem Wissensgebiet möglich.

73 F. R. KRUEGER: Physik und Evolution, S. 59

2. Ganzheitliche kosmische Verknüpfungen und Allgemeine Systemtheorie

Es ist eine merkwürdige, aber immer wieder bestätigte Erfahrung, daß gleiche Entwicklungstendenzen gleichzeitig auf so verschiedenen Gebieten wie Mathematik, Physik, Biologie, Malerei und Literatur auftauchen und zur Ausbildung ähnlicher Formen führen.[74] Dies gilt auch für die Denkbilder ganzheitlicher Zusammenhänge, die ebenso geartet sind wie die astrologische Grundvorstellung von einem ganzheitlichen Kosmos. Parallel zur Diskussion des Bellschen Theorems formulierte der Biologe L. v. BERTALANFFY[75] die Allgemeine Systemtheorie, die inzwischen zu einem interdisziplinären Forschungsfeld geworden ist, das von den Zusammenhängen zwischen subatomaren Partikeln bis zu den Grenzen des Universums reicht und auch technische, soziologische, ökonomische und psychologische Erscheinungen nicht ausklammert. Die Systemtheorie präzisiert die überlieferte Einsicht, daß das Ganze mehr ist als die Summe seiner Teile; sie betrachtet Systeme als unteilbare, dynamische Ganzheiten, deren Teilsysteme derart miteinander verwoben sind, daß ihre Prozeßfunktionen nur im Rahmen des Gesamtprozesses des Systems verstanden werden können. Diese Betrachtungsweise liegt näher, als manche reduktionistischen Wissenschaftler anzunehmen geneigt sind. Der Physiker und Astronom A. EDDINGTON hat dies durch eine einleuchtende Formulierung verdeutlicht:

> „Wir glauben oft, daß wir dann, wenn wir 'eins' genau studiert haben, auch alles über 'zwei' wissen, denn 'zwei' ist 'eins und eins'. Dabei vergessen wir aber, daß wir immer noch das 'und' zu untersuchen haben."[76]

F. VESTER hat anhand überzeugender Beispiele klar gemacht, wie sehr die wirklichen Zusammenhänge durch die Vernachlässigung der Vernetzung von Einzelelementen verfälscht werden:

> „Das Geschehen in Systemen scheint ziemlich unabhängig von der Art der Dinge selbst zu sein, dafür um so abhängiger von ihren Wechselwirkungen, von der Art, wie sie zueinander organisiert sind, welche Struktur sie bilden. Diese Systemgesetze haben sich bisher immer wieder der wissenschaftlichen Betrachtung entzogen, weil sie Konstellationen, also

74 A. UNSÖLD: Evolution kosmischer biologischer und geistiger Strukturen (1981), S. 117
75 L. v. BERTALANFFY: General Systems Theory (1968)
76 A. EDDINGTON: The Nature of Physics (1958), S. 103

das Geschehen zwischen den Dingen betreffen ... Die Ursache eines Ereignisses ist im Grunde immer eine solche Konstellation, ein Gesamtmuster, und nicht irgendein Einzelelement, das wir uns willkürlich als Ursache herauspicken."[77]

Dieser Denkansatz weist in die gleiche Richtung wie die Überlegungen, die zur Entdeckung der nichtlokalen Realität geführt haben, stimmt aber auch mit der astrologischen Fundamentalthese überein, wonach der Kosmos sich als ganzheitliches Strukturgefüge darstellt, in welches die Teile und das Ganze gemeinsam eingebunden sind. Die Astrologie befaßt sich mit den von F. VESTER angesprochenen Konstellationen und Gesamtmustern, indem sie in ihre Strukturuntersuchungen das gesamte Sonnensystem einbezieht und dabei die „Vernetzung" der Sonne, des Mondes und der Planeten durch geometrische Verknüpfungen erfaßt, die sie Aspekte nennt. Es mag zunächst dahingestellt bleiben, ob diesem ganzheitlich erfaßten Beziehungsgefüge die von den Astrologen beanspruchte spezielle Bedeutung zukommt. Festgehalten werden kann jedoch schon jetzt, daß der operative Ansatz als solcher im Gegensatz zu der Erklärung der 186 hochangesehenen amerikanischen Wissenschaftler durchaus mit den Konzepten und Ergebnissen moderner Wissenschaft vereinbar ist.

3. Stehen die „riesigen Entfernungen" und „winzigen Kräfte" der kosmischen Körper ihrer Einwirkung auf die Erde entgegen?

a) Das Machsche Prinzip und die Astrologie

In den *„Einwänden gegen die Astrologie"*, dem Manifest der 186 amerikanischen Fachgelehrten, wird ausdrücklich hervorgehoben, daß wegen der „riesigen Entfernungen" der Planeten die „Gravitation und die anderen Kräfte", die von ihnen ausgingen, zu „winzig" seien, um auf der Erde irgendetwas zu bewirken. Wie die bisherigen Ausführungen zeigen, stützt sich diese Argumentation auf ein Weltbild, das überholt ist. Die Verletzung der Bellschen Ungleichung beweist, daß die Weltsicht, die dem „gesunden Menschenverstand" entspricht, grundlegende Züge der Wirklichkeit falsch wiedergibt, und zwar nicht nur im mikroskopischen Bereich, sondern auch auf makroskopischer Ebene. Nicht die solide Substanz von Objekten, die durch „Entfernungen" voneinander getrennt sind, ist das ei-

77 A. VESTER: Neuland des Denkens (1984), S. 39

gentlich Beharrende, sondern die sich im ganzheitlichen Entwicklungsprozeß des Universums verwirklichende Gestalt.[78] Es wird jedoch wohl noch ein Jahrhundert dauern, bis diese neue Weltsicht zum Allgemeingut geworden ist. Das physikalische Gesetz der Massenträgheit scheint im übertragenen Sinn auch in der Soziologie wirksam zu sein.[79] Zur Zeit verhindert der anachronistische Glaube des Gegenwartsmenschen an solide, durch räumliche Entfernungen voneinander getrennte Objekte eine tiefere Einsicht in die „wirkliche Wirklichkeit". Es wird nach wie vor als selbstverständlich angesehen, daß sich nur die räumlich nahe Umwelt auf die Entwicklung des Menschen auswirken kann. Wer die Umweltsphäre bis zu den Grenzen des Sonnensystems ausdehnt oder sogar noch darüber hinaus, wird für einen Phantasten gehalten. Dies gilt sogar für seit langem bekannte physikalische Denkansätze wie das *Machsche Prinzip*, das davon ausgeht, daß die Trägheit der irdischen Materie von der Gesamtmasse des uns umgebenden Universums bewirkt wird.[80] Die Trägheit äußert sich als Widerstand gegen Beschleunigungen. Bei Rotationen von Körpern erzeugt sie die Zentrifugalkraft. Verschwände plötzlich die Weltraummaterie, die uns umgibt, würden auch sofort die Trägheit und die Zentrifugalkräfte verschwinden. EINSTEIN hat bei einer Modifizierung seiner ursprünglichen Formulierung der Allgemeinen Relativitätstheorie die Machschen Vorstellungen berücksichtigt. Der Mathematiker und Astronom H. BONDI hat aus dem Machschen Prinzip, das ihm einleuchtet, weitreichende Konsequenzen für die Beurteilung „isolierter" Laboratoriumsexperimente gezogen:

> „Es scheint so, als ob das Universum überhaupt bei jedem Experiment eine Rolle spielt, weil es schließlich die Trägheitseigenschaften beisteuert, welche die Körper in unseren Versuchsanordnungen haben."[81]

Ein solcher *Effekt unsichtbarer Massen*, die aus ungeheurer Entfernung auf das irdische Geschehen einwirken, ist manchen Menschen unheimlich. Der Philosoph B. RUSSELL hat dem mit der Feststellung Ausdruck gegeben, daß das Machsche Prinzip formal korrekt sei, aber „nach Astrologie schmecke".[82] Damit trifft er den Kern der Sache. Der Machsche Effekt legt die Frage nahe, wieso die relativ nahen Massen der Planeten des

78 C. F. v. WEIZSÄCKER: Aufbau der Physik (1985)
79 T. LANDSCHEIDT: Wir sind Kinder des Lichts, S. 15 – 16
80 E. MACH: Die Mechanik (1982), S. 227 – 231
81 H. BONDI: Assumption and Myth in Physical Theory (1967)
82 D. W. SCIAMA: The Unity of the Universe (1959), S. 99

Sonnensystems keinen Einfluß auf irdische Körper haben sollen, wo doch selbst die Massen kosmischer Körper am Rande des Universums zur Trägheit der irdischen Körper beitragen. R. RUYER hat die Auswirkungen dieses Einflusses aus weiter Ferne plastisch vor Augen geführt:

> „Wenn der Autobus unerwartet heftig bremst, zeigt mein Fallen, daß ich nicht verbunden bin mit dem Fahrzeug, ja nicht einmal mit der Erde, daß ich aber eins bin mit dem Universum."[83]

A. KOESTLER , der sich durch unbestechliche Logik und Vorurteilsfreiheit auszeichnet, ist nicht entgangen, daß das Machsche Prinzip noch eine weitere Konsequenz hat:

> „Es besagt nicht nur, daß das Universum als Ganzes lokale irdische Ereignisse beeinflußt, sondern auch, daß lokale Vorgänge einen wenn auch noch so minimalen Einfluß auf das Universum als Ganzes haben."[84]

Dies entspricht der Botschaft der Tabula Smaragdina und der erörterten Grundthese der Astrologie.

b) Wirksame Effekte schwacher klassischer Kräfte

Selbst ganz gewöhnliche Rechnungen im Rahmen der klassischen Theorien zeigen, daß den *Planeten* im Sonnensystem nicht ohne weiteres jede Einwirkungsmöglichkeit auf irdische Verhältnisse abgesprochen werden kann. Die Gravitation ist im Vergleich zu anderen Kräften unvorstellbar schwach. Das Magnetfeld eines Spielzeugmagneten, der einen Nagel auf der Erdoberfläche anzieht, ist stärker als das Gravitationsfeld der Erde. Dennoch macht die verschwindend geringe Gravitation eines Elektrons am Rande des Universums die Bewegung von Sauerstoffmolekülen in der irdischen Atmosphäre schon vom 56. Zusammenstoß an unberechenbar, wobei zu berücksichtigen ist, daß jedes Sauerstoffmolekül während einer Sekunde milliardenfach mit anderen Molekülen zusammenstößt.[85] Der Mathematiker E. BOREL[86] hat berechnet, daß die Verlagerung einer Masse von einem Gramm auf dem Sirius um einen Zentimeter zu einer Änderung des Gravitationsfeldes der Erde um 10^{-100} führt. Dies scheint auf den ersten Blick völlig unerheblich zu sein. BOREL hat aber nachgewiesen,

83 R. RUYER: Jenseits der Erkenntnis (1977), S. 73
84 A. KOESTLER: Die Armut der Psychologie (1980), S. 301
85 U. DEKER / H. THOMAS: Die Chaos-Theorie (1983), S. 73
86 E. BOREL: Introduction géométrique à quelques théories physiques (1914), S. 94

daß diese winzige Störung schon dazu führt, daß die Bewegung eines Gasmoleküls auf der Erde nur noch für den winzigen Zeitraum einer millionstel Sekunde berechnet werden kann; für einen längeren Zeitraum wird die Vorhersage unmöglich.

Die jüngere Forschung hat überdies gezeigt, daß selbst in Bereichen sehr schwacher Energie selektive Wechselwirkungen stattfinden, die makroskopische Auswirkungen haben. So hat der Nobelpreisträger I. PRIGOGINE darauf aufmerksam gemacht, daß *Materie* bei gleichgewichtsfernen Bedingungen, wie sie auch im Sonnensystem vorkommen, auf schwache Gravitationsfelder und elektrische Felder zu reagieren beginnt, die sie sonst gar nicht wahrnimmt. Er betont, daß unter solchen Umständen äußere Felder, wie das Gravitationsfeld und das Magnetfeld der Erde, bei der Selektion von dissipativen Strukturen eine wesentliche Rolle spielen.[87] Die Planeten des Sonnensystems mit der 445-fachen Masse der Erde repräsentieren im Vergleich zu einem einzelnen Elektron am Rande des Universums oder der Masse von einem Gramm auf dem Sirius trotz ihrer relativ großen Entfernung von der Erde ein gewaltiges Störungspotential, zumal sie sich relativ schnell bewegen und immer wieder andere Massen-Konstellationen bilden. Das Entfernungsargument der 186 Astrologie-Kritiker steht hiernach selbst dann auf schwachen Füßen, wenn die Ergebnisse der Bell-Experimente nicht berücksichtigt werden.

Vielleicht hätten diese Kritiker die hundert Jahre alten Ausführungen von H. POINCARÉ[88] über das astronomische Dreikörperproblem lesen sollen, bevor sie ihre Stellungnahme abgaben. Der Mathematiker I. EKELAND[89] sagte nach einer Analyse dieses Werks:

> „Von einem engen, strikt wissenschaftlichen Standpunkt aus kann man nur eine einzige Wirklichkeit, ja nur eine einzige Sache anerkennen: das sinnlich wahrnehmbare Universum in seiner Totalität, die Gesamtheit aller Phänomene seit Anbeginn der Zeit. Streng genommen gibt es kein abgeschlossenes System, auf das man die Gesetze der Physik isoliert anwenden könnte. Das kleinste Elektron am Rande des bekannten Universums übt noch Einfluß auf die Erde aus, und zwar sowohl im Newtonschen Modell (durch sein Gravitationsfeld und sein magnetisches Feld) als auch in der Quantenmechanik (da seine Wellenfunktion nirgends verschwindet). Gewiß, diese Wirkungen sind minimal; aber zu behaup-

87 I. PRIGOGINE / I. STENGERS: Dialog mit der Natur (1983), S. 22, 23

88 H. POINCARÉ: Les Méthodes Nouvelles de la Mécanique Céleste (1892, 1893, 1899)

89 I. EKELAND: Das Vorhersehbare und das Unvorhersehbare (1985), S. 81

ten, daß sie vernachlässigbar seien, heißt, sich einer petitio principii schuldig zu machen."

POINCARÉ selbst hatte schon am Ende des mechanistischen 19. Jahrhunderts eine klare Vorstellung von dieser Ganzheit des Universums. In seinem Buch *"La science et l'hypothèse"*[90] wiederholte er in modernerer Form die astrologische Botschaft der Tabula Smaragdina:

> „Wenn sich die verschiedenen Teile des Universums nicht so verhielten wie die Organe eines Körpers, würden sie nicht aufeinander reagieren; sie würden einander ignorieren, und wir selbst würden nur von einem solchen Teil etwas wissen. Wir müssen daher nicht fragen, ob die Natur eine Ganzheit ist, sondern wie sie das ist."

Dies war, wie wir nach den Bell-Experimenten wissen, eine weit in die Zukunft reichende Einsicht. POINCARÉs astronomische und mathematische Arbeiten waren bahnbrechend für die Entwicklung qualitativer Methoden, wie sie auch der Astrologie zugrunde liegen. Wir werden sie an anderer Stelle eingehender behandeln.

c) Planeten stören die Bahn der Erde und lösen Eiszeiten aus

Abgesehen von den bisher dargestellten Zusammenhängen hätten die 186 amerikanischen Fachgelehrten, die das Manifest gegen die Astrologie unterschrieben haben, zumindest wissen müssen, daß es trotz der „riesigen Entfernungen" der Planeten und ihrer „verschwindend kleinen" Gravitationseffekte eine naturwissenschaftlich gesicherte Einwirkung dieser kosmischen Körper auf das irdische Geschehen gibt, und zwar auf dem Gebiet der *Klimatologie*. Die Blindheit der beteiligten Wissenschaftler gegenüber diesem Sachverhalt ist um so befremdlicher, als gerade zur Zeit der Unterzeichnung des Manifests die Diskussion über die *Milankovich-Theorie*, um die es hier geht, in ihr Endstadium getreten war. *Eiszeitalter* mit ihrer globalen Verschiebung der Klimagürtel und dem Wechsel zwischen Glazialen und Interglazialen gehören zu den einschneidendsten Klimaerscheinungen der Erdgeschichte, die sich auch nachhaltig auf die Entwicklung des menschlichen Lebens ausgewirkt haben. Der Astronom M. MILANKOVICH[91] hat bereits zu Anfang der dreißiger Jahre mit einleuchtenden Argumenten dargelegt, daß die *gravitativen Störungen*, die

90 H. POINCARÉ: Science and Hypothesis (1952), S. 145

91 M. MILANKOVICH: Mathematische Klimalehre und astronomische Theorie der Klimaschwankungen (1930); ders.: Astronomische Mittel zur Erforschung der erdgeschichtlichen Klimate (1938)

von den anderen Körpern des Sonnensystems ausgehen, das Bahnverhalten der Erde relativ zur Sonne langfristig verändern und dadurch die Aufnahme der von der Sonne abgestrahlten Energie so stark beeinflussen, daß sich dies durchgreifend auf das irdische Klima auswirkt.

Die Rechnungen MILANKOVICHs zeigen, daß drei Größen relevant sind, deren Variationszyklen sich über Tausende von Jahren erstrecken: die Neigung der Rotationsachse der Erde gegen die Erdbahnebene; die Wanderung des Perihels, des sonnennächsten Punktes der Erdbahn, relativ zum Frühlingspunkt; und schließlich die Form der Erdbahn, ausgedrückt durch die Exzentrizität der Bahnellipse. A. L. BERGER[92] hat Ende der siebziger Jahre bei seiner Neuberechnung der Variation dieser Größen und der Analyse der Gesamtschwingungen Zyklen von 18 000, 23 000, 42 000, 96 000 und 400 000 Jahren isoliert, deren Überlagerung das Klimageschehen in der Vergangenheit zufriedenstellend abbildet und eine Extrapolation in die Zukunft ermöglicht. Die Zyklen von 18 000 und 23 000 Jahren hängen mit der Wanderung des Perihels zusammen, der Zyklus von 42 000 Jahren wird der Änderung der Neigung der Erdachse zugeordnet, und die beiden längsten Zyklen sind mit der Variation der Exzentrizität der Bahnellipse verknüpft. Solange es keine hinreichend weit in die Vergangenheit zurückreichenden und gut abgesicherten Klimadaten gab, die mit den astronomischen Zyklen verglichen werden konnten, war die Milankovich-Theorie umstritten. Dies änderte sich aber grundlegend, als von der Mitte der fünfziger Jahre an Bohrkerne aus den Tiefseesedimenten der Ozeane zur Verfügung standen. Seit der sehr sorgfältigen, auch Skeptiker überzeugenden Untersuchung von J. D. HAYS, J. IMBRIE und N. SHACKLETON[93] ist allgemein anerkannt, daß die Milankovich-Theorie ein zuverlässiges Arbeitsinstrument ist.[94]

Die Bedeutung der *Änderung des Bahnverhaltens der Erde* für das Klima ist leicht einzusehen. Bei der augenblicklichen Lage des Perihels kommen sich Erde und Sonne im Laufe des Jahres zu Anfang Januar am nächsten, also im Winter. Infolge der Wanderung des Perihels wird dagegen die Erde in 10 000 Jahren den sonnennächsten Punkt im Juli erreichen, also

92 A. L. BERGER: Long-Term Variations of Caloric Insolation Resulting from the Earth's Orbital Elements (1978); ders.: Accuracy and Frequency Stability of the Earth's Orbital Elements During the Quarternary (1984)

93 J. D. HAYS / J. IMBRIE / N. SHACKLETON: Variations in the Earth's Orbit (1976)

94 H. FLOHN: Das Problem der Klimaänderungen in Vergangenheit und Zukunft (1985), S. 112; B. J. MASON: Towards the Understanding and Prediction of Climatic Variations (1976); J. R. HERMAN / R. A. GOLDBERG: Sun, Weather, and Climate (1978), S. 235

mitten im Sommer. Da die Erde insgesamt mehr Energie von der Sonne erhält, wenn sie ihr am nächsten ist, werden die Tage wärmer, wenn Sonnennähe und Sommer zusammenfallen, während kältere Tage als im Durchschnitt zu erwarten sind, wenn Sonnenferne und Winter zusammentreffen. Ist die Neigung der Erdachse am größten, so wird der Unterschied zwischen der im Sommer und im Winter aufgenommenen Energie am größten, während er im Minimum der Neigung am geringsten ist. Dies hängt mit einer Verschiebung des Polarkreises und der Wendekreise zusammen. Der Effekt ist breitenabhängig und erreicht sein Maximum an den Polen. Der Kontrast zwischen den Jahreszeiten verstärkt sich noch in Perioden maximaler Exzentrizität der Erdbahn. Ebenso verstärken sich bei starker Exzentrizität die Auswirkungen, die mit der Wanderung des *Perihels* einhergehen. Fallen also Winter und Sonnenferne zusammen, so sind kurze heiße Sommer und lange kalte Winter zu erwarten. Die Größenordnung des astronomischen Effekts reicht nicht ganz aus, um die Klimaschwankungen zwischen Eiszeiten und Interglazialzeiten quantitativ zu erklären. Durch das viel stärkere Rückstrahlungsvermögen der ausgedehnten Eis- und Firnflächen wird die von der Erdoberfläche aufgenommene Sonnenstrahlung jedoch drastisch reduziert.[95]

Eiszeiten wirken sich klimatisch auf der ganzen Erde aus. So verschwanden in der letzten Eiszeit vor 20 000 bis 14 000 Jahren infolge des reduzierten Niederschlags alle tropischen Regenwälder bis auf geringfügige Reste.[96] Nach A. L. BERGER ist mit dem nächsten *Strahlungsminimum*, das allerdings ungewöhnlich schwach ausfallen soll, in rund 8 000 Jahren zu rechnen, während eine regelrechte *Eiszeit* wie die hinter uns liegende in 55 000 Jahren zu erwarten ist. Der Leser möge sich vor Augen halten, daß jene Körper des Sonnensystems, die nach der Behauptung der 186 führenden Wissenschaftler der USA wegen ihrer „riesigen Entfernung" von der Erde nichts bewirken können, mit ihrer „verschwindend kleinen" Gravitation Eiszeiten verursachen, die den Spiegel der Meere um hundert Meter sinken lassen, 28 Millionen Quadratkilometer eisfreien Landes in Europa, Asien und Nordamerika mit kilometerdickem Eis bedecken, Wälder und differenziertere Vegetation auch in eisfreien Regionen vernichten und tief in das Leben auf dem gesamten Planeten eingreifen. Der Klimatologe H. H. LAMB[97] hat die Aufmerksamkeit darauf ge-

95 H. FLOHN: Das Problem der Klimaänderungen, S. 114

96 Ders., ebd., S. 117

97 H. H. LAMB: Climate, History and the Modern World (1982), S. 106

lenkt, daß auch die Übergänge von einer Eiszeit zu einer Warmzeit mit dem schnellen Abschmelzen riesiger Eismassen, dem entsprechenden Anwachsen der Meeresspiegel und einer völligen Veränderung der Landschaft katastrophale Auswirkungen auf das irdische Leben haben. LAMB geht davon aus, daß die Gesamtzahl der Menschen auf der Erde zu Beginn der noch andauernden Warmzeit drastisch reduziert wurde, und daß die Überlieferung einer Sintflut hierauf zurückgeht.

d) Bohms Führungswelle komplexer Quantensysteme und ihre Bedeutung für die Astrologie

Wenig schmeichelhaft für die Allgemeinbildung der 186 amerikanischen Spitzenwissenschaftler, die das antiastrologische Manifest unterschrieben haben, ist auch der Umstand, daß sie bei Ihrer Argumentation die *Bohmsche Interpretation der Quantenmechanik*[98] außer acht gelassen haben, die schon 1952 veröffentlicht wurde. D. BOHMs ganzheitliche Interpretation, die Makrokosmos und Mikrokosmos miteinander verbindet, steht und fällt mit der Nichtlokalität, von der auch die astrologische Weltsicht ausgeht, und erklärt darüber hinaus physikalisch, wie energieschwache makroskopische Strukturen aus weiter Ferne unmittelbar auf das Verhalten von Quantensystemen einwirken können. L. de BROGLIE[99], ebenso wie EINSTEIN und SCHRÖDINGER ein Gegner der von M. BORN vorgeschlagenen probabilistischen Interpretation der *Schrödingerschen Wellenfunktion,* hatte bereits 1926 eine Gegenvorstellung entwickelt, die davon ausging, daß Elementarteilchen wie Elektronen oder Photonen real existierende Teilchen sind, die sich in einem realen Feld bewegen, aber in ihrem Verhalten durch eine ebenfalls reale „Führungswelle" beeinflußt werden, mit der sie zusammenhängen. Das Quantenobjekt existiert hiernach nicht dualistisch als Teilchen oder Welle, sondern setzt sich beständig aus einem realen Teilchen und einer ihm zugeordneten realen Welle zusammen. De BROGLIE mußte seine Theorie, obwohl sie schon weit entwickelt war, wegen unüberwindbarer mathematischer Schwierigkeiten aufgeben. Erst als BOHM dessen Vorstellungen mit einer nichtlokalen Realität vereinigte, war er in der Lage, die mathematischen Schwierigkeiten zu überwinden und eine widerspruchsfreie Interpretation der Quantentheorie zu entwickeln, die nicht nur die gleichen Rechenergebnisse er-

98 D. BOHM: A Suggested Interpretation of the Quantum Theory in Terms of Hidden Variables (1952), 166; D. BOHM / F. D. PEAT: Science, Order and Creativity (1987)

99 L. de BROGLIE: The Current Interpretation of Wave Mechanics (1964)

zielt wie die Quantenmechanik, sondern auch Merkwürdigkeiten der Kopenhagener Interpretation, wie den Zusammenbruch der Schrödingerschen Wellenfunktion als Folge einer experimentellen Beobachtung, vermeidet.

Nach BOHM sind *Elementarteilchen* wie das Elektron wirklich und ausschließlich Teilchen, deren Bahn weitgehend durch ihr klassisches Potential[100] bestimmt wird. Ihre Bewegung hängt insoweit von der Form und Stärke der Felder ab, die von der klassischen Physik beschrieben werden. Diese klassischen Felder werden mit wachsender Entfernung sehr schnell schwächer: mit dem Quadrat der Entfernung bei der Gravitation und den elektrostatischen und magnetostatischen Kräften, bei den Flutkräften sogar mit der dritten Potenz. Hierdurch entsteht der Eindruck, daß die Welt aus getrennten Objekten bestehe, die nur den Kräften der unmittelbaren Umgebung ausgesetzt seien. Die Bell-Experimente haben gezeigt, daß dieser Eindruck eine Täuschung ist.[101] BOHM hat dies schon lange vor der Formulierung der Bellschen Ungleichung erkannt. Er hat das klassische Potential durch ein Quantenpotential ergänzt, das wie eine Führungswelle auf das ihm zugeordnete Teilchen einwirkt. Ähnlich wie bei einem Flugzeug, das von seinen starken Düsen vorangetrieben wird, aber einem detailliert festgelegten Kurs folgt, den der Pilot mit energetisch kaum ins Gewicht fallenden Mitteln bestimmt, hängt die Bewegungsenergie eines Teilchens von den klassischen Kraftfeldern ab, denen es ausgesetzt ist, während die Lenkung dieser Energie durch das Quantenpotential erfolgt.

BOHM stieß auf dieses *Quantenpotential*, als er der Schrödingerschen Wellengleichung eine ganz neue Form gab. Die Rechenergebnisse bleiben trotz dieser Umformung gleich, aber der Bedeutungszusammenhang verändert sich grundlegend. Das Quantenpotential ist zwar von der Schrödingerschen Wellenfunktion abhängig, aber nicht von deren Amplitude, sondern ausschließlich von ihrer Form. Im Gegensatz zu klassischen Feldern, deren Stärke sich mit fortschreitender Entfernung schnell verringert, wird das Quantenpotential in größerer Entfernung nicht

100 Die Stärke der an einzelnen Punkten eines Feldes herrschenden Kräfte läßt sich ähnlich wie bei der Feldstärke durch das Potential beschreiben.

101 EINSTEIN hatte diese Täuschung durchschaut: „Der Mensch ist Teil eines Ganzen, das wir Universum nennen. Er erfährt sich in seinen Gedanken und in seinem Gefühl als von diesem Ganzen getrennt. Dies ist eine Art optischer Täuschung unseres Bewußtseins, die für uns als Gefängnis wirkt. Unsere Aufgabe ist es, uns aus diesem Gefängnis zu befreien." (*New York Post* vom 28. November 1972)

schwächer. Es bildet selbst Ereignisse und Strukturen in kosmischer Entfernung ab, da die Wellenfunktion nirgends ganz verschwindet. Als Erscheinung der nichtlokalen Realität erstreckt sich das Quantenpotential gleichzeitig auf die gesamte Raum-Zeit und paßt unaufhörlich seine Wellenform an die unvorstellbar komplexe Struktur der sich ständig verändernden kosmischen Umwelt an. Das Teilchen, dem es zugeordnet ist, reagiert auf diese Formveränderungen durch eine Änderung seines Verhaltens, und zwar auch in nichtlokaler Weise. Diese unabdingbare Verknüpfung mit der Nichtlokalität wurde vor der Formulierung der Bellschen Ungleichung und der Durchführung der auf ihr fußenden Experimente als fatale Schwäche der Bohmschen Interpretation angesehen. Heute wird anerkannt, daß die neue Interpretation zu einem besseren Verständnis der Ergebnisse der Bellschen Experimente führt.[102]

Die nichtlokalen Beziehungen, die zwischen zwei weit voneinander entfernten Teilchen bestehen, die ein Quantensystem bilden, werden nach BOHM durch das Quantenpotential des gesamten Systems bestimmt. Dies gilt auch für den Fall, daß mehr als zwei, letzten Endes sogar beliebig viele Teilchen ein Quantensystem bilden.[103] So entwickelt sich ein komplizierter nichtlokaler Stufenbau, der bei einzelnen Quantenobjekten wie Elektronen, Quarks und Photonen beginnt und sich über verwickelte Teilchensysteme jeder Art bis zum Universum als umfassendstem Quantensystem erstreckt, wobei Phasenkopplung eine wichtige Rolle zu spielen scheint.[104] Dabei ist auf jeder hierarchischen Stufe dem jeweiligen Teilchenaggregat ein Quantenpotential zugeordnet, dessen Komplexität dem Komplikationsgrad des Teilchensystems entspricht. Anders als in der mechanistischen Physik, in der sich das Ganze aus den Teilen als deren Summe ergibt, die Teile also das Ganze bestimmen, ist nach BOHM das Ganze primär: es ist viel umfassender als die Summe seiner Teile und bestimmt nichtlokal deren Attribute und Verhaltensweisen.[105] Inzwischen hat BOHM seiner Theorie eine Form gegeben, die diese Funktion des Ganzen noch stärker betont.[106] Seit feststeht, daß die *Nichtlokalität* eine unabdingbare reale Eigenschaft der Natur ist, wird die Kopenhagener Interpretati-

102 M. KAFATOS / R. NADEAU: The Conscious Universe, S. 114

103 R. PENROSE: The Emperor's New Mind, S. 297. Im übrigen wird auf die eingehende Erörterung komplexer Quantensysteme in dem Abschnitt „Verknüpfung der Quantenprozesse zu einem kosmosumspannenden Quantensystem" (II,1.4) und insbesondere die Anmerkungen 63 – 66 verwiesen.

104 J. BAGGOTT: The Meaning of Quantum Theory (1992), S. 165

105 D. BOHM: Wholeness and the Implicate Order (1980)

106 J. BRIGGS / F. D. PEAT: Die Entdeckung des Chaos, S. 288 – 289

on der Quantenmechanik, wonach Quantenobjekte mit spezifischen Attributen nicht existieren, wenn sie nicht gemessen werden, in steigendem Maße angezweifelt, während die Bohmsche Theorie immer mehr Anhänger findet. Hierzu zählen de BROGLIE und BELL, aber auch eine ganze Reihe jüngerer Physiker.[107]

Leser, die aufmerksam bis hierher gefolgt sind, können selbst ermessen, von welcher Tragweite BOHMs Ergebnisse für die Frage sind, ob sich die Grundvoraussetzungen der Astrologie mit moderner Naturwissenschaft vereinbaren lassen. Das *Quantenpotential* jedes beliebigen Quantensystems auf der Erde, das wie eine Sonde die nähere und weitere Umwelt untersucht, bezieht auch das Sonnensystem in seine Sondierung ein und „informiert"[108] das jeweilige Teilchenaggregat nicht nur über die Körper des Sonnensystems, ihre Bewegung und ihre Konstellationen, sondern auch über ihre wechselseitigen Beziehungen und ihre Funktion im Sonnensystem als Ganzheit. Die „Informationsfelder", wie BOHM die Quantenpotentiale auch nennt, übermitteln also dem Teilchenaggregat, mit dem sie zusammenhängen, nicht nur einen kompletten Satz astronomischer Daten, sondern verschaffen ihm auch Einsicht in das komplizierte Funktionsgeflecht des Sonnensystems als ganzheitliches Gefüge, in welches Elementarteilchen, Atome, Moleküle, Makromoleküle und Lebewesen ebenso einbezogen sind wie die Planeten und die Sonne. Da die Erde und der Mensch ebenso wie das gesamte Universum als komplexe Quantensysteme mit einem entsprechend komplexen Quantenpotential angesehen werden können, ist davon auszugehen, daß sie über ein „Wissen" verfügen, das als Voraussetzung für die Reaktion auf „astrologische Zusammenhänge" hinreicht.

Dem steht, soweit es um den Menschen geht, nicht entgegen, daß es sich um nichtlokal vermitteltes Wissen handelt, das Zerebralfunktionen nicht unmittelbar zugänglich ist. Für die Zuverlässigkeit der Reaktion kommt es hierauf nicht an, wie das Verhalten der Teilchen-Paare in den Bellschen Experimenten zeigt. So ist es durchaus denkbar, daß ein *Menschenkind*, das gerade geboren wird, trotz seines noch nicht voll entwik-

107 J. S. BELL: Speakable and Unspeakable in Quantum Mechanics; J. L. CASTI: Paradigms Lost (1989); D. Z. ALBERT: Quantum Mechanics and Experience (1992); J. BAGGOTT: The Meaning of Quantum Theory; R. PENROSE: The Emperor's New Mind, S. 281; J. HORGAN: Quantum Philosophy (1992), 101 – 102

108 Diese Formulierung hat BOHM selbst gewählt, um auszudrücken, daß es sich bei diesem Prozeß um die Übermittlung „aktiver Information" handelt, bei der die Form im Vordergrund steht.

kelten Hirns und der noch gänzlich fehlenden Hirnerfahrung völlig sicher auf „astrologische Sachverhalte" anspricht, die mit Konstellationen der Körper des Sonnensystems zusammenhängen. Die Frage ist nur, ob die Vorstellungen, die sich Astrologen von solchen Sachverhalten machen, mit der ganzheitlichen Wirklichkeit übereinstimmen. Dieses Problem werden wir später erörtern. Zunächst geht es nur um die Entscheidung, ob die Grundannahmen der Astrologie mit fortschrittlicher Naturerkenntnis vereinbar sind.

e) Bohms Quantenpotential und astrologische Aspekte

Es soll jedoch schon jetzt an einem Einzelbeispiel gezeigt werden, inwieweit der Beweis der *Nichtlokalität* der Realität und die *Bohmsche Theorie* helfen können, die Tragfähigkeit ganz konkreter astrologischer Vorstellungen zu beurteilen. KEPLER hielt trotz seiner kritischen Einstellung, die ihn zu seinen großen astronomischen Entdeckungen befähigte, hartnäkkig an seiner Überzeugung fest, daß astrologische Aspekte real seien. Als *Aspekt* wird ein besonderer Winkel bezeichnet, den Himmelskörper von einem bestimmten Bezugspunkt her gesehen auf der Ekliptik miteinander bilden. Dabei kommt es nicht auf die Entfernungen der beteiligten kosmischen Körper an, sondern auf ihren *Winkelabstand*. Zur Zeit des PTOLEMÄUS wurden nur die Winkel von 0° (Konjunktion), 60° (Sextil), 90° (Quadrat), 120° (Trigon) und 180° (Opposition) für wirksam gehalten. Solche Wirkwinkel unterscheiden sich von resonanzneutralen Abständen wie Töne von Geräuschen. In moderner Formulierung können geozentrische Aspekte als Wirkwinkel bezeichnet werden, die einen Oszillator auf der Erde mit kosmischen Körpern oder Wirkpunkten, die ebenfalls Oszillatoren sind, zu einer Resonanzstruktur verknüpfen, die seinen Schwingungszustand beeinflußt. Der Effekt soll nach der Überlieferung, grob definiert, bei Trigonen und Sextilen „positiv" sein, bei Quadraten und Oppositionen „negativ" und bei Konjunktionen ambivalent, je nach der „Natur" der beteiligten Körper.

Mancher Leser wird vielleicht das Konzept der *Aspekte* oder *Wirkwinkel* als Zumutung für den gesunden Menschenverstand empfinden. Strukturuntersuchungen, welche die Winkelabstände von räumlich angeordneten Objekten mit ihren Eigenschaften verknüpfen, sind aber selbst für orthodoxe Naturwissenschaftler nichts Ungewöhnliches. In der *Chemie* hat sich die Erforschung von interatomaren Abständen und Winkeln in Molekülverbänden als fruchtbare Arbeitsmethode erwiesen. Nach solchen

Analysen ist es dem Nobelpreis-Träger L. PAULING gelungen, die *Valenzwinkel* in organischen Verbindungen auf wellenmechanischer Grundlage zu erklären. Bei der Erforschung von hybriden Orbitalen, einem Grenzgebiet zwischen Chemie und Physik, haben sich Winkel von 90°, 120° und 180°, aber auch von ungefähr 109°, als wichtige Strukturelemente erwiesen. Ozon (O_3) läßt sich als gefaltetes Molekül mit einem Faltungswinkel von 117° verstehen, den die beiden äußeren Sauerstoffatome mit dem mittleren Atom bilden, und Methan (CH_4), die einfachste stabile Verbindung aus Kohlenstoff und Wasserstoff, ist durch den H – C – H Bindungswinkel von 109° gekennzeichnet.[109] Versetzt man sich in das Innere solcher Moleküle und vergißt vorübergehend, daß man in einer ganz anderen Größenordnung lebt, so ist nur sehr schwer zu erkennen, was die Winkel, unter denen die Atome der Molekülumwelt erscheinen, mit der Qualität des Moleküls zu tun haben. In einer ähnlichen Situation befinden wir uns in unserer Planetenumwelt.

Einige Leser werden möglicherweise meinen, daß nichts Besonderes an einem Winkel sei, unter dem bestimmte Materieaggregate erscheinen. Ergebnisse der physikalischen Forschung aus jüngster Zeit sprechen jedoch dafür, daß gerade diese Struktur grundlegend ist. Eines der bisher nicht zufriedenstellend gelösten Probleme der Quantentheorie ist die Frage, was ganz konkret an der Grenze zwischen Mikrokosmos und Makrokosmos geschieht, wie Quantenobjekte, die durch die Linearkombination verschiedener Zustände beschrieben werden können, sich in eine nichtlineare makroskopische Anordnung von Molekülen verwandeln. R. PENROSE ist dieser Frage nachgegangen. Er hat *Spinoren*, elementare Objekte, die jeweils nur einen von zwei möglichen Zuständen einnehmen können, nach den Regeln der Quantenmechanik zu einem umfangreichen Netzwerk zusammengeknüpft. PENROSE fragte dann, was geschieht, wenn zwei solche Netzwerke miteinander verbunden werden. Die überraschende Antwort: Sie beginnen einander räumlich zu sehen, und zwar so, als ob sie relativ zueinander unter einem bestimmten Winkel orientiert seien.[110] Das Besondere hieran ist, daß die Eigenschaft Raum erst durch die Kopplung großer Quantennetzwerke entsteht und dabei als erstes das Strukturelement Winkel erscheint.

109 R. S. BECKER / W. E. WENTWORTH: Allgemeine Chemie (1976), S. 226, 227, 333; P. W. ATKINS: Quanta (1991), S. 171 – 173

110 J. BRIGGS / F. D. PEAT: Die Entdeckung des Chaos (1990), S. 288 – 289

KEPLER hat nicht nur definiert, was ein Aspekt sei, sondern hat auch darüber nachgedacht, wie seine Wirkung erklärt werden kann:

> „Wirksam heißt eine Konfiguration, wenn die Strahlen zweier Planeten einen Winkel miteinander bilden, der geeignet ist, die sublunarische Natur und die niederen Vermögen der beseelten Wesen zu reizen, so daß sie zur Zeit dieser Konfiguration eine erhöhte Aktivität entwickeln. Der Konfiguration, die in formaler Hinsicht ein Gedankending ist, wird eine Wirksamkeit zugeschrieben, aber nicht eine unmittelbare auf die Sache selber, wie wenn der Regen und ähnliche Erscheinungen vom Himmel selber, das heißt von den die Konfigurationen bildenden Planeten herabkämen – die landläufige törichte Ansicht –, sondern eine mittelbare und objektive. Denn wie die Objekte die Sinne erregen, der Ton das Ohr, nicht das Auge, und die Farbe den Gesichtssinn, nicht das Gehör, so erregt hier die bestimmte Qualität dieser Relation, die Konfiguration genannt wird, ... das seelische Vermögen, das ohne diskursives Denken aus Instinkt Einsicht besitzt. Die Wirkung der Konfiguration beruht also nicht auf eigener Kraft, sondern auf der Kraft der Seele ... der gleich bei der Erschaffung der Welt die Gabe der Unterscheidung der harmonischen Proportionen eingepflanzt worden ist und die den Winkel zweier strahlender Gestirne, mag dieser wie immer ins Innere aufgenommen worden sein, bei sich selber abschätzt, mit vier Rechten vergleicht, den harmonischen von dem nichtharmonischen unterscheidet und so der Harmonie ihr intellektuelles Sein verleiht."[111]

Diese tiefschürfenden Überlegungen, die weit über das hinausgehen, was sich fast vier Jahrhunderte später die meisten Astrologen vorstellen, sprechen für KEPLERs kreative Intuition, die ihn übrigens in seiner "Astronomia nova" auch ganz nahe an die Entdeckung der allgemeinen Gravitation und der Gezeitenkräfte heranführte,[112] acht Jahrzehnte vor der Veröffentlichung der Gravitationstheorie NEWTONs. Vergleicht man die Funktionen des Bohmschen Quantenpotentials mit KEPLERs Vorstellung von dem formsensiblen „seelischen Vermögen", das „ohne diskursives Denken Einsicht gewinnt", durch die Formqualität des Aspekts „erregt" wird und ihm „intellektuelles Sein" verleiht kraft einer naturgegebenen „Gabe der Unterscheidung von Form", so läßt sich die Parallelität der Funktionselemente in beiden Fällen nicht leugnen, wenn die Sprache des frühen 17. Jahrhunderts in die Terminologie der Quantenmechanik

111 J. KEPLER: Weltharmonik (1973), S. 227, 231
112 A. KOESTLER: Die Nachtwandler (1959), S. 341

übersetzt wird. Die „Erregung" des Quantenpotentials besteht dann darin, daß es seine Wellenform an die Struktur des Phänomens anpaßt, über das es „in-form-iert", das „intellektuelle Sein", das der „beobachteten" Form verliehen wird, kann mit „Information" übersetzt werden, und die „Einsicht ohne diskursives Denken" entspricht der Wahrnehmung auf einer tieferen, dem Denken verschlossenen Ebene, der Tiefenschicht der nichtlokalen Realität.

KEPLERs Aspekt-Konzeption ist so fruchtbar und so zeitlos, daß selbst der besonders kritische und urteilssichere Physiker W. PAULI[113] sich noch mehrere hundert Jahre später wissenschaftlich mit ihr auseinandergesetzt hat, statt sie von vornherein als undiskutierbaren Unsinn abzulehnen. Dabei hat er zum Teil die Renaissance-Sprache KEPLERs in moderne Formulierungen übersetzt. So spricht er zum Beispiel bei der Erörterung der „Wirkweise" von Aspekten auf den Menschen von „Einzelseelen mit ihrem auf gewisse Proportionen spezifisch selektiven Reaktionsvermögen". W. PAULI war so kritisch, daß seine Kollegen von ihm sagten, daß ein Experiment schon dann schief gehe, wenn er sich nur in der Stadt aufhalte, in welcher der Versuch stattfinde.[114] Man nannte ihn auch „das Gewissen der Physik". Wer kein Verständnis für das Konzept KEPLERs und die unvoreingenommene Haltung PAULIs hat, weil er grundsätzlich jede wie auch immer geartete Vorstellung von Aspekten als ausgemachten Unsinn ansieht, mag sich fragen, wie gewöhnliche physikalische Schwingungen von Musikinstrumenten, die im Verhältnis einfacher Proportionen zueinander stehen, Menschen seelisch zutiefst berühren können. KEPLER hat im Hinblick auf eines der Argumente Pico della MIRANDOLAs, eines der scharfsinnigsten Gegner der Astrologie, eine entsprechende Bemerkung gemacht:

> „Wenn Pico eine Begründung herbeibrächte, warum die Geometrie in der Tonwelt den Menschen ergreift, würde ich dieselbe Begründung nehmen, um darzutun, warum die Geometrie in den Strahlen der Gestirne die sublunare Natur affiziert."[115]

Jedenfalls kommen wir bei einem Vergleich der Funktion des Bohmschen Quantenpotentials mit der Keplerschen Vorstellung von der Wirkweise eines Aspekts zu dem erstaunlichen Ergebnis, daß selbst eine so detaillierte astrologische Denkfigur wie ein Aspekt, zumindest in der von

113 C. G. JUNG / W. PAULI: Naturerklärung und Psyche (1952)
114 S. HAWKING: A Brief History of Time, S. 67
115 H. A. STRAUSS / S. STRAUSS-KLOEBE: Die Astrologie des Johannes Kepler (1981), S. 26

KEPLER definierten Form, mit fortschrittlicher Naturwissenschaft vereinbar ist. Der Leser möge sich hieran erinnern, wenn wir untersuchen, ob die Aspekt-Information, die das Quantenpotential neben anderen Zügen der Umwelt durch seine Wellenform abbildet und an Teilchenaggregate weitergibt, in der uns zugänglichen Realität etwas bewirkt. Gegen ein solches Hineingreifen der Quantenrealität in die makroskopische „Realität" – eigentlich ein Welt-Bild im engsten Sinne des Wortes, das unsere Hirne zur Optimierung der Überlebenschancen aus der „wirklichen Wirklichkeit" herausgefiltert haben – kann nicht eingewendet werden, daß die beiden Realitäten durch unüberwindbare Barrieren voneinander getrennt seien. Beim Billardspiel erreicht die quantenmechanische Ortsunschärfe bereits nach dem 7. Stoß die Größenordnung des Durchmessers eines Billardballs.[116] Selbst bei Planeten in einer reinen Zweikörper-Bewegung wirkt sich die quantenmechanische Unbestimmtheit als makroskopische Bahnunschärfe aus, wie R. SHAW[117] informationstheoretisch nachgewiesen hat. Weitere Argumente für das Übergreifen der Quantenwelt in makroskopische Phänomene sind schon früher bei der Würdigung der Bedeutung der Bell-Experimente erörtert worden.

4. Sind die geometrischen Strukturelemente der Astrologie ein antiquiertes Relikt?

Die Weltsicht der Astrologie ist auf *geometrische Formen* ausgerichtet, wie das Beispiel der Aspekte zeigt. Kritiker halten dies für einen archaischen Zug, der mit der modernen Naturwissenschaft, die sich auf abstrakte Rechenverfahren stütze und mit Systemen von Differentialgleichungen operiere, gänzlich unvereinbar sei. Auch dieses Argument bleibt hinter der gegenwärtigen Entwicklung zurück, die nach der Analyse des Mathematikers I. EKELAND[118] durch ein Vorrücken der Geometrie und eine Abwertung der Rechenverfahren gekennzeichnet ist. Eine historische Glanzleistung rechnerischer Vorhersagekunst, wie die Bestimmung der Position des Neptun durch J. Le VERRIER, erweist sich im Nachhinein als ein vom Glück begünstigter Versuch, mit falschen Ausgangsdaten zu richtigen Ergebnissen zu kommen. Wie sich nach der Entdeckung durch J. G. GALLE herausstellte, hat Neptun die 17-fache Masse der Erde. Le

116 R. RIEDL: Biologie der Erkenntnis (1981)

117 R. SHAW, Vortrag auf einer Synergetik-Konferenz 1981 in Elmau / Obb.: zitiert bei F. R. KRUEGER: Physik und Evolution, S. 22

118 I. EKELAND: Das Vorhersehbare und das Unvorhersehbare, S. 132, 137

VERRIER ging jedoch davon aus, daß der Himmelskörper, der die Bahnen der Nachbarplaneten störte, das 32-fache der Erdmasse habe. J. C. ADAMS, der zu ähnlich „guten" Ergebnissen kam wie Le VERRIER, ging sogar von 45 Erdmassen aus. Auch die Werte für Entfernung und Umlaufzeit, die Le VERRIER errechnete, wichen stark von den richtigen Werten ab. Die tatsächliche Entfernung von der Sonne beträgt dreißig astronomische Einheiten, während Le VERRIER zu einer mittleren Entfernung von 35 bis 38 astronomischen Einheiten gelangte. Die richtige Umlaufzeit des Neptun ist 164 Jahre; Le VERRIER ging von 207 bis 233 Jahren aus. Wenn Le VERRIER seine Berechnungen 40 Jahre früher oder später durchgeführt hätte, wären die Abweichungen von der tatsächlichen Position so groß gewesen, daß ein beobachtender Astronom wie GALLE keine Chance gehabt hätte, Neptun zu entdecken.[119]

a) Ohnmacht des Kalküls

1) Schwierigkeiten bei der Lösung von Differentialgleichungen dynamischer Systeme

Entscheidend für die Abwertung der Rechenverfahren ist aber, daß die Systeme von Differentialgleichungen, welche dynamische Systeme beschreiben, nur lösbar sind, wenn sie integriert werden können. H. POINCARÉ hat jedoch schon gegen Ende des 19. Jahrhunderts bei seinem Versuch der Lösung des Dreikörperproblems gezeigt, daß die Gleichungen der Himmelsmechanik, wenn sie auf drei oder mehr Körper angewendet werden, nicht vollständig integrierbar sind, und daß die zu ihrer näherungsweisen Lösung verwendeten Reihen nicht konvergieren, also auch nicht zu einer Lösung führen. POINCARÉ war daher gezwungen, bei seinen Bahnanalysen geometrisch ausgerichtete Methoden einzusetzen, die heute Gegenstand der *Chaos-Forschung* sind. Er war so der erste, der qualitative Verfahren in die Theorie der Differentialgleichungen einführte.[120] Insgesamt zeigt seine Analyse, daß die Frage, ob das Sonnensystem stabil bleibt, mit quantitativen Verfahren nicht beantwortet werden kann, während die zukünftigen Möglichkeiten, welche die qualitativen Methoden aufzeigen, eine Auflösung des Sonnensystems infolge von Instabilität nicht ausschließen. Wir werden später im Zusammenhang mit der Erörterung der kosmischen Funktion des goldenen Schnittes ausführlicher darauf zurückkommen. Nach der Untersuchung POINCARÉs steht fest,

119 Ders., ebd., S. 43; M. GROSSER: Entdeckung des Planeten Neptun (1970)
120 I. EKELAND: Das Vorhersehbare und das Unvorhersehbare, S. 55

daß integrierbare Systeme eine extrem seltene Ausnahme sind, da schon infinitesimal schwache Störungen die Integrierbarkeit ausschließen.[121] Durch die gängigen Lehrbücher der Mechanik, die nur integrierbare Systeme behandeln, wird jedoch nach wie vor der Eindruck erweckt, die Welt setze sich aus lauter Systemen zusammen, deren zukünftige Entwicklung rechnerisch zu beherrschen sei. Die 186 Elitewissenschaftler der USA, die das Weltbild der Astrologie für unvereinbar mit moderner Wissenschaft halten, scheinen nur solche Lehrbücher gelesen zu haben, die alle unbequemen Tatsachen ignorieren.

2) Sensible Abhängigkeit von den Anfangsbedingungen: Schmetterlingseffekt

Ein weiteres quantitatives Problem sind die Anfangsbedingungen. Die Lösungen von Differentialgleichungen sind nicht eindeutig bestimmt. Eine Präzisierung erfolgt erst durch die Anfangsbedingungen, die aus den verschiedenen Funktionen, welche eine Lösung der allgemeinen Differentialgleichung darstellen, eine spezielle Lösung aussondern. J. C. MAXWELL, der die Gleichungen entwickelte, die das elektromagnetische Feld beschreiben, sah hier schon früh Schwierigkeiten:

> „Es ist ein metaphysischer Lehrsatz, daß dieselben Ausgangsbedingungen stets dieselben Folgen hervorbringen. Niemand würde dem widersprechen. Aber dieser Satz ist von geringem Nutzen in einer Welt wie dieser, in der niemals wieder dieselben Ausgangsbedingungen vorkommen und nichts sich exakt zweimal wiederholt ... Das entsprechende physikalische Axiom lautet, daß ähnliche Ausgangsbedingungen ähnliche Folgen hervorbringen. Doch sind wir hier von der Genauigkeit zur Ähnlichkeit, von der absoluten Präzision zu einer mehr oder weniger groben Annäherung übergegangen. Es gibt gewisse Arten von Phänomenen, ... bei denen ein kleiner Fehler in den Daten nur einen kleinen Fehler im Resultat zeitigt ... Es gibt andere, kompliziertere Arten von Phänomenen, bei denen man den Fällen von Instabilität wiederbegegnen kann, deren Häufigkeit mit der Zahl der Variablen außerordentlich rasch zunimmt."[122]

Der Meteorologe E. N. LORENZ wurde 1961 bei seinen Arbeiten geradezu mit der Nase darauf gestoßen, daß MAXWELLs theoretische Feststellungen ganz konkrete praktische Auswirkungen haben. Er hatte ein elemen-

121 U. DEKER / H. THOMAS: Die Chaos-Theorie, S. 68
122 I. EKELAND: Das Vorhersehbare und das Unvorhersehbare, S. 86 – 87

tares System von zwölf nichtlinearen Differentialgleichungen entwickelt, das die Wetteränderungen abbilden sollte. Bei der Erprobung des Computer-Modells kam es nach seinem Laborbericht zu einer unerwarteten Wendung:

> „Im Verlauf unserer Arbeit entschlossen wir uns, eine der Lösungen eingehender zu prüfen; wir nahmen daher die Zwischenergebnisse, die der Rechner ausgedruckt hatte, und gaben sie ihm als neue Ausgangsdaten ein. Als wir eine Stunde später zurückkamen, entdeckten wir, daß der Rechner, nachdem er ungefähr zwei Zeitmonate simuliert hatte, zu einem völlig anderen Ergebnis gekommen war als bei der Lösung, die er vorher geliefert hatte. Unsere erste Reaktion war, einen Fehler des Geräts zu vermuten, was nichts Ungewöhnliches war. Aber dann begriffen wir rasch, daß die beiden Lösungen gar nicht von identischen Ausgangsdaten gewonnen worden waren. Der Rechner führte seine Berechnungen mit sechs Dezimalstellen durch, druckte aber nur drei aus, so daß die neuen Anfangsbedingungen den alten nicht völlig gleich waren, sondern vielmehr kleine Abweichungen aufwiesen. Diese Abweichungen vergrößerten sich exponentiell und verdoppelten sich alle vier Tage der simulierten Zeit, so daß am Ende von zwei Monaten die beiden Lösungen völlig auseinanderliefen. Ich zog daraus sogleich den Schluß, daß es unmöglich sein werde, langfristige und detaillierte Wettervorhersagen zu erstellen, wenn die Gleichungen, welche die Atmosphäre tatsächlich beherrschen, sich genauso wie das Modell verhielten."[123]

LORENZ hat später die sensible Abhängigkeit von den Anfangsbedingungen mit der Metapher „Schmetterlingseffekt"[124] bezeichnet, um anzudeuten, daß der Flügelschlag eines Schmetterlings in Brasilien einen Tornado in Texas auslösen kann, und zwar schon innerhalb von Monaten. Die 186 amerikanischen Kritiker, die ihr Manifest 1975 formulierten, als die alarmierenden Schlußfolgerungen, die LORENZ gezogen hatte, schon längst veröffentlicht waren, hätten auch aus diesem Grunde ihr vorbehaltlos formuliertes Argument der Winzigkeit der Kräfte der kosmischen Umwelt überdenken müssen.

123 Ders., ebd., S. 84 – 85

124 E. N. LORENZ: Predictability: Does the Flap of a Butterfly's Wing in Brazil Set Off a Tornado in Texas? – Vortrag anläßlich der Jahresversammlung der *American Association for the Advancement of Science* am 29. Dezember 1979 in Washington

b) Renaissance der qualitativen Verfahren

1) Geometrisch geordnete Unordnung: seltsame Attraktoren

LORENZ war nicht nur Meteorologe, sondern auch ein Mathematiker mit Intuition. Er spürte, daß sich hinter den scheinbar zufälligen Abläufen seines Modells mathematische Formen verbargen, die einen ganz neuen, qualitativen Zugang zu den chaotischen Wettererscheinungen eröffneten. Bei seiner Suche nach besonders einfachen meteorologischen Grundprozessen, die solche Formen abbilden, stieß er auf die Konvektion, den Transport von Energie durch die Bewegung des Energieträgers. Wir wissen aus unserem Alltag, daß bei der Warmwasserheizung das aufsteigende warme Wasser und das absinkende kalte Wasser einen Kreislauf bilden. Das gleiche gilt für den warmen Golfstrom und den kalten Labradorstrom oder warme und kalte Luftströmungen. Als LORENZ sein inzwischen berühmtes System von drei nichtlinearen Differentialgleichungen mit drei Variablen aufstellte, das den Konvektionsprozeß warmen Wassers abbildet, das von unten erhitzt wird[125], machte er seine zweite revolutionäre Entdeckung. Die sich im Zeitablauf ständig verändernden Beziehungen zwischen den drei Variablen lassen sich in abstrakter Form in einem *dreidimensionalen Phasenraum* darstellen. Jeder der Variablen wird je eine Koordinate des Phasenraums zugeordnet. Diese drei Koordinaten bestimmen jeweils die Lage eines Punktes, der den Gesamtzustand des Systems zu einem bestimmten Zeitpunkt repräsentiert. Insgesamt bilden diese Einzelpunkte eine „Bahn", die anzeigt, wie sich das System entwickelt. Endet eine solche Bahn in einem bestimmten Punkt, von dem sie sich nicht mehr fortbewegt, so bedeutet dies, daß das System einem stationären Endzustand zustrebt, in dem sich die Variablen nicht mehr verändern. Mathematiker nennen diesen Endpunkt *„Attraktor"*, weil er Bahnen im Phasenraum anzuziehen scheint. Es gibt auch Bahnen, die geschlossene Schleifen bilden, die sie in Form einer Schwingung immer wieder durchlaufen; sie enden auf einem Grenzzyklus-Attraktor. Der ganze Formenreichtum eines Attraktors entfaltet sich erst, wenn viele Bahnen aufgezeichnet werden, die von immer neuen Anfangszuständen ausgehen.

Als LORENZ sein Modell der Konvektion mit einem bestimmten Systemparameter für die *Reynolds-Zahl*[126] durchspielte, erhielt er annähe-

125 LORENZ ging hierbei von dem Modell von RAYLEIGH-BÉNARD aus. Details werden erörtert bei A. KUNICK / W. H. STEEB: Chaos in dynamischen Systemen (1986), S. 65 – 70

rungsweise das in Abb. 1 wiedergegebene Bild.[127] Es stellte zu seiner Überraschung weder einen Punkt-Attraktor dar, noch einen Grenzzyklus, sondern etwas ganz Neues: einen „seltsamen Attraktor".[128] Es ist deutlich zu sehen, wie die Bahnen selbst dann erheblich divergieren, wenn ihre Ausgangspunkte ganz dicht beieinanderliegen. Hier zeigt sich die sensible Abhängigkeit von den Anfangsbedingungen, die auf chaotische Verhältnisse hinweist. Keine der Bahnen nimmt den gleichen Verlauf, nirgends gibt es Wiederholungen oder Überschneidungen, selbst bei endlosem Zeitablauf. Trotz dieser extremen Unordnung hat der seltsame Attraktor, der den chaotischen Endzustand des Systems darstellt, eine ausgeprägte Struktur, die eine neue Art von Ordnung erahnen läßt und einen tieferen Zusammenhang zwischen Ordnung und Chaos andeutet.[129]

Es stellte sich bald heraus, daß der *Lorenz-Attraktor* trotz seiner mathematischen Abstraktheit das tatsächliche Verhalten mechanischer Systeme abbildet. Sieht man sich in Abb. 1 die äußeren oberen Bahnen an, die zu den dunklen Zentren auf den beiden „Flügeln" des Lorenzschen „Schmetterlings" führen, so fällt ins Auge, daß der Drehsinn auf beiden Seiten entgegengesetzt ist. Für eine Weile verlaufen die Bahnen auf einem der beiden „Flügel", springen nach einer unbestimmten Zeit auf den anderen „Flügel" und so fort, in unregelmäßigem Wechsel. Dabei ändert sich jedesmal der Drehsinn. Genauso verhalten sich altertümliche Wasserräder. Wie LORENZ wohl als erster bewußt beobachtet hat, ändert sich über lange Zeiträume die Drehrichtung viele Male in unregelmäßigen Abständen, die nie ein Wiederholungsmuster erkennen lassen. Das gleiche gilt für den Vorläufer des modernen Elektromotors, den alten Dynamo.[130] Einige Forscher nehmen daher an, daß die 171 *Umpolungen* des *Magnetfeldes der Erde*, die in den letzten 76 Millionen Jahren erfolgten[131], mit einem seltsamen Attraktor des Lorenz-Typs zusammenhängen.[132] H. HAKEN[133], der Begründer der Synergetik, hat schließlich nachgewiesen, daß auch Laser und Spin-Systeme, die an elektromagnetische

126 Die Reynolds-Zahl kennzeichnet die Bedingungen für den Umschlag von laminarer Strömung in Flüssigkeiten zu turbulenter Strömung.

127 Aus R. BREUER: Das Chaos. In: Geo; Juli 1985, 51

128 E. N. LORENZ: Deterministic Nonperiodic Flow. In: J. Atmos Sci.; 20 (1963), 130

129 U. DEKER / H. THOMAS: Die Chaos-Theorie, S. 75

130 J. GLEICK: Chaos – Making a New Science (1988), S. 29 – 31

131 F. PRESS / R. SIEVER: Earth (1982), S. 431

132 K. A. ROBBINS: A Moment Equation Description of Magnetic Reversals in the Earth (1976)

133 H. HAKEN: Synergetics (1978), S. 320 – 329

Felder gekoppelt sind, vom Lorenz-Attraktor beeinflußt werden. Die Unmöglichkeit, die zukünftige Entwicklung vorherzuberechnen, oder wie EKELAND es nennt, die „Ohnmacht des Kalküls", schließt hiernach einen Überblick über die zukünftigen Entwicklungsmöglichkeiten nicht aus. Qualitative Strukturen, wie die hier als Beispiel vorgestellten Attraktoren, springen in die Bresche.[134] Sie zeigen auf, welche Richtungen die Entwicklung einschlagen kann, und welche Systemzustände und Verhaltensmöglichkeiten sich dadurch erschließen. Zwar kann der zukünftige Verlauf einzelner Bahnen genausowenig wie mit den quantitativen Verfahren vorhergesagt werden. Welche Entwicklungsmöglichkeiten Bahnen einer bestimmten Art ganz allgemein haben, zeichnet sich aber deutlich ab.

2) Die „Rückkehr der Geometrie" wertet die geometrischen Grundlagen der Astrologie auf

Die qualitativen Methoden sind geometrischer Natur. Der Lorenz-Attraktor der Abb. 1 ist ebenso wie alle anderen Attraktoren, die bisher entdeckt wurden, ein geometrisches Objekt.[135] Die *Astrologie* befaßt sich ebenfalls mit geometrischen Objekten, wie zum Beispiel Aspekten, und ist von ihrem ganzen Ansatz her *geometrisch* ausgerichtet. Gerade dies wird ihr ja von Kritikern bei öffentlichen Diskussionen als Antiquiertheit vorgehalten. Die „Rückkehr der Geometrie"[136] wertet hiernach auch die geometrischen Grundlagen der Astrologie auf, die sich als fortschrittlich erweisen, während das Primat der quantitativen Methoden, auf das sich die 186 amerikanischen Kritiker stützen, als gescheitert angesehen werden muß.[137] Es ist sogar so, daß die komplizierten Aspektstrukturen, welche die verschiedenen kosmischen Körper mit einem Ort auf der Erde verbinden, in entfernter Weise einem Attraktor ähneln, und zwar auch hinsichtlich ihrer Funktion. Solche Aspektgefüge bilden in allgemeiner Form die Entwicklungsmöglichkeiten ab, die sich durch die Qualität der Raum-

134 I. EKELAND: Das Vorhersehbare und das Unvorhersehbare, S. 94, hat diese Situation treffend beschrieben: „Der qualitative Ansatz allein erlaubt bei bestimmten Kategorien von Systemen eine Annäherung an die physikalische Realität. Die quantitativen Methoden, sofern ihre Berechnungen überhaupt durchführbar sind, sind unrealistisch, weil ihre Resultate sich nur auf ein System beziehen, das von jeglichem äußeren Einfluß, sei er auch noch so minimal, isoliert ist. Allein der qualitative Ansatz erlaubt es unter diesen Umständen, zu stabilen, gegen kleine Störungen unempfindlichen Objekten zu gelangen."

135 Dictionary of Scientific and Technical Terms (1989), S. 1833, Stichwort: *Strange attractor*

136 I. EKELAND: Das Vorhersehbare und das Unvorhersehbare, S. 132

137 Ders., ebd., S. 89: „Dieses Phänomen – die Ohnmacht des Kalküls – belegt einmal mehr das Scheitern der quantitativen Methoden." Dies ist die Feststellung eines Professors für Mathematik am mathematischen Forschungszentrum der Universität Paris-Dauphine.

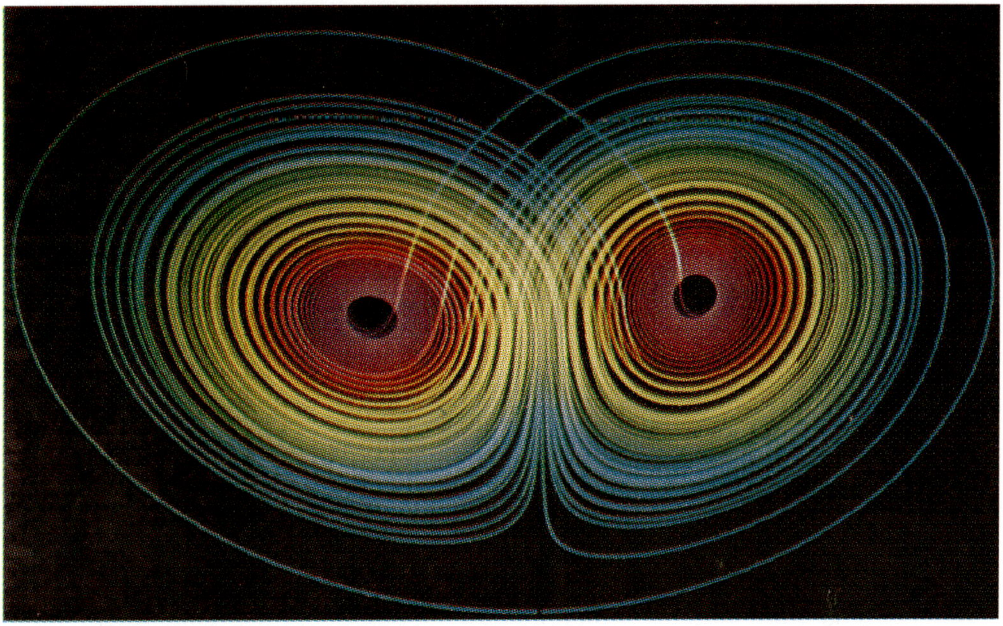

Abb. 1: Der nach dem Meteorologen E. N. LORENZ benannte seltsame Attraktor, der den chaotischen Endzustand eines Konvektionsprozesses darstellt. Keine der Bahnen nimmt den gleichen Verlauf, selbst wenn die Ausgangspunkte dicht nebeneinanderliegen. Nirgends gibt es Wiederholungen oder Überschneidungen. Trotz dieser extremen Unordnung hat der Attraktor eine ausgeprägte Struktur, die für einen tieferen Zusammenhang zwischen Ordnung und Chaos spricht.

Zeit in einem bestimmten Augenblick an einem bestimmten Ort eröffnen. Es geht nicht um präzise definierte konkrete Sachverhalte und Entwicklungen, die mit Einzelbahnen im Attraktor verglichen werden können, sondern um Gestaltzusammenhänge, wie sie sich erschließen, wenn ein komplexer Attraktor insgesamt betrachtet wird.

Dies folgt schon daraus, daß in der *Astrologie* der Sonne, dem Mond, den Planeten und den vier Eckpunkten im Horoskop, die durch die Schnittpunkte von Horizont und Ekliptik (Aszendent und Deszendent) und von Ortsmeridian und Ekliptik (Medium coeli und Imum coeli) gekennzeichnet sind, Symbole zugeordnet werden und keine scharf umrissenen Wirktatbestände. Die Lebendigkeit, Komplexität und Vielschichtigkeit von Symbolen, ihre Fähigkeit, hinter den konkreten Gegenständen, die von der Ganzheit des Symbols umfaßt werden, einen tieferen Grund durchscheinen zu lassen, wird erkauft durch ihre Unfähigkeit, Einzelobjekte präzise zu erfassen. Diese Unbestimmtheit verstärkt sich noch, wenn die Symbole, die für einzelne astrologische Elemente stehen, durch komplexe Aspektbeziehungen miteinander verknüpft werden. Die vielschichtige und doch in ihrer Gestalt erkennbare Symbolstruktur, die so entsteht, scheint ähnlich wie ein komplexer Attraktor, der die Gesamtheit der Entwicklungsmöglichkeiten eines Systems abbildet, das Entfaltungspotential sichtbar zu machen, das insgesamt in der jeweiligen Qualität der Raum-Zeit steckt. Wird dieses Potential auf die Entwicklung eines Menschen bezogen, so erschließt sich ein Überblick; es wird deutlich, welche Entfaltungsmöglichkeiten insgesamt durch die Qualität der Raum-Zeit begünstigt werden. Ähnlich wie bei einem komplexen Attraktor kann jedoch nicht gesagt werden, welche der verschiedenen sich abzeichnenden Möglichkeiten sich ganz konkret realisieren werden.

Attraktoren und *Symbolstrukturen* haben die gleichen Vorzüge und Beschränkungen. Die unüberwindlichen Beschränkungen, die zwangsläufig durch die Einbeziehung von Symbolen entstehen, wirken sich in der gesamten Astrologie aus und sind genauso systemimmanent wie die Beschränkungen der quantitativen Verfahren. Wer die Grenzen überschreitet, die durch diese Beschränkungen gezogen werden, verläßt den tragfähigen Grund des Systems und muß sich den Vorwurf gefallen lassen, daß er widersprüchlich handelt, weil er die Voraussetzungen, von denen er selbst ausgegangen ist, willkürlich mißachtet. Verantwortungsbewußte Astrologen haben daher in einem „Thesenpapier astrologischer Vereinigungen" in Deutschland unter der These 7 folgende Erklärung abgegeben:

> „Für alle astrologischen Aussagen gilt, daß sie auf Strukturentsprechungen beruhen. Die Verwirklichung jeder Struktur ist vielfältig denkbar. Man kann beispielsweise auf viele Weisen ein Dreieck zeichnen, dennoch ist ein Dreieck immer etwas anderes als ein Viereck. So kann auch jede Struktur sich zwar auf verschiedene, nicht aber auf beliebige Weise realisieren ... Auch bei der Prognose ist nicht das konkrete Ereignis faßbar, sondern seine sich aus der Struktur ergebende Bedeutung, eine Bedeutung, die sich in verschiedenen sinngemäß gleichen Ereignissen manifestieren kann."

Diese richtige Einsicht der Verfasser des Thesenpapiers hat jedoch leider an der alltäglichen Praxis vieler Astrologen, aus Symbolzusammenhängen ganz konkrete, spezifisch determinierte Ereignisse abzuleiten, nichts geändert.[138]

Zur Vermeidung von Mißverständnissen weise ich darauf hin, daß die vorstehenden Vergleiche zwischen komplexen Attraktoren und differenzierten Aspektstrukturen an dieser Stelle nur zeigen sollen, daß sich auch konkrete astrologische Vorstellungen durchaus mit einer fortschrittlichen naturwissenschaftlichen Denkweise vereinbaren lassen, ja, daß sogar Parallelen gezogen werden können. Ob solche Vereinbarkeiten und Parallelen tatsächlich einen realen Hintergrund haben, werde ich erst später untersuchen.

3) Chaos-Forschung

Der Lorenz-Attraktor und der Schmetterlingseffekt sind nur ein Beispiel aus dem weiten Bereich der sich stürmisch entwickelnden Chaos-Forschung, die sich auch auf die komplexen dynamischen Systeme erstreckt. Ich werde in einem späteren Kapitel hierauf zurückkommen, wenn ich zeige, daß die Ergebnisse dieses neuen Forschungszweiges auch auf das

138 So sagte im Herbst 1985 ein bekannter Astrologe in der Fachzeitschrift einer astrologischen Vereinigung, die dem Thesenpapier ausdrücklich zugestimmt hatte, öffentlich den Tod des Vaters des Tennissportlers Boris Becker voraus. Uninteressant ist, daß sich diese Prognose kurz darauf vor den Augen der Fernsehzuschauer als falsch erwies. Der Vorfall ist jedoch kennzeichnend für die Selbstüberhebung und Verantwortungslosigkeit mancher Astrologen, die ungebeten in den persönlichen Bereich Außenstehender eindringen und mit Vorhersagen, die sich auch astrologisch nicht rechtfertigen lassen, Angst und Schrecken verbreiten. Im Gegensatz zu dieser skrupellosen Einstellung war sich KEPLER der Schwierigkeiten und Unsicherheiten der Materie durchaus bewußt: „Wahrlich in aller meiner Wissenschaft von der Astrologia weiß ich nicht soviel Gewißheit, daß ich eine einzige Spezial-Sach cum fiducia dürfte vorhersagen ... Daß der Himmel im Menschen etwas tue, siehet man klar genug; was er aber in specie tue, bleibt verborgen." (H. A. STRAUSS / S. STRAUSS-KLOEBE: Die Astrologie des Johannes Kepler, S. 33 – 34).

Sonnensystem angewendet werden können. Die *Chaos-Forschung* befaßt sich durchweg mit geometrischen Objekten. Bezeichnend ist insoweit der Titel des bahnbrechenden Werkes von B. B. MANDELBROT, *„Die fraktale Geometrie der Natur"*[139]. Die Chaos-Theorie sagt keine quantitativen Details voraus, sondern qualitative Grundzüge; sie enthüllt keine verborgenen Kausalprozesse, sondern geometrische Regelmäßigkeiten; sie zeigt auch keine gesetzmäßige Notwendigkeit auf, sondern enthüllt Muster.[140] Das Ansehen, das der weitgespannte Bereich der Chaos-Forschung in zunehmendem Maße gewinnt, zeigt zugleich, daß die geometrischen Grundlagen und Methoden der Astrologie, obwohl sie vor vielen hundert Jahren konzipiert wurden, nach wie vor zukunftsträchtig sind, wenn auch unter der Voraussetzung, daß sie zu Ergebnissen führen, die nachweislich real sind. Auch insoweit kann keine Rede davon sein, daß die Grundkonzepte der Astrologie, vom modernen wissenschaftlichen Standpunkt betrachtet, völlig indiskutabel seien. Wie wir im weiteren Verlauf sehen werden, erfüllen geometrische Objekte wie Fraktale eine wichtige Funktion in solar-terrestrischen Beziehungen, die aber erst sichtbar wird, wenn wir die Zusammenhänge im Sonnensystem mit astrologischen Augen betrachten.

4) Theorie der Elementarkatastrophen

Die Differentialgleichungen, die bei den quantitativen Verfahren eingesetzt werden, können nur solche Phänomene beschreiben, deren Entwicklung glatt und kontinuierlich verläuft. Als Lösungen kommen nur Funktionen in Betracht, die differenzierbar sind. In der Realität entwikkeln sich die Dinge jedoch nur selten in dieser stetigen Form. Vorherrschend sind diskontinuierliche Vorgänge: Entwicklungssprünge, plötzliche Transformationen, der abrupte Übergang von Wasser in Eis bei 0° Celsius oder in Dampf bei 100° Celsius, Erdbeben, der Zusammenbruch eines Brückenpfeilers unter einer geringfügigen zusätzlichen Last, eine Welle, die sich an einem Felsen bricht, oder der plötzliche Zusammenbruch des Aktienmarktes. Hier springt wiederum ein qualitatives Verfahren in die Lücke, die 1972 von R. THOM begründete *Katastrophentheorie.*[141] Diese Bezeichnung ist schlecht gewählt, weil sie ungerechtfertigte

139 B. B. MANDELBROT: The Fractal Geometry of Nature (1977)

140 S. H. KELLERT: In the Wake of Chaos (1993), S. 96

141 R. THOM: Stabilité Structurelle et Morphogénèse (1972); ders.: Structural Stability and Morphogenesis (1975); ders.: D'un Modèle de la Science a une Science des Modèles (1975); E. C. ZEEMAN: Catastrophe Theory (1976)

Assoziationen auslöst. Tatsächlich geht es um plötzliche Übergänge aus einem stabilen Zustand des jeweiligen Systems in einen anderen stabilen Zustand, die von äußeren Kräften ausgelöst werden. THOM hat nachgewiesen, daß solche Sprünge mit Mitteln der Topologie, also auf geometrische Weise, als „Elementarkatastrophen" beschrieben werden können.

Hängen die Entwicklungsprozesse von nicht mehr als vier Faktoren ab, so lassen sich die verschiedenartigsten Übergangsphänomene vom Regenbogen bis zum Durchbrechen der Schallmauer durch nur sieben archetypische „Katastrophen" erfassen, die *geometrische Urformen der Wandlung* darzustellen scheinen. THOM hat ihnen Namen gegeben wie Nabel, Knick, Falte, Schwalbenschwanz und Schmetterling. Ähnlich wie bei komplexen Attraktoren kann man auf diese Weise bestimmte Entwicklungsphasen der unterschiedlichsten Systeme qualitativ miteinander vergleichen. Bei vierdimensionalen „Katastrophen" wird es möglich, raumzeitliche Formzusammenhänge zu erkennen, die einer scheinbar wirren Folge von Mustern im dreidimensionalen Raum Sinn verleihen. EKELAND bemerkt hierzu:

> „Wer diese Elementarkatastrophen in der vierten Dimension nicht kennt, wer die zugrundeliegende Struktur nicht verstanden hat, sieht einfach nur, wie Formen im Raum geboren werden, sich verändern und sterben ohne erkennbare Regel. Der aber, der sie kennt, besitzt den Schlüssel zu dieser Geschichte, er kennt das Ziel dieser Evolution: Er sieht die Formen ein Ballett tanzen, nach Regeln, die ebenso streng sind wie die der Quadrille."[142]

E. C. ZEEMAN[143] hat gezeigt, daß die Katastrophentheorie eingesetzt werden kann, um spezifische Phasen der Entwicklung von Embryonen ebenso wie die Grundformen soziologischer Entfaltungsprozesse zu erklären. Überhaupt eignet sich THOMs Theorie wegen ihrer qualitativen Eigenschaften als Instrument zur Erforschung der *Morphogenese* differenzierter Systeme. Dabei wird nicht vorausgesetzt, daß die abgebildeten dynamischen Systeme körperlich existent sind. Auf geistige oder soziologische Entwicklungsprozesse läßt sich die Theorie ebenfalls anwenden.[144] Selbst wenn sich vernetzte chemische und physikalische Prozesse undurchschaubarer Komplexität abspielen, heben sich in der raumzeitlichen

142 I. EKELAND: Das Vorhersehbare und das Unvorhersehbare, S. 130

143 E. C. ZEEMAN: Levels of Structure in Catastrophe Theory Illustrated by Applications in the Social and Biological Sciences (1975); ders.: Catastrophe Theory – Selected Papers (1977)

144 I. EKELAND: Das Vorhersehbare und das Unvorhersehbare, S. 129

Darstellung THOMs die entscheidenen Formänderungen und morphologischen Sprünge durch Diskontinuitäten von diesem "Black-box"-Hintergrund ab und münden in eine der prototypischen „Elementarkatastrophen".[145] Dementsprechend ist das Ergebnis nur aus der Perspektive der Formenwelt aufschlußreich und läßt keine Rückschlüsse auf physikalische Detailzusammenhänge zu. So entspricht zum Beispiel die Form einer sich am Strand brechenden Welle dem „hyperbolischen Nabel"; es gibt aber keinerlei hydrodynamische Rechtfertigung für diese Analogie.[146] Insgesamt erinnern diese Züge der Katastrophentheorie ähnlich wie bei den komplexen Attraktoren an die geometrische Figur *astrologischer Aspekte*, die ebenso wie die „Elementarkatastrophen" einen abgeschlossenen Satz differenzierter Formen bilden. Auch sie geben unabhängig von den unüberschaubar komplizierten physikochemischen Einzelvorgängen Auskunft über spezielle Entwicklungsformen des interessierenden Systems, und zwar auch, soweit es um nichtkörperliche Prozesse geht.

5) Geometrisierte Naturbetrachtung der Allgemeinen Relativitätstheorie und Grundkonzepte der Astrologie

Die Aufwertung der geometrischen Verfahren, die mit der Untersuchung des astronomischen Dreikörperproblems durch POINCARÉ begann, setzte sich mit der *allgemeinen Relativitätstheorie* EINSTEINs fort. Nach dieser inzwischen allgemein anerkannten Theorie sind Beschleunigung und Schwerefeld ebenso wie Kräfte, Energien und Impulse standpunktbedingt und verschwinden als solche bei einer geometrisierten Naturbetrachtung, die unabhängig vom subjektiven Standpunkt des Beobachters ist. Sie kehren in vereinfachter Form wieder, indem sie die Krümmung des vierdimensionalen Raum-Zeit-Substrats bestimmen, die sich unter ihrer Einwirkung „molluskenhaft" verändert, wie EINSTEIN einmal gesagt hat. Dabei hängt das Krümmungsmaß in jedem Punkt von der Gesamtverteilung der übrigen Massen ab. Alle Körper bewegen sich kräftefrei in der unterschiedlich gekrümmten „Raum-Zeit-Landschaft", wobei sie den jeweils „kürzesten Weg" einer Geodätischen wählen. So sind die Bahnen der Planeten in der Einsteinschen Theorie die Folge einer speziellen Krümmung der Raum-Zeit, deren „geradeste Linien" sie sind.[147] Nach M. BORN[148] ist EINSTEINs Theorie „eine höchst wunderbare Ver-

145 J. L. CASTI: Searching for Certainty (1990), S. 183 – 185

146 I. EKELAND: Das Vorhersehbare und das Unvorhersehbare, S. 129

147 M. BORN: Die Relativitätstheorie Einsteins (1964); J. JEANS: Physik und Philosophie (1951); J. SEILER: Philosophie der unbelebten Natur (1948)

schmelzung von Geometrie und Physik, eine Synthese der Gesetze des Pythagoras und des Newton." Die beeindruckende Einfachheit und Einheitlichkeit der Naturbetrachtung, die so erreicht wurde, ist eine Folge der Geometrisierung, die ihr zugrunde liegt. Es spricht nicht gegen die Grundkonzepte der Astrologie, daß sie ebenfalls von einem Ansatz ausgehen, der Zusammenhänge, die unseren Sinnen als sehr komplex erscheinen, durch einfache geometrische Beziehungen erfaßt. Insbesondere zeigt sich, daß die 186 amerikanischen Wissenschaftler, welche die Gravitation der kosmischen Körper als Kraft bezeichnen, die aus so großer Entfernung nichts bewirken könne, von längst überholten Vorstellungen ausgegangen sind. In EINSTEINs Theorie, die schon 1915 aufgestellt wurde, gibt es keine Kräfte mehr. Die Bewegung der Planeten hängt nur noch mit der Topographie der Raum-Zeit zusammen. Die Gravitation ist kein Kraftfeld, das sich innerhalb der Raum-Zeit entfaltet; sie ist identisch mit der gekrümmten Raum-Zeit. Der Begriff der Kraft im Newtonschen Sinne ist durch das einfachere, elegantere und umfassendere Konzept der *dynamischen Raum-Zeit-Geometrie* ersetzt worden.[149]

Wie schon hervorgehoben wurde, hängt die Form der gekrümmten Raum-Zeit an einem bestimmten Ort von der Gesamtverteilung der Massen an anderen Orten ab. Diese Abhängigkeit ist nicht auf Massen von kosmischen Ausmaßen beschränkt wie Planeten, Fixsterne, Galaxien, Supergalaxien, den Großen Attraktor[150] und die Große Mauer[151], sondern schließt auch Elementarteilchen und selbst Energiefelder ein, die ja nach EINSTEIN Masse repräsentieren.[152] Der Mensch, der sich schon in der mesokosmischen Größenordnung bewegt, macht hier keine Ausnahme. Insoweit hat PARACELSUS wie schon vorher die Tabula Smaragdina die kosmische Wirklichkeit richtig beschrieben. Alle kosmischen Massen und Energieträger sind durch das gemeinschaftliche Raum-Zeit-Substrat miteinander verbunden und „wirken" durch ihren Beitrag zu den Form-

148 M. BORN: Die Relativitätstheorie Einsteins, S. 292

149 J. D. BARROW: Theories of Everything (1991), S. 81

150 A. DRESSLER: The Large-Scale Streaming of Galaxies (1987)

151 J. V. NARLIKAR: Introduction to Cosmology (1993)

152 P. G. BERGMANN: The Riddle of Gravitation (1968), S. 199. – Die physikalische Forschung sucht daher nach Wegen, die Quantentheorie mit der allgemeinen Relativitätstheorie zu vereinigen. Erste Ergebnisse zeigen, daß sich das Heisenbergsche Unbestimmtheitsprinzip auch auf die gekrümmte Raum-Zeit auswirkt. Hieraus ergeben sich neue, bisher unvorstellbare Möglichkeiten, die Anfangsphase der Entstehung unseres Universums zu verstehen. Der an dieser Entwicklung interessierte Leser wird auf folgende Veröffentlichung hingewiesen: P. DAVIES / J. GRIBBIN: The Matter Myth, S. 162 – 173; B. S. DeWITT: Quantum Gravity (1983)

änderungen dieses Substrats wechselseitig aufeinander ein. Soweit es um grobe Züge der Form der Raum-Zeit geht, steht zwar der *Form-Beitrag* der massereichen kosmischen Körper und Aggregate ganz im Vordergrund. Dies ändert aber nichts daran, daß weniger gewichtige Aggregate und schwache Energieträger einen Beitrag zur Feinstruktur leisten, welcher der gekrümmten Raum-Zeit den Charakter eines Fraktals verleiht.[153] Fraktale sind, wie später eingehender dargelegt werden wird, durch ihre Selbstähnlichkeit in verschiedenen Größenbereichen gekennzeichnet. Auch das Sonnensystem verhält sich wie ein Fraktal. Ich werde in einem späteren Kapitel ganz konkrete Beweise hierfür erbringen. Warum soll es unter diesen Umständen wissenschaftlich unmöglich sein, daß ein formabhängiger Funktionszusammenhang zwischen verschiedenen Stufen dieses Fraktals besteht, da sie doch durch ein gemeinsames Substrat verbunden sind und von ähnlichen Formen geprägt werden? Diese Frage liegt um so näher, als die Katastrophentheorie gezeigt hat, daß selbst bei Unkenntnis der Einzelvorgänge in einem tieferliegenden Bereich eine Untersuchung der geometrischen Formen auf einem höheren Niveau weitreichende Einblicke in die Entwicklungsmöglichkeiten des Systems eröffnet.

6) Fünfdimensionale Raum-Zeit-Geometrie

EINSTEIN war überzeugt, daß auch das *elektromagnetische Feld* geometrisch erklärt werden könne. Von 1920 an arbeitete er bis ans Ende seines Lebens, auch noch am Tage vor seinem Tode, an einer „Einheitlichen Feldtheorie". Er konnte seine Vision, das physikalische Universum ganz und gar auf Geometrie zu gründen, trotz seiner angestrengten Bemühungen nicht verwirklichen. Aber auch hier scheint ihn sein Instinkt in die richtige Richtung gelenkt zu haben. Im Jahre 1921 gelang es dem Mathematiker T. KALUZA, die *Elektrodynamik* geometrisch zu beschreiben. In seiner Theorie manifestierten sich die elektromagnetischen Wellen als Krümmung einer vierten Raumdimension. Als er den vierdimensionalen Raum, der so entstand, mit der Zeitdimension vereinigte und so behandelte wie EINSTEIN das vierdimensionale Raum-Zeit-Kontinuum, ließen sich aus der neuen fünfdimensionalen Theorie die Maxwellschen Gleichungen der Elektrodynamik ebenso ableiten wie die Ergebnisse der allgemeinen Relativitätstheorie. Der Elektromagnetismus, der in der vierdi-

153 P. DAVIES / J. GRIBBIN: The Matter Myth, S. 162 – 164

mensionalen Welt noch als von der Gravitation getrennt erschien, vereinigte sich mit ihr in einer fünfdimensionalen Raum-Zeit-Geometrie.

KALUZA wurde entgegengehalten, daß alle Beobachtungen gegen eine vierte Raumdimension sprächen. Der Physiker O. KLEIN konnte jedoch zeigen, daß die vierte Raumdimension die Form eines kompakt aufgerollten Zylinders hat, dessen Durchmesser unvorstellbar winzig ist, nämlich von der Größenordnung der Planck-Länge (10^{-33} cm). Ein Atom hat im Vergleich hierzu den ungeheuer großen Durchmesser von 10^{-8} cm. Mit den heutigen technischen Mitteln läßt sich die *vierte Raumdimension* also nicht beobachten. Sie manifestiert sich aber als *Licht*.[154] Als entdeckt wurde, daß es neben der Gravitation und der Elektrodynamik noch die *starke Wechselwirkung* im Atomkern und die *elektroschwache Wechselwirkung* gibt, der das Neutrino unterworfen ist, erlosch das Interesse an der Kaluza-Klein-Theorie, weil sie nur zwei der insgesamt vier physikalischen Wechselwirkungen vereinigte. In den sechziger Jahren lebte das Interesse jedoch wieder auf, als sich herausstellte, daß die neuen Eichtheorien, auf die sich die Physiker konzentrierten, als Kaluza-Klein-Theorien mit weiteren submikroskopischen Zusatzdimensionen des Raumes formuliert werden konnten und so eine geometrische Gestalt erhielten. Nach B. S. DeWITT[155] begann sich jetzt eine Geometrisierung der gesamten Physik abzuzeichnen. Dies bezog sich aber zunächst nur auf die drei stärksten Wechselwirkungen. Alle Versuche, die außerordentlich schwache Gravitation durch eine Vereinigung der Quantentheorie und der allgemeinen Relativitätstheorie in eine umfassende Feldtheorie einzubeziehen, stießen zunächst auf unüberwindliche Schwierigkeiten. Dabei war offensichtlich von Bedeutung, daß die allgemeine Relativitätstheorie als klassische Theorie keinerlei Verbindung zur Quantentheorie hat.

7) Umfassende Geometrisierung der Physik durch zehndimensionale Superstring-Theorie

Hier hat sich in den letzten zehn Jahren ein revolutionärer Wandel vollzogen. Die Forschung hat ein völlig neuartiges geometrisches Rahmenwerk für eine Quantentheorie der Gravitation geschaffen, die zugleich die drei stärkeren Wechselwirkungen einbezieht: die *Stringtheorie*. Die ersten Hinweise auf diese Theorie zeigten sich schon gegen Ende der sechziger Jahre, wurden aber nicht als solche erkannt. Seit der Veröf-

154 Dies., ebd., S. 250 – 251; B. S. DeWITT: Quantum Gravity, S. 113 – 115
155 B. S. DeWITT: Quantum Gravity, S. 115

fentlichung einer Arbeit von M. GREEN und J. H. SCHWARZ[156] über eine *zehndimensionale Superstringtheorie*, die sich auf eine Raum und Zeit umfassende Supersymmetrie stützt, konzentrieren sich viele begabte Physiker auf die Erforschung dieser geometrischen Strukturen. *Strings* sind fundamentale Bausteine der Natur, die sich wie die klassischen Elementarteilchen im Raum bewegen, aber nicht als Punktteilchen oder winzige Kugeln, sondern als unendlich dünne, eindimensionale „Fäden" in der winzigen Größenordnung der schon erwähnten Planck-Länge (10^{-33}cm). Sie können sich mit offenen Enden bewegen, oder eine geschlossene Schleife bilden. Die geschlossene Stringform der Superstringtheorie erfüllt alle Symmetrien und Supersymmetrien, die bei der Elementarteilchen-Forschung entdeckt worden sind, und vermeidet die Unendlichkeiten, die bei den älteren Quantenfeld-Theorien durch wenig elegante Renormalisierungen beseitigt werden mußten. Die Strings können wie eine Violinseite schwingen und dabei eine unbegrenzte Zahl von Schwingungszuständen verwirklichen, die musikalischen Obertönen vergleichbar sind. Wie die Rechnungen zeigen, entspricht einer dieser Vibrationszustände dem *Graviton*, dem Quantum der Gravitation, während andere Schwingungsmodi die Eigenschaften aller bisher bekannten Elementarteilchen abbilden. In der zehndimensionalen Form der Theorie gilt dies auch für den Spin der Teilchen. Die sechs zusätzlichen Raumdimensionen sind wie bei der Kaluza-Klein-Theorie submikroskopisch kompakt.

Das Kontinuum aller zehn Dimensionen stellt sich als Verallgemeinerung der dynamischen Raum-Zeit-Geometrie der allgemeinen Relativitätstheorie dar und dehnt so den Prozeß der Geometrisierung der Naturerscheinungen von der Gravitation auf alle bekannten Teilchen und Wechselwirkungen aus.[157] Obwohl die Superstringtheorie noch nicht abgeschlossen ist, läßt sich auch im Hinblick auf ihre Ergebnisse die Feststellung rechtfertigen, daß der bei öffentlichen Diskussionen von Naturwissenschaftlern erhobene Vorwurf, die Astrologie sei rückständig, weil sie noch von geometrischen Vorstellungen statt von fortschrittlichen Rechenverfahren ausgehe, gänzlich ungerechtfertigt ist. Im Gegenteil sprechen insgesamt die jüngsten Ergebnisse naturwissenschaftlicher For-

156 M. GREEN / J. H. SCHWARZ: Superstrings (1985), 17

157 J. H. SCHWARZ: Superstrings (1987); ders.: Superstrings: The First 15 Years of Superstring Theory (1985); M. B. GREEN / J. H. SCHWARZ / E. WITTEN: Superstring Theory (1987); S. WEINBERG: Dreams of a Final Theory, S. 212 – 220

schung dafür, daß das geometrische Fundament der Astrologie auf der Entwicklungslinie erfolgversprechender Verfahren liegt. Ich werde im praktischen Teil des Buches zeigen, daß dies nicht nur eine theoretische Feststellung ist, sondern ein Sachverhalt, der zu ganz konkreten Ergebnissen führt.

Der Physiker PENROSE[158] hat sich bei seiner 1989 veröffentlichten Untersuchung, inwieweit der jetzige Wissensstand der Naturwissenschaft etwas zur Erklärung des menschlichen *Denkprozesses* beiträgt, wie folgt geäußert:

> „Ich bin der Meinung, daß unserer Vorstellung von der physikalischen Wirklichkeit, insbesondere im Hinblick auf die Natur der Zeit, eine große Umwälzung bevorsteht, vielleicht sogar ein größerer Umsturz als ihn die Relativitätstheorie und die Quantentheorie bewirkt haben."

Ich hoffe, daß Leser, die vorbehaltslose Anhänger der überlieferten Astrologie sind, sich von dieser unbeirrbaren Offenheit gegenüber noch nicht erkannten Zügen der Wirklichkeit dahin beeinflussen lassen, daß sie zu fragen beginnen, ob es ein gutes Zeichen ist, daß die Astrologie im wesentlichen immer noch von konkreten Vorstellungen ausgeht, wie sie schon zur Zeit des PTOLEMÄUS bestanden. Andererseits wünsche ich mir, daß Gegner der Astrologie, welche die astrologische Weltsicht bisher in Bausch und Bogen als unsinnig abgetan haben, mit einer ebenso unvoreingenommenen Einstellung wie PENROSE an die Würdigung der hier vorgetragenen Argumente herangehen.

8) Geometrische Projektion in Wissenschaft und Astrologie

Von speziellerer Natur ist der häufig gegen die Astrologie erhobene Einwand, sie projiziere nur der Bequemlichkeit wegen die dreidimensionale Konstellation der Körper des Sonnensystem in eine Ebene und überdies willkürlich in die Ekliptikebene, obwohl es näher liege, von der Horizontebene oder der Äquatorebene auszugehen. Dieses Argument schlägt wiederum auf diejenigen zurück, die es gebrauchen, ohne einen hinreichenden Überblick über ihr eigenes Wissensgebiet zu haben. Das Verfahren der Projektion aus einer höheren Dimension ist ein legitimes naturwissenschaftliches Mittel, um komplizierte Zusammenhänge auf die wesentlichen Grundzüge zurückzuführen. Schon KEPLER hat hiervon Gebrauch gemacht, als er seinen Flächensatz formulierte, wonach der *Fahrstrahl* – die Verbindungsstrecke zwischen Sonne und Planet – in je-

158 R. PENROSE: The Emperor's New Mind

weils gleichen Zeiten gleiche Flächen überstreicht. KEPLER gelang es auf diese Weise, eine einfache Beziehung zwischen der Zeit und der geometrischen Form der Ellipse zweidimensional sichtbar zu machen. Heute wissen wir, daß der von KEPLER in der Fläche dargestellte Zusammenhang ganz generell für jede Zentralbewegung gilt und ein Spezialfall des Satzes der Erhaltung des Drehimpulses ist, wonach in einem dynamischen System, auf das keine äußeren Drehmomente einwirken, der Gesamtdrehimpuls unverändert erhalten bleibt.

Modernere Beispiele sind die *Poincaré-Abbildung* und die *Lorenz-Abbildung*. Wir hatten schon bei der Erörterung der Attraktoren gesehen, daß der jeweilige Gesamtzustand eines dynamischen Systems durch einen einzigen Punkt dargestellt werden kann. Bei der Poincaré-Abbildung geschieht dies in besonderer Weise. Mathematisch gesehen wird ein kompliziertes System von meist nichtlinearen Differentialgleichungen durch ein einfacheres System von Differenzengleichungen ersetzt. Technisch geschieht dies durch ein stroboskopisches Verfahren. Soll zum Beispiel ein Pendel untersucht werden, das im Kreise herumschwingt, aber in regelmäßigen Abständen einen Stoß von außen bekommt, so schneidet man das Bündel chaotisch verlaufender Bahnen, das sich im Zeitablauf entwickelt, durch eine Ebene, die zu den Bahnen senkrecht steht. Die Durchstoßpunkte der Bahnen bilden im Verlauf der Zeit ein Punktmuster, das einen Schnitt durch den seltsamen Attraktor des Bahnbündels darstellt. Dieses Punktmuster in der Schnittebene, das die innere Struktur des seltsamen Attraktors sichtbar macht, ist die *Poincaré-Abbildung*.

Bei der *Lorenz-Abbildung* werden nicht die Durchstoßpunkte in einer Ebene, sondern die aufeinanderfolgenden Maxima einer Bahn zweidimensional dargestellt.[159] Gerade dadurch, daß diese Abbildungen verwikkelte dreidimensionale Prozesse in die niedrigere Dimension der Fläche projizieren, heben sie Grundzusammenhänge hervor, die erst in der Projektion sichtbar werden.[160] Es ist daher nicht einzusehen, wieso die Projektion in die Fläche nicht auch in der Astrologie einen ähnlichen Effekt haben soll. Dies gilt um so mehr, als es zahlreiche weitere Bereiche gibt, in denen die Darstellung in der Fläche wesentliche Zusammenhänge erschließt. Hierzu gehören die komplexen dynamischen Systeme, ein besonders interessanter Teilbereich der Chaos-Forschung, mit dem wir uns später aus konkretem Anlaß eingehender befassen werden. Unglaublich

159 S. GROSSMANN: Deterministisches Chaos (1983)
160 J. GLEICK: Chaos, S. 142 – 143

komplexe Strukturen wie die Mandelbrot-Menge und die Julia-Mengen „existieren“ unabhängig vom menschlichen Denkvermögen in der Gaußschen Ebene der komplexen Zahlen.[161] Sie scheinen so etwas wie Urbilder zu sein, die morphologische Information über Prozesse der Selbstorganisation und Gestaltbildung abbilden, die unabhängig von ihrer materiellen Basis in bestimmten Formen ablaufen.[162] In gewisser Weise kann man sie mit den Urformen des Wandels vergleichen, die Gegenstand der Katastrophentheorie sind.

Die Ebene, in der sich die *Photonen* bewegen, ist ein weiteres aufschlußreiches Beispiel. Ein Lichtquant empfindet das Universum in Richtung seiner Bewegung mit der Einsteinschen Grenzgeschwindigkeit als völlig flach; seine Welt am Nullpunkt der Zeit ist zweidimensional.[163] Das Universum erscheint dem Photon als Projektion in diese Fläche. Bedauerlicherweise sind Menschen, jedenfalls in ihrem alltäglichen Bewußtseinszustand, nicht in der Lage, die in die Fläche projizierten Formen, welche die Welt des Photons ausmachen, unmittelbar zu sehen. Wir können sie nur erahnen, wenn wir uns vorstellen, daß sich Ereignisse, die im menschlichen Leben durch einen längeren Zeitraum getrennt sind, wie Geburt und Tod, in der Lichtwelt so berühren, daß sie die Vorder- und Rückseite ein- und derselben unendlich dünnen Fläche sind. Wir würden viel lernen, wenn wir vorübergehend in der Flächenwelt der Lichtteilchen lebten. EINSTEIN scheint ein Gefühl hierfür gehabt zu haben. Vier Jahre vor seinem Tod hat er seinem Freund Besso geschrieben:

> „Die ganzen 50 Jahre bewußter Grübelei haben mich der Frage: Was sind Lichtquanten? nicht näher gebracht. Heute glaubt zwar jeder Lump, er wisse es, aber er täuscht sich.“[164]

Der Astrophysiker und Astronom A. UNSÖLD[165] hat in seinem Buch *„Evolution kosmischer, biologischer und geistiger Strukturen“* zu Recht darauf hingewiesen, daß Wissenschaft und Kunst in den großen Epochen ihrer geschichtlichen Entfaltung stets auf das engste miteinander verknüpft gewesen seien und in ihrem Schaffen beide in enger Beziehung zur Natur stünden. Dies gilt insbesondere dann, wenn der Künstler zugleich Naturwissenschaftler ist. So ist nach einer Analyse von J. RAUSCH der Dichter

161 R. PENROSE: The Emperor's New Mind, S. 95
162 H. O. PEITGEN / P. H. RICHTER: Schönheit im Chaos (1985), S. 65
163 J. P. PETIT: Alles ist relativ (1982), S. 42 – 46
164 F. DÜRRENMATT: Albert Einstein (1979), S. 35
165 A. UNSÖLD: Evolution kosmischer, biologischer und geistiger Strukturen, S. 127, 129

und Zoologe E. JÜNGER von einem ganz anderen Standpunkt her zu einem tiefen Einblick in das Wesen der Flächenprojektion gelangt:

> „Das Muster, das Jünger in der stereoskopischen Optik erkennt, ist ein Gebilde der Fläche. Die im Raum unsichtbaren Sinntiefen „schmelzen ein" in die Flächen, werden dort „Arabesken", bedeutende Muster, also Hieroglyphen-Schrift ... In der Fläche enthüllt die dimensionierte Welt ihren „bedeutenden", symbolischen und magischen Kern, ihre mythische Struktur. Die stereoskopische Optik ist also die Entdeckung der Fläche als des Ortes des Transparenz."[166]

Der Einwand, die *Ekliptikebene*, in welche die Astrologen die räumlichen Positionen der sie interessierenden Körper projizierten, sei willkürlich ausgewählt, erweist sich ebenfalls als Indiz für die mangelnde Fachkunde der Kritiker. Erhaltungssätze wie der Erhaltungssatz der Energie spielen in der Physik eine grundlegende Rolle. Dies gilt auch für den Erhaltungssatz des Drehimpulses, wonach der Drehimpuls eines nur inneren Kräften unterworfenen Körpersystems unveränderlich ist. Der Gesamtdrehimpuls des Sonnensystems, der sich aus den Rotationen und Zentralbewegungen aller Körper innerhalb des Systems zusammensetzt, kann hiernach als konstant angesehen werden. Er läßt sich durch eine gerichtete Größe darstellen, die man Vektor nennt. Die Ebene, die senkrecht auf dem Vektor des Gesamtdrehimpulses steht und durch das Massenzentrum des Systems läuft, das nicht mit dem Sonnenzentrum identisch ist, wird *invariable Ebene* genannt. LAPLACE hat sie als erster gesehen und berechnet. Interessant ist nun, daß die invariable Ebene nur ganz leicht gegen die Ekliptikebene geneigt ist. Die Neigung beträgt zur Zeit nur 1° 39' und verändert sich in einem Jahrhundert nur um 18 Bogensekunden.[167] Bei einer Projektion der dreidimensionalen Positionen in die invariable Ebene statt in die Ekliptik ergeben sich gegenüber der ekliptikalen Länge nur ganz geringfügige Unterschiede, die praktisch nur in Ausnahmesituationen ins Gewicht fallen. Die *Astrologie* geht hiernach nicht nur von der Ebene aus, in der sich die Erde, auf der wir leben, um die Sonne bewegt, sondern zugleich von einer Ebene, die für den physikalischen Gesamtzustand des Systems kennzeichnend ist.

Hinzu kommt, daß der Geschwindigkeitsvektor des Sonnenwindes in der Ekliptikebene verläuft.[168] Der *Sonnenwind* besteht aus ionisierten

166 J. RAUSCH: Ernst Jüngers Optik (1951), S. 31, 33

167 G. M. CLEMENCE / D. BROUWER: The Accuracy of the Five Outer Planets and the Invariable Plane (1955), 125; C. W. ALLEN: Astrophysical Quantities (1964), S. 141

Teilchen, die mit einer Geschwindigkeit von 300 – 700 Kilometern je Sekunde, die von der Intensität der Sonnenaktivität abhängt, von der Sonnenoberfäche zur Grenze des Planetensystems fliegen, wo sie im Zusammenstoß mit der kosmischen Strahlung einen magnetischen Schutzschirm bilden, der das Leben auf der Erde vor der harten kosmischen Strahlung schützt. Schließlich trennt die Ekliptik die magnetischen Feldlinien entgegengesetzter Richtung, die von den unterschiedlichen Polen des allgemeinen magnetischen Feldes der Sonne ausgehen und zwischen sich eine dünne Stromschicht einschließen.[169] Es handelt sich hierbei zwar nicht um eine scharfe Linie, sondern mehr um einen wellenartigen Verlauf; der Gesamtprozeß entwickelt sich aber in Symmetrie zur Ekliptikebene. Insgesamt spricht hiernach die Wahl der Ekliptik als bevorzugter Projektionsebene, auch vom Standpunkt der Naturwissenschaft her gesehen, eher für die Intuition der Astrologen, die diese Wahl getroffen haben, als für ihre Willkürlichkeit.

5. Schließt die Fixierung des Erbguts bei der Zeugung durchgreifende kosmische Einflüsse bei der Geburt aus?

a) Bedeutung der Zeugung

Ein scheinbar durchschlagendes Argument gegen die Individualastrologie ist der Einwand, zum Zeitpunkt der Geburt, für den das Horoskop berechnet werde, sei das Erbgut bereits endgültig festgelegt und lasse keinen Spielraum mehr für eine Beeinflussung des Verhaltenspotentials durch die kosmische Umwelt. So schreibt H. v. DITFURTH:

> „Diese Auffassung ignoriert alles, was Humanbiologie und Genetik in den vergangenen 100 Jahren erarbeitet haben. Es gibt nicht den geringsten Zweifel, ... daß die menschlichen Erbanlagen nicht im Augenblick der Geburt entstehen, sondern rund neun Monate früher. Entscheidend ist jener Augenblick, wo Eizelle und Samenzelle miteinander verschmelzen und sich mütterliche und väterliche Chromosomen neu kombinieren. Dadurch werden Merkmale festgelegt wie Geschlecht, Aussehen oder Größe, aber auch Grundzüge des Temperaments, spezielle Begabungen oder Anfälligkeit für bestimmte Krankheiten. Zum Zeitpunkt der Geburt ist daran nichts mehr zu ändern weder durch Sonne, Mond und Sterne, noch durch ‚kosmische Spannungen‘.“[170]

168 P. V. FOUKAL: Solar Astrophysics (1990), S. 400

169 Ders., ebd., S. 283, 402, 403

Dies ist insofern richtig, als alles, was durch das Erbgut unabänderlich festgelegt wird, wie zum Beispiel das Geschlecht, in seiner Substanz nicht mehr verändert werden kann. Der Augenblick der Zeugung muß daher auch bei astrologischer Betrachtungsweise als wichtig angesehen werden. So wurde schon in der hellenistischen Astrologie ausgiebig diskutiert, ob für die kosmische Prägung eines Menschen der Augenblick der Geburt oder der Zeitpunkt der Zeugung maßgeblich sei.[171] Mit spekulativen Rechenverfahren wie der *Trutina Hermetis*[172] wurde schon in der römischen Astrologie versucht, vom Geburtsaugenblick auf den Zeitpunkt der Zeugung zu schließen. Obwohl solche Versuche Spekulationen sind, die nicht kontrolliert werden können, weil es bisher noch keine Möglichkeit gibt, den Zeitpunkt der Vereinigung von Ei und Spermatozoon objektiv zu bestimmen, zeigen sie doch, daß die Astrologen sich der Problematik bewußt sind. Ich werde hierauf zurückkommen, wenn ich darlege, warum die Geburt, soweit es um kosmische Einflüsse geht, wichtiger ist als die Zeugung.

b) Die Doppelspindel: Träger der Erbinformation

Von DITFURTH gibt jedoch den Forschungsstand nicht richtig wieder, soweit er den Eindruck erweckt, die ererbten Gene legten die weitere Entwicklung nach der Zeugung in unabänderlicher Weise fest und schlössen einen Einfluß der kosmischen Umwelt zur Zeit der Geburt und in der Folgezeit völlig aus. Wir wissen heute, welch wichtige Rolle die *Desoxyribonukleinsäure (DNS)* in den Zellkernen als Träger der Erbinformation (Genom) für den Aufbau und die reibungslose Funktion unseres Körpers einschließlich unseres Gehirns spielt. Sie wird auch Doppelhelix genannt, weil sie aus zwei Molekülsträngen besteht, die wendelförmig ineinander verschlungen sind. Auf jedem dieser Stränge sind wie bei einer Perlenkette vier verschiedene Moleküle in scheinbar wahlloser Folge aufgereiht: Adenin (A), Guanin (G), Cytosin (C) und Thymin (T). Diese Basen liegen auf der Innenseite der Helix und bilden Paare, die durch Wasserstoffbrücken miteinander verbunden sind. Insgesamt sind nur die Paarungen A – T, G – C, T – A und C – G möglich. Werden bei einer Replikation bei der Her-

170 H. v. DITFURTH / V. ARZT: Querschnitte (1984), S. 129. – Der Gerichtsmediziner O. PROKOP meint, daß der Astrologie durch dieses Argument „der letzte und vernichtende Schlag“ versetzt werde (O. PROKOP / W. WIMMER: Der moderne Okkultismus [1987], S. 9)

171 U. BECKER: Lexikon der Astrologie (1984), S. 302

172 Ders., ebd., S. 287

stellung von neuen identischen DNA-Spindeln die beiden Stränge in der Mitte wie bei einem Reißverschluß aufgetrennt, so lagern sich an den jeweiligen Strang die passenden neuen Partner an, so daß jeweils eine Kopie der alten Doppelhelix entsteht. Die vier Basen A, G, C, und T sind die „Buchstaben" des Gen-Alphabets. Werden spezielle Eiweißkörper benötigt, so erfolgt deren Herstellung nicht im Zellkern, sondern auf „Werkbänken" im Zytoplasma, den Ribosomen. Die „Werkanleitung" erhalten die Ribosomen von der beweglichen Boten-Ribonukleinsäure (m-RNS), die durch Transkription die Information der DNS übernimmt. Dabei stellen drei aufeinanderfolgende Basen, Codon oder Triplett genannt, jeweils den Schlüssel für den Einbau einer ganz bestimmten Aminosäure in eine Peptidkette dar, die insgesamt den Eiweißkörper (Protein) ergibt. Obwohl es nur 20 verschiedene Aminosäuren gibt, kann ein Protein bis zu 1000 Aminosäuren in einer bestimmten Reihenfolge enthalten.[173]

c) Dynamisches Modell der Erbinformation: springende Gene und Austausch von Erbgut durch Viren

Nach der gängigen Vorstellung der Vererbungslehre wird die DNS, abgesehen von seltenen Mutationen, die durch schädliche Strahlung oder chemische Gifte entstehen, gänzlich unverändert von Organismus zu Organismus weitergegeben, wie bei einem Tonband, das eine scharf umrissene Melodie weiterträgt. Tatsächlich liegen die Dinge aber anders. Inzwischen ist das traditionelle statische Bild durch ein *dynamisches Modell* ersetzt worden. Die Genforscherin B. McCLINTOCK, die 1983 für ihre Entdeckung den Nobel-Preis erhalten hat, beobachtete schon 1947 bei Zuchtexperimenten mit Mais, daß manche DNS-Abschnitte, welche die genetische Information für ein bestimmtes Protein enthalten (Gene), keinen festen Platz auf einem Chromosom einnahmen, sondern sich innerhalb des Chromosoms bewegten oder sogar zu anderen Chromosomen übersprangen. Weiter stellte sie fest, daß solche Gen-Sprünge durch Umwelteinflüsse wie Hitze ausgelöst werden konnten.[174]

McCLINTOCKs Beobachtungen fanden zunächst keine Resonanz, weil sie nicht mit der orthodoxen Vererbungslehre übereinstimmten. Seit Anfang der siebziger Jahre sind jedoch ihre Ergebnisse von anderen Forschern in zahlreichen Fällen bestätigt worden, und zwar auch soweit es

173 R. W. KAPLAN: Der Ursprung des Lebens (1972)

174 N. FEDOROFF / D. BOTSTEIN: The Dynamic Genome (1992); Transposable Elements and Evolution, Sonderausgabe von Genetica 86 (1992) 1 – 3

um menschliche Krankheiten geht. So haben H. H. KAZAZIAN und seine Mitarbeiter 1991 herausgefunden, daß die *Bluterkrankheit*, an der ein Kind litt, durch ein springendes Gen verursacht worden war, das ein anderes Gen abgeschaltet hatte, das bei der Blutgerinnung eine wesentliche Rolle spielt. Es liegen sogar Beweise vor, die dafür sprechen, daß es Gensprünge zwischen verschiedenen Arten gibt. M. A. HOUCK und M. G. KIDWELL haben 1991 Anzeichen für einen solchen Sprung zwischen verschiedenen Arten der Fruchtfliege gefunden.[175] Manche Katzen verfügen über Gene, die sich von denen aller anderen Katzen unterscheiden, aber identisch sind mit Genen vieler höherer Primaten und bestimmter Viren. Forscher des *National Cancer Institute* in Maryland, die diese Beobachtung gemacht haben, ziehen hieraus den Schluß, daß Viren unter „natürlichen Bedingungen genetische Information zwischen Arten übertragen haben, die nur entfernt verwandt sind".[176] Viele ähnliche Beobachtungen haben die Biologen K. W. JEON und J. F. DANIELLI zu der Bemerkung veranlaßt:

> „Es gibt gewichtige Beweise, daß Organismen zu ihrer Evolution nicht auf Gene beschränkt sind, die zu ihrer eigenen Art gehören ... Der gesamte Gen-Pool der Biosphäre steht zu ihrer Verfügung."[177]

Der Genforscher L. THOMAS hat die Dynamik, die in diesem umfassenden Zusammenhang steckt, noch stärker hervorgehoben:

> „Wir leben in einem tanzenden Nährboden von Viren. Sie schwirren wie Bienen von Organismus zu Organismus, von Pflanze zu Insekt, von dort zu einem Säugetier, zu mir und wieder zurück, und dabei schleppen sie Stücke aus einem Chromosomensatz von diesem, Genenschnüre von jenem mit, transplantieren sie DNS und reichen Erbmasse herum."[178]

d) Gezielte Anpassung der Gene an die Umwelt

Noch mehr Überraschung als diese unerwartete Dynamik hat der Umstand ausgelöst, daß *Veränderungen des Genoms* durch *Umwelteinflüsse* im weitesten Sinne ausgelöst werden können. Es wurde bereits erwähnt, daß B. McCLINTOCK Gen-Sprünge beobachtet hat, die auf klimatische Hitzewirkung zurückgingen. Die Ergebnisse, die der Krebsforscher J.

175 J. RENNIE: DNA's New Twists (1993), 124 – 125

176 R. E. BENVENISTE / G. J. TODARO: Evolution of C-Type Viral Genes (1974), 456 – 458

177 K. W. JEON / J. F. DANIELLI: Microsurgical Studies with Large Free Living Amoebas (1971)

178 L. THOMAS: The Lives of a Cell (1974)

CAIRNS 1988 veröffentlicht hat, sind noch erstaunlicher, da sie für eine gezielte Anpassung des Erbguts an Änderungen in der Umwelt sprechen. CAIRNS züchtete Bakterien auf einem Nährboden, der wenig von der Zuckerart enthielt, welche die Bakterien ihrem Stoffwechsel zuführen konnten, aber reichlich Laktose, die für die Bakterien unverdaulich war. Das Gesamtergebnis des ausgedehnten Experiments spricht dafür, daß zahlreiche Bakterien fähig waren, ihr Genom so zu verändern, daß es ein Enzym zur Aufschließung von Laktose herstellen konnte. Dieses Merkmal war erblich und konnte so an die folgenden Generationen weitergegeben werden. Einige Monate später führte B. G. HALL an der Universität von Rochester ein ähnliches Experiment aus, das einen noch überzeugenderen Beweis für sinnvoll ausgerichtete Veränderungen des Erbguts erbrachte. Hungrige Bakterien mußten zwei verschiedene Mutationen, die jede für sich keinen unmittelbaren Vorteil brachten, nacheinander vollziehen, um eine neue Nahrungsquelle zu erschließen. HALL rechnete aus, daß die Zufallserwartung für eine solche Veränderung astronomisch gering war. Dennoch beobachtete auch er eine unerwartet große Zahl von Bakterien, die erfolgreich waren und ihre Fähigkeit an die Nachkommen weitergaben. Verschiedene andere Forscher haben die gleichen Ergebnisse erzielt.[179]

Da solche Resultate das Gespenst des Lamarckismus heraufbeschwören, werden sie leidenschaftlich diskutiert. Dabei gibt es schon seit langem Anzeichen, die in diese Richtung weisen. Die Resistenz von Bakterien gegenüber Antibiotika hat sich viel zu schnell entwickelt, als daß sie sich durch ungerichtete Zufallsmutationen erklären ließe. Tritt eine spezielle Resistenz in Tokio auf, so breitet sie sich schon wenige Tage später in New York aus, also unter Umständen, die eine unmittelbare Übertragung ausschließen.[180] Es gibt inzwischen *resistente Streptokokken*, die sich so schnell und gründlich umgestellt haben, daß sie nicht nur das Antibiotikum Streptomycin vertragen, sondern ohne dieses gar nicht mehr leben können.[181]

Die molekulare Genetik ist zusätzlich in Bewegung geraten durch die Entdeckung, daß die Transkription von der DNS auf die Boten-RNS in Wirklichkeit kein einfacher Kopiervorgang ist, sondern ein kompliziertes Redaktionsverfahren, das so abläuft, als ob ein sachkundiger Zensor an

179 J. RENNIE: DNA's New Twists, 131
180 J. KAPPRAFF: Connections (1991), S. 323
181 F. VESTER / G. HENSCHEL: Krebs ist anders (1973), S. 80

ihm beteiligt wäre. Bei allen Organismen, die komplexer sind als Bakterien, wird in dem ursprünglichen RNS-Transkript die spezifische Informationsfolge für die Herstellung eines bestimmten Eiweißes durch Sequenzen unterbrochen, die in diesem Zusammenhang keinen Sinn geben. Die Boten-RNS trennt diese Stellen sauber heraus und verbindet die sinnvollen Texte miteinander, so daß eine kürzere, zweckbezogene Bauanweisung entsteht. Die Natur hat also schon viel früher als der Mensch mit der Genchirurgie begonnen, abgesehen davon, daß die Schneideenzyme, die für die Gentechnologie benötigt werden, ebenfalls Naturprodukte sind. Der Genforscher W. ARBER, der für die Entdeckung dieser Schneideenzyme 1978 den Nobelpreis erhalten hat, ist zugleich der Entdecker eines weiteren technischen Verfahrens, dessen sich die Natur bedient, um das genetische Material schnell und zielgerichtet an Veränderungen der Umwelt anzupassen. 1987 berichtete er auf der Lindauer Tagung der Nobelpreisträger über die Fähigkeit der Boten-RNA, ganze Abschnitte der Erbinformation einfach herumzudrehen und im gegenläufigen Sinn in die DNS einzubauen. Hierbei geht keine Erbinformation verloren; es werden nur andere Gene aktiviert. Ändern sich die Umweltverhältnisse erneut, wird die ursprüngliche genetische Information durch eine Umkehrung der Reihenfolge wiederhergestellt.[182] In anderen Fällen wird wesentliche Information, die in dieser Form gar nicht in der DNS enthalten ist, der Molekülstruktur der Boten-RNS hinzugefügt, und zwar auch bei Säugetieren. Die redigierte Fassung der RNS ist in vielen Fällen länger als die DNS, von welcher abgelesen wird, und manchmal sogar mehr als doppelt so lang.[183]

e) Signalmoleküle aktivieren oder blockieren Gene

Weiter sprechen alle Experimente dafür, daß die eigentliche Gendynamik – die Aktivierung oder Blockierung eines Gens, die darüber entscheidet, welche Sequenzen der DNS abgelesen werden können – von *Signalmolekülen* gesteuert wird, die von außen her, aus dem mit Zytoplasma gefüllten Zellraum, in den Zellkern eintreten.[184] Hiernach hat J. RENNIE zu Recht festgestellt, daß sich ein Umbruch in der Genetik vollziehe, der die Forscher mit der Tatsache konfrontiere, daß die DNS im Zellkern nicht je-

182 Flip-Flop mit Genen – Hohe Variabilität des Erbguts durch umgedrehte Sequenzen, Frankfurter Allgemeine Zeitung, 8. Juli 1987, Natur und Wissenschaft, S. 27

183 J. RENNIE: DNA's New Twists, 131 – 132

184 L. WOLPERT: The Triumph of the Embryo (1991)

nes stabile Molekül mit vorhersagbarem Verhalten sei, wie man es sich gemeinhin vorstelle. Der Biologe J. W. POLLARD bezeichnet ebenfalls die Offenheit der DNS gegenüber der Umwelt als herausragendes Merkmal des neuen dynamischen Modells der Gentik:

> „Die DNS führt nicht jene abgekapselte Existenz, die sich darauf beschränkt, einseitig Information auszugeben. Sie ist lebendiger Teil der Zelle und reagiert auf alles, was um sie herum geschieht."[185]

Die Möglichkeit einer Steuerung der DNS durch Signalmoleküle, die aus dem Zytoplasma in den Zellkern eindringen, öffnet ein weites Fenster für Einflüsse, die von weit entfernten Stellen im Körper ausgehen können, oder sogar von der Umwelt außerhalb des Körpers. Der Zustand einer Zelle hängt weitgehend davon ab, welche Gene aktiviert oder abgeschaltet sind. Hierbei wirken nicht nur Aktivatoren[186] oder Repressoren[187] mit, die aus der betreffenden Zelle selbst stammen, sondern auch Signalmoleküle, die aus weit verstreuten anderen Zellen herrühren, die ihrerseits wieder durch Signalträger weiterer Zellen beeinflußt werden. Insgesamt ergibt sich ein unvorstellbar komplexes Netzwerk der Genaktivität, das kaum zu überschauen ist, zumal schon in einer einzelnen menschlichen Körperzelle rund 10 000 verschiedene biochemische Reaktionen ablaufen können, die alle zyklisch miteinander verbunden sind und sich wechselseitig regulieren.[188]

In diesem Netzwerk spielen Hormone und andere Substanzen eine wesentliche Rolle, die in der Lage sind, DNS-Information aufzudecken. Dies geschieht durch Anlagerung an die Repressoren, die ihre räumliche Struktur verändern und dadurch den DNS-Text zur Transkription freigeben.[189] Für einige Sexualhormone liegen hierfür ins einzelne gehende Beweise vor. Der ganze Vorgang läuft sehr schnell ab und hat vielfältige Auswirkungen auf den gesamten Organismus.[190] Unter besonderen Umständen führt die Freigabe der verdeckten DNS-Information zu unerwarteten Ergebnissen. Injiziert man dem mexikanischen Axolotl, einem im Wasser

185 J. RENNIE: DNA's New Twists, 123

186 Ein Aktivator ist eine Substanz, die sich an ein Eiweißmolekül anlagert und es dadurch aktiviert.

187 Repressoren sind Proteinmoleküle, welche die Genablesung blockieren, indem sie sich an den entsprechenden Operator anlagern.

188 F. VESTER / G. HENSCHEL: Krebs ist anders, S. 24 – 25; L. WOLPERT: The Triumph of the Embryo, S. 90; P. E. RAPP: An Atlas of Cellular Oscillations (1979)

189 N. JUDAJEW: Hormone und Gen-Regulation (1971), 278; E. H. DAVIDSON: Hormones and Genes (1965)

190 F. VESTER / G. HENSCHEL: Krebs ist anders, S. 88

lebenden Amphibium, das Schildrüsenhormon Thyroxin, so werden in seiner DNS bisher zugedeckte Texte abgelesen, die eine Verwandlung auslösen. Schwanz und Kiemen bilden sich zurück, während sich Beine und Füsse entwickeln. Es entsteht ein lurchartiges Landtier, das es so in der Natur gar nicht gibt.[191]

f) Auslösung der Gen-Dynamik durch psychische Faktoren

Im Prinzip kommen solche Veränderungen auch beim Menschen vor, wenn auch in weniger dramatischer Form. Besonders interessant ist dabei, daß die Wandlung, die offensichtlich mit einer Veränderung der Gen-Information einhergeht, auch durch *psychische Einwirkung* ausgelöst werden kann. Im Jahre 1951 suchte ein 16-jähriger Junge, der an der seltenen *Brocqschen Krankheit* (Ichthyosis congenita) litt, das Queen Victoria Hospital in London auf. Er wollte sich durch den Hypnosetherapeuten A. A. MASON behandeln lassen, der seine letzte Hoffnung war. Der ganze Körper des Patienten, mit Ausnahme des Kopfes, war von einer schwarzen hornigen Schicht bedeckt. Wie der behandelnde Arzt in seinem Protokoll vermerkte, „fühlte sich die Haut so hart an wie ein normaler Fingernagel und war so ungeschmeidig, daß jeder Versuch, sie zu spannen, zu einem Riß in der Oberfläche führte, aus dem dann blutiges Serum sickerte." Die Entzündungen, die sich hieraus entwickelten, hinderten den Jungen daran, zur Schule zu gehen. Er befand sich schon bei seiner Geburt in diesem Zustand. Alle Therapieversuche waren gescheitert. Auch ein Versuch, gesunde Haut vom Hals auf erkrankte Stellen zu übertragen, war ohne Erfolg geblieben. Die Hypnosebehandlung begann am 10. Februar. Die therapeutischen Suggestionen konzentrierten sich zunächst nur auf den linken Arm. Am 15. Februar fiel hier die hornige Schicht ab und hinterließ eine rosig aussehende weiche Haut. Nach zehn Tagen war der linke Arm völlig geheilt. Die Behandlung der übrigen Körperteile erstreckte sich über mehrere Monate, führte aber nach und nach zur Regeneration der gesamten Haut.[192] Der Junge konnte zum erstenmal seit seiner Geburt ein normales Leben führen. Er durchlief eine Ausbildung und war auch in der Folgezeit frei von seiner Erbkrankheit.[193] Die Vererbung der Brocqschen Krankheit wird von einem Gen kontrolliert, dessen Dominanz zum Teil von geschlechtsgebundenen Faktoren abhängt.[194] Da es sich um eine

191 Dies., ebd., S. 31, 40 – 41

192 A. A. MASON: A Case of Congenital Ichthyosiform (1952), 422 – 423

193 S. BLACK: Mind and Body (1969)

regelrechte Erbkrankheit handelt, kann die Heilung, die eindeutig eine Folge der Hypnosebehandlung ist, nur so erklärt werden, daß die therapeutischen Suggestionen, also geistige Bilder, die Aktivierung eines Gens ausgelöst haben.

Dabei ist nicht entscheidend, ob sich diese Veränderung auch in den Geschlechtszellen ereignet hat und dadurch vererblich geworden ist. In dem hier untersuchten Zusammenhang kommt es nur darauf an, ob überhaupt nach der Zeugung noch eine Änderung der Geninformation möglich ist, die sich auf die weitere Entwicklung auswirkt. Bei der Genforschung steht mit gutem Grund die Vererblichkeit im Vordergrund, weil sie den besten objektiven Beweis dafür erbringt, daß sich die Information in den Zellkernen verändert hat. Bei Kleinlebewesen, die sich sehr schnell vermehren, wie Bakterien, läßt sich dies innerhalb kurzer Zeit überprüfen, und obendrein reichen die Zahlen für aufschlußreiche statistische Analysen aus. Wenn aus diesen Gründen die Vererblichkeit bei der Genforschung im Vordergrund steht, schließt dies aber nicht aus, daß sich in vielen Fällen die genetische Information in den nichtgeschlechtlichen Zellen oder sogar nur in den Zellen eines bestimmten Organs oder Gewebes verändert. Erbinformation und individuelle Geninformation sind nicht zwangsläufig identisch. Zahlreiche Fälle, in denen sich die Geninformation verändert hat, nicht aber die Erbinformation, bleiben daher meist unbemerkt.

Die klinische Literatur führt zahlreiche weitere Fälle an, in denen vererbliche Krankheiten durch Hypnose geheilt wurden.[195] So wurde ein geradlinig vererbtes Blutgefäßgeschwulst der Haut vollständig durch Suggestion entfernt[196], und ein Patient mit vererbter Pachyonychie, einer beinahe hufähnlichen Vergrößerung der Fußnägel und Füße, wurde vollständig geheilt und bekam wieder normale Füße.[197] Solche Ergebnisse sind insofern nicht so verwunderlich, als jeder Mensch aus seiner eigenen Erfahrung weiß, daß es psychosomatische Zusammenhänge gibt: Schreck läßt den Atem stocken, Angst schnürt die Kehle zu, Freude löst Herzklopfen aus und wiederholter Ärger kann zu Magengeschwüren führen. Seit der historischen Tagung der National Academy of Sciences im Jahre 1965 in New York, die dem Thema "Psycho-Physiological Aspects of

194 F. R. BETTLEY: Ichthyosis and Hypnosis (1952), 996

195 L. WATSON: Der unbewußte Mensch (1979), S. 230

196 H. GORDON / K. COHEN: Case of Congenital Linear Naevus Treated by Hypnosis (1952), 376

197 J. F. MULLINS: Pachyonychia Congenita Treated by Hypnosis (1955), 264

Cancer" gewidmet war, ist sogar anerkannt, daß psychischer Streß Krebs auslösen kann. Amerikanische Wissenschaftler haben bei der Untersuchung einer großen Gruppe von Leukämie-Patienten festgestellt, daß sich der Krebs in fast allen Fällen nach der Trennung von einer Schlüsselperson entwickelte, die zu Hoffnungslosigkeit, Angst und schweren Depressionen geführt hatte.[198]

In solchen Situationen wirkt sich aus, daß nach den detaillierten Forschungsergebnissen, die inzwischen vorliegen, nicht nur bestimmte Sinneswahrnehmungen, sondern auch Gedanken und Erinnerungen über das Zwischenhirn unmittelbar auf die Hormonaktivität einwirken, die wiederum bis in die Zellen hineinwirkt und dort mitbestimmt, wie der genetische Code abgelesen wird.[199] So wie hier die Psyche auf materielle Abläufe einwirkt, können umgekehrt Moleküle mit einer bestimmten Struktur psychische Funktionen beeinflussen. F. VESTER[200] erklärt die verblüffenden geistigen Fähigkeiten, die so ausgelöst werden, durch die Aktivierung abgedeckter DNS-Texte. Schweizer Forscher gaben Versuchspersonen einen Text zu lesen, von dem nur noch das untere Viertel jeder Zeile zu sehen war. Eine erste Gruppe der Versuchspersonen war außerstande, den Text zu lesen. Die Personen der zweiten Gruppe lasen den verstümmelten Text, den sie noch nie gesehen hatten, auf Anhieb fließend vor, nachdem sie 15 Milligramm Psilocybin erhalten hatten. Sobald der Aktivator zu wirken begann, wurden offensichtlich subtile Kombinationsfähigkeiten freigesetzt, die normalerweise nicht zur Verfügung stehen.

In vielen Fällen reichen schon wenige Moleküle aus, um entsprechende Effekte zu erzielen.[201] Es muß sich also um Steuerungsvorgänge in den Zellkernen handeln, die von der Struktur der beteiligten Moleküle abhängen und nicht von ihrer Energie. Man muß hier unwillkürlich an die Bohmschen Führungswellen denken, die in ähnlicher Weise energiereiche Prozesse durch ihre Gestalt steuern, die zugleich Information ist. Wie feingesponnen die Strukturnetze sind, um die es hier geht, zeigt der Fall der erblichen *Sichelzellenanämie*.[202] Der Defekt liegt in dem Gen, das die Information für die Herstellung von Hämoglobin enthält. Die Information ist durch 240 Nukleotiden codiert. Dies sind die „Buchstaben" des Genalphabets. Nur ein einziger „Buchstabe", das 64. Nukleotid, sitzt an der

198 F. VESTER / G. HENSCHEL: Krebs ist anders, S. 82 – 84
199 Dies., ebd., S. 83, 87
200 Dies., ebd., S. 35 – 37
201 Dies., ebd., S. 27
202 L. WOLPERT: The Triumph of the Embryo, S. 81

falschen Stelle. Dies hat zur Folge, daß sich das Protein nicht richtig zusammenfaltet und die Hämoglobinmoleküle zusammenkleben. Hierdurch werden die Membranen der roten Blutzellen deformiert. Eine kaum wahrnehmbare Veränderung, die durch einen einzigen Quantensprung ausgelöst werden kann, führt also zu einer schweren Erkrankung. Wenn wir uns rückschauend noch einmal vor Augen führen, wie stark das fortschrittliche *dynamische Modell der Genforschung* das inzwischen überholte statische Bild der traditionellen Vererbungslehre verändert hat, läßt sich schon im Hinblick hierauf die Feststellung rechtfertigen, daß die ererbten Gene die Entwicklung nach der Zeugung nicht in unabänderlicher Weise festlegen und einen Einfluß der kosmischen Umwelt zur Zeit der Geburt und in der Folgezeit nicht grundsätzlich ausschließen. Es entsteht vielmehr der Eindruck, daß in jeder biologischen Entwicklungsphase Gestaltpotentiale wirksam sind, welche dahin streben, die genetische Information und die Information, die aus der Umwelt in die Zellen dringt, optimal aufeinander abzustimmen. So hat der Biochemiker F. VESTER bei einem Interview folgende Konsequenz aus seiner interdisziplinären Berufserfahrung gezogen:

> „Ein Elektron, das von außen auf ein Atom zukommt, ‚weiss', welche Quantenzahlenkombinationen die bereits vorhandenen Elektronen besitzen, und ordnet sich entsprechend diesem ‚Wissen' ein ... Auch in der Biologie beginnt man allmählich, sich um ähnliche ‚Fernwechselwirkungen' zu kümmern ... Es müssen auch hier bisher unbekannte Möglichkeiten des ‚Wissens' aller Zellen um den Plan aller anderen Zellen existieren."[203]

Welcher Leser wird hierbei nicht an das Bohmsche Quantenpotential denken, das unausgesetzt die gesamte Umwelt sondiert und deren Struktur in sein Informationspotential aufnimmt.

g) Probleme der Morphogenese: Wie entsteht die Gestalt der Lebewesen?

Die Dynmamik der Genaktivität, die sich bei einer unvoreingenommenen Würdigung der Forschungsergebnisse abzeichnet, entwickelt sich vor allem in der Wechselwirkung mit der Umwelt, wobei nicht nur grobe Streßfaktoren wie Hunger, ungewöhnliches Klima oder Gefahr der existentiellen Vernichtung zu einer Veränderung der biologischen Hardware führen

203 F. VESTER / G. HENSCHEL: Krebs ist anders, S. 105 – 106

können, sondern auch so subtile Erscheinungen wie seelisch-geistige Phänomene. Die Offenheit der DNS gegenüber der Umwelt ist für die gängige Vorstellung von der Immobilität der Geninformation ein Schock. Dabei verwirklicht sie nur, wenn auch in einer stark abgeschwächten Form, die Entwicklungsprinzipien der Natur, die bei einer umfassenderen Analyse der Entwicklung biologischer Formen hervortreten.

Jene Wissenschaftler, die das statische Modell der Genetik entwickelt haben, sind überzeugt, daß die Gene nicht nur die Information für die Herstellung bestimmter Eiweißkörper enthalten, sondern auch einen genauen Bauplan für die endgültige Gestalt des jeweiligen Organismus. Ein solches detailliertes Programm der Gestaltbildung müßte nicht nur die Größe, Position und spezifische Funktion der DNS-Doppelspirale und der anderen Strukturen innerhalb der einzelnen Zellen genau festlegen, sondern auch die räumliche Anordnung und Gruppenfunktion der 350 verschiedenen Arten menschlicher Zellen, die sich zu Geweben und Organen zusammenschließen und so die Gesamtgestalt des Organismus aufbauen. Bewiesen ist jedoch nur, daß die Gene die Synthese funktioneller Eiweißmoleküle codieren. J. C. GERHARDT und seine Mitarbeiter haben nachdrücklich auf diese Beweislücke hingewiesen:

> „Untersuchungen über die Entwicklung des Nervensystems haben gezeigt, daß die Vorstellung der genetischen Programmierung nicht allein auf der begrifflichen Ebene zu wünschen übrig läßt, sondern auch eine Fehlinterpretation des anhand von Entwicklungsstudien gewonnenen Wissens darstellt ... Wir wissen genug über die Bildung des Nervensystems, um sagen zu können: Es ist höchst unwahrscheinlich, daß es vorspezifiziert ist; vielmehr deutet alles darauf hin, daß der sichtbaren Regelmäßigkeit der Nervenentwicklung stochastische Prozesse zugrunde liegen.“[204]

h) Die Menge der Erbinformation ist für die Erklärung der Entwicklung von Organismen viel zu gering

Der Mathematiker und Physiker H. HAKEN, der Begründer des interdisziplinären Forschungsbereichs der Synergetik, hat den Finger in diese Wunde gelegt:

> „Die DNS enthält, je nach Lebewesen, einige Dutzend bis zu vielen Millionen solcher Codons. Sie können so eine Buchseite, aber auch ein ganzes Buch füllen, wie bei der menschlichen DNS ... Zählt man aber nun

204 J. C. GERHARDT et al.: The Cellular Basis of Morphogenic Change (1982)

> ab, wie viele Instruktionen oder, um in der Fachsprache zu bleiben, welches Maß an Information nötig ist, um den Organismus aufzubauen, so gelangt man schnell zu einer Zahl, die viel größer ist, als in der DNS überhaupt gespeichert sein könnte. Oder, um wieder den Vergleich der DNS mit einem Buch heranzuziehen, man würde z. B. für den Menschen eine riesige Bibliothek brauchen. Die Natur muß also Methoden entwickelt haben, um mit weit weniger Information auszukommen und trotzdem ihren Plan durchführen zu können. Es muß Naturgesetze geben, wonach sich aus einer gegebenen DNS ein Organismus entwickelt. Die DNS ist wie ein Tonband, auf dem magnetische Signale gespeichert sind. Was wir aber noch kennen müssen, ist das Analogon zum Tonbandgerät, das die Signale schließlich in eine Melodie verwandelt. Mit einem entscheidenden Unterschied: Alles deutet darauf hin, daß die Natur die Signale der DNS in einer unglaublich raffinierten Weise umsetzt, gewissermassen nur das Thema des Musikstücks vorschreibt, die einzelne Ausgestaltung aber dem Gerät, d. h. dem wachsenden Organismus überläßt. Damit wird aber der Satz, die DNS enthalte eine ganz bestimmte Information, fragwürdig. Es kommt ganz auf die Umwelt an, in der die DNS ihr Thema ‚abspielen' läßt."[205]

Mit dieser Relativierung der Rolle der DNS fällt das Argument, die Entwicklung nach der Zeugung sei in unabänderlicher Weise durch das Erbgut determiniert, gänzlich in sich zusammen, wie wir noch im einzelnen sehen werden. H. HAKEN steht mit seiner Beurteilung nicht allein. Der Nobelpreisträger M. EIGEN und R. WINKLER[206] stellen ebenfalls fest, daß die Programmkapazität des kompletten Chromosomensatzes, der selbst beim Menschen nicht mehr als einige Milliarden Codezeichen umfasse, bei weitem nicht ausreiche, um die Gesamtgestalt des Organismus zu determinieren, der aus vielen Milliarden[207] somatischer Zellen bestehe; was aus einer Zelle werde, sei nicht unmittelbar durch das genetische Programm vorbestimmt. Der Mathematiker H. O. PEITGEN und der Physiker P. H. RICHTER[208] heben hervor, daß Untersuchungen der Entwicklung von Insekteneiern zeigten, daß die Morphogenese nicht allein durch das Genom und seine molekulare Maschinerie erklärt werden könne, viel-

205 H. HAKEN: Erfolgsgeheimnisse der Natur (1981), S. 97, 99

206 M. EIGEN / R. WINKLER: Das Spiel (1978), S. 98 – 99

207 Die Zellen sind so klein, daß man etwa hunderttausend von ihnen in einem Stecknadelkopf unterbringen kann.

208 H. O. PEITGEN / P. H. RICHTER: The Beauty of Fractals (1986), S. 3

mehr die Phänomenologie ihren eigenen Gesetzen folge. Der Biologe S. BRENNER kennzeichnet die Situation mit den folgenden Worten:

„Zuerst hieß es, die Antwort auf alle Fragen der Entwicklung werde sich aus der Aufschlüsselung der molekularen Mechanismen der Gensteuerung ergeben. Ich bezweifle, daß irgend jemand das noch glaubt. Die molekularen Mechanismen sind geradezu langweilig simpel, und sie sagen uns nicht, was wir wissen wollen. Wir müssen versuchen, die Prinzipien der Organisation aufzudecken."[209]

i) Organizismus und morphogenetische Felder

Eine ganze Schule von Biologen, der *Organizismus*, geht davon aus, daß die Entwicklung der Gestalt nicht durch die Gene, sondern durch morphologische oder morphogenetische Felder bestimmt werde. Eine erste undifferenzierte Vorstellung von solchen Feldern, die auch Entwicklungsfelder oder Embryonalfelder genannt wurden, hatten A. GURWITSCH[210] und P. WEISS[211] schon in den zwanziger Jahren. In der Rückschau erscheint es als verwunderlich, daß eine Feldtheorie der biologischen Form erst so spät auftauchte, obwohl der Feldbegriff in der Physik schon seit der Formulierung der Maxwellschen Gesetze des Elektromagnetismus eine überragende Rolle spielte. 1952 trieb C. H. WADDINGTON[212] die Entwicklung voran, indem er den Begriff der *Chreode* definierte und durch eine dreidimensionale „epigenetische Landschaft" veranschaulichte, in der die „Entwicklungskanäle" eine ähnliche Funktion haben wie die Geodätischen in EINSTEINs gekrümmter Raum-Zeit.

WADDINGTONs Chreode kann mit einem mathematischen Attraktor verglichen werden, der durch seine Form die zu verwirklichende Gestalt repräsentiert und durch seine „Anziehung" bewirkt, daß alle „Entwicklungskanäle" in den Attraktor einmünden. WADDINGTON konnte diesen Vergleich noch nicht ziehen, weil der Begriff des Attraktors erst später auftauchte. Der Feldbegriff als solcher, der in der Physik bereits hochdifferenziert war, legte aber eine mathematische Behandlung nahe. Heute suchen vor allem B. GOODWIN[213] und G. WEBSTER[214] einen mathematischen Zugang zum biologischen Entwicklungsprozeß. GOODWIN zieht

209 R. LEWIN: Why Is Development So Illogical? (1984), S. 1327

210 A. GURWITSCH: Über den Begriff des embryonalen Feldes (1922)

211 P. WEISS: Principles of Development (1939)

212 C. H. WADDINGTON: The Strategy of the Genes (1957)

213 B. C. GOODWIN: Pattern Formation and Regeneration in the Protozoa (1980); ders.: Development and Evolution (1982); ders.: Developing Organisms as Self-Organizing Fields

zur Beschreibung des morphogenetischen Feldes die Laplacesche Gleichung heran, eine partielle elliptische Differentialgleichung zweiter Ordnung, deren Lösungen die Potentialfunktionen sind, die auch harmonische Funktionen genannt werden. Betrachtet man die ersten Lösungen der Laplaceschen Gleichung auf einer Kugel, die sphärisch-harmonischen Funktionen oder Kugelfunktionen, so erinnert die Form ihrer Entwicklung an das Anfangsstadium der Entwicklung eines befruchteten Eis. Diese *Kugelfunktionen* haben überdies die besondere Eigenschaft, daß man sie, ähnlich wie bei einem Hologramm, für den gesamten Definitionsbereich bestimmen kann, wenn die Werte der Funktion in einem kleinen lokalen Bereich bekannt sind. Als GOODWIN zusätzlich das Prinzip der Energie-Minimierung einsetzte, erhielt er insgesamt relativ gute Entsprechungen zwischen seinem mathematischem Modell eines morphogenetischen Feldes und der beobachteten Entwicklung.

Ein Problem blieb jedoch, daß die *Laplacesche Gleichung*, wie jede Differentialgleichung, unendlich viele Lösungen hat. Hier kommen die Gene ins Spiel. Sie haben nach GOODWIN die Funktion von Randbedingungen, die aus der Vielzahl der möglichen Lösungen eine begrenzte Anzahl auswählen. Für das nichtmathematische Verständnis hat GOODWIN die Zusammenhänge durch einen linguistischen Vergleich deutlich gemacht: Die Gene bestimmen die Worte, die für einen Text zur Verfügung stehen, während das *morphogenetische Feld* der Grammatik entspricht, die entscheidet, in welcher Weise die Worte zu einem Text geordnet werden. J. L. CASTI[215] hebt in einer positiven Würdigung dieser Ergebnisse hervor, daß somit der *Genotyp* eine notwendige, aber keine hinreichende Bedingung für den *Phänotyp* sei. Die Vertreter des Organizismus halten das morphogenetische Feld in gleicher Weise für physikalisch real wie elektrische oder magnetische Felder, die man auch nicht sehen oder anfassen kann. Für sie ist zielgerichtetes biologisches Wachstum trotz eines nicht hinreichenden Informationspotentials in den Genen genauso ein Beweis für die Existenz des morphogenetischen Feldes wie die Ausrichtung von Eisenspänen durch einen Magneten.

(1985); ders.: Morphogenesis and Heredity (1988); ders.: Organisms and Minds as Dynamic Forms (1989)

214 G. WEBSTER / B. C. GOODWIN: The Origin of Species (1982)

215 J. L. CASTI: Searching for Certainty, S. 173

j) Sheldrakes Hypothese formbildender Verursachung

Der Biochemiker und Zellbiologe R. SHELDRAKE[216] geht mit seiner Hypothese *formbildender Verursachung* noch einen Schritt weiter. Er schreibt den Genen ebenso wie die Organizisten nur eine sekundäre Rolle zu und geht von *morphogenetischen Feldern* aus, die den eigentlichen Formbildungsprozeß steuern. Gänzlich neu ist jedoch, daß er sogar den Zellen, Geweben, Organen und Organismen der verschiedenen Arten spezifische formbildende Felder zuschreibt, die aus der artgeschichtlichen Vergangenheit stammen, in der sie von den jeweiligen Trägern dieser Formen in langer Entwicklungskette aufgebaut worden sind. Sie wirken aus der Vergangenheit durch morphische Resonanz auf die gegenwärtige Entwicklung der Individuen der Folgegenerationen ein. Da sich diese Informationsübertragung nach SHELDRAKEs Auffassung nicht nur auf körperliche Merkmale, sondern auch auf Lernprozesse und Umweltreaktionen erstreckt, sind bereits erste Experimente durchgeführt worden, welche die Hypothese zu bestätigen scheinen.[217] Es bleibt abzuwarten, wie sich diese Beweissituation weiter entwickelt. Unabhängig vom Ausgang der Beweisfrage, der Sheldrake als bewährter Fachwissenschaftler selbst große Bedeutung beimißt, läßt sich schon jetzt sagen, daß SHELDRAKE durch seine kühne Hypothese die verkrustete Denkszene aufgebrochen hat. Eine ebenso interessante Frage ist, ob die Organizisten in der Lage sind, ihre Theorie in befriedigender Weise zu vervollkommnen.

k) Eine neue Lösung des Problems der Formentwicklung: die Quantensystem-Hypothese

Unabhängig hiervon steht aber schon jetzt fest, daß die vererbte DNS nicht die alles beherrschende Rolle spielt, die H. v. DITFURTH ihr zugeschrieben hat. Schon aus Gründen der informationstheoretischen Statistik muß es ein bisher nicht lokalisiertes Informationspotential außerhalb der Zelle geben, das die Entwicklung der jeweiligen Form steuert. Hiernach eröffnet sich ein Freiraum für Einflüsse, die aus der Umwelt auf die Zelle einwirken. Die Frage ist nur, wo die Grenzen dieses Umwelteinflusses liegen. M. EIGEN und R. WINKLER sind sich dieses Problems bewußt:

216 R. SHELDRAKE: A New Science of Life (1981); ders.: Das schöpferische Universum (1985); ders.: Das Gedächtnis der Natur (1992)

217 J. L. CASTI: Searching for Certainty, S. 178

> „Was aus einer Zelle wird, ist also nicht unmittelbar im genetischen Programm vorbestimmt. Jede Zelle besitzt das Potential, praktisch jede Funktion auszuführen. Die Information für die Determinierung stammt demnach aus der Nachbarschaft der betreffenden Zelle. Woher hat aber die ‚Nachbarschaft' diese Information?"[218]

Die Antwort dieser Forscher, daß es Zellen im Organismus geben müsse, welche die Umwelt durch das Konzentrationsmuster irgendeines chemischen Stoffes so strukturierten, daß sich die zukünftige Gestalt abzeichne, ist jedoch wenig befriedigend, steht sie doch im Widerspruch zu der wenige Absätze vorher[219] getroffenen Feststellung, daß die DNS-Information in den Zellen nicht ausreiche, um die Gestalt des Organismus zu bestimmen. H. HAKEN, der ebenfalls deutlich sieht, daß die Erb-DNS schon wegen ihres zu geringen Informationspotentials nicht die Determinante der endgültigen Gestalt sein könne, sucht ebenfalls die Quelle der Information, die sich in der Gestaltentwicklung ausprägt, in der Umwelt der Zelle. Wie wir bereits zitiert haben, kommt es nach seiner Auffassung „ganz auf die Umwelt an, in der die DNS ihr Thema ‚abspielen' läßt." Wie dies vor sich gehen soll, sagt er aber auch nicht. Er verweist nur ganz allgemein darauf, daß es Naturgesetze geben muß, die festlegen, wie sich unter Beteiligung der DNS und der Umwelt ein Organismus entwickelt.

Wenn wir uns damit zufrieden geben müßten, bedeutete dies immerhin, daß auch noch nach der Zeugung ein Einfluß der Umwelt auf die Entwicklung der individuellen Gestalt möglich ist. Die bisher vorgelegten Gesamtergebnisse sprechen dabei eher dafür, daß die Grenzen der Umwelt so weit zu ziehen sind, daß auch die kosmische Umwelt mit einbezogen wird. Mit dieser recht allgemeinen Feststellung brauchen wir uns aber nicht zu begnügen. Der Leser, der aufmerksam bis hierher gefolgt ist, hat bereits alle Komponenten einer umfassenderen und detaillierteren Lösung des Grundproblems der Morphogenetik in der Hand, die es zugleich möglich macht, die Ergebnisse fortgeschrittener Wissenschaft mit der Weltsicht der Astrologie zu vereinen, wenn auch auf einer tieferen Ebene und in einer Weise, an die weder die Astrologen noch ihre naturwissenschaftlichen Gegner gedacht haben.

Bei der Auseinandersetzung mit der zeitgenössischen Astrologiekritik hat sich zwangsläufig zugleich ein Rundblick auf die verschiedenartigsten Ergebnisse fortschrittlicher Wissenschaft eröffnet, der unerwartete Ein-

218 M. EIGEN / R. WINKLER: Das Spiel, S. 99
219 Dies., ebd., S. 98 – 99

blicke in tiefliegende Zusammenhänge erschließt, aber dem Leser ein hohes Maß von interdisziplinärem Engagement abverlangt. Dieser Einsatz trägt jetzt Früchte. Der Leser ist nunmehr in der Lage, selbst zu beurteilen, ob die folgenden Ausführungen tragfähig sind oder nicht. Meine Darstellung erreicht hier einen Knotenpunkt, in dem die Fäden zusammenlaufen. Ich sehe in meinem neuen Vorschlag für die Lösung des Problems der *Morphogenese* eine Hypothese, die mit ihrem Ansatz tiefer reicht als bis zu dieser speziellen Problemschicht und deshalb auch eine Möglichkeit bietet, die Ergebnisse heutiger Naturwissenschaft und die astrologische Weltsicht so zu vereinen, daß sie von einem gemeinsamen Fundament getragen werden. Dabei weise ich auch an dieser Stelle ausdrücklich darauf hin, daß diese Vereinbarkeit der naturwissenschaftlichen Erkenntnisse mit astrologischen Grundanschauungen nicht zwangsläufig bedeutet, daß die überlieferten Praktiken der historisch gewachsenen Astrologie mit der Wirklichkeit übereinstimmen. Ob dies der Fall ist, kann nur eine praktische Untersuchung entscheiden, die Sachverhalte sichtbar macht, die nur mit dem überlieferten astrologischen Modell erklärt werden können.

Wenn wir etwas sehen, was andere vor uns nicht sehen konnten, so liegt dies daran, daß wir auf den Schultern von Riesen stehen, wie NEWTON zutreffend bemerkt hat. Ich gehe von einer *ganzheitlichen nichtlokalen Wirklichkeit* aus, wie sie durch die Experimente auf der Grundlage der Bellschen Ungleichungen bewiesen ist. Weiter stütze ich mich auf D. BOHMs Interpretation der *Quantentheorie*. Schließlich setze ich W. v. OCKHAMs *„Rasiermesser“* ein: „Non sunt multiplicanda entia praeter necessitatem.“[220] Der Physiker E. MACH[221] hat 600 Jahre später diesen Grundsatz der Argumentationsökonomie – wenn auch in weniger konzentrierter Form als im lateinischen Vorbild – dahin definiert, daß es das Ziel der Wissenschaft sei, die Wirklichkeit der Natur mit den denkbar einfachsten Begriffen und in der ökonomischsten Weise zu beschreiben, wobei die Schönheit als Leitstern dienen könne.

Hinsichtlich des *Quantenpotentials*, das BOHM aus der Schrödingerschen Wellengleichung abgeleitet hat, möge sich der Leser in die Erinnerung zurückrufen oder notfalls noch einmal nachlesen, was ich in einem früheren Kapitel über die Bohmsche Interpretation der Quantenmechanik ausgeführt habe. Dabei ist wichtig, daß BOHMs Version, obwohl sie

220 K. VORLÄNDER: Philosophie des Mittelalters (1973), S. 105
221 E. MACH: Die Mechanik (1982)

die Quantenprozesse ganz anders deutet, zu den gleichen rechnerischen Ergebnissen führt wie die Kopenhagener Interpretation. Die hier dargestellte Hypothese stützt sich somit auf alle Ergebnisse und Erklärungen, welche die präziseste und umfassendste physikalische Theorie vorzuweisen hat, über die wir zur Zeit verfügen. Das Besondere an BOHMs Interpretation ist das Quantenpotential, das in einer qualitativen Beziehung zur Schrödingerschen Wellenfunktion steht, weil es nicht von deren Amplitude abhängt, sondern von deren Form. Dadurch genügt das Quantenpotential zugleich den Anforderungen der Nichtlokalität, die nach den Bell-Experimenten eine grundlegende Eigenschaft der Natur ist. Das Potential wird in größerer Entfernung nicht schwächer, sondern erstreckt sich gleichzeitig auf die gesamte Raum-Zeit. Für Geschöpfe, deren Gehirne sich in der unmittelbaren Auseinandersetzung mit der sinnlich faßbaren näheren Umwelt entwickelt haben, sind solche Eigenschaften nur schwer nachzuvollziehen. Sie sind aber durch präzise physikalische Experimente bewiesen, an deren Ergebnis nicht zu rütteln ist. Kraft seiner nichtlokalen Eigenschaften hat das Quantenpotential Zugang zu allen Prozessen und Strukturen der näheren und weiteren Umwelt, potentiell sogar des gesamten Universums als des umfassendsten Quantensystems. Als „Informationsfeld", wie BOHM es auch bezeichnet, sondiert es unausgesetzt die Umwelt und paßt ständig seine Wellenform an deren veränderliche Struktur an. Zugleich hat das Quantenpotential die Funktion einer „Führungswelle", da das ihm zugeordnete Elementarteilchen auf Änderungen der Wellenform entsprechend reagiert, so wie ein Ozeandampfer, der von seinen starken Maschinen angetrieben wird, aber dem Kurs folgt, der durch den jeweiligen Rudereinschlag bestimmt wird.

In dem Zusammenhang, den ich hier verfolge, wird es nun besonders interessant, wenn an die Stelle einzelner Elementarteilchen komplizierte Teilchenaggregate treten, die ein Quantensystem bilden. Wie ich bereits erörtert habe, entstehen dann komplexere Quantenpotentiale, die das Verhalten des gesamten Quantensystems steuern, gleichgültig, ob dies aus nur zwei Teilchen besteht, wie bei den Bell-Experimenten, oder aus einer beliebig großen Zahl von Komponenten. Es entwickelt sich so ein nichtlokaler Stufenbau von Quantenobjekten, der auf der Grundstufe bei Photonen, Elektronen und Quarks beginnt und sich bis zu den verwickeltsten Aggregaten in allen Größenordnungen erstreckt. Auf jeder der in der Natur vorkommenden Stufen, deren strukturelle Ausprägung durch eine kosmische Hierarchie von jeweils übergeordneten Entwicklungsmustern bestimmt wird, ist dem jeweiligen Teilchenaggregat ein Quantenpotential zugeordnet, dessen Komplexität dem Komplikationsgrad und der Funktionsfülle des Systems entspricht. So spiegelt das Quantenpotential des Protons bereits die größere Komplexität wider, die sich daraus ergibt, daß sich das Proton aus drei Quarks zusammensetzt, die in Wechselbeziehung zueinander treten und über ein größeres Maß an Information verfügen müssen, um der höheren Qualität der Funktionen eines Protons zu genügen.

Bei einer *lebenden Zelle* und den Funktionseinheiten, aus denen sie sich zusammensetzt, erreicht die Komplexität des Quantenpotentials ein entsprechend höheres Niveau. Dabei ist in jedem Fall das Quantenpotential des Ganzen auf der jeweils höheren hierarchischen Stufe primär. Mit seiner umfassenderen Information, die sich auf mehr erstreckt als auf die Summe der Teile des Systems, steuert es die Anordnung der Attribute und die Verhaltensweisen der Untereinheiten in nichtlokaler Weise. Das Quantenpotential einer Zelle ist zum Beispiel den Quantenpotentialen der Chromosomen, der Ribosomen, der Mitochondrien und anderer Zellbestandteile, die alle ihren speziellen Steuerbereich innerhalb der Zelle haben, insofern übergeordnet, als es durch seine Wellenform die Information abbildet, die für den Zellorganismus in seiner Gesamtheit existenzwichtig ist. Das gleiche gilt für das Quantenpotential unseres Sonnensystems im Verhältnis zu den Quantenpotentialen der Sonne, der Planeten und der Monde und trifft auch für beliebige andere Systeme zu, die wir in der Natur als Funktionseinheiten vorfinden. A. KOESTLER bezeichnet solche Ganzheiten treffend als „Holonen“:

> „Jedes Holon besitzt die doppelte Tendenz, einerseits seine Individualität als quasi-autonome Ganzheit zu wahren und zu bekunden und andererseits als integraler Bestandteil einer größeren Ganzheit zu fungieren. Diese Polarität von Selbstbehauptung und Integration liegt im Begriff der hierarchischen Ordnung.“[222]

Aggregate von Holonen bilden nach KOESTLER[223] geschachtelte Hierarchien, die er Holarchien nennt. Die Ganzheiten auf jeder Entwicklungsstufe sind wieder aus Ganzheiten einer untergeordneten Art aufgebaut. Dies gilt für Atome und Moleküle in gleicher Weise wie für Organellen, Zellen, Gewebe, Organe und Organismen.

222 A. KOESTLER: The Ghost in the Machine (1967), S. 385
223 A. KOESTLER: Jenseits von Atomismus und Holismus (1970)

Trotz einer solchen hierarchischen Ordnung, von der auch meine *Quantensystem-Hypothese der Morphogenetik* ausgeht, ist es nicht so, daß die Information des übergeordneten Bereichs dem untergeordneten System oktroyiert wird. Vielmehr nimmt das Quantenpotential des jeweiligen Teilsystems bei seiner Sondierung der Umwelt die Information des Gesamtsystems wahr, die sich in der hochkomplizierten Wellenform des übergeordneten Quantenpotentials ausdrückt. Schwierigkeiten beim Ablesen der Information gibt es schon deshalb nicht, weil die beiden beteiligten Quantenpotentiale, abgesehen von den verschiedenen Wellenformen, die sie jeweils bilden, die gleiche Struktur haben, die gleichen Funktionen erfüllen und „die gleiche Sprache sprechen". Eine solche „organische" Sichtweise, die nicht von mechanischer Über- und Unterordnung ausgeht, sondern von einer relativen Freiheit der Stufenelemente, scheint naheliegend zu sein, denn E. JANTSCH ist von einem ganz anderen Ausgangspunkt her zu folgender Feststellung gelangt:

> „In einem lebenden System kann jede autopoietische Ebene mit der gesamten Umwelt auf teilweise autonome Art interagieren und in Kommunikation treten. Die Umwelt einer Zelle besteht nicht nur aus den Nachbarzellen, sondern aus der gesamten Biosphäre mit ihrer Chemie und ihrem Energiefluß, ja aus dem Sonnensystem mit seinen Phänomenen der Strahlung und der Schwerkraft. Jede Ebene hat ihre selbstorganisierende Dynamik, welche sie ... mit ihrer Umwelt in Beziehung treten läßt."[224]

Es entspricht überdies ökonomischen Prinzipien, die Initiative dem untergeordneten Quantenpotential zu überlassen, da es weiß, wann es welche Information benötigt. Die Information des Quantenpotentials auf der höheren Stufe kann mit einer Bibliothek verglichen werden, die ständig auf dem laufenden gehalten wird, während das Quantenpotential auf der tieferen Stufe dem Besucher entspricht, der daran interessiert ist, Antworten auf ganz bestimmte Fragen zu erhalten. Es ist naheliegend, daß die Einstimmung auf die jeweils benötigte Information durch selektive nichtlokale Resonanz erfolgt, bei der nur die Übereinstimmung der Form wichtig ist. Eine solche Art der Formresonanz, bei der es im Gegensatz zur mechanischen Resonanz nicht auf die Übertragung von Energie ankommt, sondern nur auf die Übermittlung von Information, ist für uns zur Zeit noch schwer vorstellbar. Sie entspricht aber den besonderen Eigenschaften des Bohmschen Quantenpotentials, das in der Lage ist, die

224 E. JANTSCH: Die Selbstorganisation des Universums (1982), S. 338

Formen und Prozesse der Umwelt selbst in beliebig großer Entfernung wahrzunehmen und durch seine Wellenform auszudrücken. Wenn dies möglich ist, muß es erst recht möglich sein, Forminformation zwischen zwei Quantenpotentialen auszutauschen, die ja beide in der Lage sind, hochkomplexe Strukturen durch ihre Wellenform abzubilden.

Richtig ist, daß wir solche unvorstellbar komplizierten Vorgänge nicht im konkreten Fall rechnerisch nachvollziehen können. Dies gilt aber auch für die Quantenmechanik. Im Prinzip können wir mit dieser zuverlässigen Theorie fast alles erklären, was um uns herum vorgeht.[225] Wie S. HAWKING[226] zu Recht hervorgehoben hat, ist aber praktisch die Rechnung bei Systemen, die mehr als nur einige wenige Elektronen enthalten, wegen der Komplexität der Zusammenhänge so schwierig, daß wir sie nicht mehr bewältigen können. Es ist dennoch ein bedeutender Fortschritt, daß wir die Zusammenhänge wenigstens im Prinzip verstehen. Auch die Unsichtbarkeit des Quantenpotentials ist kein unüberwindliches Hindernis. Die Schrödingersche Wellenfunktion ist auch unsichtbar, und dennoch können wir auf ihre Wirklichkeit schließen, weil sie Erscheinungen abbildet, die sich im Experiment zeigen. Entsprechende experimentelle Ergebnisse finden wir auch auf dem Gebiet der Morphogenese. In fast jedem Fachbuch, das sich mit dem Problem der Entstehung biologischer Gestalten befaßt, werden Versuche mit Seeigeleiern, Taufliegen, Plattwürmern, Froschlarven und Süßwasserpolypen geschildert, die auf eine Quelle von Gestalt-Information hinweisen, wie immer diese auch beschaffen sein mag.

Bei meiner bisherigen Darstellung bin ich stets davon ausgegangen, daß das Quantenpotential auf der höheren Stufe, von dem Information übernommen wird, bereits innerhalb einer Funktionseinheit existiert. Das Problem der Gestaltentstehung tritt aber erst dann in aller Schärfe hervor, wenn nur eine befruchtete Eizelle existiert und eine Gestalt entwickelt werden soll, die durch die Information in den Genen nicht vorgezeichnet ist. Es läßt sich mit der hier vorgestellten Hypothese auf einfache Weise lösen. Für ein Quantenpotential mit seinen nichtlokalen Fähigkeiten macht es keinen Unterschied, ob die benötigte Information in unmittelbarer Nähe zu finden ist, wie innerhalb des Organismus, oder in größerer Entfernung. Es kommt allein auf das Formpotential und die Schärfe der nichtlokalen Resonanz an. Unter diesen Umständen ist es für ein Quan-

225 S. WEINBERG: Dreams of a Final Theory, S. 28
226 S. HAWKING: A Brief History of Time, S. 60

tenpotential, das sich in einem Wachstumsprozeß befindet, ohne weiteres möglich, in der näheren oder ferneren Umwelt, notfalls irgendwo auf der Erde, lebendige Organismen der fraglichen Art zu finden, deren Quantenpotentiale auf den jeweils übergeordneten Stufen Auskunft darüber geben können, wie die Endform des Wachstumsprozesses aussieht und welche Zwischenstufen auf dem Weg zu diesem Ziel durchlaufen werden müssen. Die Ausformung der wachsenden Gestalt erfolgt sozusagen mit dem Blick auf das lebende Modell, das in seiner augenblicklichen Form zugleich seine Entwicklung in der Vergangenheit erkennen läßt. Es ist leicht einzusehen, daß hiernach jede Lebensform, solange noch einige ihrer Vertreter lebendig sind, die laufenden Wachstumsprozesse allein durch ihre Existenz in ihrer augenblicklichen Form so beeinflussen, daß die besonderen Züge der Art erhalten bleiben.

Anders als bei R. SHELDRAKE, der von morphogenetischen Feldern ausgeht, die aus der Vergangenheit in die Gegenwart hineinwirken, geht es hier ausschließlich um die *Übertragung lebendiger Information in der Gegenwart*. Im Gegensatz zu R. SHELDRAKE ist es auch nicht erforderlich, so viele verschiedene morphogenetische Felder zu postulieren wie es Organellen, Zellen, Gewebe, Organe, Organismen und andere Funktionsformen gibt; es genügt die in der Physik vorgefundene Grundform des Quantenpotentials, dessen Wellenform jeweils verschiedene Gestalten abbilden kann. Die hier vorgestellte Hypothese geht auch nicht von ad hoc entwikkelten Begriffen aus, die auf die Problematik der Morphogenese zugeschnitten sind, sondern stützt sich ausschließlich auf Ergebnisse der physikalischen Grundlagenforschung, die lediglich auf komplexere Sachverhalte übertragen werden. Insgesamt scheint sie, zumindest bei einer vorläufigen Einschätzung, dem Ockhamschen Ökonomieprinzip zu entsprechen.

l) Experimentum crucis

R. SHELDRAKE[227] nimmt gegenüber seiner speziellen Hypothese der Funktion morphogenetischer Felder eine kritische Haltung ein. Er erkennt an, daß nur sorgfältig durchgeführte Experimente darüber entscheiden können, ob seine Hypothese der Wirklichkeit entspricht. Er hat bereits in seinen ersten Veröffentlichungen eine ganze Reihe von Experimenten vorgeschlagen, die zum Teil durchgeführt worden sind, und

227 R. SHELDRAKE: Das Gedächtnis der Natur, S. 236-244

zwar durchweg mit positivem Ergebnis. Unter anderem hat R. GENTLE von der Universität Nottingham Versuchspersonen, die nicht Türkisch sprachen, Reime vorgelegt, die auswendig gelernt werden sollten. Dabei handelte es sich zum Teil um echte Kinderreime, die Allgemeingut der türkischen Sprache sind, und im übrigen um zusammengewürfelte künstliche Reime. Die Versuchspersonen, die keine Türkischkenntnisse hatten, erlernten die echten Kinderreime erheblich leichter als die unechten Reime.[228] Die Abweichung war statistisch signifikant. SHELDRAKE hatte dieses Ergebnis erwartet, da Millionen von Türken die echten Reime in der Vergangenheit erlernt haben. Ähnliche Experimente sind mit anderen Sprachen wie Japanisch, Persisch und Hebräisch durchgeführt worden.[229] In jedem Falle stellte sich heraus, daß sich die echten Sprach- oder Schriftformen, die von vielen Menschen täglich angewendet werden, leichter erlernen ließen als künstliche Formen. Man mag hier einwenden, daß dies möglicherweise allein damit zusammenhänge, daß die echten Formen ästhetisch ansprechender seien als die zusammengewürfelten Konstrukte. Dagegen spricht jedoch, daß weitere Untersuchungen gezeigt haben, daß bei den echten Sprachelementen häufig gebrauchte Wortformen zu einem erheblich besseren Ergebnis führten als selten angewandte Wortwendungen.[230]

Alle bisher durchgeführten Experimente, die für die Hypothese SHELDRAKEs sprechen, können genausogut als Bestätigung meiner Quantensystem-Hypothese der Morphogenetik angesehen werden, da es ausschließlich um Formelemente geht, die von vielen lebenden Menschen ständig eingesetzt werden. Eine Differenzierung zwischen den beiden Hypothesen wäre möglich, wenn sich morphogenetische Felder nachweisen ließen, die ausschließlich aus der Vergangenheit auf bestimmte Versuchsergebnisse einwirkten und deshalb als Beweis für SHELDRAKEs Hypothese anzusehen wären. Das läßt sich aber nur schwer verwirklichen, zumal sich die gegenwärtig existenten Quantensysteme zugleich als Integrationsprodukt aller vorausgegangenen Entwicklungsstufen darstellen. Hinzu kommt, daß höher entwickelte Lebewesen die Erfahrung ihrer Vergangenheit so speichern, daß sie jederzeit durch Erinnerung darauf zurückgreifen können.

228 J. L. CASTI: Searching for Certainty, S. 178
229 K. HOFFMANN: Hat die Natur ein Gedächtnis?, Die Zeit, Nr. 12, 16. März 1990, S. 56
230 R. SHELDRAKE: Das Gedächnis der Natur, S. 240

Und doch läßt sich ein scharfes Kriterium der Unterscheidung finden. SHELDRAKE hat durchaus erkannt, daß sich seine Hypothese auch auf *Planetensysteme* anwenden läßt. Er argumentiert:

> „Eine natürliche Ausweitung dieses Ansatzes besteht darin, auch ganze Ökosysteme als komplexe Organismen mit morphischen Gesamtfeldern aufzufassen, in welche die Felder der individuellen Organismen eingebettet sind; und warum nicht auch ganze Planeten, ja Planetensysteme, Sterne, Galaxien und Galaxienverbände als Organismen mit charakteristischen morphischen Feldern betrachten."[231]

SHELDRAKE geht sogar noch einen Schritt weiter:

> „Vielleicht ist unser Planetensystem nicht einmalig, sondern repräsentiert einen Typus; und wenn es andere Systeme gleicher Art gibt, könnte es Wechselwirkungen zwischen dem morphischen Feld unseres Systems und denen der anderen Systeme geben. Auch für Planeten könnte ähnliches gelten; vielleicht gibt es regelrechte ‚Spezies' von Planeten – eine Merkur-Spezies, eine Venus-Spezies, eine Erd-Spezies und so weiter."

SHELDRAKE wendet seine Hypothese jedoch nicht auf den Fall an, daß die Planeten und die Sonne, die ebenso wie die Erde Mitglieder unseres Sonnensystems sind, die Erde und die irdischen Lebewesen beeinflussen. Dies hängt damit zusammen, daß nach seiner Hypothese die Übertragung von Information durch *„morphische Resonanz"* grundsätzlich nur zwischen Systemen stattfindet, die einander hinreichend ähnlich sind wie Tiere derselben Gattung oder Planeten derselben „Spezies".

Die Quantensystem-Hypothese der *Morphogenetik* unterliegt jedoch nicht solchen Beschränkungen. Die Quantenpotentiale der irdischen Quantensysteme auf der jeweiligen hierarchischen Stufe können nichtlokal das gesamte Sonnensystem wahrnehmen. Sie bilden zugleich seine dynamische Struktur durch ihre Wellenform ab und beeinflussen dadurch das Verhalten der zugeordneten Teilchenaggregate. Dieses Unterscheidungsmerkmal bietet sich als Prüfstein an. Lassen sich Sachverhalte finden, die eindeutig zeigen, daß biologische Entwicklungsmerkmale und Verhaltensweisen mit speziellen Anordnungen der Körper des Sonnensystems zusammenhängen, so spricht dies für die Quantensystem-Hypothese der Morphogenetik, wenn zugleich feststeht, daß der Zusammenhang nicht auf energetischer Wechselwirkung beruht, sondern auf einem

231 Ders., ebd., S. 364 – 365

Informationsprozeß besonderer Art, wie ihn die Quantensystem-Hypothese beschreibt.

Es geht dabei im Gegensatz zu der Hypothese SHELDRAKEs nicht nur um Formeinflüsse innerhalb derselben Spezies, sondern um tiefliegende geometrische Grundformen, die in einer Beziehung zur nichtlokalen Realität zu stehen scheinen. Ich werde in einem späteren Abschnitt zeigen, daß die auf der *Fünfzahl* beruhende Symmetrie, die *logarithmische Spirale*, der *Goldene Schnitt* und Winkelabstände wie die bereits erörterten Aspekte insoweit eine besondere Rolle spielen. Auf solche Grundstrukturen scheinen die verschiedensten Quanten-Systeme auf den unterschiedlichsten Stufen der kosmischen Hierarchie mit Resonanz zu reagieren. Auch das Quantensystem Mensch bildet hier keine Ausnahme. Ähnlich wie bei dem Beweis des nichtlokalen Charakters der Realität kann ein Nachweis solcher Zusammenhänge nur durch statistische Untersuchungen geführt werden. Ich werde im letzten Abschnitt dieses Buches eine ganze Reihe entsprechender signifikanter Ergebnisse vorlegen, die für die Quantensystem-Hypothese sprechen, zugleich aber auch für Zusammenhänge zwischen menschlichem Verhalten und der sich ständig verändernden Gestalt des Sonnensystems.

m) Verknüpfung der Hirnzellen erst nach der Geburt

Die Quantensystem-Hypothese der *Morphogenetik* hat sich en passant[232] bei der Kritik der von H. v. DITFURTH aufgestellten Behauptung ergeben, durch die Zeugung, die das Erbgut fixiere, sei der Mensch, der später geboren werde, unausweichlich determiniert, und zwar auch hinsichtlich seines Temperaments und seiner speziellen Begabungen. Wir haben gesehen, daß dies unter anderem schon deshalb nicht richtig ist, weil die gesamte Geninformation bei weitem nicht ausreicht, um die Entwicklung eines Lebewesens und seine endgültige Form eindeutig zu bestimmen. Abschließend sei hervorgehoben, daß v. DITFURTH ein ganz einfaches Gegenargument außer acht gelassen hat, das auf Tatsachen beruht, die schon seit Anfang der siebziger Jahre bekannt sind. Niemand wird bezweifeln, daß die besondere Art, in der ein Mensch sinnlich wahrnimmt, denkt, redet und assoziert, zu den grundlegenden Eigenschaften gehört, welche die menschliche Persönlichkeit charakterisieren. Eine wichtige Phase in der Entwicklung dieser Eigenart beginnt aber erst bei der Ge-

232 Am 26. April 1993 morgens beim Duschen

burt und setzt sich in den ersten Wochen und Monaten nach der Geburt fort.

Von den rund 15 Milliarden *Nervenzellen* des menschlichen Hirns sind die meisten, wenn auch nicht alle, zur Zeit der Geburt bereits fertig entwickelt. Jedes dieser 15 Milliarden Neuronen kann bis zu zehntausend Querverbindungen mit anderen Neuronen eingehen, so daß ein unvorstellbar komplexes Netz von Billionen von Verknüpfungen entsteht. Entscheidend ist nun, daß nur ein geringer Teil dieser Vernetzung durch die Gene bestimmt wird. Die Gene regulieren nur das Wachstum der relativ wenigen Verknüpfungen, die schon zur Zeit der Geburt funktionsfähig sind. Die große Mehrzahl der Querverbindungen wird erst geknüpft, wenn der Mensch geboren ist. Den Beweis hierfür hat der Jesuitenpater J. L. CONEL[233] geführt, der in jahrzehntelanger Arbeit die gleichen Bereiche der grauen Gehirnrinde in unterschiedlichen Zeitabständen nach der Geburt untersucht und in einem chronologischen Atlas abgebildet hat. Abb. 2 nach CONEL zeigt einen Schnitt durch die menschliche Großhirnrinde zur Zeit der Geburt (links) und drei Monate nach der Geburt (rechts). Es ist deutlich zu sehen, wie stark die Zahl der Verknüpfungen in den ersten drei Monaten angewachsen ist und welche entscheidenden Veränderungen sich in dieser Zeit abgespielt haben. Später nimmt die Verknüpfungsdichte nur noch geringfügig zu.

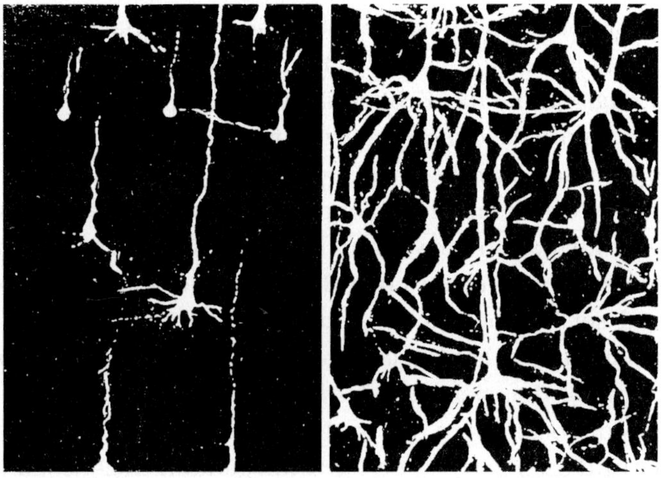

Abb. 2: Schnitt durch eine Partie der Großhirnrinde zur Zeit der Geburt (links) und drei Monate später (rechts). Ein Vergleich der beiden Schnitte zeigt, wie stark die Zahl der Verknüpfungen zwischen den Nervenzellen des Hirns in der Zeit nach der Geburt zunimmt. Die Art und Zahl der Verknüpfungen bestimmt die Qualität des Assoziationspotentials.

233 J. L. CONEL: Life As Revealed by the Microscope (1970)

In der kritischen Wachstumsphase der ersten Tage, Wochen und Monate spielt nach den vorliegenden Forschungsergebnissen die Umwelt eine entscheidende Rolle. F. VESTER hat nachdrücklich darauf hingewiesen, wie ungewöhnlich dieser Zusammenhang ist:

> „Und hier passiert etwas Einzigartiges, was wir im übrigen Körper des Menschen nicht kennen: Die Zellen wachsen je nach der vorhandenen Umwelt anders! Es ist dies die einzige Zeit, in der sich äußere Einflüsse wie die Wahrnehmung durch das Auge, die Nase, den Geschmack, Hören und Fühlen in der Ausbildung des Gehirns direkt niederschlagen können, das heißt in anatomischen Veränderungen, in festen Verknüpfungen zwischen den wachsenden Zellen ... Die Hirnrinde wird so verdrahtet, daß sie möglichst gut mit derjenigen Umwelt zurechtkommt, die in den ersten Lebenswochen wahrgenommen wird ... Die ‚Passivität' eines Säuglings täuscht also darüber hinweg, daß sich gerade in den ersten Wochen auch im geistigen Bereich sehr viel tut, nämlich die irreversible Formung eines durch die Sinneseindrücke hervorgerufenen ersten inneren Abbildes der Umwelt, die sich zusammen mit den letzten anatomischen Veränderungen in einem von Mensch zu Mensch unterschiedlichen Grundmuster im Gehirn verankert."[234]

Wie einschneidend der Umwelteinfluß in der kritischen Zeit ist, haben Beobachtungen an Tieren gezeigt. Die Neuronen junger Ratten, die blind geboren werden, haben während der ersten zwei Wochen nach der Geburt nur durchschnittlich 14 Querverbindungen zu anderen Neuronen. Öffnen die neugeborenen Tiere nach zwei Wochen ihre Augen, so löst dies eine dramatische Entwicklung aus. Innerhalb weiterer zwei Wochen erhöht sich die Zahl der Verknüpfungen der einzelnen Neuronen auf 8 000. Bleiben die Augen aus irgendwelchen Gründen geschlossen, so tritt die explosionsartige Vermehrung der Querverbindungen nicht ein. Selbst wenn die Augen einige Monate später sehfähig werden, ändert dies nichts mehr. Die komplizierte Vernetzung der Neuronen ist nur in den ersten Wochen nach der Geburt möglich. Die jungen Ratten bleiben blind, weil die Verknüpfung der Neuronen für eine so komplizierte Hirnfunktion wie das Sehen nicht den erforderlichen Komplexitätsgrad erreicht hat. Ähnliche lebenslange Sehstörungen entwickeln sich auch bei Menschen, wenn Säuglinge in den kritischen Wochen aus irgendwelchen Gründen keine oder nur schwache visuelle Eindrücke empfangen.[235] Ent-

234 F. VESTER: Denken, Lernen, Vergessen (1978), S. 31 – 35
235 T. N. WIESEL / D. H. HUBEL: Long-term Changes in the Cortex After Visual Deprivation

sprechende Beobachtungen liegen auch für andere Sinneswahrnehmungen vor. Selbst die späteren hormonellen Reaktionen werden durch die ersten Gefühlseindrücke nach der Geburt festgelegt, die in der Art der „Verdrahtung" der Neuronen ihren Ausdruck finden.[236]

Hiernach hängt die *geistige Reaktionsfähigkeit* eines Menschen ganz unmittelbar davon ab, wie seine Umwelt in der ersten Zeit nach der Geburt beschaffen war, ob er in reichem Maße mit abwechslungsreichen Sinneseindrücken versorgt wurde und von teilnehmenden Menschen umgeben war, oder lieblos in einer isolierten Ecke „abgestellt" wurde, wo er von anregenden Sinneseindrücken abgeschnitten war.[237] F. VESTER[238] geht aufgrund der vorliegenden Forschungsergebnisse davon aus, daß die fertig vernetzte Struktur der Neuronen ein unvorstellbar komplexes Schwingungssystem mit spezifischen Resonanzbedingungen ist, das auf den Schwingungskontakt mit ähnlichen Neuronenmustern anderer Menschen mit Resonanz reagiert. Die Qualität der Kommunikation, wie zum Beispiel zwischen Lehrer und Schüler, hängt hiervon ebenso ab wie Sympathie oder Antipathie bei einer ersten Begegnung.

Da hiernach feststeht, wie stark die Umwelt vor allem vom Zeitpunkt der Geburt an die Vernetzung der Hirnzellen beeinflußt und welche schwerwiegenden Folgen dies für spätere geistige Reaktionen und das Gesamtverhalten des Menschen hat, liegt die Frage nahe, wie weit die Grenzen der Umwelt zu ziehen sind, die einen so starken Einfluß auf die Hirnstruktur des Neugeborenen hat. Nach den bisher insgesamt zusammengetragenen Argumenten ist es nicht unwahrscheinlich, daß das Sonnensystem mit seinen speziellen Gestaltreizen in die entwicklungsanregende Umwelt einzubeziehen ist. Möglicherweise ist es sogar so, daß die ersten Gestaltimpulse, die aus der Umwelt in diesem weiten Sinne auf das Neugeborene eindringen, Entwicklungsimpulse setzen, welche die Gestalt des Verknüpfungsprozesses im Hirn besonders nachhaltig beeinflussen. Ob dies tatsächlich so ist, hängt jedoch davon ab, ob es sich beweisen läßt. Dies kann nach der Natur der Sache wiederum nur durch statistische Untersuchungen geschehen. Sie sind Gegenstand des letzten Teils dieses Buches.

(1971); R. D. FREEMAN / D. E. MITCHELL / M. MILLODOT: A Neural Effect of Partial Visual Deprivation in Humans (1972), 1384; F. VESTER: Denken, Lernen, Vergessen, S. 32

236 F. VESTER: Denken, Lernen, Vergessen, S. 33, 179, 180

237 Ders., ebd., S. 35 – 42

238 Ders., ebd., S. 25, 39

Die *überlieferte Astrologie* geht davon aus, daß nicht nur die Konstellationen der Körper des Sonnensystems zur Zeit der Geburt für die weitere Entwicklung eines Menschen von Bedeutung sind, sondern auch die Konfigurationen, die sich in den Stunden, Tagen, Wochen und Monaten nach der Geburt dynamisch entwickeln. Hierauf beruhen die astrologischen Direktionen, vor allem die Primär- und Sekundärdirektionen, von denen man annimmt, daß sie Aussagen über zukünftige Entwicklungstrends ermöglichen.[239] Sollte sich herausstellen, daß solche Direktionen real sind, so könnte dies mit dem Einfluß der Umwelt auf die Entwicklung der Querverbindungen zwischen den Neuronen zusammenhängen.

6. Läßt sich eine wissenschaftliche Hypothese aufstellen, die astrologische Zusammenhänge erklärt?

Jene Kritiker, welche die Grundvorstellungen der Astrologie als Ausgeburt fehlgeleiteter Phantasie ansehen, halten es für völlig ausgeschlossen, daß eine Hypothese gefunden werden kann, die sich auf die Ergebnisse fortgeschrittener Naturwissenschaft stützt und dennoch geeignet ist, als Arbeitsgrundlage für systematische astrologische Untersuchungen zu dienen. Ich werde jedoch im folgenden die Elemente einer solchen Hypothese herausarbeiten und dann zu einer Funktionseinheit zusammenfügen.

a) Stufenbau von Schwingungselementen

1) Hirnschwingungen

Die Billionen von Querverbindungen zwischen den Nervenzellen des Hirns, die überdies durch die Synapsen, die als Schaltkontakte fungieren, beweglich ausgestaltet sind, bilden mannigfach verflochtene Zyklen aus, die sich gegenseitig beeinflussen.[240] Sie schaffen so ein unvorstellbar komplexes Funktionsnetz von Rückkopplungszyklen, die der Gehirnfunktion einen hochgradig nichtlinearen Charakter verleihen. Schon bei ganz einfachen Rückkopplungssystemen, wie sie in der Chaos-Forschung untersucht werden, führt die Nichtlinearität zu einem unerschöpflichen Gestaltpotential, das sehr sensibel auf irgendwelche Veränderungen reagiert.[241] Berücksichtigt man, in welchem Grad die Rückkopplungszyklen

239 H. KÜNDIG: Astrologische Prognose (1955), S. 25 – 59

240 M. EIGEN / R. WINKLER: Das Spiel, S. 330

241 J. GLEICK: Chaos, S. 23 – 24; H. O. PEITGEN / P. H. RICHTER: The Beauty of Fractals, S.

des Gehirns komplizierter sind als die rudimentären dynamischen Rückkopplungsprozesse, die Gegenstand der Chaos-Forschung sind, so gewinnt man eine annähernde Vorstellung davon, wie überaus komplex die nichtlinearen Schwingungen des Gehirns sind und mit welcher Sensitivität sie sich auf Schwingungen in der Umwelt einstellen können.

Bei genauerer Betrachtung stellt sich diese Umwelt insgesamt als ein ungeheuer verwickelter *Schwingungsprozeß* dar, dessen Grundelemente die gleichen sind wie bei den komplexen Schwingungen des Gehirns. Auch aus diesem Gesichtswinkel stellt sich die Frage, welche Schwingungen der Umwelt das Gehirn beeinflussen und welche irrelevant sind. Kommt es darauf an, wie weit das Aggregat entfernt ist, von dem die Schwingung ausgeht, ist das Gestaltpotential der Schwingung maßgeblich, oder ist entscheidend, ob es sich um eine resonante Schwingung handelt? Im Hinblick auf die Zusammenhänge, die bisher erörtert worden sind, liegt es durchaus im Bereich des Möglichen, daß eine *resonante Fundamental-Schwingung*, die aus dem Sonnensystem herrührt, stärker durchschlägt als eine Schwingungsform, die aus der näheren Umgebung stammt, aber die Gehirnschwingungen nicht anregt. Dabei könnte sich auswirken, daß die schwingenden Teilchen und Teilchenaggregate, aus denen sich das menschliche Hirn ebenso wie der ganze Mensch zusammensetzt, auch in den Körpern des Sonnensystems zu finden sind.

2) Lichtschwingungen

Die elektromagnetischen *Schwingungen des Lichts*, verkörpert durch *Photonen*, erfüllen das gesamte Universum. Sie sind so zahlreich, daß eine Glühbirne in einer milliardstel Sekunde hundert Milliarden Photonen aussendet. Sie sind im Sonnenlicht ebenso zu finden wie in den Zellkernen irdischer Lebewesen. Nach Forschungsergebnissen, die der Experimentalphysiker und Chemiker F. POPP[242] vorgelegt hat, spielen Photonen bei der Regulation menschlicher Lebensprozesse eine wesentliche Rolle. Kohärent schwingende Photonen ultravioletten Lichts sehr schwacher Energie steuern durch Rückkopplungsprozesse biochemische Reaktionen der Zellen und scheinen im Informationsaustausch mit anderen Zellen zur Fehlerfreiheit der Erbbibliothek beizutragen. *Photonenaggregate*,

5 – 18; in einem späteren Kapitel werden verschiedene Beispiele solcher Rückkopplungssysteme behandelt.

242 F. POPP: Weak Quantization (1973), 604; F. POPP / B. RUTH: Untersuchungen zur ultraschwachen Photonenemission aus biologischen Systemen (1977), 933; F. POPP / V. E. STRAUSS: So könnte Krebs entstehen (1977)

welche die gesamte Erbinformation dynamisch konservieren, schwingen innerhalb des Hohlraums der Helix im Zellkern, dessen Resonanzgüte 10^{15} mal besser ist als die der fortschrittlichsten technischen Resonatoren. Stirbt die Zelle, so wird das Schwingungsaggregat mit der gesamten Information freigegeben. Der entsprechende Strahlungsstoß ist mit außerordentlich feinen Meßinstrumenten registriert worden. POPP geht davon aus, daß kohärente Anteile des Sonnenlichts die Entwicklung der Photonenkybernetik in den Zellkernen angeregt haben.[243] Wechselseitige Resonanz der Schwingungen des Sonnenlichts und der Lichtschwingungen in den Zellen wird hierdurch begünstigt. Dies gilt insbesondere auch für die Nervenzellen im Gehirn mit ihren speziellen Mustern kohärenter Schwingungen.

3) Schwingende Atome

Auch die *Atome*, aus denen sich die Himmelskörper ebenso zusammensetzen wie der Mensch und das menschliche Gehirn, erweisen sich bei näherer Betrachtung als Oszillatoren mit einer komplizierten Schwingungsdynamik. Abgesehen von den ungemein schnellen Schwingungen der Elektronen in der Atomhülle (Größenordnung: 10^{15} Schwingungen pro Sekunde) und noch schnelleren Oszillationen der Protonen und Neutronen im Kern (Größenordnung: 10^{22} Schwingungen pro Sekunde) pulsiert der Atomkern in seiner Gesamtheit in der unterschiedlichsten Weise. Bisher sind sechs verschiedene Arten solcher Kernschwingungen beobachtet worden.[244] Dabei wird nicht einmal berücksichtigt, daß die Quarks im Inneren der Protonen und Neutronen auf einer noch tieferen Ebene in wiederum anderer Art vibrieren.

Selbst das einfachste Atom mit nur einem Proton und einem Elektron, das Wasserstoffatom, ist ein komplizierter Oszillator, der sogar chaotische Schwingungen des Elektrons zuläßt. Abb. 3 nach M. C. GUTZWILLER[245] zeigt die Poincaré-Abbildung eines Wasserstoffatoms in einem starken magnetischen Feld. Wie eine solche Poincaré-Abbildung entsteht, ist bereits früher erklärt worden. Abb. 3 stellt einen zweidimensionalen Schnitt durch den sechsdimensionalen abstrakten Phasenraum dar, der die jeweilige Position und Bewegungsgröße des Elektrons abbildet. Der rötlich gefärbte Bereich mit seinem formlosen Punktmuster zeigt chaotisches

243 F. POPP: Wenn Zellen nicht mehr miteinander reden (1977), 93
244 G. F. BERTSCH: Vibrations of the Atomic Nucleus (1983)
245 M. C. GUTZWILLER: Quantum Chaos (1992), 81

Verhalten des Elektrons an; die Stellen, an denen seine jeweilige Bahn die Poincaré-Ebene schneidet, liegen weit verstreut. Die Inseln mit den geschlossenen Kurven bilden dagegen periodisch verlaufende Bahnen des Elektrons ab. Es läßt sich leicht vorstellen, wie kompliziert das Bild wird, wenn das Uranatom mit seinen 92 Elektronen an die Stelle des einfachsten Atoms mit nur einem Elektron tritt.

4) Schwingungen von Molekülen, Molekülverbänden und Makromolekülen

Alle hierarchischen Stufen, die auf Atomen aufbauen, beziehen die unvorstellbar schnellen Oszillationen dieser Grundstufe in ihr Schwingungsmuster ein, errichten darüber aber ein spezielles Schwingungssystem, das den qualitativen Eigenschaften und der Funktion der höheren Stufe entspricht. So vollführen die *Moleküle* des menschlichen Hirns Eigenschwingungen, die ebenso wie bei allen anderen Strukturen, die sich aus Molekülen zusammensetzen, *Valenzschwingungen* oder *Deformationsschwingungen* sein können. Bei den Valenzschwingungen ändern sich lediglich die Abstände der Atome, während sich bei den Deformationsschwingungen die Winkel zwischen den atomaren Bindungen rhythmisch ausweiten und wieder verkleinern. Zu den *Grundschwingungen* kommen noch zahlreiche *Oberschwingungen* hinzu.[246]

Das Wassermolekül H_2O führt drei verschiedene Grundschwingungen aus, beim Ammoniakmolekül, das aus vier Atomen besteht, sind es sechs Grundschwingungen, und bei einem Molekül mit fünf Atomen wächst die Zahl der Grundschwingungen auf neun an. Bei einem durchschnittlichen organischen Molekül wie dem Arzneimittel „Pyramidon", das sich aus 34 Atomen zusammensetzt, ergeben sich 96 Grundschwingungen.[247] Bei den biologischen Makromolekülen wird das Schwingungsgefüge schon unüberschaubar. Eines der kleinsten Proteine, das Insulin, umfaßt 777 Atome, die diesem Eiweißmolekül 2325 Schwingungsmöglichkeiten geben.[248] Das Globin, das Proteinteil des Sauerstoffträgers Hämoglobin im Blut, setzt sich aus mehreren miteinander verschränkten Polypeptidketten zusammen, die insgesamt etwa 10 000 Atome aneinanderreihen. Dieses komplizierte Molekül kann bereits 30 000 Grundschwingungen ausführen.[249] Die DNS des einfach gebauten Coli-Bakteriums mit 100 Millio-

246 R. G. LERNER / G. L. TRIGG: Encyclopedia of Physics (1991), S. 745 – 747
247 J. RUDOLPH: Moderne Chemie (1970), S. 244 – 246
248 R. S. BECKER / W. E. WENTWORTH: Allgemeine Chemie (1976), S. 68
249 Dies., ebd., S. 71

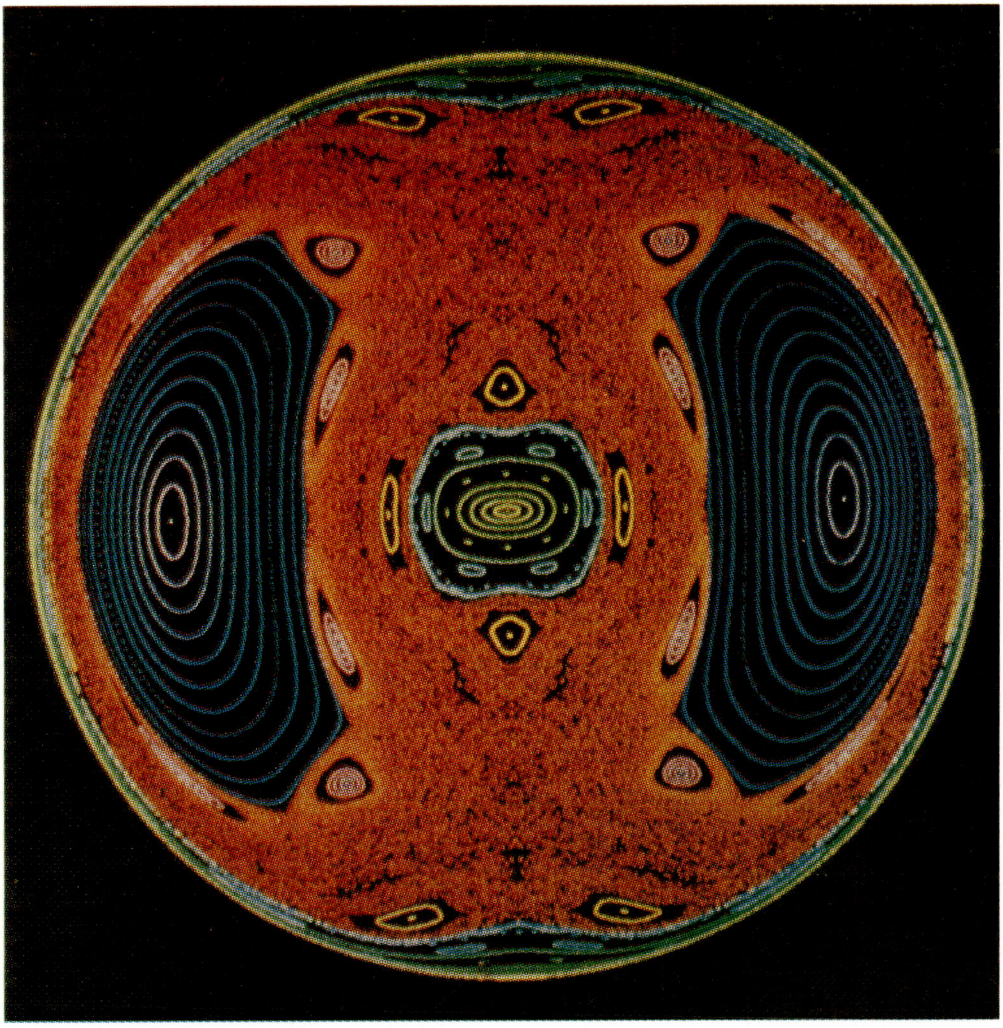

Abb. 3: Poincaré–Abbildung eines Wasserstoffatoms in einem starken Magnetfeld. Der Schnitt zeigt, daß selbst das Wasserstoffatom mit nur einem Proton und einem Elektron ein komplizierter Oszillator mit chaotischen Zuständen ist. Der rötlich gefärbte Bereich mit seinem formlosen Punktmuster zeigt chaotisches Verhalten des Elektrons an. Die Inseln mit den geschlossenen Kurven bilden periodische Bahnen des Elektrons ab.

nen Atomen[250] läßt dagegen die Zahl der Grundschwingungen auf 300 Millionen hochschnellen, während die Schwingungen der DNS des Menschen schon in die Milliarden gehen. Dabei kommen zu den Grundschwingungen zahlreiche Oberschwingungen hinzu. Werden alle Bauteile einer Zelle in die Rechnung einbezogen, so geht die Zahl der Schwingungsmodalitäten schon über das menschliche Vorstellungsvermögen hinaus. Dabei sind Zellen so winzig, daß hunderttausend dieser biologischen Bausteine Platz in einem Stecknadelkopf haben.[251]

Die Vielfalt der Schwingungszyklen, die mit der subatomaren, atomaren und molekularen Grundstruktur der Schwingungssysteme zusammenhängt, wird auf den höheren Stufen der Holonen-Hierarchie noch durch Funktionszyklen vermehrt, die verwickelte Entwicklungsprozesse in vielstufiger Rückkopplung steuern. Wie bereits erwähnt wurde, laufen in einer einzelnen menschlichen Körperzelle rund 10 000 verschiedene biochemische Reaktionen ab, die zyklisch miteinander verknüpft sind und sich wechselseitig regulieren.

5) Resonanzsensitivität des Hirns

Der Leser möge sich daran erinnern, daß sich das menschliche Hirn aus 15 Milliarden Einzelzellen zusammensetzt, die jeweils durch Tausende von Synapsen zu einem unüberschaubaren Netzwerk von Rückkopplungszyklen verbunden sind. Dieser hochkomplexe Oszillator wird durch die ultrahochfrequenten atomaren und molekularen Schwingungsfraktale, die ihm zugrunde liegen, noch sensitiver für Schwingungsanregungen, die aus der äußeren Umwelt auf ihn eindringen.[252] So erklärt sich, daß bereits einzelne Lichtquanten vom Hirn wahrgenommen werden können. Solche Photonen stammen nicht nur aus der unmittelbaren Umgebung, sondern können auch von der Sonne, dem Mond, den Planeten und den Fixsternen der Milchstraße ausgehen. Es ist sogar möglich, daß energetische Quanten, die vor Milliarden von Jahren in fernen Regionen des Kosmos erzeugt worden sind, Anregungszustände in den Atomhüllen und Molekülen auslösen, die als Bausteine des menschlichen Gehirns dienen. Eine scharfe Trennungslinie zwischen näherer und fernerer Umwelt läßt sich hier entgegen weitverbreiteten Vorurteilen nicht ziehen. Noch komplizierter werden die Schwingungsverhältnisse dadurch, daß

250 J. RUDOLPH: Moderne Chemie, S. 311

251 F. VESTER / G. HENSCHEL: Krebs ist anders, S. 42

252 D. FRANK-KAMENEZKI: Das Zeitproblem in der modernen Wissenschaft (1970), S. 652

es im Gehirn elektrische Mikroschaltkreise gibt, die ein viel differenzierteres Reaktionsspektrum erschließen als simple Schaltelemente, die nur zwei Zustände kennen. Da diese Schaltkreise nicht über die Größe eines Tausendstelmillimeters hinausgehen, können sie Daten sehr schnell verarbeiten. Sie sprechen schon auf ein Hundertstel der Stromspannung an, die erforderlich ist, um einzelne Neuronen zu stimulieren, und reagieren daher sehr viel subtiler.[253] Soweit *Resonanzreaktionen* auf die Umwelt in Betracht kommen, die wir noch erörtern werden, spielen die Mikroschwingungskreise sehr wahrscheinlich eine wesentliche Rolle.

6) Schwingende Organismen

Im Gesamtorganismus, der sich aus Abermilliarden von Einzelzellen zusammensetzt, entsteht ein so ungeheuer komplexes Gewebe von Schwingungen, daß deren Gesamtmuster der Detailforschung wohl schon deshalb unzugänglich bleiben wird, weil die Komplexität des menschlichen Hirns nicht hinreicht, um solche hyperkomplexen Muster rational zu erfassen. Wir sind lediglich in der Lage, einzelne Schwingungszyklen auf bestimmten hierarchischen Ebenen auszumachen, die sich als Spitze des Eisbergs abzeichnen. Wir erfahren unmittelbar den Schlag des Herzens und die Pulsbewegung der Arterien, sehen oder spüren aber schon nicht mehr, daß die Muskeln und die Haut des menschlichen Körpers ständig mikroskopisch kleine Vibrationen im Frequenzbereich 7 – 14 Hertz[254] vollführen, die erst einige Zeit nach dem klinischen Tod abklingen.[255] In diesem Frequenzbereich schwingt auch die Erdoberfläche, die „Haut" der Erde.[256]

Die bereits hochkomplexen Schwingungen der materiellen Teilchen, aus denen sich die bisher betrachteten Holonen zusammensetzen, erweisen sich als noch komplizierter, wenn wir berücksichtigen, daß sie in den meisten Fällen mit Bewegungen elektrisch geladener Teilchen einhergehen. So erzeugen die elastischen Schwingungen von Eiweißmolekülen durch die Verschiebung der elektrischen Ladungen elektromagnetische Schwingungen bestimmter Frequenzen, welche für die unterschiedliche biologische Funktion der betreffenden Molekültypen kennzeichnend sind.[257] Ähnlich verhält es sich mit der Bewegung der Planeten mit ihren

253 C. SAGAN: ... und werdet sein wie Götter (1978), S. 55

254 7 – 14 Schwingungen in der Sekunde

255 H. ROHRACHER: Muskelzittern als Wärmeregulativ (1972), 367; H. L. KÖNIG: Unsichtbare Umwelt (1977), S. 14

256 Ders., ebd., S. 14

Magnetfeldern im Sonnenwind, dessen elektrisch geladene Teilchen und Magnetfelder sich über das gesamte Sonnensystem ausdehnen.

Die funktionelle Koordination der Unzahl von *Schwingungen im menschlichen Körper* wird durch horizontale Synchronisation auf der jeweiligen hierarchischen Ebene und durch vertikale Regulation im Gesamtorganismus erreicht.[258] E. JANTSCH[259] hat nachdrücklich auf diese Regulationsprozesse hingewiesen, die in der wissenschaftlichen Literatur oft vernachlässigt werden:

> „In einer vielschichtigen dynamischen Realität bringt jede neue Ebene neue evolutionäre Prozesse ins Spiel, welche die Prozesse der hierarchisch niedrigeren Ebenen auf besondere Weise koordinieren und akzentuieren ... So bildet sich eine „Feinstruktur" vieler autopoietischer Subsysteme, die im Rahmen der Hierarchie koordinieren und selbst koordiniert werden ... Vorgänge auf molekularer und subzellulärer Ebene führen letzten Endes zu einer vielschichtigen Dynamik vielzelliger Organisation, die auch die Umwelt einschließt ... Aus der Raum-Zeit-Struktur selbstorganisierender nichtlinearer Systeme ergibt sich auch die Selbstorganisation einer übergeordneten Dynamik, welche die Kopplung von Oszillatoren zu Superoszillatoren und die Synchronisierung morphogenetischer Prozesse auf vielen Ebenen sicherstellt. Dieses Phänomen der Selbstorganisation hierarchisch aufeinander bezogener Schichten ermöglicht die Autopoiese und Evolution einer ganzheitlich wirkenden, vielschichtigen Realität. Es entsteht keine Kakophonie der einzelnen Schichten, sondern eine dynamische, reich orchestrierte Verbundenheit."

In diesem Koordinationsprozeß, der ein dynamisches Gefüge von quasiperiodischen Schwingungen zum Ziel hat, spielt das Zentralnervensystem mit dem Gehirn in Zusammenarbeit mit dem Hormonsystem eine entscheidende Rolle.[260] Diese Systeme übernehmen schon bei der Entwicklung des Fetus die schwierige Aufgabe, eine hierarchische Organisation dynamisch optimierter Schwingungen aufzubauen, die alle Zellen, Gewebe und Organe zu einem strukturstabilen Schwingungsaggregat zusammenfaßt. Dies gelingt um so besser, je lückenloser die Übergänge von hochfrequenten zu niederfrequenten Schwingungen sind.[261]

257 A. PRESSMAN: Elektromagnetische Felder (1968), 128

258 A. PRESSMAN: Individuelle Entwicklung und Biosphäre (1972), 675

259 E. JANTSCH: Die Selbstorganisation des Universums, S. 330, 332, 335, 336

260 L. RENSING: Die innere Uhr des Menschen (1970), 790; siehe auch ders.: Biologische Rhythmen und Regulation (1973)

261 L. RENSING: Die innere Uhr des Menschen, 791

b) Phasensynchronisation: Integrationselement komplexer Schwingungssysteme

1) Phänomene der Schwingungsangleichung

Die *Rhythmusangleichung von Schwingungen* auf der Ebene eines Holons wird durch das Naturphänomen der *Phasensynchronisation* von Oszillatoren gefördert. Dem Physiker und Astronomen C. HUYGENS fiel schon 1665 auf, daß Pendeluhren, die nebeneinander an einer Wand hingen, genau im gleichen Takt schlugen, obwohl ein solcher perfekter Gleichlauf zur damaligen Zeit mit technischen Mitteln nicht verwirklicht werden konnte. HUYGENS stellte bei seiner Analyse fest, daß die Phasenkopplung durch die Übertragung eines schwachen Impulses über die gemeinsame Wand zustande kam.[262] Schwerer sind andere Fälle der Phasensynchronisation zu verstehen, bei denen es nicht um mechanische Oszillatoren geht. Pensionatsschülerinnen, die im selben Raum wohnen und schlafen, synchronisieren nach einiger Zeit ihre Menstruationszyklen, die anfänglich eine unterschiedliche Länge hatten und zu ganz verschiedenen Zeitpunkten begannen.[263] Dies gilt generell für Frauen, die in engen Gruppen zusammenleben, wie zum Beispiel in Gefängnissen und Krankenhäusern.[264]

Solche Phänomene der Phasensynchronisation sind auf den verschiedensten Holonenebenen zu finden. Werden einzelne Herzzellen aus einem embryonalen Kükenherzen entnommen und in einer Lösung weiträumig verteilt, so entwickeln sie zunächst unterschiedliche erratische Schwingungen. Nach einigen Tagen schwingen sie jedoch wieder im gleichen Rhythmus.[265] Ähnlich verhalten sich Elektronen in einem Supraleiter und chemische Uhren, in denen Millionen individueller Moleküle synchron reagieren.[266] Es gibt hiernach gute Gründe für die Annahme, daß sich entsprechende *Synchronisationsprozesse auf allen Holonenebenen* abspielen. Eine Erklärung hierfür könnte sein, daß kollektive Schwingungen Grenzzyklen erzeugen, die viel strukturbeständiger und anpassungsfähiger sind als eine Ansammlung unterschiedlicher Einzelschwingungen.[267] Die angeführten Beispiele zeigen, daß es dabei keinen Unterschied

262 G. LEONARD: Der Rhythmus des Kosmos (1980), S. 25 – 26
263 W. THUMSHIRN: Unsere innere Uhr (1975), S. 188
264 J. BRIGGS / F. D. PEAT: Die Entdeckung des Chaos, S. 283
265 Dies., ebd., S. 284
266 Dies., ebd., S. 283
267 Dies., ebd., S. 284

macht, ob es sich um Holonen der sogenannten „unlebendigen" Natur oder aus dem Reich des Lebendigen handelt. E. JANTSCH[268] hat mit guten Gründen aus einer umfassenden Analyse der Entwicklungsgeschichte des Universums den Schluß gezogen, daß „die Kopplung der Eigenoszillation biologischer Systeme mit kosmischen Rhythmen ein wesentlicher Aspekt der Koevolution von Leben und Umwelt" sei.

Hiernach ist es gerechtfertigt, auch kosmische Rhythmen, die durch die zyklische Schwingung „toter" Körper entstehen, in den Prozeß der Phasensynchronisation einzubeziehen. Es wurde schon erwähnt, daß die menschliche Haut und die „Haut" der Erde, die Erdoberfläche, im gleichen Frequenzbereich von 7 – 14 Hertz schwingen. Freie Schwingungen der Erde liegen in einem viel tieferen Frequenzbereich. Sie werden durch starke Erdbeben ausgelöst und lassen den Erdball monatelang wie eine Glocke vibrieren. Die langsamste Schwingung dieser Art hat eine Wellenlänge von 54 Minuten.[269] Es ist nicht auszuschließen, daß sie das Verhalten von Lebewesen beeinflußt.

2) Der zirkadiane Rhythmus als kosmischer Taktgeber

Der irdische Tag, ein abgeschlossener Zyklus in der Rotation der Erde um ihre Achse, ist ebenfalls als eine Schwingung anzusehen. Es ist bewiesen, daß der *Tagesrhythmus* zahlreiche Zyklen synchronisiert, die für das Leben auf der Erde charakteristisch sind. Versuche der Wissenschaftler des Max-Planck-Instituts für Verhaltensforschung in Andechs haben gezeigt, daß der endogene Zyklus der menschlichen Aktivität eine Stunde länger ist als der Erdentag. Bei mehreren hundert Versuchspersonen, die in einem Bunker tief in einem Moränenhügel völlig von äußeren Einflüssen isoliert waren, paßten sich die Perioden des Wachens und Schlafens ebenso wie die Maxima und Minima der Atem- und Pulsfrequenz, der Körpertemperatur, der Harnausscheidung und anderer biologischer Funktionen in den meisten Fällen an einen körpereigenen Zyklus von rund 25 Stunden an.[270] Gäbe es nicht den externen Phasengenerator des 24-stündigen Tagesrhythmus, so wäre der endogene 25-stündige Zyklus vorherrschend.[271] Dies gilt nicht nur für Menschen, sondern auch für Moskitos und andere Tiere.[272]

268 E. JANTSCH: Die Selbstorganisation des Universums, S. 292

269 F. PRESS: Resonant Vibrations of the Earth (1965)

270 W. THUMSHIRN: Unsere innere Uhr, S. 14 – 26; R. A. WEVER: The Circadian System of Man (1979)

271 F. R. KRUEGER: Physik und Evolution, S. 76

In dem hier verfolgten Zusammenhang ist nun interessant, daß selbst der *25-stündige Rhythmus*, der sich zeigt, wenn der Wechsel von Tag und Nacht ausgeschaltet wird, noch an spezielle äußere Einflüsse gebunden bleibt, die eine Phasensynchronisation bewirken. Dies kristallisierte sich bei einer Analyse der Gesamtergebnisse der Andechser Untersuchung heraus, in der berücksichtigt wurde, daß die Versuchsanordnung für je die Hälfte der Versuchspersonen etwas unterschiedlich war. In dem „Zeitbunker" des Max-Planck-Instituts für Verhaltensforschung befanden sich zwei Appartements, die sich äußerlich durch nichts unterschieden. Sie hatten die gleiche Größe und waren gleich eingerichtet. Der rechte Versuchsraum war aber im Gegensatz zu dem linken Pendant mit einem dikken Mantel aus Eisenblech umgeben und bildete so einen Faradayschen Käfig, in den luftelektrische Felder ebensowenig eindringen konnten wie das statische geomagnetische Feld oder irgendwelche elektromagnetischen Wechselfelder. Bei den Personen im linken, nicht abgeschirmten Raum pendelte sich der „biologische Tag" auf eine durchschnittliche Länge von 24,8 Stunden ein, während sich für die Personen im rechten, gegen äußere elektrische Felder abgeschirmten Raum eine mittlere Länge von 25,26 Stunden ergab. Der „Tag" war dort also beinahe 28 Minuten länger. Das war aber nicht der einzige Unterschied. Bei fast einem Drittel der Versuchspersonen im rechten, abgeschirmten Raum koppelten sich die Zyklen der Körpertemperatur, der Hormonausscheidung, der Harnproduktion und verschiedener anderer vegetativer Funktionen völlig vom Wach-Schlaf-Rhythmus ab, während sich eine solche Desynchronisation bei den Personen im nicht abgeschirmten Raum nicht in einem einzigen Falle ereignete.[273]

Dieses überraschende Ergebnis beweist, daß unser *Lebensrhythmus* nicht von einer einzigen inneren Uhr gesteuert wird, sondern von einer ganzen Reihe von Taktgebern, welche die verschiedenartigsten Funktionszyklen regulieren. Normalerweise sind diese Zyklen synchronisiert. Löst sich diese Phasenkopplung jedoch auf, so folgen die Zyklen ihrem eigenen Rhythmus; es entwickelt sich ein Zustand interner Desynchronisation. Der Versuchsleiter R. A. WEVER zog aus diesen Versuchsergebnissen folgende Konsequenz:

„Es muß also die Hypothese aufgestellt werden, daß die elektromagneti-

272 A. T. WINFREE: The Timing of Biological Clocks (1987), S. 104

273 W. THUMSHIRN: Unsere innere Uhr, S. 27 – 32; R. A. WEVER: The Circadian System of Man

sche Abschirmung des einen Raumes für die Unterschiede in den Ergebnissen verantwortlich ist. Diese Hypothese sagt aus, daß die Gesamtheit der natürlichen elektromagnetischen Felder unserer Umwelt, die zwar in den linken Versuchsraum eindringen kann, nicht aber in den rechten, abgeschirmten, die zirkadiane Periodik des Menschen beschleunigt, die individuellen Unterschiede verringert und interne Desynchronisation verhindert bzw. die Kopplung zwischen verschiedenen Periodizitäten innerhalb eines Organismus verstärkt."[274]

R. A. WEVER, der sich darüber im klaren war, daß diese Hypothese so sehr aus dem Rahmen der bisher üblichen Vorstellungen herausfiel, daß sie einer weiteren Fundierung bedurfte, experimentierte in der Folgezeit im abgeschirmten rechten Versuchsraum mit künstlichen elektrischen Feldern. Gleichfelder erwiesen sich in diesem Zusammenhang als nicht geeignet. Ein Wechselfeld mit einer mittleren Frequenz von 10 Hertz führte jedoch zum Erfolg. Wenn es im rechten Raum eingeschaltet wurde, ohne daß die Versuchspersonen etwas davon wußten, hörte die Desynchronisation auf und die auseinanderlaufenden Einzelzyklen wurden wieder zu einer Gesamtschwingung synchronisiert.[275]

Dieses Ergebnis hat nicht nur die Bedeutung, daß es eine praktische Möglichkeit bietet, desynchronisierte biologische Zyklen zu reintegrieren, sondern erbringt auch den Beweis, daß „unlebendige" Schwingungen durchaus biologische Zyklen koordinieren können. Diese Tatsache wird sich bei der späteren Darstellung der Synchronisation endogener biologischer Schwingungen und externer kosmischer Zyklen bei der Geburt eines Menschen als wichtig erweisen. Insoweit ist aufschlußreich, daß die Frequenz des künstlichen elektrischen Wechselfeldes zugleich die Frequenz ist, mit der die Körperoberfläche von Warmblütern[276] ebenso wie die „Haut" der Erde vibriert. Auch die stärksten Schwingungen des menschlichen *Gehirns* liegen in diesem Bereich. Die *Alphawellen*, die im Enzephalogramm die höchsten Amplituden zeigen, schwingen zwischen 8 und 12 Hertz und sind kaum von den *Schumann-Resonanzschwingungen* zu unterscheiden, die sich in der irdischen Atmoshäre in Schönwetterphasen entwickeln.[277] Der *Alpharhythmus* tritt bei geschlossenen Augen in Zuständen der Entspannung auf. Die nächsthohen Amplituden liegen

274 W. THUMSHIRN: Unsere innere Uhr, S. 32

275 Ders., ebd., S. 33 – 34

276 Ders., ebd., S. 34

277 H. L. KÖNIG: Unsichtbare Umwelt, S. 56; S. P. SPRINGER / G. DEUTSCH: Left Brain, Right Brain (1989), S. 106

bei 7 Hertz; sie gehören zu den *Thetawellen*. Diese Schwingungen werden in hypnagogischen Zuständen kurz vor dem Einschlafen, bei Kekulé-Inspirationen und in tiefer Meditation von Yogis beobachtet.[278] Das musikalische Vibrato, wie es zu Beginn des langsamen Satzes von Bachs Viertem Brandenburgischen Konzert aufklingt, schwingt mit 7 Hertz. Auch das Vibrato großer Tenöre wie Caruso liegt bei 7 Hertz.[279]

3) Mondumlauf, Sonnenjahr und Zyklen der Sonnenaktivität als Synchronisationsfaktoren

Der *freilaufende zirkadiane Rhythmus* von 24,8 Stunden, der sich nach der Abkopplung vom Sonnentag zeigt, hat möglicherweise etwas mit dem scheinbaren täglichen Umlauf des Mondes um die Erde zu tun.[280] Die mittlere Zeitspanne zwischen zwei aufeinanderfolgenden oberen Kulminationen des Mondes beträgt 24,84 Stunden.[281] Der *irdische Tag* ist ein relativ kurzer astronomischer Zyklus. Für den erheblich längeren kosmischen Zyklus des Jahres, eine abgeschlossene Schwingung der Erde um die Sonne, liegen kontrollierte Beobachtungen über entsprechende endogene Zyklen des Menschen bisher nicht vor. Wer würde sich schon freiwillig für einen jahrelangen Aufenthalt in der Isolation eines „Zeitbunkers“ melden. Es gibt aber Beobachtungen an Versuchstieren. Die Arzneimittelhersteller halten Labortiere, die für die Prüfung neuentwickelter Medikamente und die Qualitätskontrolle der laufenden Produktion eingesetzt werden. Damit die Versuchsergebnisse vergleichbar sind, müssen die Lebensbedingungen für alle Versuchstiere gleich sein. Sie werden deshalb in speziell konstruierten Gebäuden über viele Generationen hinweg unter gleichen Bedingungen gezüchtet und gehalten. Die Räume sind wie bei den Versuchen in Andechs völlig von der Außenwelt isoliert, künstlich beleuchtet und voll klimatisiert. Auch das Futter bleibt in seiner Zusammensetzung ständig gleich. Die Pflege ist gleichbleibend gut und die Tiere fühlen sich anscheinend wohl. Es dringt aber nichts in diese sterile Welt, was auf die jeweilige Jahreszeit schließen ließe. Dennoch folgen die Versuchstiere einem „Jahresrhythmus“. So werden im Winter weitaus mehr Tiere mit spontanen Mißbildungen geboren als im Sommer.[282]

278 E. M. JURKA: Brain Patterns Characteristic of Dowsers (1983), 1
279 G. LEONARD: Der Rhythmus des Kosmos, S. 14
280 W. THUMSHIRN: Unsere innere Uhr, S. 26
281 J. HERRMANN: Großes Lexikon der Astronomie (1980), S. 243
282 W. THUMSHIRN: Unsere innere Uhr, S. 213 – 215

W. THUMSHIRN kommt bei seiner Analyse dieser Zusammenhänge zu der Schlußfolgerung, daß es sich um einen echten *endogenen „Jahreszyklus“* handle, der über Generationen hinweg vererbbar sei.[283] Viele der menschlichen Saisonkrankheiten hängen offensichtlich mit den unterschiedlichen klimatischen Bedingungen der verschiedenen Jahreszeiten zusammen. Es gibt aber Phasen im Jahresrhythmus, bei denen Perioden gesteigerter Empfindlichkeit des Menschen, die weitgehend unabhängig von Klimafaktoren zu sein scheinen, mit Phasen gesteigerter Aktivität von Krankheitserregern zusammentreffen. So sind die Ausbreitungsbedingungen für Salmonelleninfektionen im Sommer, wenn es warm ist, besser als im Winter. Entscheidend ist aber, daß die menschliche Empfindlichkeit für Infektionen gleichzeitig um das Dreifache erhöht ist.[284] Ich werde im zweiten Teil des Buches zeigen, daß in der Mehrzahl solcher Fälle kosmische Faktoren mitwirken, deren Strukturelemente tiefer liegen als das einfache astronomische Phänomen des Jahres.

Die vorstehenden Ausführungen zeigen, daß bei der *Phasensynchronisation* komplexer Schwingungssysteme zumindest auch astronomische Zyklen wie der Sonnentag und das Jahr oder auch der scheinbare tägliche Umlauf des Mondes um die Erde eine wichtige Rolle spielen. Dieser Zusammenhang ist weitgehend unabhängig von der Variation von Helligkeit und Dunkelheit oder Wärme und Kälte. Spezifische Experimente im Andechser Zeitbunker haben eindeutig gezeigt, daß Licht und Dunkelheit sehr schlechte „Taktgeber“ für die menschliche innere Uhr sind. Nicht bei einer einzigen Versuchsperson führten starke Lichtschwankungen im Rhythmus des Sonnentages zu einer entsprechenden Synchronisierung. *Tag und Nacht* haben, soweit es um den Helligkeitswechsel geht, einen viel geringeren Einfluß auf die inneren Rhythmen des Menschen, als gemeinhin angenommen wird.[285] Entscheidend ist nach den Ergebnissen des Max-Planck-Instituts für Verhaltensforschung der Einfluß der Gesamtheit der *natürlichen elektrischen Felder* der Umwelt. Hierzu gehören zweifellos das globale luftelektrische Feld der Erde und die elektromagnetische Strahlung in der irdischen Atmosphäre bis hinauf zur Magnetosphäre.[286] Sie werden durch den Tagesrhythmus moduliert. So hat zum Beispiel die Weltzeitperiode des luftelektrischen Feldes über den Ozeanen, den Polar-

283 Ders., ebd., S. 215
284 Ders., ebd., S. 215 – 216
285 Ders., ebd., S. 30 – 31
286 F. MÖLLER: Einführung in die Meteorologie (1984), S. 55 – 56

gebieten und dem nichtpolaren Festland um 18 Uhr GZ ein Maximum und um 4 Uhr GZ ein Minimum.[287] Auch das magnetische Feld der Erde ist einem Tagesgang unterworfen.[288]

Diese Variationen sind aber nicht von der weiteren Umwelt des Sonnensystems isoliert. Erreicht die Sonne ihr Maximum im *11-jährigen Sonnenfleckenzyklus*, so sind die Amplituden der Ausschläge fast doppelt so groß.[289] Besonders stark wirken Sonneneruptionen, aufsteigende Protuberanzen und Schockwellen im Sonnenwind auf die elektrischen und magnetischen Vorgänge in der irdischen Atmosphäre ein.[290] Wie wir noch sehen werden, ist das gesamte Sonnensystem in diese Zusammenhänge verwickelt. Das *Holon* der Sonne, der Planeten und der Monde, das ganze nichtlokal verknüpfte Planetensystem, ist also die hierarchische Ebene, welche die Phasensynchronisation der endogenen Zyklen irdischer Lebewesen steuert. Dies führt zu der Konsequenz, daß die verschiedenartigen solar-terrestrischen Zyklen, die im zweiten Teil dieses Buches dargestellt werden, in den Synchronisationsprozeß hineinspielen. Dem steht nicht entgegen, daß viele der Zyklen der Sonnenaktivität, die sich in resonanten irdischen Zyklen widerspiegeln, eine Wellenlänge von mehreren Jahren oder gar Jahrzehnten haben. Jede Schwingung besitzt Oberschwingungen höherer Frequenz, also kürzerer Wellenlänge, wie wir sie bei der Obertonreihe in der Musik finden. Auch solche Oberschwingungen können bei der Phasensynchronisation mitwirken.

4) Schwingungskopplung zwischen Erde, Sonne und Galaxis

In der Hierarchie der Holonen ist die *Galaxis*, der das Sonnensystem angehört, der nächsthöhere Taktgeber. Der Geologe H. R. SHAW[291] hat keine Zweifel, daß Erde, Sonne und Galaxis durch Schwingungskopplung miteinander verbunden sind:

> „Für einen Praktiker der nichtlinearen Dynamik folgt aus dem Umstand, daß das Sonnensystem in unsere Galaxis eingebettet ist, daß es ein Untersystem ist, das durch Resonanzwechselwirkung mit dem Ganzen zusammenhängt. Wenn die Systeme unabhängig voneinander wären, wür-

287 H. ISRAËL: Luftelektrizität und Radioaktivität (1957), S. 59

288 H. L. KÖNIG: Unsichtbare Umwelt, S. 26

289 Ders., ebd., S. 27

290 T. LANDSCHEIDT: Sun-Earth-Man (1989), ders.: Funktionen kosmischer Organismen (1984)

291 H. R. SHAW: The Periodic Structure of the Natural Record, and Nonlinear Dynamics (1987), S. 1660

de es keine Resonanzen phasensynchronisierter oder chaotischer Natur mit Prozessen im Sonnensystem und auf der Erde geben, wie wir sie beobachten."

Der Physiker und Chemiker G. PICCARDI[292] hat gezeigt, daß die Bewegung der Erde relativ zum galaktischen Zentrum, die auf einer Spirale mit sich ständig ändernder Steigung verläuft, die Reaktionsgeschwindigkeit chemischer Reaktionen auf der Erde beeinflußt. C. CAPEL-BOUTE,[293] U. BECKER[294] und A. GIÃO[295] haben diese Ergebnisse durch eigene Experimente und theoretische Untersuchungen bestätigt. C. CAPEL-BOUTE[296] hat ihre Beobachtungsserie, die 1952 begann, bis zum Jahre 1978 ausgedehnt. Die späteren Beobachtungen bestätigen die ersten Ergebnisse.

Auch bei Sonneneruptionen scheint die Holonenebene der Galaxis eine Rolle zu spielen. Ich habe zu Anfang der siebziger Jahre nachgewiesen, daß ein Symmetriegefüge der äußeren Planeten, das Resonanzqualitäten zu haben scheint, mit dem Ort energetischer Eruptionen auf der Sonne und der Richtung zum galaktischen Zentrum verknüpft ist.[297] Noch eindeutiger ist das folgende Ergebnis, das ich 1976 veröffentlicht habe: Besonders folgenreiche Ereignisse der Sonnenaktivität sind seltene Protonenflares, deren Energieausstoß die Stärke kosmischer Strahlung erreicht. Diese herausragenden Eruptionen können aus technischen Gründen erst seit Mitte der dreißiger Jahre beobachtet werden. Von 1942 bis 1976 wurden insgesamt 22 Protonenflares registriert.[298] Nimmt man noch den historischen Flare vom 1. 9. 1859 hinzu, der unter Ausnahmebedingungen beobachtet wurde, so ergibt sich eine Stichprobe von nur 23 Fällen, deren Untersuchung aber trotzdem aufschlußreiche Ergebnisse verspricht, weil es um hochenergetische Ereignisse geht, die an spezifische Bedingungen geknüpft sind. Wie wir später im Detail sehen werden, führt die Sonne komplizierte Schwingungen um das Massenzentrum des Sonnensystems aus, die von den äußeren Planeten gesteuert werden. Als sich

292 G. PICCARDI: Phénomènes astrophysiques et événements terrestres (1959); ders.: Une hypothèse solaire (1960)

293 C. CAPEL-BOUTE: Observations sur les tests chimiques de Piccardi effectués de 1950 à 1958 (1960)

294 U. BECKER: Sonnenaktivität und chemische Tests (1960), S. 113 – 116

295 A. GIÃO: Interprétation relativiste (1960)

296 C. CAPEL-BOUTE: Résultats numériques des tests chimiques de Piccardi obtenus à Bruxelles, 1952 – 1978 (1966 – 1981)

297 T. LANDSCHEIDT: Kosmische Kybernetik (1974), 294 – 295

298 T. LANDSCHEIDT: Beziehungen zwischen der Sonnenaktivität und dem Massenzentrum des Sonnensystems (1976), S. 14, 19

die Protonenflares ereigneten, lagen in 17 der 23 Fälle das Zentrum der Sonne, das Massenzentrum des Sonnensystems und das galaktische Zentrum auf einer Linie. Die Eruptionen fielen also mit einer bestimmten Phase der Sonnenschwingung um das Massenzentrum zusammen. Ein Signifikanztest nach PEARSON führt bei einem Freiheitsgrad zu $\chi^2 = 24.4$ und dem Wahrscheinlichkeitswert $P < 0.000\,000\,8$. Dies ist hochsignifikant, wenn man bedenkt, daß nach internationaler Übereinkunft die Signifikanzgrenze im allgemeinen bei $P = 0.01$ gezogen wird.[299] Fünf Jahre später hat A. A. SHPITAL'NAYA[300] bei einer Untersuchung der Positionen solarer Eruptionen ebenfalls eine Ausrichtung auf das galaktische Zentrum gefunden.

Der Umstand, daß in der Holonenhierarchie die jeweils höhere Stufe phasensynchronisierend auf die nächstniedere Stufe einwirkt, ist so naheliegend, daß sogar bei Computern davon Gebrauch gemacht wird. Kein Computer könnte ordnungsgemäß funktionieren, wenn die Zentralrecheneinheit, das „Gehirn" des Computers, nicht einen Taktgeber enthielte, der die verschiedenen Einzelprozesse und Impulsfolgen synchronisiert.[301] Warum soll die Natur ausgerechnet bei einem so komplexen Lebewesen wie dem Menschen mit seiner vielstufigen Holonenhierarchie eine Ausnahme von der Regelung durch Phasensynchronisation gemacht haben? Wie die Synchronisierung der endogenen Rhythmen des Menschen und anderer Lebewesen durch die Gesamtheit der exogenen elektrischen, magnetischen und elektromagnetischen Felder zeigt, ist nicht von der Hand zu weisen, daß die kosmische Umwelt die Rolle des unentbehrlichen Taktgebers auf der höheren Holonenebene spielt.

5) Resonanzeigenschaften des Sonnensystems

Das Phänomen der Phasensynchronisation, das die Fähigkeit zum Mitschwingen voraussetzt, ist in der Natur so weit verbreitet, weil die Eigenschwingung eines Aggregats, die zum Mitschwingen und in besonderen Fällen zur Resonanz angeregt werden kann, nicht auf die Grundschwingung beschränkt ist, sondern auch alle Oberschwingungen einbezieht.[302] Die Bedingungen für ein solches Mitschwingen sind im Sonnensystem günstig. Wie die Ergebnisse der Helioseismologie zeigen, wirkt der Innen-

299 T. LANDSCHEIDT: Funktionen kosmischer Organismen, S. 67 – 68
300 A. A. SHPITAL'NAYA: Flares in the Heliocentric Galactic Coordinate System (1981), 95
301 H. TEICHMANN / J. KUNSEMÜLLER: Wie funktioniert das? – Information (1969), S. 194
302 W. H. WESTPHAL: Physik, S. 203

raum der Sonne als Resonator für Schallwellen mit zehn Millionen Schwingungsmodi in einem weiten Frequenzbereich.[303] A. M. MOLCHANOV[304] hat gezeigt, daß sich das Sonnensystem insgesamt in einem Resonanzzustand befindet, der neben den Planeten auch deren Satelliten einbezieht. A. E. ROY und M. W. OVENDEN[305] haben nachgewiesen, daß kommensurable Verhältnisse im Sonnensystem häufiger vorkommen, als dies bei einer Zufallsverteilung zu erwarten wäre. In einzelnen Fällen sind die Kommensurabilitäten – einfache Verhältnisse kleiner ganzer Zahlen zwischen den Umlaufzeiten von zwei oder drei Himmelskörpern – geradezu perfekt. So hat P. S. de LAPLACE[306] entdeckt, daß die Jupitermonde Io (n1), Europa (n2) und Ganymed (n3) den folgenden Gleichungen genügen:

$$\frac{n_2}{n_1} = \frac{1}{2} - 0.001817$$

$$\frac{n_3}{n_2} = \frac{1}{2} - 0.003647$$

$$n_1 - 3n_2 + 2n_3 = 0$$
$$n_1 - 2n_2 = 0.739\,469\,091$$
$$n_2 - 2n_3 = 0.739\,469\,092.$$

Auch bei den Planeten ist die Tendenz zur Kommensurabilität offensichtlich. H. T. MÖRTH und L. SCHLAMMINGER[307] zählen 14 kommensurable Planetenpaare auf. Abgesehen von ihren Schwingungen um die Sonne vollführen die Planeten auch Eigenschwingungen, wie sie sich bei der Erde zeigen, wenn sie durch ein schweres Erdbeben zu freien sphäroidalen und torsionalen Oszillationen angeregt wird. Die Planeten sind aber nicht nur in diesen astronomischen Bereichen mitschwingungsfähig. Sie sind zugleich Träger zahlreicher untergeordneter Schwingungsprozesse in Teilbereichen. So bezieht sich die bereits erwähnte „Schumann-Resonanz“ darauf, daß der Zwischenraum zwischen der leitenden Erde und der sie umgebenden leitenden Atmosphäre einen Hohlraumresonator bildet, dessen Umfang (einmal um die Erde herum) näherungsweise gleich der Wellenlänge ist, die eine elektromagnetische Welle der Frequenz 7,8 Hertz im freien Raum hätte.[308] Dieser Resonator wird nicht nur von innen

303 J. W. LEIBACHER / R. W. NOYES / J. TOOMRE / R. K. ULRICH: Helioseismology (1985), 34

304 A. M. MOLCHANOV: The Resonant Structure of the Solar System (1968)

305 A. E. ROY / M. W. OVENDEN: On the Occurrence of Commensurable Mean Motions in the Solar System (1954), 232

306 P. S. de LAPLACE: Traité de méchanique céleste (1798; 1805)

307 H. T. MÖRTH / L. SCHLAMMINGER: Planetary Motion, Sunspots and Climate (1979), S. 196

zum Mitschwingen angeregt, wie durch weit entfernte Gewitter, sondern auch von außen durch Oberschwingungen aus dem Raum des Sonnensystems. Der Leser möge sich erinnern, daß die „Schumann-Resonanz“ auf Wellen anspricht, die im Frequenzbereich von Schwingungen der „Haut“ der Erde, der Haut von Warmblütern und menschlicher Hirnwellen liegen. Solche Wellen werden auch bei Sonneneruptionen erzeugt und häufen sich bei Sonnenaufgang. Sie tragen nur wenig Energie, dringen aber durch die dicksten Mauern und wirken sich auf das Keimen von Getreide, die Vermehrung von Bakterien und das Ausschlüpfen von Insekten aus.[309]

6) Resonanzgüte der Sinnesorgane von Lebewesen

Die Kette der untergeordneten Schwingungsprozesse setzt sich über die verschiedenen Holonenebenen nach unten fort und greift weiter nach oben aus, ohne daß sich irgendwo Grenzbedingungen zeigten, die dem lückenlosen Ineinandergreifen der hierarchischen Phasensynchronisation im Wege stünden. Solche Grenzen existieren nur in den Köpfen assoziationsträger Menschen, die sich von ihren überholten Vorstellungen, wie die Welt aussehen müsse, nicht trennen können. Die Lebewesen, die sich im mesokosmischen Schwingungsbereich entwickelt haben, besitzen besonders feine *Resonanz-„Organe“*, die ihnen vielfältige Möglichkeiten zum Mitschwingen erschließen. Insbesondere die Sinnesorgane, die als Rhythmustransformatoren[310] angesehen werden können, erweisen sich als subtile Schwingungsbrücken. Die Leistungen der Natur gehen bei der Sensitivität von Oszillatoren weit über die Präzision hinaus, welche die fortgeschrittensten Methoden der Technik unserer Zeit erreichen können. Es wurde bereits hervorgehoben, daß die Resonanzgüte der Hohlraumresonatoren im Innern der DNS-Spindeln 10^{15} mal besser ist als die der empfindlichsten technischen Resonatoren. Die Vibrations-Sinnesorgane in den Beinen von Insekten sprechen noch auf unvorstellbar winzige Schwingungen an. Selbst Vibrationen, die diese Rezeptoren nur um milliardstel Millimeter hin und her zittern lassen, erzeugen noch Erregungen, die vom Zentralnervensysystem wahrgenommen werden.[311] Die Geruchsorgane auf den Antennen von Schmetterlingsmännchen spre-

308 H. L. KÖNIG: Unsichtbare Umwelt, S. 30

309 H. L. KÖNIG / F. ANKERMÜLLER: Über den Einfluß besonders niederfrequenter elektrischer Vorgänge in der Atmosphäre auf den Menschen (1960), 483; M. GAUQUELIN: Die Uhren des Kosmos gehen anders (1973), S. 92

310 G. LEONARD: Der Rhythmus des Kosmos, S. 57

311 H. AUTRUM: Präzision und Toleranzen der lebenden Natur (1970), 981

chen schon auf ein einziges Molekül des Duftstoffs an, das ein Weibchen in kilometerweiter Entfernung erzeugt hat, um ein Männchen anzulokken.[312]

Die Vibrationsrezeptoren des Menschen reagieren selbst in den Fingerspitzen bei weitem nicht so fein wie die Resonatoren in Insektenbeinen; sie können höchstens eine Schwingungsweite von hunderttausendstel Millimetern spüren.[313] Dafür ist das *optische Resonanzvermögen* des Menschen feiner entwickelt als das der Insekten. Dies ist um so erstaunlicher, als der optische Apparat des menschlichen Auges, vom physikalischen Standpunkt her gesehen, nicht gerade vollkommen ist. Mit seinen 78 Millionen Sehzellen sorgt das Auge aber für ein sehr fein gerastertes Bild. Seine großartigsten Leistungen werden jedoch erst durch die Zusammenarbeit mit dem Gehirn möglich. H. AUTRUM hebt dies ausdrücklich hervor:

> „Wir wissen heute, daß die Sehschärfe unseres Auges zu ganz wesentlichen Teilen davon abhängt, daß sich der Augapfel ständig zitternd bewegt. Wenn diese uns unbewußten Bewegungen ausgeschaltet sind, dann sinkt die Sehschärfe so sehr, daß man zum Beispiel Schrift nicht mehr lesen kann. Auch hier ist also der datenverarbeitende Apparat in Netzhaut und Gehirn entscheidend an der Genauigkeit beteiligt. Er ist es, der unser Auge – Entsprechendes gilt für andere Sinnesorgane – zu einem allen physikalischen Apparaten weit überlegenen Gebilde macht, das in der tiefsten Dämmerung und im hellen Sonnenschein sehen kann."[314]

c) Die Geburt des Menschen: Phasensynchronisation endogener Rhythmen und exogener Zyklen

Nach dieser eingehenden Darstellung der Schwingungsphänomene in der „toten" und lebenden Natur der näheren und ferneren Umwelt und ihrer hierarchischen Koordinierung durch den Prozeß der Phasensynchronisation, der auch das Holon Sonnensystem mit einbezieht, ist der Boden bereitet für die Beantwortung der Frage, welche Bedeutung der *Geburt eines Menschen* in diesem Zusammenhang zukommt.

312 Ders., ebd., S. 983; R. TOMASCHEK: Kosmische Kraftfelder und astrale Einflüsse (1959), S. 22

313 H. AUTRUM: Präzision und Toleranzen der lebenden Natur, S. 981

314 Ders., ebd., S. 986

1) Klassische Hypothese der Geburts-Synchronisation

Wir hatten gesehen, daß dem Gehirn und dem mit ihm gekoppelten Hormonsystem die schwierige Aufgabe obliegt, während der Entwicklung des Fetus die Vielfalt der Schwingungen auf den hierarchisch angeordneten *Holonenstufen* zu koordinieren und so alle Makromoleküle, Organellen, Gewebe und Organe zu einem dynamisch eingestimmten Schwingungsgefüge zusammenzufassen. Dies geschieht nicht nur vertikal in der Abstimmung der übereinander angeordneten Stufen der Holonenhierarchie, sondern auch horizontal auf den verschiedenen Holonenebenen. Dahinter stecken nicht irgendwelche geheimnisvollen Vorgänge, sondern das Streben der Natur nach dem effizientesten physikalischen Zustand, der mit der kleinsten Wechselwirkung und dem geringsten Energieverlust einhergeht. Oszillatoren, die im Gleichklang schwingen, verbrauchen weniger Energie als solche, die in Disharmonie gegeneinander schwingen. Hinzu kommt der bereits erörterte Umstand, daß kollektive Schwingungen Grenzzyklen erzeugen, die strukturbeständiger und flexibler sind als unkoordinierte Einzelrhythmen.

Der heranwachsende Mensch ist *vor der Geburt* nur ein Teil des Schwingungssystems der Mutter. Er ist von den Rhythmen abhängig, die in der Mutter ablaufen. Der Sauerstoff, den er über die Plazenta aufnimmt, stammt aus der Lungenatmung der Mutter, die von deren Atemrhythmus bestimmt wird. Die Nährstoffe, die er braucht, werden ihm durch den mütterlichen Kreislauf zugeführt, der auch die Exkrete abführt. Es ist der Puls der Mutter, der Schlagzyklus ihres Herzens, der den Rhythmus dieses lebenserhaltenden Kreislaufs bestimmt. Im Gegensatz zu dem offenen Kreislauf der Mutter ist der Kreislauf des heranwachsenden Kindes geschlossen.[315] Auch der Zyklus von Aktivität und Ruhe, in den kosmische Rhythmen hineinspielen, wird von der Mutter bestimmt.

Diese Abhängigkeit von den Rhythmen der Mutter endet abrupt bei der Geburt, wenn unmittelbar nach dem vollständigen Austreten des Körpers des Kindes die Lungenatmung einsetzt, der erste Schrei erfolgt und die Nabelschnur durchschnitten wird. Diese Ereignisse, die mit einem tiefwirkenden Schock einhergehen, laufen in der Regel in einem Zeitraum von zwei bis drei Minuten ab. Sie sind der Beginn einer von der Mutter weitgehend unabhängigen Existenz, die sich vor allem dadurch auszeichnet, daß die Funktionen des Organismus von nun an einem eigenständi-

315 F. SCHUH: Enzyklopädie Naturwissenschaft und Technik (1981), S. 1132

gen Rhythmus folgen. Der tiefe Atemzug, der zum erstenmal Luft aus der Atmosphäre in die Lungen holt, bezeichnet die Anfangsphase des autonomen Zyklus der Sauerstoffversorgung, der einen ganz anderen individuellen Rhythmus hat als die Lungenatmung der Mutter. Mit dem Beginn der Atmung hört der Blutkreislauf in den Nabelgefäßen auf. Das Herz teilt sich in eine venöse und eine arterielle Hälfte, die völlig voneinander getrennt sind.[316] Der Herzrhythmus, der sich entwickelt, liegt mit 120 – 130 Schlägen in der Minute in einem ganz anderen Frequenzbereich als der Puls der Mutter. Diese auffälligen neuen Rhythmen sind aber nur die Spitze des Eisbergs, denn mit dem ersten Atemzug beginnt zugleich der ganze Organismus, selbständig zu funktionieren. Alle diese neuen Rhythmen wie auch die schnelleren Schwingungen in Geweben, Zellen, Organellen und Makromolekülen, die nach dem Beginn zahlreicher neuer Zyklen einer völlig veränderten Schwingungssituation gegenüberstehen, müssen insgesamt synchronisiert werden.

Hinzu kommt, daß das Neugeborene nach dem Verlassen des schützenden Körpers der Mutter zum erstenmal unmittelbar den Umwelteinflüssen ausgesetzt ist. Die Körpertemperatur beginnt sofort zu sinken. Die Hautfeuchtigkeit nimmt ganz andere Werte an und ändert dadurch das Oberflächenpotential und die Bedingungen für das Eindringen atmosphärischer elektrischer Felder.[317] Licht dringt von allen Seiten auf den Körper ein. Die lichtempfindliche Zirbeldrüse wird nach dem Austreten des Körpers in ihrem Wachstum und ihrer Funktion angeregt, da die Schädelknochen über dem Pinealorgan noch nicht zusammengewachsen sind.[318] Es wäre merkwürdig, wenn in dieser Situation die *Holonen Erde und Sonnensystem* nicht an dem Synchronisationsprozeß teilnähmen, der eine neue individuelle Schwingungsstruktur aufbaut, die dem Holon des Neugeborenen eigentümlich ist. Gerade in dem Zustand besonderer Schwingungsinstabilität, die mit der Geburt einhergeht, bedarf das Neugeborene der Taktgeber auf den höheren Stufen der Holonenhierarchie. Nur so kann es jenen Grad der Schwingungskoordination erreichen, der Voraussetzung für ein stabiles Mitschwingen in umfassenderen Schwingungsverbänden ist.

Die insgesamt dargestellten Zusammenhänge zeigen, daß der hierarchische Synchronisierungsprozeß bei Lebewesen und insbesondere

316 S. W. JACOB: Human Cardiovascular System (1977), S. 877

317 M. A. PERSINGER: ELF and VLF Electromagnetic Field Effects (1974), S. 238

318 H. S. BACHELARD: Brain Biochemistry (1974), S. 58 – 59; G. G. LUCE: Body Time (1973), S. 232 – 235; F. SCHUH: Enzyklopädie Naturwissenschaft und Technik, S. 5253

beim Menschen nicht abbricht, wenn er die oberste Stufe der biologischen Zentralregelung erreicht hat. Wie wir bereits gesehen haben, paßt sich der Mensch an den Rhythmus der Erde an. Er schwingt sich ebenfalls auf die Funktionszyklen der Sonne und des gesamten Sonnensystems ein. Der zweite Teil des Buches wird hierfür zahlreiche Beispiele bringen. Dieses Mitschwingen bezieht auch untergeordnete Bereiche wie die Biosphäre der Erde ein. J. E. LOVELOCK[319] hat durch eine neuartige Verknüpfung zahlreicher Daten aus den verschiedensten wissenschaftlichen Disziplinen aufgezeigt, daß die Biosphäre, die er Gaia nennt, wie ein Organismus funktioniert, an dessen Selbstregulierung alle Lebewesen beteiligt sind. Dies geschieht, indem selbst die unterschiedlichsten Lebensformen ihre Kreisläufe aufeinander und auf die Entwicklung der Gesamtheit des Lebens auf der Erde abstimmen.

Diese Prozesse setzen jedoch ein *zentrales biologisches Regelungsorgan* voraus, das die individuellen Schwingungen des Neugeborenen auf der höchsten biologischen Holonenebene koordiniert und dabei sensibel auf externe Taktgeber reagiert. Wir haben gesehen, daß das menschliche Hirn diesen Anforderungen genügt. Nach der Trennung von Mutter und Kind kommt nur noch das Hirn des Neugeborenen als Schwingungsregulator in Betracht. Es ist zur Zeit der Geburt hinreichend entwickelt, um diese Aufgabe zu erfüllen. Die Neuronen des Hirns sind schon fast vollzählig. Das gleiche gilt für die außerordentlich schnellen Mikroschaltkreise, die hundertmal sensibler sind als einfache Neuronen und sich besonders gut als differenzierte Resonatoren eignen. Die Vielzahl der Querverbindungen zwischen den Neuronen entwickelt sich zwar erst nach der Geburt; wie der Leser aus Abb. 2 entnehmen kann, ist jedoch bereits bei der Geburt ein rudimentäres nichtlineares Netzwerk vorhanden[320], das insgesamt komplex genug ist, um exogene Schwingungsprozesse wahrzunehmen und sich auf sie einzuschwingen. Andererseits läßt das zunächst noch schwach entwickelte Rückkopplungs-Gefüge der Synapsen einen richtungweisenden Einfluß externer Faktoren auf das weitere Wachstum zu.

Es zeichnet sich deutlich ab, daß der *Fetus* das Hirn des heranwachsenden Menschen bereits vor der Geburt auf die Koordinationsfunktionen vorbereitet, die das Neugeborene unmittelbar nach der Geburt überneh-

319 J. E. LOVELOCK: Unsere Erde wird überleben (1982); L. MARGULIS / J. E. LOVELOCK: Biological Modulation of the Earth's Atmosphere (1974)

320 F. VESTER: Denken, Lernen, Vergessen, S. 31

men muß. Das Hirn der Mutter beschränkt sich immer mehr darauf, die Versorgung des Fetus sicherzustellen, während das Hirn des Fetus in dem Maße, in dem es sich entwickelt, immer stärker die Regie der endogenen Schwingungsprozesse übernimmt. Es entwickelt sich also eine Arbeitsteilung, bei welcher der Fetus immer mehr das Schwergewicht auf Sachverhalte legt, die seine Individualität angehen und ihn von anderen Menschen einschließlich seiner Mutter unterscheiden. Nach meiner Hypothese der *Geburts-Synchronisation* entscheidet das Hirn des Fetus schließlich, wann die Bedingungen für ein Zusammenschwingen der endogenen Rhythmen und der exogenen Zyklen innerhalb des biologisch vorgegebenen Zeitrahmens optimal sind und gibt dann so rechtzeitig Signale zur Einleitung der Wehen und insbesondere der Austreibungsperiode, daß das Neugeborene zu dieser Zeit der Außenwelt gegenübertritt.

Dem steht nicht entgegen, daß die äußeren Umstände dafür zu sprechen scheinen, daß die Mutter den Geburtsprozeß dominiert. Das Selbständigkeitsstreben und die Eigenverantwortung des heranwachsenden Lebewesens machen sich schon sehr früh bemerkbar. Bereits zu einem Zeitpunkt, in dem sich das befruchtete Ei noch gar nicht richtig in der Gebärmutter eingenistet hat, bildet der kindliche *Trophoblast* Follikelhormon und Luteinisierungshormon, die für die Erhaltung des Gelbkörpers im Ovarium sorgen und dadurch den Zusammenbruch der Gebärmutterschleimhaut durch eine Monatsblutung verhindern.[321] Entscheidend für die Entwicklung des *Embryo*, der vom dritten Entwicklungsmonat an *Fetus* genannt wird, ist die *Plazenta*. Sie ist nicht nur eine von Zotten durchsetzte passive Membran, die vom mütterlichen Blut umspült wird, sondern ist auch aktiv an den Stoffwechselvorgängen beteiligt. Weiter schützt sie das heranwachsende Kind vor exogenen Schädigungen.[322] Vor allem erzeugt sie aber wichtige Hormone, welche die Schwangerschaft schützen und den Geburtskanal für den Geburtsvorgang vorbereiten.[323] Der Gelbkörper, dessen Funktion durch den Trophoblasten aufrechterhalten wird, produziert das Hormon Progesteron, das die Gebärmutter ruhigstellt. Vom vierten Monat an übernimmt die Plazenta diese Funktion. Sie produziert dann auch fast alles Östrogen, das der Fetus für seine Entwicklung braucht.[324] Bezeichnend ist, daß Embryo und Mutter dieses viel-

321 K. ZINK / J. KUNSEMÜLLER: Wie funktioniert das? (1968), S. 534
322 F. SCHUH: Enzyklopädie Naturwissenschaft und Technik, S. 1132
323 A. CSAPO: Function and Regulation of the Myometrium (1959) 324
324 R. GREENE: Steuerungsvorgänge im menschlichen Organismus (1970), S. 125

seitige Organ gemeinschaftlich aufbauen.[325] Sie haben beide Einfluß auf seine Hormonerzeugung, wie später auch der Fetus.

In der Medizin ist nicht eindeutig geklärt, auf welche Weise die *Geburt* ausgelöst wird.[326] Im allgemeinen nehmen die Mediziner an, daß ein komplexes Wechselspiel hormoneller Einflüsse zwischen Mutter und Fetus abläuft.[327] Fest steht, daß kurz vor der Geburt die Progesteron-Erzeugung in der Plazenta zurückgeht. Dadurch wird das bisher herrschende Hormongleichgewicht gestört, zumal die Plazenta zugleich mehr Östrogen produziert. Die vermehrte Östrogenmenge sensibilisiert die Muskulatur der Gebärmutter für Reaktionen auf das Hormon Oxytozin. Dieses im Hypophysenhinterlappen gespeicherte Wehenhormon, das bisher fortwährend durch das Hormon Progesteron und das Enzym Oxytozinase inaktiviert wurde, kann nun die Kontraktionen der Gebärmutter einleiten, die zur Geburt führen.[328] Der Fetus hat Einfluß auf diese Vorgänge, weil er die Plazenta, die vom vierten Monat an das Progesteron und das Östrogen erzeugt, zusammen mit der Mutter aufgebaut hat.

An dieser Stelle werden vielleicht kritische Leser gegen meine Hypothese einwenden, daß der Fetus, auch wenn er die Möglichkeit habe, den Zeitpunkt der Geburt zu beeinflussen, in seinem unreifen Zustand und angesichts der völlig fehlenden Hirnerfahrung gar nicht in der Lage sei, die Schwingungsprozesse in der näheren und weiteren Umwelt zu erfassen und auf ihre Resonanzmöglichkeiten mit endogenen Zyklen zu überprüfen. Dem ist zunächst entgegenzuhalten, daß mehrere Pendeluhren, die an derselben Wand hängen, oder einzelne Herzzellen, die räumlich voneinander getrennt sind, über weniger differenzierte Möglichkeiten der Informationsverarbeitung verfügen als ein ausgereifter Fetus, und dennoch in der Lage sind, eine Schwingungsgemeinschaft zu bilden, welche endogene und exogene Zyklen aufeinander abstimmt. Hier wirkt sich ganz einfach das Streben der Natur nach dem Zustand mit dem geringsten Energieverlust aus. Die Phasensynchronisation bricht, wie wir gesehen haben, nicht auf der Stufe der Zentralregulierung innerhalb eines Holons ab, sondern schließt auch darüberliegende Holonenstufen mit ein. Betrachtet man das Einschwingen des Fetus auf eine Geburtszeit, die

325 K. ZINK / J. KUNSEMÜLLER: Wie funktioniert das?, S. 523 – 535

326 A. SMITH: Unser Körper (1969), S. 176; K. ZINK / J. KUNSEMÜLLER: Wie funktioniert das? S. 538

327 H. J. EYSENCK / D. NIAS: Astrologie – Wissenschaft oder Aberglaube? (1982), S. 269

328 K. ZINK / J. KUNSEMÜLLER: Wie funktioniert das?, S. 534 – 536

zu einem optimalen Zusammenschwingen der endogenen Rhythmen des Neugeborenen mit den Zyklen der Umwelt führt, als eine Realisierung des physikalischen Prinzips der kleinsten Wirkung, so reicht dies bereits als erste Begründung für die *Hypothese der Geburts-Synchronisation* aus.

Das *Prinzip der kleinsten Wirkung* ist eines der wichtigsten Grundprinzipien der Natur. A. SOMMERFELD[329] hält den Terminus für schlecht gewählt; er bevorzugt die Formulierung „Prinzip des kleinsten Aufwandes bei größter Wirkung". Man könnte daher auch vom Effizienzprinzip sprechen. G. W. LEIBNIZ und P. L. M. de MAUPERTUIS waren die ersten, die das Prinzip als grundlegend erkannten. L. EULER und J. de LAGRANGE und schließlich W. R. HAMILTON formulierten verschiedene mathematische Ansätze, die dem Prinzip eine schärfer umrissene Form gaben. Das Effizienzprinzip beherrscht alle Naturgesetze in allen Disziplinen der Physik, von der Mechanik über die Elektrodynamik, die Relativitätstheorie und die Quantentheorie bis zu den neuesten Elementarteilchentheorien. Es führt sogar zu fundamentaleren Beschreibungen als alle Gesetze, denen es zugrunde liegt. Leitet man aus dem Effizienzprinzip Differentialgleichungen ab, so entsprechen sie den Ergebnissen der verschiedenen Disziplinen, sind aber kompakter, tiefliegender und unabhängig von speziellen Koordinaten. Manche führende Physiker meinen daher, daß es als Grundlage für eine umfassende einheitliche Theorie der Physik dienen könne. Das Prinzip der kleinsten Wechselwirkung, wie es auch genannt wird, erweckt den Eindruck, als wolle die Natur mit einem so kostbaren Gut wie der Wirkung, dessen kleinste Einheit das Plancksche Wirkungsquantum ist, so sparsam wie möglich umgehen. Da sich ein solches zielgerichtetes Handeln schlecht in ein Weltbild kausaler Zusammenhänge einfügt[330], hat M. PLANCK das Effizienzprinzip als einen „Gottesbeweis" angesehen.[331]

2) Quantensystem-Hypothese der Geburts-Synchronisation

Ein tiefergehendes Verständnis für den Prozeß des Einschwingens auf die *Geburtszeit* erschließt sich jedoch erst, wenn wir auch hier die Quantensystem-Hypothese heranziehen, die sich bereits bei der Erörterung der Probleme der Gestaltentwicklung als fruchtbar erwiesen hat. Wenden wir an, was wir über das Bohmsche Quantenpotential und komplexe

329 A. SOMMERFELD: Mechanik (1977), S. 159
330 Ders., ebd., S. 163
331 H. GENZ / U. DEKER: Gottesbeweis oder mathematischer Trick (1987)

Quantensysteme wissen, so ist unmittelbar ersichtlich, daß das Hirn des geburtsreifen Fetus als Quantensystem auf einer höheren Stufe der Holonenhierarchie angesehen werden kann. Dieses Quantensystem, das sich über zehn Holonenstufen erstreckt, ist außerordentlich komplex. Das Quantenpotential, das ihm zugeordnet ist, spiegelt diese Komplexität wider. Es integriert nicht nur die Informationsfelder der tieferliegenden Holonenstufen von Elektronen und Quarks über Protonen und Neutronen zu Atomkernen, Atomen, Molekülen, Makromolekülen, Organellen und Zellen bis zu Geweben und Unterorganen, sondern bildet durch seine ungeheuer verwickelte Wellenform auch die spezielle Information ab, die für das Hirn als Zentralorgan des Fetus existenzwichtig ist. Dieses Quantensystem „weiß" von den endogenen Schwingungen des Teilchenaggregats, das ihm zugrunde liegt, da sie ja vom Quantenpotential abgebildet werden. Ebenso „weiß" das Quantensystem, in welchem Schwingungszustand sich die Außenwelt befindet, da das Quantenpotential als Führungswelle unablässig die Umwelt sondiert und durch seine Wellenform widerspiegelt. Weil hierbei Entfernungen keine Rolle spielen, erfassen die Informationsfelder auch „interessante" Ereignisse und Strukturen im Sonnensystem oder gar in unserer Galaxis. Die umfassende Information des Quantenpotentials, welche die Wirklichkeit so widerspiegelt, wie sie ist, erstreckt sich auch auf die Dynamik der Prozesse. So sind Extrapolationen von der Vergangenheit über die Gegenwart in die Zukunft möglich, zumal es sich bei dem Quantenpotential um eine Erscheinung der nichtlokalen Realität handelt, die sich gleichzeitig auf die gesamte Raum-Zeit erstreckt.

„Interessant" sind auf der Ebene des Quantensystems, als das sich das Hirn des Fetus darstellt, jeweils die Informationen, die erforderlich sind, um gerade anstehende Entscheidungen zu treffen. Insoweit unterscheiden sich komplexere Systeme nicht von den Zweiteilchensystemen der Bell-Experimente. In welchem Entwicklungszustand sich der Fetus befindet, kann das Quantensystem durch den Vergleich mit der Entwicklung anderer lebender Feten feststellen. Insoweit verweise ich auf die Ausführungen zur Quantensystem-Hypothese der Morphogenetik. Durch einen Vergleich dieser äußeren Daten mit den systeminternen Daten ergibt sich das Intervall, innerhalb dessen die biologischen Bedingungen für die Lebensfähigkeit nach der Geburt erfüllt sind. Die endogenen und exogenen Schwingungsverhältnisse sind bekannt. Wie das bereits erörterte Phänomen der Phasenkopplung in der Quantenmechanik zeigt, ist das Problem der Phasensynchronisation bereits auf dem Quantenniveau gelöst worden. Hier liegt wohl die tiefere Erklärung für das Zusammenschwingen von Systemen auf höherem Holonenniveau. J. BRIGGS und F. D. PEAT[332] gehen davon aus, daß durch Phasenkopplung Makromoleküle aufgebaut werden, deren Eigenschaften in der Mitte zwischen dem Quantenniveau und dem klassischen Niveau liegen, da sie einerseits scharf definierte makroskopische Eigenschaften haben und andererseits auf Eingangssignale reagieren, die nur aus einem einzigen Quant bestehen. Quantensysteme können auch Entscheidungen treffen, die von der umfassenden Information, über die sie verfügen, sinnvollen Gebrauch machen. Dies ist eines der verblüffendsten Ergebnisse der Bell-Experimente, zumal solche Entscheidungen ohne Zeitverzug zustande kommen. Der Leser möge sich auch daran erinnern, daß ein Elektron, das sich von außen einem Atom nähert, genau weiß, in welchem individuellen Zustand sich das Atom befindet und wie es sich verhalten muß, um dieser Situation gerecht zu werden. Die gleichen Fähigkeiten finden wir auch auf den höheren Holonenebenen in komplexerer Form.

Insgesamt folgt also aus der Quantensystem-Hypothese der Geburts-Synchronisation, daß es für das Gehirn des Fetus kraft der Fähigkeiten seines Quantenpotentials durchaus möglich ist, einen Geburtstermin zu bestimmen, der innerhalb des vorgegebenen biologischen Zeitrahmens optimale Bedingungen für eine Phasensynchronisation der endogenen biologischen Rhythmen und der exogenen kosmischen Zyklen bietet. Die bereits dargestellten Zusammenhänge sprechen auch dafür, daß das Hirn des Fetus in der Lage ist, den zeitlichen Ablauf der Geburt durch ein Wehensignal und ein Signal für den Beginn der Austreibungsperiode so zu beeinflussen, daß der Abschluß der Geburt mit relativ kleinen Abweichungen, wie sie in allen Naturprozessen zu finden sind, mit dem Zeitpunkt optimaler Synchronisation übereinstimmt. Da die Geburt sich über einen längeren Zeitraum erstreckt und individuell verschieden verläuft, selbst wenn es sich um aufeinanderfolgende Geburten derselben Mutter handelt, ist dies eine schwierige Aufgabe, auch wenn die Austreibungsperiode bei einer Mehrgebährenden in der Regel nur eine halbe bis eine Stunde dauert. Hier erweist es sich wiederum nach der Quantensystem-Hypothese der Morphogenetik als hilfreich, daß das Hirn des Fetus, indem es sein Quantenpotential einsetzt, ständig Vergleiche mit zahlreichen

332 J. BRIGGS / F. D. PEAT: Die Entdeckung des Chaos, S. 288

gleichliegenden Fällen ziehen kann, die das menschliche Leben im weiteren Umfeld bietet.

Die *Quantensystem-Hypothese* der *Geburts-Synchronisation* erklärt, wie es zu einem Zusammenhang zwischen endogenen Rhythmen, Zyklen der weiteren Umwelt und der Geburtszeit kommt. Zugleich wird ersichtlich, daß die Voraussetzungen für diesen spezifischen Zusammenhang erst bei der Geburt erfüllt sind und noch nicht bei der Zeugung. Erst das Hirn des geburtsreifen Fetus hat einen Entwicklungszustand erreicht, der den schwierigen Prozeß des Einschwingens auf die optimale Geburtszeit möglich macht. Erst das Neugeborene ist in der Lage, die endogenen Rhythmen seines Holonenniveaus mit den exogenen Zyklen derart zu synchronisieren, daß ein neues, individuelles Schwingungsaggregat entsteht, dessen wesentliche Züge von der Geburt bis zum Tode erhalten bleiben. Herausragende Wissenschaftler und Astrologen wie PTOLEMÄUS, PARACELSUS und KEPLER scheinen dies ähnlich gesehen zu haben. Bei PTOLEMÄUS heißt es:

> „Die Zeugung wird als natürlicher Anfang des Lebens angesehen. Der Augenblick der Geburt geht jedoch, obwohl er später liegt, mit einer stärkeren Energieentfaltung einher, weil sich das Potential auf ein voll entwickeltes menschliches Wesen auswirkt und nicht nur auf einen Keim."[333]

PARACELSUS bestätigt diese Auffassung:

> „Und merket hierbei, daß in der Stunde der Empfängnis den Geistern solcher Gewalt nicht ist, als in der Stund, da das Kind aus dem Mutterleib geboren wird."[334]

KEPLER schließlich bemerkt in der ihm eigenen Sprache:

> „Die eigene vitale Kraft empfängt der Fötus durchaus erst dann, wenn er von der Mutter getrennt wird, vorher aber wurde er von den Strahlen des Lebensflämmchens der Mutter erleuchtet ... Wenn nämlich der Fötus reif ist, drängt die formgebende Gewalt der Seele, welche den Geburtsvorgang leitet, vor allem dann darauf, den Fötus auszustoßen und durch diese Ausstoßung eine neue seelische Lebenskraft zu entzünden, wenn die Gestirne ... die Seele an sich selbst und ihren himmlischen Charakter gemahnen."[335]

333 Nach: G. DEAN / A. MATHER: Recent Advances in Natal Astrology (1977), S. 465
334 Nach: H. W. GEISSLER: Der ewige Tempel (1949), S. 134
335 Ders., ebd., S. 116 – 117

Ersetzt man KEPLERs Barockzeit-Ausdruck „formgebende Gewalt der Seele, welche den Geburtsvorgang leitet" durch „Führungswelle des Quantensystems Fetus", so erweist sich seine Aussage wie in vielen anderen Fällen als zukunftsträchtig.

Die Quantensystem-Hypothese der Geburts-Synchronisation gestattet es, den Begriff Synchronisation noch etwas weiter zu verstehen, als dies bisher geschehen ist. Wir hatten gesehen, daß nach R. PENROSE die Eigenschaft Raum erst durch die Kopplung großer Quantennetzwerke entsteht, wobei als erstes das Strukturelement Winkel erscheint. Weiter hat sich gezeigt, daß die astrologischen Aspekte, die auch Winkel sind, zumindest in der von KEPLER definierten Form Eigenschaften zeigen, die auch das Bohmsche Quantenpotential auszeichnen. Zwischen der Funktion von Aspekten und Quantenpotentialen scheint also eine Strukturverwandschaft zu bestehen. Die in diesem Zusammenhang erörterte Definition geozentrischer Aspekte als Wirkwinkel, die einen Oszillator auf der Erde mit kosmischen Körpern oder Wirkpunkten, die ebenfalls Oszillatoren sind, zu einer Resonanzstruktur verknüpfen, gründet sich ebenso auf Schwingungszusammenhänge wie das Phänomen der Phasensynchronisation. Hiernach bietet es sich an, die Hypothese so zu formulieren, daß die Führungswelle des Quantensystems Fetus bei ihrer Erkundung des optimalen Zeitpunkts für die Synchronisation der endogenen und exogenen Schwingungen auch Resonanzwinkel im definierten Sinne mit einbezieht. Ob diese erweiterte Hypothese Substanz hat, können aber erst die praktischen Untersuchungen im zweiten Teil des Buches zeigen.

3) Indiziert die Ähnlichkeit des Schwingungsmusters des Sonnensystems zur Zeit der Geburt verschiedener Menschen eine Ähnlichkeit ihrer individuellen Schwingungsstrukturen?

Die neue Hypothese eröffnet die Möglichkeit, auch komplexere astrologische Zusammenhänge zu erklären, die mehrere Menschen einbeziehen. Wir hatten gesehen, daß die fertig vernetzte Neuronenstruktur des menschlichen Hirns als außerordentlich komplexer Oszillator mit spezifischen Resonanzbedingungen angesehen werden kann, der auf den Schwingungskontakt mit ähnlichen Neuronenmustern anderer Menschen mit Resonanz reagiert. F. VESTER bemerkt hierzu:

> „Wichtig für die Verständigung zweier Menschen, also für die Kommunikation zwischen dem eigenen und dem fremden Muster, ist ihre Reso-

nanz, das heißt, daß beide Muster gleiche Schwingungen aufweisen. Das können sie aber nur, wenn sie in ihrer Struktur ähnlich sind."[336]

Die *Astrologie* behauptet, daß diese Ähnlichkeit sich in den Strukturen der Geburtshoroskope der beteiligten Menschen widerspiegle. Tatsächlich ist es eine Erfahrung, die Neophyten der Astrologie am stärksten beeindruckt, daß Menschen, die einander sympathisch sind, gute Beziehungen zueinander unterhalten oder ein erfolgreiches Team bilden, in ihren Geburtshoroskopen „Kontakte" haben, die auffällig sind. So fallen die Positionen der *Sonne*, des *Mondes*, bestimmter *Planeten* und der bereits erwähnten im Tagesrhythmus umlaufenden Wirkpunkte *Medium coeli* und *Aszendent* in dem einen Horoskop häufig mit entsprechenden Positionen in dem anderen Horoskop zusammen (*Konjunktion*) oder stehen ihnen gegenüber (*Opposition*).

Außenstehenden erscheint es dagegen geradezu unsinnig, aus solchen astronomischen Gegebenheiten auf zwischenmenschliche Beziehungen zu schließen. Sie werden in ihrer Auffassung dadurch bestärkt, daß die Astrologen bisher keine fachgerechten statistischen Untersuchungen vorlegen konnten, die eine entsprechende Korrelation beweisen.[337] Möglicherweise beruht dieses negative Ergebnis darauf, daß die große Mehrzahl der Astrologen sich bei ihren Untersuchungen zu stark durch ihren Glauben an die Überlieferung leiten läßt und alle Korrelationen, die nicht mit der orthodoxen Lehre übereinstimmen, als nichtexistent behandelt, selbst wenn sie auf einen astrologischen Zusammenhang im nichtorthodoxen Sinne hindeuten. Wir werden im zweiten Teil des Buches sehen, daß dieses unbeirrbare Festhalten an orthodoxen Überzeugungen, die mit der Wirklichkeit nicht übereinstimmen, letzten Endes dazu führt, daß wirklich existierende Zusammenhänge zwischen dem Sonnensystem und irdischen Erscheinungen nicht wahrgenommen werden.

Gelänge der Nachweis, daß bei Menschen, die in einer besonderen Beziehung zueinander stehen, überzufällig häufig „Kontakte" bestimmter Art in ihren Geburtshoroskopen zu finden sind, so ließe sich dies mit der neuen Hypothese in großen Zügen erklären. Details könnten allerdings nur in dem Maße herausgearbeitet werden, in dem sich konkrete Einzelzusammenhänge als real erwiesen. Die Hypothese geht davon aus, daß bei jeder der beteiligten Personen die endogenen Rhythmen und die exo-

336 F. VESTER: Denken, Lernen, Vergessen, S. 39

337 H. J. EYSENCK / D. NIAS: Astrologie, S. 106 – 113; C. G. JUNG: Synchronizität, Akausalität und Okkultismus (1990), S. 58

genen Schwingungen bei der Geburt durch Phasensynchronisation miteinander gekoppelt werden. Der Fetus bringt in diesen Kopplungsprozeß die endogenen Schwingungen ein. Diese charakterisieren nicht nur die allgemeinen Züge menschlicher Lebewesen als Art, sondern bilden auch die spezifischen Anlagen ab, die kennzeichnend für das Individuum sind. Alle tieferen Holonenstufen, aus denen sich der Fetus aufbaut, werden ebenfalls mit einbezogen. Das Neugeborene, welches die bei der Geburt einsetzenden physiologischen Rhythmen mit der vorgeburtlichen Schwingungsstruktur synchronisiert, schwingt sich zugleich auf die exogenen Zyklen aus dem Schwingungsbereich der Gaia und des Sonnensystems ein, für die der Fetus bei der Bestimmung der Geburtszeit die Resonanzbedingungen als relativ günstig erkannt hat. Es ist denkbar, daß das Neugeborene hierbei noch einmal eine Feinkorrektur vornimmt. So entsteht eine ganz individuelle Schwingungsstruktur, die das Neugeborene nicht nur als Vertreter der menschlichen Art mit besonderen individuellen Eigenschaften abbildet, sondern auch seine Fähigkeit verkörpert, sensibel auf bestimmte Schwingungen aus der näheren und ferneren Umwelt zu reagieren.

Zu den *individuellen Schwingungseigenschaften* des neuen Schwingungsgebildes, welches das *Neugeborene* unmittelbar nach der Trennung von der Mutter aufbaut, tragen in besonderem Maße die speziellen Phasen bei, in denen sich die beteiligten endogenen und exogenen Rhythmen im Augenblick der Kopplung befinden. Das neue Schwingungsaggregat, das sich nach der Geburt unter der Einwirkung des umfassenden Prinzips der kleinsten Wirkung bildet, stabilisiert sich und schwingt fortan in einem Rhythmus, der den Anfangsbedingungen der Kopplung entspricht. Nur wenige der betreffenden endogenen Rhythmen sind unmittelbar zu erkennen, wenn das Neugeborene oder später der erwachsene Mensch von außen betrachtet wird. Die Phasen der kosmischen Zyklen, die in den Synchronisierungsprozeß hineinspielen, sind jedoch aus dem *Geburtshoroskop* zu entnehmen, das die Schwingungsstruktur des Sonnensystems im Augenblick der Geburt abbildet. Dies setzt zwar eine hinreichende Kenntnis der Zyklen des Sonnensystems voraus und einiges Wissen über das Wesen und die Funktion von Zyklen. Solche Kenntnisse lassen sich aber leicht erwerben. Schon jeder Mensch mit Allgemeinbildung kann aus dem Horoskop erschließen, in welcher Phase des Jahres- oder Tageszyklus der Sonne die Geburt stattgefunden hat, und in welcher Phase seines Zyklus sich der Mond zur Geburtszeit befand. Wer die Umlaufzeiten der Planeten kennt, kann ebenso leicht ihre augenblickliche Phase relativ zu einer geeigneten Nullphase ihrer Zyklen ermitteln. Das gleiche gilt für *Konjunktionszyklen* von je zwei Planeten, die in der Astrologie eine große Rolle spielen.[338]

Jeder Mensch macht immer wieder die Erfahrung, daß ihm andere Menschen schon im Augenblick der ersten Begegnung sympathisch oder unsympathisch sind. Nach der Terminologie von F. VESTER kommt es darauf an, ob das eigene und das fremde Hirnschwingungsmuster einander in der Struktur ähnlich sind und Resonanz zulassen, oder ob sie sich so sehr voneinander unterscheiden, daß ein harmonisches Zusammenschwingen kaum möglich ist. Wegen der ungeheuren Komplexität des verwickelten Neuronennetzwerks des menschlichen Hirns ist es zur Zeit gänzlich unmöglich, die Hirnschwingungsmuster so zu analysieren, daß sich unmittelbar eine Aussage über die Qualität der zwischenmenschlichen Beziehungen zweier Menschen ergibt. Erst recht gilt dies für die Gesamtschwingungsmuster zweier Menschen. Die Hypothese der Geburts-Synchronisation eröffnet jedoch eine mittelbare Möglichkeit, etwas über Kommunikationsmöglichkeiten verschiedener Menschen auszusagen. Das Gesamtschwingungsmuster eines Menschen und das Schwingungsmuster des Sonnensystems zur Zeit der Geburt sind einander ähnlich, da die Geburts-Synchronisation auf Resonanz ausgerichtet ist, die Ähnlichkeit voraussetzt. Bei anderen Menschen besteht der gleiche Ähnlichkeitszusammenhang. Hieraus folgt, daß die Gesamtschwingungsmuster verschiedener Menschen einander bis zu einem gewissen Grade ähnlich sein müssen, wenn die Schwingungsmuster des Sonnensystems zur Zeit ihrer jeweiligen Geburt einander ähnlich sind. Es ist leicht einzusehen, daß dieser Zusammenhang zumindest im Ansatz die Möglichkeit eröffnet, aus den Geburtshoroskopen verschiedener Menschen Schlüsse auf die Resonanzqualität ihrer fundamentalen Schwingungsstrukturen zu ziehen, die für eine bessere oder schlechtere Mitschwingfähigkeit in ihrer zwischenmenschlichen Beziehung spricht. Ergäben sich bei vorurteilsfreien Untersuchungen Korrelationen zwischen speziellen Schwingungsmustern des Sonnensystems zur Zeit der Geburt und bestimmten Verhaltensweisen des Geborenen, so ließen sich sogar detailliertere Aussagen über die Qualität der wechselseitigen Beziehung machen.

338 N. de VORE: Encyclopedia of Astrology (1977), S.74 – 85

4) Einheit von Schwingungsform und Qualität

Mancher Leser wird hier vielleicht einwenden, daß es nicht gerechtfertigt sei, von der Schwingungsstruktur eines Systems auf dessen Qualität zu schließen. Tatsächlich sind jedoch die Schwingungsstruktur des Systems und seine Dynamik, die sich als Qualität äußert, nicht voneinander zu trennen. Dies zeigt schon eine einfache Betrachtung der chemischen Elemente mit ihren unterschiedlichen chemischen und physikalischen Eigenschaften. Ein Element ist eine Materiesorte, die nur aus einer einzigen Atomart besteht. Bezeichnend ist nun, daß die ganz verschiedenen Eigenschaften der Elemente durch die Schwingungsstruktur der Elektronenhülle der jeweiligen Atome bestimmt werden.[339] Spätestens nach der Aufstellung des Atommodells von BOHR und SOMMERFELD war dieser Grundzusammenhang offensichtlich.[340] Nach einer Formulierung von J. RUDOLPH ging es „nur" noch darum, im einzelnen zu ermitteln, welche besonderen „Schwingungsformen" der dreidimensional im Hüllenraum schwingenden Elektronen welchen spezifischen Zuständen des Atoms zuzuordnen waren.[341] Diese Aufgabe ist erst von den wellenmechanischen Atommodellen mit ihren ganz unterschiedlich geformten Orbitalen in befriedigender Weise gelöst worden.[342] Für alle Details der Beobachtung hat die Wellenmechanik konsistente physikalische Zusammenhänge gefunden, die zu Mustern in den Schwingungen der Elektronen führen, die wiederum kennzeichnend für die Eigenschaften der Atome sind.

Dies gilt auch für das Periodensystem der Elemente, das schon aufgestellt wurde, als noch kein Physiker etwas von der strukturierten Elektronenhülle der Atome wußte. Die Perioden dieses Systems entsprechen den „Schalen" im Atommodell, die verschiedene Abstände vom Atomkern haben und Gruppen von Elektronen zu speziell konfigurierten Schwingungseinheiten zusammenfassen. Spezielle Kombinationen von Orbitalbesetzungen auf den verschiedenen „Schalen" gehen mit bestimmten chemischen Eigenschaften der Elemente einher. So sind zum Beispiel alle

339 J. RUDOLPH: Moderne Chemie, S. 50 – 55; P. W. ATKINS: Quanta, S. 12 – 13

340 W. H. WESTPHAL: Physik, S. 588 – 599; R. G. LERNER / G. L. TRIGG: Encyclopedia of Physics, S. 83; A. A. SOKOLOW / J. M. LOSKUTOW / I. M. TERNOW: Quantenmechanik (1964), S. 133 – 199, 430 – 447; W. FINKELNBURG: Einführung in die Atomphysik (1964), S. 132 – 142

341 J. RUDOLPH: Moderne Chemie, S. 50

342 C. GERTHSEN/ H. O. KNESER / H. VOGEL: Physik (1977), S. 695 – 700; J. RUDOLPH: Moderne Chemie, S. 50 – 55, 151 – 221; W. FINKELNBURG: Einführung in die Atomphysik, S. 180 – 218

Elemente mit voll besetzten „Schalen" einander in ihrem Verhalten sehr ähnlich; sie gehen weder untereinander noch mit anderen Elementen Verbindungen ein, weshalb man sie unter der Bezeichnung „Edelgase" zusammenfaßt. Alle anderen ähnlichen Konfigurationen von Elektronenschwingungen führen ebenfalls zu ähnlichen Eigenschaften von Elementen. Die Orbitale auf den „Schalen" sind abgegrenzte räumliche Schwingungsbereiche bestimmter Form, in denen sich jeweils nur zwei Elektronen mit entgegengesetztem Spin aufhalten können. Die Formen dieser Räume sind kompliziert und beschreiben jeweils eine Schwingungsregion, innerhalb der das Elektron mit 95prozentiger Wahrscheinlichkeit zu finden ist. Durch den Umstand, daß sich die Orbitale als Lösungen der raumabhängigen Schrödingerschen Wellenfunktion ergeben, wird die Schwingungsbezogenheit der Zusammenhänge zusätzlich betont.[343]

Wir können hiernach davon ausgehen, daß die Vielfalt der physikochemischen Eigenschaften der verschiedenen Elemente unauflöslich mit der verschiedenartigen Schwingungsstruktur ihrer Elektronenhülle zusammenhängt. Zumindest im Atom sind Schlüsse von der Schwingungsstruktur auf die Qualität des Systems zulässig. Letzten Endes läßt sich dieses Ergebnis aber auch auf alle komplexeren Systeme ausdehnen, da sie sich alle aus Atomen zusammensetzen, sei dies ein Molekül, ein Stern oder ein Mensch. Außerdem haben wir gesehen, daß auch Moleküle, Makromoleküle, Organellen, Zellen, Organe und Organismen über ihre eigenen Schwingungsstrukturen verfügen, die den Funktionen und Qualitäten des jeweiligen Holonenniveaus entsprechen. Es ist nicht so, daß sich Schwingungen in uns ereignen. Wir sind diese Schwingungen. Die Qualitäten, die wir in unserem Hirn erzeugen, entsprechen gefilterten Schwingungen. Nach G. LEONARD haben unsere Sinne ausschließlich die Funktion, zwischen unseren inneren Schwingungsfeldern und den Rhythmen der Welt eine Brücke zu schlagen, so daß wir uns ein „Bild" machen können, das wir als „Realität" bezeichnen.[344] *Wir kommunizieren durch Schwingungen.* Worte, die geistige Vorstellungen auslösen, erreichen uns über das Gehör mit einem Trommelfell, das noch auf Oszillationen reagiert, deren Amplitude nur zehnmal größer ist als der Durchmesser des Wasserstoffatoms.[345] Ähnliches gilt für das Auge, das uns Formen zeigt. Die Wellen des

343 The New Encyclopaedia Britannica (1977), Stichwort Orbital, S. 565; J. M. ZIMAN: Electron (1977), S. 669

344 G. LEONARD: Der Rhythmus des Kosmos, S. 89 – 90; T. LANDSCHEIDT: Wir sind Kinder des Lichts, S. 12 – 14

345 G. LEONARD: Der Rhythmus des Kosmos, S. 59

sichtbaren Lichts oszillieren mit einer Frequenz von 380 bis 790 Billionen Hertz (Schwingungen pro Sekunde), während die Grenze des Schwingungsvermögens menschlicher Zellen bei 1000 Hertz liegt. Trotzdem gelingt es dem Auge mit Hilfe des Gehirns, diesen Schwingungsabgrund zu überbrücken.[346] Wir können annehmen, daß sich diese Überbrückungsfähigkeit auch auf langsame Schwingungen erstreckt, wie sie das Sonnensystem erfüllen, zumal es in jedem Schwingungsbereich Oberschwingungen mit beliebig hoher Frequenz gibt. In diesem Gesamtzusammenhang erscheint es sinnvoll, daß H. JENNY[347] bei seinen Untersuchungen auf der Grundlage der Chladnischen Klangfiguren nachgewiesen hat, daß Formen ganz allgemein eine Funktion der Schwingungsfrequenz sind.

Trotz dieser Zusammenhänge und Erklärungen bleibt es für uns – die wir uns als kompakte Kreaturen aus Fleisch und Blut erleben – ein Wunder, wie Schwingungen eine festgefügte Formenwelt erzeugen können, mit undurchdringlichen Wänden aus Beton und massiven Maschinen aus Stahl. Dies ist um so erstaunlicher, als die Physik bei der Erklärung des Periodensystems der Elemente vom sogenannten Aufbauprinzip ausgeht: Die Elektronenhülle jedes der Atome, die in der Ordnung der Elemente aufeinanderfolgen, entsteht durch Hinzufügung eines weiteren Elektrons zur Zahl der bereits vorhandenen Elektronen. Nehmen wir das Aufbauprinzip wörtlich, so entsteht zum Beispiel aus dem festen Element Kohlenstoff, dem Grundbaustein der organischen Chemie, das ganz andersartige Element Stickstoff, jenes farblose und geruchlose Gas, wenn wir einer Quantität, der Anzahl von sechs Elektronen im Kohlenstoffatom, noch etwas Quantitatives hinzufügen, nämlich ein weiteres Elektron. Das würde bedeuten, daß eine quantitative Änderung unmittelbar zu einer Änderung der Qualität führt – eine Vorstellung, die nur schwer nachzuvollziehen ist.[348]

Eine ganz andere Perspektive erschließt sich, wenn wir die Elektronenhülle als Schwingungsaggregat behandeln, dessen Qualität durch die Gesamtstruktur der Schwingungen ausgedrückt wird. Dann wandelt sich die Schwingungsstruktur, die bisher die Qualität Kohlenstoff ausgedrückt hat, durch das Hinzutreten einer weiteren Schwingung zu einer neuen Gesamtschwingung, die der Qualität Stickstoff zugrunde liegt. Weil jeder Art der Elektronenschwingung in der Atomhülle eine bestimmte Qualität

346 Ders., ebd., S. 57

347 H. JENNY: Cymatics (1966); ders.: Visualising Sound (1968)

348 W. FINKELNBURG: Einführung in die Atomphysik, S. 132

zugeordnet ist, auch wenn es sich nur um ein einziges Elektron handelt, versteht es sich von selbst, daß eine neue Schwingungskonfiguration, die mehr Elektronen einbezieht, auch zu einer veränderten Qualität führt. Da die Atome der verschiedenen Elemente mit ihren Elektronenhüllen in allen Molekülen und Molekülverbänden stecken, ist es durchaus gerechtfertigt, die Schwingungsstruktur eines Systems und seine Qualität auch auf den höheren Stufen der Holonenhierarchie als Ganzheit zu behandeln.

5) Die wirkliche Wirklichkeit: „Leere und Rhythmus"

Die zentrale Bedeutung der Schwingungsvorgänge im Kosmos wird in abstrakter Form durch die fundamentale Rolle der *Wellenmechanik* in der Physik betont. Unser „massives" Weltbild macht es uns jedoch schwer, eine Wirklichkeit, die Wellenfunktionen entspricht, als real anzuerkennen. Vielleicht fällt dem Leser der Zugang zu dieser materiefernen Vorstellung leichter, wenn er sich gemüthaft vor Augen führt, daß unsere Welt von einer großen Leere erfüllt ist, in der wir schwingende Form finden und sonst nichts.[349] Nach einer Formulierung des Physikers H. FRITZSCH „sind die Atome praktisch leer".[350] Der „klassische Elektronenradius" ist winzig. R. HOUWINK hat dies durch einen phantasievollen Vergleich deutlich gemacht: Hätte Noah nach der Sintflut (etwa 3000 v. Chr.) damit begonnen, Elektronen auf einen unvorstellbar dünnen Faden zu ziehen, eines jede Sekunde bei einem Arbeitstag von acht Stunden, so wäre die Elektronenkette heute erst zwei Zehntel Millimeter lang.[351] Nach dem jetzigen Wissensstand könnte man sogar sagen, daß die Kette überhaupt nicht länger würde. Alle neueren Beobachtungen haben gezeigt, daß Elektronen, ebenso wie Quarks, punktförmige Teilchen sind.[352] Sie füllen kein Volumen aus und zeigen im Gegensatz zum Proton keinerlei innere Struktur.[353]

Das Kernteilchen Proton hat zwar eine räumliche Ausdehnung; diese ist aber außerordentlich gering. Selbst der Atomkern, der sich aus Protonen und Neutronen zusammensetzt, fällt in der Relation zur Größe des Atoms nicht ins Gewicht. Hätte das Atom die Abmessungen eines Fußballstadiums, so wäre der Kern mit einem kleinen Insekt in der Mitte des Sta-

349 G. LEONARD: Der Rhythmus des Kosmos, S. 51
350 H. FRITZSCH: Quarks (1984), S. 31
351 J. RUDOLPH: Moderne Chemie, S. 18
352 H. GENZ: Symmetrie (1992), S. 170
353 H. FRITZSCH: Quarks, S. 103

diums zu vergleichen.[354] Wäre der Kern so groß wie ein Fußball, so erreichte das Atom bei diesem Vergrößerungsverhältnis eine Ausdehnung von einem Kilometer.[355] Der Kern ist damit im Vergleich zum Atom noch viel kleiner als die Sonne im Verhältnis zum ganzen Sonnensystem, das sich bis zur weit entfernten Heliopause ausdehnt.[356] Die Kernteilchen selbst, die sich aus drei Quarks zusammensetzen, sind ähnlich leer. Die Quarks, die sich zusammen mit masselosen Gluonen im Schwingungsraum der Nukleonen bewegen, sind ebenso wie die Elektronen Punktteilchen. Berücksichtigt man weiter, daß die Materie, als die sich die massebehafteten Elementarteilchen trotz ihrer Winzigkeit darstellen, nichts als eine „besondere Erscheinungsform der Energie"[357] ist oder „eine Energieballung unter der Einwirkung eines formenden Prinzips",[358] so ist es keine Übertreibung, wenn G. LEONARD[359] feststellt, daß unser Körper aus „Leere und Rhythmus" bestehe.

6) Geburt als „Begegnung" mit der nichtlokalen Ganzheit kosmischer Quantensysteme

Wir hatten gesehen, daß alle Holonen, vom Mikrokosmos über den Mesokosmos bis zu Gaia, der Erde, dem Mond, der Sonne, den Planeten, dem Sonnensystem in seiner Gesamtheit, der Milchstraße, den Galaxienverbänden und letzten Endes dem ganzen Universum ein hierarchisches Gefüge von Quantensystemen darstellen, die durch Phasensynchronisation zu einer nichtlokalen Schwingungseinheit verbunden sind, wie sie sich in den Bell-Experimenten äußert. Der Begriff einer linear fortschreitenden Zeit, wie ihn die klassische Physik entwickelt hat, wird dieser Schwingungswirklichkeit nicht gerecht. Die „Operatorzeit", eine „individuelle Zeit von Ensembles", mit der I. PRIGOGINE[360] arbeitet, steht dieser Wirklichkeit näher. Systeme, die sich entwickeln, zeichnen sich durch eine „Eigenzeit" aus, die bei komplexeren Systemen stets zyklischen Charakter hat.[361] Insbesondere dem Lebendigen sind nach F. R. KRUEGER[362]

354 J. RUDOLPH: Moderne Chemie, S. 19
355 H. FRITZSCH: Quarks, S. 31 – 32
356 H. FRANKE: Lexikon der Physik, S. 92
357 W. H. WESTPHAL: Physik, S. 572
358 R. TOMASCHEK: Kosmische Kraftfelder und astrale Einflüsse, S. 67
359 G. LEONARD: Der Rhythmus des Kosmos, S. 51, 89
360 I. PRIGOGINE: Vom Sein zum Werden (1980), S. 216 – 217
361 F. R. KRUEGER: Physik und Evolution, S. 77; E. JANTSCH: Die Selbstorganisation des Universums, S. 336

ineinandergreifende Zyklen unterschiedlicher Frequenz als Zeitmaß angemessener als eine monoton verlaufende nichtzirkuläre Zeit: maßgeblich sind, wie KRUEGER dies ausdrückt, „selbstorganisierte rhythmische Prozesse", die durch „externe rhythmische Prozesse, etwa die Drehung der Erde um sich selbst (Tag) und um die Sonne (Jahr) ... synchronisiert werden", wobei der „externe Taktgeber jeweils eine höhere Taktfrequenz hat."

Das *Neugeborene*, das die neu einsetzenden Lebensrhythmen mit den schon vom Fetus koordinierten Rhythmen synchronisieren muß, wird zugleich mit der Aufgabe konfrontiert, eine „Eigenzeit" zu entwickeln, welche alle endogenen Rhythmen harmonisch auf die Zyklen der Hierarchie der externen Quantensysteme abstimmt, denen es jetzt ausgesetzt ist. Das Neugeborene steht in der Nullphase seiner „Eigenzeit" zum erstenmal als selbständiges Schwingungssystem der Holonenspezies Mensch jener Hierarchie der kosmischen Quantensysteme gegenüber, die bereits als nichtlokale Schwingungsganzheit existiert. Meine frühere Frage, ob diese Initialphase nicht zugleich als „Begegnung" im Sinne der Quantentheorie angesehen werden muß, beantworte ich jetzt im Rahmen der Begründung der Quantensystem-Hypothese der Geburts-Synchronisation ausdrücklich mit ja. Wie anders als durch eine „Begegnung" kann das im Enstehen begriffene Quantensystem des neuen individuellen Menschen in den nichtlokalen Organismus des kosmischen Evolutionsprozesses einbezogen werden?

Die Bell-Experimente lassen den Schluß zu, daß alle Quantensysteme eine nichtlokale Einheit bilden und so etwas wie hochkomplizierte „Aspekte" der Wellenfunktion der jeweils übergeordneten Systemeinheit und letzten Endes des Universums sind. Alle existierenden Holonen müssen irgendwann als untergeordnete Quantensysteme in diesen organischen Verband eingetreten sein. Die in diesem Zusammenhang angeführten Zitate von B. d'ESPAGNAT, M. KAFATOS und R. NADEAU zeigen, daß die meisten Quantenobjekte, die schon lange existieren, in der Entwicklungsgeschichte des Universums, die schon 12 bis 18 Milliarden Jahre andauert, in Wechselwirkung miteinander getreten sind und seitdem eine nichtlokale Ganzheit bilden. Dies gilt insbesondere für die stabilen Elementarteilchen, die praktisch eine endlose Lebenszeit haben, und die kosmischen Körper, deren „Eigenzeit" sich über Milliarden von Jahren erstreckt.

362 Ders., ebd., S. 76 – 77

Es entstehen aber immer wieder neue Systeme: So beginnen Sonnen ihr „Leben“ mit dem Einsetzen ihrer Energieerzeugung durch Zündung der Kernfusion, Photonen entstehen gemeinsam bei der Zerstrahlung eines Elektron-Positron-Paares, oder ein fertig aufgebautes Makromolekül nimmt durch Faltung eine bestimmte Gestalt an, beginnt zu schwingen und übernimmt seine Enzymfunktion. Einer dieser Fälle war Gegenstand der Bell-Experimente. Bei den meisten Versuchen wurde das Verhalten von Photonen beobachtet, die gemeinsam aus Zerstrahlungsenergie entstanden waren. Ein Elektron und ein Positron, also Antiteilchen, bildeten zunächst ein sogenanntes Positronium, das sehr schnell in zwei Quanten zerfiel. Die gleichzeitig „geborenen“ Quanten verhielten sich sogleich als ganzheitliches System.[363] Es spricht nichts dafür, daß es sich bei der „Geburt“ komplizierterer Systeme auf einer höheren Holonenebene anders verhält. Diese Systeme setzen sich zwar in der Regel aus „alten“ Elektronen, Protonen und Neutronen zusammen, die schon eine Sekunde nach dem Beginn des „Urknalls“ existierten und sicher schon in der räumlichen Enge der Anfangsphase der Expansion des Universums in Wechselwirkung miteinander getreten sind.[364] Der Umstand, daß diese Teilchen schon seit langem Glieder größerer Quantensysteme sind, schließt aber eine neue „Begegnung“ auf einer höheren Ebene nicht aus, wenn das Schwingungsaggregat, in dem sich die „alten“ Teilchen als Untereinheiten befinden, als neu „geborenes“ Holon die ihm eigene Funktion aufnimmt.

Wir haben bereits erwähnt, daß E. SCHRÖDINGER die fortgesetzte Phasenverbundenheit von Teilchen, die sich nach einer Wechselwirkung wieder trennen, als Hauptmerkmal der Quantentheorie ansah. Hiernach liegt es nahe, dem Prozeß der Phasensynchronisation, durch den eine Phasenverknüpfung entsteht, ähnliche Bedeutung beizumessen. Ich gehe daher davon aus, daß der Zeitpunkt der Phasensynchronisation der endogenen und exogenen Zyklen des Neugeborenen zugleich der Augenblick seiner „Begegnung“ mit der nichtlokalen Wirklichkeit ist. Von nun an ist das menschliche Individuum, das sich selbständig weiterentwikkelt, organisch mit den übergeordneten Quantensystemen verbunden. Auf nichtlokale Weise, also unabhängig von Entfernung und Zeit, können Zustandsänderungen der Schwingungsstruktur der Gaia-Sphäre und des Sonnensystems, wahrscheinlich auch unserer Milchstraße, das Individu-

363 F. SELLERI: Die Debatte um die Quantentheorie, S. 129 – 134

364 S. HAWKING: A Brief History of Time, S. 117; S. WEINBERG: Die ersten drei Minuten (1977), S. 147 – 153

um beeinflussen. Dabei wird sein Quantenpotential, das auch die endogenen Schwingungen durch seine Wellenform abbildet, besonders sensibel auf äußere Schwingungsmuster ansprechen, welche der inneren Schwingungsstruktur entsprechen, die sich bei der Phasensynchronisation unmittelbar nach der Geburt gebildet hat.

7. Fazit der Kritik der theoretischen Astrologiekritik

Der Träger des Nobelpreises für Physik S. WEINBERG vertritt den Standpunkt, daß die Entdeckung des eng zusammenhängenden und immer stärker konvergierenden Erklärungsnetzes der heutigen Naturwissenschaft nicht nur Auswirkungen auf die Wissenschaft selbst habe, sondern auch auf „Möchtegern-Wissenschaften" wie die Astrologie, das Hellsehen und die Telekinese, denen durch den wissenschaftlichen Fortschritt die Grundlage entzogen worden sei. Er räumt ein, daß diesen Wissensbereichen große Bedeutung zukäme, wenn sie sich als substantiiert erwiesen:

> „Es wäre die Entdeckung des Jahrhunderts, wenn bewiesen werden könnte, daß an irgendeiner dieser Vorstellungen etwas Wahres ist. Das wäre aufregender und bedeutungsvoller als alles, woran heute in der Physik gearbeitet wird."

WEINBERG zieht dennoch den Schluß, daß es sinnlos sei, auch nur in eine Prüfung solcher Anschauungen einzutreten:

> „Wie sollte ein vernünftiger Mensch reagieren, wenn ein Professor oder ein Filmstar oder irgendwelche Time-Life-Bücher behaupteten, es gebe Beweise für die Gültigkeit einer der ‚Möchtegern-Wissenschaften?' Nun, die konventionelle Antwort wäre wohl, daß solche Beweise unvoreingenommen und ohne theoretische Vorurteile geprüft werden müßten. Ich glaube nicht, daß dies sinnvoll wäre ... Wollte man an Astrologie glauben, so müßte man der ganzen modernen Wissenschaft den Rücken kehren ... Wir verstehen nicht alles, aber wir verstehen genug um zu wissen, daß in unserer Welt kein Platz ist für Telekinese oder Astrologie."[365]

Diese Argumentation erinnert an das Verhalten einiger der berühmtesten Gelehrten Italiens, welche die Existenz der Jupiter-Satelliten, die GALILEI mit seinem Fernrohr beobachtet hatte, rundweg leugneten. Als GALILEI bei einer illustren Gesellschaft, die in einem Haus in Bologna in der Nacht vom 24. zum 25. April 1610 stattfand, den Skeptikern eine Gelegenheit bot,

365 S. WEINBERG: Dreams of a Final Theory, S. 48 – 49

selbst durch das Teleskop zu schauen, weigerten sich die Philosophen CREMONINI und LIBRI, dies zu tun[366], mit der überlieferten Bemerkung, daß sie ja wüßten, daß der Jupiter keine Monde haben könne. Wie der Lauf der Wissenschaftsgeschichte zeigt, führen solche dogmatischen Urteile nicht weiter. Kritiker der Astrologie wie S. WEINBERG und die 186 hochangesehenen Wissenschaftler der USA, die das antiastrologische Manifest unterschrieben haben, das sich ausschließlich auf dogmatische Allgemeinplätze stützt, machen es sich mit dieser Art der Argumentation zu leicht. Schauen wir auf die bisher dargestellten Zusammenhänge zurück, so wird deutlich, daß die Behauptung dieser Kritiker, die fundamentalen Konzepte der Astrologie seien mit den Erkenntnissen moderner Naturwissenschaft völlig unvereinbar, nicht den Tatsachen entspricht.[367] Im Gegenteil hat sich gezeigt, daß es sogar möglich ist, eine Hypothese aufzu-

366 A. KOESTLER: Die Nachtwandler, (1959), S. 374

367 Eine ganze Reihe von weiteren Argumenten kann hier nicht mehr behandelt werden, da dies den Rahmen des Buches sprengen würde. Allein meine Arbeit „The Derivation of the Distances and Qualities of the Planets From Primordial Structures of the Universe" (In: T. LANDSCHEIDT: Cosmic Cybernetics, 1973, S. 23 – 44), deren naturwissenschaftlicher Hintergrund in meiner Schrift „Die Abstände der Planeten und ihre Entsprechungen zu Strukturen der Primzahlfolge und der Mikrophysik" (Nachrichten der Olbers-Gesellschaft Bremen, 1969, 2 – 24) dargestellt ist, würde den Umfang einer Monographie erreichen. Es geht dabei um den Nachweis, daß ein Zusammenhang zwischen den Entfernungen der Planeten, dem Aufbau des periodischen Systems der Elemente und den „Qualitäten" der Planeten besteht. Die Untersuchungen zeigen, daß eine Affinität zwischen den Eigenschaften der chemischen Elemente in den aufeinanderfolgenden Perioden und den astrologischen „Entsprechungen" der ihnen zugeordneten Planeten besteht. So entsprechen zum Beispiel Kohlenstoff (C), Sauerstoff (O) und Stickstoff (N), die Aufbauelemente der Biosphäre und des irdischen Lebens, dem Planeten Jupiter, dem astrologisch eine Beziehung zu Lebenserscheinungen und expansiver Entwicklung zugeschrieben wird. Die Atmosphäre, die für atmendes Leben unerläßlich ist und zugleich einen wirksamen Strahlenschutz für Organismen bildet, besteht hauptsächlich aus Stickstoff und Sauerstoff. Das Wasser, ein weiterer wesentlicher Bestandteil der Biosphäre, enthält Sauerstoff als wesentliches Element. Kohlenstoff ist ein stark expansives Element, das eine ungeheure Vielfalt von Verbindungen ermöglicht. Die Proteine, die wichtigsten Aufbaustoffe der Lebewesen, bestehen hauptsächlich aus Kohlenstoff, Wasserstoff und Stickstoff. Die Periode, die Saturn zugeordnet ist, enthält dagegen Elemente mit ganz anderen Funktionen, wie Silizium, Aluminium und Magnesium. Silizium kommt in der Natur in Sand und Quarz vor oder in den Gesteinen in Form von Silikaten. Aluminium und Magnesium bauen zusammen mit Silizium die Sial- und Simaschicht der Erdkruste auf und bilden auch die Substanz des festen Erdmantels. Hiermit stimmt überein, daß die Astrologie den Planeten Saturn mit dem Mineralreich, anorganischen Systemen, festgefügter Materie und kristalliner Ordnung in Beziehung setzt. Für Uranus, Neptun und Pluto ergeben sich ebenfalls überzeugende Übereinstimmungen. Für den Fall, daß noch ein transplutonischer Planet entdeckt werden sollte, läßt sich sogar aus der Natur der Elemente der letzten Periode der chemischen Elemente vorhersagen, welche „Qualität" dem entsprechende Planeten zukommt. Auch bei diesem Zusammenhang, der durch weitere Studien gesichert werden muß, kommt es darauf an, die tiefliegenden Wurzeln der Beziehungen freizulegen und vorschnelle Transpositionen in den anthropozentrisch-psychologischen Bereich zu vermeiden.

stellen, die sich auf Ergebnisse der Naturwissenschaft unserer Zeit stützt und doch als Arbeitshypothese für astrologische Untersuchungen dienen kann. Insgesamt hat sich ergeben, daß die Fundamente der astrologischen Weltsicht den jüngsten Erkenntnissen der Naturwissenschaft besser entsprechen als manche Alltagsvorstellungen uninformierter Wissenschaftsmanager, die geistig noch im mechanistischen Zeitalter des ausgehenden 19. Jahrhunderts leben. Die Wirklichkeit, in der wir tatsächlich leben, wird treffend von G. LEONARD beschrieben:

> „In jedem von uns ... schlägt ein lautloser Puls von vollkommenem Rhythmus, ein Komplex von Wellenformen und Resonanzen, der absolut individuell und einzigartig ist und uns gleichzeitig mit dem ganzen Universum verbindet.“[368]

368 G. LEONARD: Der Rhythmus des Kosmos, S. 8

B. PROBLEME DER ASTROLOGIE

I. UNBEFRIEDIGENDE ERGEBNISSE PRAKTISCHER BEWÄHRUNGSTESTS

1. Notwendigkeit praktischer Beweise

Der Astronom C. Sagan hat sich geweigert, das amerikanische Manifest gegen die Astrologie in der ihm vorgelegten Form zu unterschreiben. Zur Begründung hat er ausgeführt:

> „Daß wir uns kein System denken können, nach dem die Astrologie funktioniert, ist bedeutsam, aber nicht überzeugend. Beispielsweise war kein Schema der Kontinentalverschiebung bekannt, als Wegener sie zur Debatte stellte. Dennoch erkennen wir, daß Wegener recht hatte, diejenigen hingegen unrecht, die gegen das noch nicht beweisbare Denkmodell Einwände erhoben ... Unterschrieben hätte ich eine Erklärung, welche die wesentlichen Lehren des Astrologieglaubens beschreibt und widerlegt."[369]

Die Haltung, die aus diesen Worten spricht, kennzeichnet den wirklichen Wissenschaftler, der weiß, daß Vorurteile und Aberglauben Hand in Hand gehen. C. SAGAN geht in seiner Toleranz sogar noch über das hinaus, was die allgemein anerkannten Regeln für die Erweiterung tragfähigen menschlichen Wissensguts verlangen. Es ist nicht Aufgabe der Wissenschaft, die astrologischen Lehren zu widerlegen. Vielmehr tragen die Astrologen die Beweislast für die von ihnen behaupteten Zusammenhänge, zumal sie alles andere als offensichtlich sind. Die theoretische Vereinbarkeit astrologischer Grundkonzeptionen mit den jüngsten Ergebnissen fortgeschrittener Wissenschaft ist nicht geeignet, den erforderlichen praktischen Beweis zu ersetzen. Dieses theoretische Ergebnis bedeutet nicht zwangsläufig, daß spezielle Konstellationen der kosmischen Körper das Geschehen im Sonnensystem und insbesondere auf der Erde genau so beeinflussen, wie die überlieferte Astrologie dies annimmt.

369 H. J. EYSENCK / D. NIAS: Astrologie, S. 20 – 21

2. Unumgänglichkeit statistischer Untersuchungen

Ein praktischer Beweis, der allgemeine Anerkennung findet, kann nur mit den mühsam errungenen Mitteln moderner Wissenschaft geführt werden. Astrologen von Rang haben dies stets anerkannt. So stellt der Astrologe T. RING, der sich auch als Künstler einen Namen gemacht hat, ohne Umschweife fest:

> „Von Treffern oder Versagern Beweis oder Widerlegung zu erwarten, wäre kindisch. Nur was durch methodische Sichtung von Erfahrungen festgestellt wurde und nach logischer Einsicht so sein muß, wie es erfahrbar ist, hat grundlegenden wissenschaftlichen Wert. Sachliche und vorurteilslose Arbeit kann in wissenschaftlichen Dingen nie durch Überzeugung ersetzt werden."[370]

Gegen die Notwendigkeit einer solchen wissenschaftlichen Beweisführung kann nicht eingewandt werden, das Netz der astrologischen Regeln entziehe sich dem Zugriff der Wissenschaft, weil es – gemessen an deren groben quantitativen Methoden – viel zu fein gesponnen sei. Der Tiefenpsychologe C. G. JUNG[371], dem sicher nicht vorgeworfen werden kann, daß er kein Gespür für die Komplexität ganzheitlicher Zusammenhänge habe, hält es durchaus für angemessen, bei der gebotenen Beweisführung quantitative Methoden einzusetzen:

> „Hätten die Astrologen (von wenigen Ausnahmen abgesehen) sich mehr mit der Statistik abgegeben und die Berechtigung der astrologischen Deutung wissenschaftlich untersucht, so hätten sie schon lange entdeckt, daß ihre Aussagen auf einer schwankenden Grundlage ruhen."

Dabei war sich JUNG als Psychologe durchaus darüber im klaren, daß beim Einsatz statistischer Verfahren mit dem Einwand zu rechnen ist, „daß die Erkenntnis eines Charakters eine höchst subjektive Angelegenheit sei, indem es auf dem Gebiete der Charakterkunde keine untrüglichen, verläßlichen, meß- oder zählbaren Merkmale gebe." Er gab daher den Astrologen den Rat, „an die Stelle der unsicheren Charakterdiagnose einen bestimmten und unbezweifelbaren Tatbestand zu setzen", wobei er als Beispiele „die eheliche Verbindung zwischen zwei Personen" sowie Mord und Selbstmord anführte.[372] Der Arzt und Astrologe H. v. KLÖCK-

370 T. RING: Das Lebewesen im Rhythmus des Weltraums (1939), S. 16
371 C. G. JUNG: Synchronizität, Akausalität und Okkultismus, S. 60
372 Ders., ebd., S. 42

LER, der als einer der ersten solche eindeutigen Sachverhalte statistisch analysierte, vertrat die gleiche Auffassung:

> „Nur die Statistik ist in der Lage, im wissenschaftlichen Sinne Einwandfreies zu ermitteln ... Wissenschaft beruht auf gehäufter Erfahrung, die ihren letzten technischen Ausdruck in der Statistik findet."[373]

3. Einwendungen gegen den Einsatz statistischer Methoden

Eine bestimmte Gruppe von Astrologen[374] lehnt jedoch kategorisch jeden *statistischen Test* und alle anderen *quantitativen Verfahren* mit der Begründung ab, daß sie grundsätzlich ungeeignet seien, astrologische Sachverhalte zu erfassen, da sich diese vor allem durch ihre Qualität auszeichneten und überdies nur als ganzheitliches Phänomen richtig erfaßt werden könnten. Fragt man einen Astrologen dieser Gruppe, wie denn die Überlieferung entstanden sei, auf die er sich berufe, so antwortet er in der Regel, daß es sich um die Summe der Erfahrung urteilsfähiger Astrologen handle, die sich im Laufe von Jahrhunderten, wenn nicht Jahrtausenden, durch geduldige Beobachtungen und Vergleiche angehäuft habe. Schaut man nach, wie sich diese Erfahrung in den astrologischen Lehrbüchern niedergeschlagen hat, so findet man durchweg Einzelzuordnungen, die beschreiben, wie die zwölf verschiedenen Tierkreiszeichen geartet sind, was die unterschiedlichen Häuser bedeuten, welcher Charakter der Sonne, dem Mond und den einzelnen Planeten zukommt, welche Qualität bestimmte Aspekte haben, und was sich ergibt, wenn diese Einzelqualitäten kombiniert werden, wenn also beispielsweise die Sonne im Zeichen Stier steht, der Mond sich im zwölften Haus aufhält, oder der Mars eine Konjunktion mit dem Uranus bildet. Die Erkenntnis der ganz unterschiedli-

373 H. von KLÖCKLER: Astrologie als Erfahrungswissenschaft (1927), S. 196

374 Typisch für diese Haltung sind die Ausführungen des Diplompsychologen und Astrologen R. VETTER in einem Aufsatz über „Astrologie und Wissenschaft" (1992), 8, 9: „Statistik ist unpersönlich, entindividualisierend, entmenschlichend. In ihr wird das Einzigartige, Individuelle, das Wertvollste, Höchste des Menschseins, nivelliert – und dies schon im einfachen Balkendiagramm ... Suggeriert wird Wissenschaftlichkeit, Objektivität, Wahrheit, doch eigentlich handelt es sich um Zahlenspiegelei, ist es Gaukelei, denn bewiesen wird dadurch nichts ... Seit Keplers wegweisender Aspektlehre (bzw. schon für Pythagoras) gelten doch die Zahlen als metaphysische Qualitäten, sind prinzipiell ideeller Natur. Wie können dann Astrologen – die täglich mit diesen Urqualitäten, Urprinzipien umgehen – geistige Inhalte mit physikalischen Methoden, d. h. am Leisten ihrer ignoranten Gegner messen wollen? – Diese Aufgabe eines Kernstücks der eigenen Überzeugung ist in religiöser Terminologie nichts anderes als ein Glaubensverrat bzw. Götzendienst, eine Anbetung des goldenen Kalbs, Opferung des Allerheiligsten an fremdem Altar; psychologisch-biographisch ist es ein Abschneiden der eigenen Wurzeln; exenstiell läuft es auf eine Selbstvernichtung hinaus."

chen Qualität dieser vielen verschiedenen Einzelelemente und ihrer Einzelbeziehungen kann auf dem Erfahrungswege nur so zustande gekommen sein, daß Astrologen, die bestimmte Einzelkonstellationen mit spezifischen Ereignissen oder menschlichen Reaktionen verglichen, im Laufe der Zeit Übereinstimmungen fanden, die sich häuften und allmählich zu einem bestimmten Beziehungsmuster verdichteten.[375] Diese „gehäufte Erfahrung" ist nichts anderes als das Substrat moderner Statistik im Sinne der oben zitierten Definition H. v. KLÖCKLERs. Jene Astrologen, die sich gegen jede Statistik in der Astrologie aussprechen, verlassen sich also jedesmal auf statistische Ergebnisse, wenn sie überlieferte Regeln anwenden, ohne die sie überhaupt nicht arbeiten könnten.

4. Subtilität moderner statistischer Verfahren

Die richtig eingesetzte moderne Statistik verfügt im übrigen über derart feine Instrumente, daß Zusammenhänge, die wirklich existieren, selbst bei außerordentlich komplexen Datengefügen oder Ereignisgeflechten sichtbar gemacht werden können. Die Forschungsergebnisse der letzten Jahrzehnte in Physik, Biophysik, Biochemie, Biologie und Medizin beweisen dies eindeutig. Der Nachweis der Nichtlokalität als grundlegendes Merkmal der Natur, das in völligem Gegensatz zu jeglicher menschlichen Vordergrunderfahrung steht, ist ein schlagendes Beispiel hierfür. Die Interpretation der Bell-Experimente mit ihren welterschütternden Konsequenzen wäre ohne mathematische Statistik unmöglich.[376] Wie bereits er-

375 Astrologen, die neue Regeln und Systeme entwickeln, arbeiten noch heute so.

376 Der experimentelle Nachweis der Nichtlokalität als Grundeigenschaft der Realität, der ohne mathematische Statistik nicht hätte geführt werden können, stellt das Fundament der Astrologie auf eine solide Grundlage. Die Vertreter der Gruppe von Astrologen, die sich grundsätzlich gegen jede Quantifizierung wenden und sich dabei oft in eine geradezu wissenschaftsfeindliche Einstellung hineinsteigern, scheinen solche positiven Aspekte nicht zu sehen. So schreibt M. JEHLE, der Redakteur der astrologischen Fachzeitschrift *Meridian* in einem „Editorial" (1992, No. 6, S. 1): „Unbesehen und völlig unkritisch werden die geltenden Methoden und Postulate der Wissenschaft zur obersten Richtschnur für den Wahrheitsgehalt der Astrologie stilisiert. Dabei wird oft übersehen, daß die empirischen Werkzeuge der Wissenschaften in der Regel aus Mathematik und Statistik bestehen. Im Grunde genommen gleichen diese Methoden einem Hammer in verschiedenen Ausführungen, geeignet für Lösungen, die wie Nägel aussehen. Bei der komplizierten Gewindeschraube Astrologie versagt der Hammer. Für den Wissenschaftler ergibt sich daraus logisch zwingend, daß die Astrologie unwissenschaftlich sei. Dabei würde der Umkehrschluß den Nagel auf den Kopf treffen: Solange die Wissenschaft nicht die passenden Werkzeuge entwickelt hat, um komplexe Zusammenhänge, wie sie in der Astrologie eine entscheidende Rolle spielen, zu erforschen, solange wird sich die Astrologie einer wissenschaftlichen Prüfung zwangsläufig entziehen." Soll dies heißen, daß die Wissenschaft, wenn sie noch komplexere quantitative Verfahren entwickelte, die zu einer positiveren Beurteilung der Astrologie führten, plötzlich wieder

wähnt, läßt sich hinreichende Information über alle Spinachsen nur sammeln, wenn eine ausreichend große Stichprobe von Teilchenpaaren zur Verfügung steht, die trotz der quantenmechanischen Beschränkung, daß bei jedem Teilchen nur die Spinkomponente einer der drei Achsen gemessen werden kann, Meßdaten über alle Achsen in einem Umfang ermöglicht, der eine statistische Auswertung zuläßt. R. SHELDRAKE, dessen „morphologische Felder" sicher nicht weniger durch Gestaltzusammenhänge gekennzeichnet sind als die Astrologie, geht bezeichnenderweise davon aus, daß seine Hypothese nur durch statistische Untersuchungen bestätigt werden kann. Beispiele solcher statistischen Experimente haben wir bereits angeführt.

Moderne Wissenschaftler gehen nicht anders vor als jene Astrologen, die Einzelkonstellationen untersuchen. Auch sie beobachten, sammeln Daten und suchen in diesen Daten nach Mustern mit einer speziellen Bedeutung.[377] W. WEAVER hat zutreffend bemerkt:

> „Die eindrucksvollen Methoden, welche die Wissenschaft entwickelt hat, bedeuten nur eine Verbesserung, wie groß immer sie sei, der Verfahren der Beobachtung und Analyse, welche die Menschheit stets gebraucht hat ... Mit einem Wort, jeder Mensch ist bis zu einem gewissen Grade ein Gelehrter."[378]

Die Statistik ist in diesem Zusammenhang nur ein Hilfsmittel. Sie lehrt Methoden, Wissen so zu sammeln und zu beurteilen, daß die Information, die in den Daten steckt, richtig erkannt wird und Fehlurteile, denen der „gesunde Menschenverstand" leicht erliegt, vermieden werden. Wie groß die Gefahr solcher Fehlleistungen ist, haben psychologische Experimente in eindrucksvoller Weise gezeigt.[379]

5. Trügerische Evidenz

Demgegenüber können sich die Astrologen nicht auf Evidenz im Sinne von Offenkundigkeit berufen. Von einer „Unmittelbarkeit voraussetzungs-

willkommen wäre? Außerdem gibt es schon längst hinreichend feine Instrumente für die Untersuchung komplexer Zusammenhänge, wie zum Beispiel die multivariate Statistik und die Diskriminanzanalyse. Wie wir noch sehen werden, hat der Psychologe und Astrologe M. URBAN-LURAIN hiervon adäquaten Gebrauch gemacht und dabei ein Ergebnis erzielt, das in allgemeiner Form für die Existenz astrologischer Zusammenhänge spricht.

377 W. A. WALLIS / H. V. ROBERTS: Methoden der Statistik (1960), S. 3

378 Dies., ebd.

379 M. SNYDER: Warum Vorurteile sich immer bestätigen (1983)

losen Einsehens"[380] kann nach H. v. KLÖCKLER[381] im Hinblick auf die vielen Widersprüche zwischen den verschiedenen astrologischen Schulen und Systemen keine Rede sein. Auch für ein Evidenzgefühl im Sinne einer „spezifischen Erlebnisqualität, die objektive Einsicht begleitet und anzeigt"[382], fehlt es an einer tragfähigen Grundlage. Astrologen berufen sich oft darauf, daß die positive Reaktion der großen Mehrheit der von ihnen beratenen Menschen so eindrucksvoll sei, daß sie sich fragten, welcher andere Beweis für die Realität der astrologischen Zusammenhänge noch erforderlich sei. P. NIEHENKE[383], der selbst als Astrolologe und Psychologe beratend tätig ist, berichtet von einem solchen Fall. Er verschweigt nicht, daß er nach einem Lob des Klienten für seine ausgezeichnete Leistung festgestellt hat, daß die Geburtsdaten, auf die er seine Arbeit stützte, völlig falsch waren. Er nimmt dies zum Anlaß, vor trügerischen Evidenz-Gefühlen zu warnen.

Der Chemiker und Astrologiekenner G. DEAN[384] hat ein Experiment durchgeführt, das in diesem Zusammenhang sehr aufschlußreich ist. Die Versuchspersonen wurden astrologisch beraten und mußten anschließend die Leistung bewerten. Bei der einen Hälfte der Beteiligten wurden die klassischen Aspekte des jeweiligen echten Horoskops interpretiert, während bei der anderen Hälfte die Interpretation auf fingierten Daten beruhte. Überraschenderweise beurteilten beide Gruppen die Interpretationen gleich positiv. M. GAUQUELIN[385] hat schon in den siebziger Jahren bei einem ähnlichen Versuch das gleiche Ergebnis erhalten. Er annoncierte in "Ici-Paris", er werde für jeden, der seine Geburtszeit angebe, kostenlos ein persönliches Horoskop berechnen und interpretieren. Die Interessenten erhielten jedoch alle dieselben Unterlagen zugesandt: die Deutung des Horoskops des Massenmörders Dr. *Petiot*, die obendrein mit einem Computerprogramm erstellt worden war. Als die Einsender gebeten wurden, ein Urteil abzugeben, inwieweit sie mit der Interpretation zufrieden seien, antworteten 94 Prozent, das Horoskop beschreibe genau ihren Charakter, während 90 Prozent hinzufügten, daß

380 J. RITTER (Hg.): Historisches Wörterbuch der Philosophie (1972), S. 830. Siehe auch L. REITER: Wissenschaftstheoretische Probleme der Psychotherapie (1975), S. 8

381 H. von KLÖCKLER: Kursus der Astrologie (1974), S. 215 – 216

382 J. RITTER (Hg.): Historisches Wörterbuch der Philosophie, S. 831

383 P. NIEHENKE: Kritische Astrologie (1987), S. 86 – 87

384 G. DEAN: Does Astrology Need to Be True? – Part 1 (1987), 259

385 M. GAUQUELIN: Dreams and Illusions of Astrology (1979); H. J. EYSENCK / D. NIAS: Astrologie, S. 76

auch ihre Familie und ihre Freunde dieser Meinung seien. Die Klienten können also nicht zwischen einem echten und einem falschen Horoskop unterscheiden. Ihre positive Reaktion hat keinerlei Bedeutung für den Wahrheitsgehalt der Astrologie.[386]

P. NIEHENKE[387] fragt daher zu Recht die Gegner quantitativer Verfahren, ob sie wirklich meinten, sie könnten auf jede Art der Absicherung gegen Fehlbeurteilungen verzichten. Er beklagt zugleich, daß er auf seine Frage, welche Verifikationsverfahren an die Stelle der „unangemessenen" quantitativen Methoden treten könnten, keinerlei Antwort erhalten habe. Weiter hält er den Statistikgegnern entgegen:

> „Wenn ein Symbol in Lehrbüchern durch die Angabe typischer Entsprechungen erklärt wird, so ist es plausibel anzunehmen, daß derartige Entsprechungen im Zusammenhang mit diesem Symbol auch häufiger zu beobachten sind."[388]

Dieser Logik ist nichts hinzuzufügen. Die Gegner statistischer Untersuchungen in der Astrologie verkennen im übrigen, daß sie Gegner der Astrologie nicht daran hindern können, ihrerseits fachgerechte statistische Untersuchungen durchzuführen, die das Ansehen der Astrologie in der Öffentlichkeit erschüttern. S. BEST, Schriftleiter der angesehenen Zeitschrift "Correlation", die ausschließlich der astrologischen Forschung gewidmet ist, hat diese Gefahr erkannt:

> „Wir haben wirklich keine Alternative. Entweder bringen wir unser Haus selbst in Ordnung, oder jemand vom Establishment wird dies früher oder später für uns tun oder es gar Stück um Stück abreißen, und zwar mit größtem Vergnügen."[389]

6. Unhaltbarkeit der Ergebnisse erster statistischer Tests von Astrologen

Die Geburtsstunde der modernen analytischen Statistik, die sich zu einem eigenen Zweig der höheren Mathematik entwickelt hat, schlug erst in den dreißiger Jahren. Es nimmt daher nicht wunder, daß die *Astrologie-Statistiken* aus den ersten Jahrzehnten unseres Jahrhunderts einer Nachprüfung nicht standgehalten haben. Neben der bereits zitierten Ar-

386 P. NIEHENKE: Kritische Astrologie, S. 99
387 P. NIEHENKE: Kritische Astrologie, S. 64
388 Ders., ebd., S. 102
389 G. DEAN: Does Astrology Need to Be True? – Part 2, S. 268

beit von H. v. KLÖCKLER sind statistische Untersuchungen größeren Umfangs von P. CHOISNARD[390], K. E. KRAFFT[391] und F. SCHWAB[392] veröffentlicht worden. Der Psychologe und Statistiker M. GAUQUELIN[393] hat die Ergebnisse von CHOISNARD und KRAFFT eingehend analysiert und dabei nicht in einem einzigen Fall ein signifikantes Ergebnis gefunden. Dabei begnügte er sich nicht mit einer fachlichen Beurteilung der jeweiligen Untersuchungen, sondern führte selbst umfangreiche Replikationen durch. So hatte CHOISNARD in einer Stichprobe von 200 Fällen gefunden, daß Mars und Saturn zur Zeit des Todes überzufällig häufig dort zu finden waren, wo die Sonne in den jeweiligen Horoskopen zur Zeit der Geburt gestanden hatte. Eine solche Beziehungsform wird in der Astrologie *Transit* genannt. GAUQUELIN hat diese Transite zwischen den „laufenden" Planeten und der „Geburtssonne" in 7000 neuen Fällen überprüft und keinerlei Abweichung von der bei Zufallseinfluß zu erwartenden Verteilung gefunden. Die Darstellung der entsprechenden Analyse der Ergebnisse KRAFFTs füllt 21 Druckseiten; sie schließt mit den Worten: „Le bilan de ce livre unique en son genre est égal à zéro."[394]

7. Prüfung der astrologischen Überlieferung durch M. Gauquelin

M. GAUQUELIN, der es nun wissen wollte, hat anschließend die wichtigsten praktischen Regeln der Geburtsastrologie einer gründlichen Prüfung unterzogen, wobei er sich insgesamt auf mehr als 50 000 Geburtshoroskope stützte. Zur Untersuchung der Funktion des Planeten Mars in den „Häusern" oder „Feldern" hat er zum Beispiel die Horoskope von 623 französischen *Mördern* herangezogen, die wegen ihrer besonderen Grausamkeit negative Berühmtheit erlangt hatten. Die Häuser teilen den Tageskreis von Aufgangspunkt zu Aufgangspunkt in zwölf Bereiche, denen „irdische" Bedeutungen zugeschrieben werden. So steht zum Beispiel das 1. Haus, das mit dem Aufgangspunkt beginnt, für die „Gestaltung der Persönlichkeit und der Umwelt", das 7. Haus gegenüber dem 1. Haus zeigt „Gemeinschaft und Ehe" an und dem 8. Haus werden „Geburt und Tod" zugeordnet.[395] Obwohl unter den „Entsprechungen" des Planeten

390 P. CHOISNARD: Preuves et bases de l'astrologie scientifique (1921)
391 K. E. KRAFFT: Traité d'astro-biologie (1939)
392 F. SCHWAB: Sternenmächte und Mensch (1923)
393 M. GAUQUELIN: L'influence des astres (1955), S. 26 – 57
394 Die Bilanz dieses in seinem Genre einzigartigen Buches ist gleich Null.

Mars auch „Brutalität und Freude am Zerstören"[396] angeführt werden, hat GAUQUELIN in der Verteilung des Mars in den Häusern der Horoskope besonders brutaler Mörder keinerlei signifikante Häufungen gefunden. Wie noch zu erörtern sein wird, sind GAUQUELINs Ergebnisse durch umfassende Häuser-Untersuchungen von P. NIEHENKE und G. DEAN bestätigt worden. KEPLER, der die Astrologie ebenso reformieren wollte wie die Astronomie, ist fast vier Jahrhunderte früher zu dem gleichen Urteil gelangt wie GAUQUELIN. Als er 1608 das Horoskop Wallensteins interpretierte, machte er klar, daß er von den Häusern nichts hielt:

> „Die Astrologen haben eben darum ... die Austeilung der 12 Häuser erdacht, damit sie auf alles dasjenige, so der Mensch zu wissen begehret, unterschiedlich antworten möchten. Ich aber halte diese Weise für unmöglich, abergläubisch und wahrsagerisch."[397]

GAUQUELIN[398] hat seine eigene Untersuchung des Regelwerks der Astrologie mit der Bemerkung abgeschlossen, daß die Ergebnisse den Zusammenbruch der Astrologie bedeuteten, da sie die tragenden Fundamente der Lehre zerstörten.

M. GAUQUELIN[399] war einer der ersten, der Zuordnungstests durchführte. Die Aufgabe für die mitwirkenden Astrologen bestand darin, aus vierzig Geburtsdaten – zwanzig von gewalttätigen Verbrechern und zwanzig von gesetzestreuen, friedlichen Bürgern – eine signifikant größere Zahl von Geburtsdaten von Verbrechern herauszufinden, als der Zufallserwartung entspricht. Keiner der Astrologen, die sich diesem Test stellten, weil sie überzeugt waren, daß die Aufgabe mit den Mitteln der Astrologie zu lösen sei, erzielte ein signifikantes Ergebnis. Mehr als zwan-

395 R. EBERTIN: Kombination der Gestirneinflüsse (1950), S. 31 – 32. Dieses Buch ist kein Lehrbuch der Astrologie. Es richtet sich an ein Publikum, das generell an den Beziehungen des Menschen zur Umwelt im weitesten Sinne interessiert ist. Das Schwergewicht liegt in Bereichen, die in der astrologischen Literatur nicht behandelt werden. Astrologische Begriffe werden daher nur erläutert, soweit sie für das Verständnis der jeweils dargestellten Zusammenhänge wichtig sind. Wer tiefer in das Lehrgebäude der überlieferten Astrologie eindringen will, möge zu Fachbüchern greifen wie dem bereits zitierten „Kursus der Astrologie" von H. v. KLÖCKLER oder zur „Astrologischen Menschenkunde" von T. RING (Rascher Verlag, Zürich, ab 1956)

396 Ders., ebd., S. 41

397 H. A. STRAUSS / S. STRAUSS-KLOEBE: Die Astrologie des Johannes Kepler, S. 226; C. FRISCH (Hg.): Johannes Kepler (1973), S. 387

398 M. GAUQUELIN: L'influence des astres, S. 62

399 M. GAUQUELIN: Die Uhren des Kosmos gehen anders, S. 32 – 33

zig Jahre später forderte H. v. DITFURTH[400] die Astrologen durch eine Zeitungsanzeige zu einem ähnlichen Test heraus:

> „DM 10 000,– zahle ich dem Astrologen, dem die Lösung der folgenden elementaren Aufgabe gelingt: bei 5 von mir ausgewählten Paaren von Menschen, die sich durch gegensätzliche Eigenschaften unterscheiden (Beispiele: Landstreicherin und Chefsekretärin; Gewohnheitsverbrecher und Geistlicher), allein aus dem Horoskop jeweils den „Versager" und den „Normalen" herauszufinden. Damit ist jedem Berufsastrologen Gelegenheit gegeben, öffentlich zu beweisen, daß die Astrologie tatsächlich zu leisten vermag, was sie ratsuchenden Menschen täglich verspricht."

Obwohl eine Adresse angegeben war, an die sich Interessenten wenden konnten, fand sich niemand, der die angebotenen 10 000 DM verdienen wollte. Auch diejenigen Astrologen, die den Standpunkt vertreten, die überlieferten Regeln der Astrologie seien so zuverlässig, daß es nachprüfbarer Beweise gar nicht mehr bedürfe, haben keinen Anspruch auf das Testgeld erhoben; ihre tatsächliche Leistungsfähigkeit scheint der zur Schau getragenen Selbstsicherheit umgekehrt proportional zu sein.

8. Begutachtung astrologischer Statistik durch H. V. Werthmann

Der Psychologe H. V. WERTHMANN[401] hat sich mit den statistischen Untersuchungen von H. v. KLÖCKLER und F. SCHWAB auseinandergesetzt. Auch er kommt zu dem Ergebnis, daß die Resultate einer Analyse mit modernen Methoden nicht standhalten. Als einzige Ausnahme blieb ein Experiment SCHWABs übrig, dessen Ergebnisse auch nach den gebotenen Korrekturen noch signifikant waren. Die beteiligten Astrologen erhielten die Aufgabe, das Tierkreiszeichen des Aszendenten des zur Zeit der Geburt am Osthorizont aufgehenden Punktes der Ekliptik von Versuchspersonen zu erraten, deren Horoskop erst später errechnet wurde. Ein solches Experiment testet die Behauptung der Astrologie, es bestehe eine Beziehung zwischen der Physiognomie des Geborenen und dem Aszendenten.[402] Bei 48 Versuchen ergaben sich nach Schwab 34 Treffer. Das

400 H. v. DITFURTH / V. ARZT: Querschnitte, S. 139

401 H. V. WERTHMANN: Zur psychologischen Prüfung wissenschaftlich nicht anerkannter psychodiagnostischer Deutungspraktiken (1968), S. 34 – 44

402 H. v. KLÖCKLER: Grundlagen für die astrologische Deutung, S. 125

ist nach WERTHMANNs Rechnung hochsignifikant. Da Menschen trotz der geringen Chancen immer wieder das große Los gewinnen, ist ein isoliertes Einzelergebnis noch nicht beweiskräftig. Erst mehrfache erfolgreiche Replikationen unter den gleichen Versuchsbedingungen ermöglichen ein relativ sicheres Urteil. G. DEAN und A. MATHER[403] haben bei einer Durchforstung der astrologischen Literatur keine Resultate gefunden, die als erfolgreiche Replikation des Experiments von Schwab angesehen werden könnten.

9. Statistische Untersuchungen des parapsychologischen Instituts in Freiburg

Von 1952 bis 1955 führte das Institut für Grenzgebiete der Psychologie und Psychohygiene in Freiburg unterschiedlich konzipierte Versuchsreihen durch, zu denen auch sechs Zuordnungstests gehörten. Nach dem Urteil von H. V. WERTHMANN[404] litt das Projekt unter methodischen Mängeln. Dies ist bei einer Unternehmung so kurz nach dem zweiten Weltkrieg nicht verwunderlich, zumal die analytische Statistik hauptsächlich im englischen Sprachraum von Forschern wie R. A. FISHER, K. PEARSON, E. S. PEARSON und J. NEYMAN entwickelt wurde. Weniger verständlich ist, daß das Freiburger Institut die Ergebnisse nicht veröffentlicht hat, obwohl die Experimente von der Deutschen Forschungsgemeinschaft finanziell gefördert wurden. Lediglich A. MÜLLER[405], der einen Teilbereich der Freiburger Untersuchungen betreute, hat seine speziellen Ergebnisse öffentlich zugänglich gemacht. Er verglich die Konstellationen von Ehepartnern, und zwar nur die wechselseitigen Tierkreis-Positionen von Sonne, Mond und Aszendent und die Aspekte zwischen diesen Faktoren und den Planeten. Er fand bei geschiedenen und nicht geschiedenen Paaren keine signifikanten Unterschiede. Das gleiche gilt für eine Untersuchung von T. LANG.[406] Als er bei 44 000 Ehepaaren die Sonnenstände der Partner in den Tierkreiszeichen miteinander verglich, fand er keine signifikanten Abweichungen von der Zufallsverteilung.

403 G. DEAN / A. MATHER: Recent Advances in Natal Astrology (1977), S. 399 – 408

404 H. V. WERTHMANN: Zur psychologischen Prüfung wissenschaftlich nicht anerkannter psychodiagnostischer Deutungsmethoden, S. 57

405 A. MÜLLER: Eine statistische Untersuchung astrologischer Faktoren bei dauerhaften und geschiedenen Ehen (1957/1958)

406 T. LANG: Ergebnisse einer ersten massenstatistischen Erhebung hinsichtlich der Bedeutung eines astrologischen Faktors für die Gattenwahl (1952)

Drei Jahrzehnte nach den Experimenten hat T. KÖBERL[407] die Freiburger Ergebnisse einer umfassenden Analyse unterzogen. Insgesamt ergab sich kein signifikantes Ergebnis.[408] Die Zuverlässigkeit der Resultate leidet nach G. DEAN[409] ferner darunter, daß die Zahl der in den Einzeltests untersuchten Fälle zu gering ist und in mehreren Tests dieselben Horoskope mehrfach eingesetzt wurden, also die Daten nicht unabhängig voneinander sind. Die Replikation eines Teils der Freiburger Untersuchung in der Dissertation von H. V. WERTHMANN führte nur zu einer Zufallsverteilung.[410] Ein spezieller Versuch, der ein hochsignifikantes Resultat erbrachte, ist jedoch nach wie vor interessant. Es handelt sich um einen Zuordnungstest mit Horoskopen von Autofahrern, die mehrfach durch eigenes Verschulden in Unfälle verwickelt waren. Eine inzwischen von W. BÖER[411] durchgeführte Replikation hat wiederum zu einem positiven Ergebnis geführt. Obwohl die bei Zufallseinfluß zu erwartende Trefferrate bei 39 Prozent lag, wurde tatsächlich eine Quote von 83 Prozent erzielt. Die Zahl der untersuchten Fälle war jedoch für eine tragfähige statistische Beurteilung zu klein. Es bleibt abzuwarten, was weitere Replikationen mit einer größeren Zahl von Fällen ergeben.

10. Negative Ergebnisse von Zuordnungstests

In der Folgezeit führten Autoren wie V. CLARK[412], J. E. VIDMAR[413], S. J. MACHARG[414], V. M. GAYNOR[415], R. A. JOSEPH[416] und B. STEFFERT[417] eine ganze Reihe von verschiedenartigen Zuordnungstests durch, deren durchschnittliche Trefferquote – gemessen an einem Zufallswert von 50

407 T. KÖBERL: Re-Analyse der „Untersuchung wissenschaftlich nicht anerkannter Deutungs- und Beratungspraktiken" in den Jahren 1952 – 1955 (1984)

408 Ders., ebd, S. 57 ff.; P. NIEHENKE: Kritische Astrologie, S. 132

409 G. DEAN: Can Astrology Predict E and N? – 3. Discussion and further research (1986), 29

410 Ders., ebd., 28

411 W. BÖER: Astrologie und Astrologen auf dem Prüfstand (1984)

412 V. CLARK: Experimental Astrology (1961); ders.: An Investigation of the Validity and Reliability of the Astrological Technique (1970)

413 J. E. VIDMAR: Astrological Discrimination Between Authentic and Spurious Birthdates (1979)

414 S. J. MACHARG: The Use of the Natal Chart in the Identification of Alcoholism and a Comparison of its Diagnostic Efficacy with MMPI (1975)

415 V. M. GAYNOR: Astrology and Psychology (1981)

416 R. A. JOSEPH: A Vernon Clark-model Experiment Distinguishing Exceptionally Gifted High Performance From Profoundly Retarded Low Performance Children (1975)

417 B. STEFFERT: Marital Bliss or Misery (1983); dies.: Reductionist Versus Holistic Judgements of Horoscopes (1983)

Prozent – bei 58 Prozent liegt. Dieses Ergebnis wäre theoretisch interessant, wenn es sich als substantiiert erwiese. Die Trefferquote müßte aber viel höher liegen, wenn sie für die Praxis von Bedeutung sein sollte. Letzten Endes kommt es hierauf aber nicht an, da die Ergebnisse statistisch nicht tragfähig sind, weil die Zahl der Versuchspersonen in allen Fällen zu gering ist. H. J. EYSENCK[418], der über große Erfahrung bei der Planung und Auswertung psychologischer Experimente verfügt, hat dies detailliert begründet. Hinzu kommt, daß bei einigen Zuordnungstests nicht auszuschließen ist, daß astrologische Kenntnisse der Versuchspersonen das Ergebnis verfälscht haben. In solchen Fällen kann sich die bei Zufallseinfluß zu erwartende Häufigkeit von 50 Prozent auf 60 Prozent und mehr erhöhen.[419] Ein Zuordnungstest mit größeren Zahlen, den der Physiker S. CARLSON[420] zusammen mit angesehenen Astrologen als Doppelblindversuch plante und durchführte, ergab eine völlig zufällige Verteilung. Zugleich stellte sich heraus, daß die subjektive Sicherheit der beteiligten Astrologen in einem scharfen Gegensatz zu ihrer schlechten tatsächlichen Leistung stand. H. J. EYSENCK[421] hat allerdings methodische Bedenken gegen das Carlson-Experiment geltend gemacht. Das jüngste veröffentlichte Zuordnungsexperiment wurde von den Psychologen J. H. McGREW und R. M. McFALL[422] an der Indiana University durchgeführt. Obwohl die beteiligten Astrologen die Versuchsbedingungen mitbestimmten und als fair anerkannten, war das Ergebnis erheblich schlechter als die Zufallserwartung. Auf Befragen erklärten die Astrologen, die dieses negative Resultat erzielt hatten, daß hierdurch ihr Glaube an die Zuverlässigkeit der Überlieferung nicht erschüttert worden sei.

11. Statistische Tests von Einzelbeziehungen

Die Zuordnungstests kommen der Arbeitsweise der Astrologen am weitesten entgegen. Sie können in den meisten Fällen die praktischen Methoden einsetzen, die sie bevorzugen, und niemand hindert sie daran, die

418 H. J. EYSENCK / D. NIAS: Astrologie, S. 130 – 134

419 G. DEAN: Can Astrology Predict E and N? – 2. The whole chart (1985), 3. Siehe auch den Abschnitt „Naive und informierte Versuchspersonen" bei H. J. EYSENCK / D. NIAS: Astrologie, S. 83 – 91 und K. PAWLIK /L. BUSE: Selbst-Attribuierung als differentiell-psychologische Moderatorvariable (1979)

420 S. CARLSON: A Double-blind Test of Astrology (1985)

421 H. J. EYSENCK: A Double Blind Test of Astrology (1986), 15 – 16

422 J. H. McGREW / R. M. McFALL: A Scientific Inquiry Into the Validity of Astrology (1990); dies.: A Collaborative Vernon Clark Experiment (1992)

fraglichen Horoskope ganzheitlich zu interpretieren. Wie wir schon gesehen haben, werden jedoch in den astrologischen Lehrbüchern, die in das Fach einführen, zunächst isolierte Grundentsprechungen für die verschiedenen Planeten, Tierkreiszeichen, Aspekte und Häuser dargestellt. Da die entsprechenden Einzelbezüge aus der Erfahrung abstrahiert sein müssen, erscheint es sinnvoll, sie statistisch zu untersuchen, und zwar nicht nur jeweils isoliert, sondern auch in Gruppierungen. Der Astrologe P. NIEHENKE hält ein solches additives Vorgehen trotz des Ganzheitscharakters der astrologischen Deutung für zulässig:

> „Das Ganze ist zwar mehr als die Summe seiner Teile, aber die Summe der Teile ist damit nicht gleich gar nichts."[423]

In der Praxis läßt sich im übrigen immer wieder beobachten, daß Astrologen bei ihren Horoskopinterpretationen zunächst Einzelkonstellationen untersuchen und diese erst später zu einem Gesamtbild zusammenfügen.

Der Psychologe und Astrologe M. STARTUP[424] hat eine besonders gründliche Untersuchung von Einzelbeziehungen durchgeführt, welche die Geburtsdaten und Persönlichkeitsprofile von 911 Versuchspersonen einbezieht. Da er die Fehler früherer Statistiken vermeiden wollte, analysierte er zunächst die moderneren Arbeiten, die zu Anfang der achtziger Jahre vorlagen. Seine zusammenfassende Darstellung dieses Rückblicks ist lehrreich. Nach seinem abschließenden Urteil, das mehr als ein Dutzend Arbeiten über Tierkreiszeichen und eine Reihe von Aspektstudien einbezieht, haben alle diese Versuche keinen Beweis für die Wirksamkeit der untersuchten Faktoren erbracht. Die eigene fachgerechte Statistik der Tierkreiszeichen und der klassischen Aspekte, die STARTUP anschließend durchgeführt hat, zeigt keine signifikanten Abweichungen von der bei Zufallseinfluß zu erwartenden Verteilung.

Auch eine umsichtig entworfene, fachkundig durchgeführte und unvoreingenommen interpretierte statistische Analyse des Psychologen und Astrologen P. NIEHENKE[425] hat zu keinen Ergebnissen geführt, die zur Objektivierung praktischer astrologischer Arbeitsregeln beitragen könnten. Die Untersuchung erstreckte sich auf 2039 Versuchspersonen, deren Geburtsdaten bekannt waren, und erarbeitete das jeweilige Persönlich-

423 P. NIEHENKE: Kritische Astrologie, S. 102

424 M. STARTUP: The Validity of Astrological Theory as Applied to Personality (1984)

425 P. NIEHENKE: Kritische Astrologie, S. 186 – 187; ders.: Statistische Untersuchungen über die Wirksamkeit der astrologischen Aspekte (1984)

keitsprofil mit Hilfe von 472 Fragen, die von den Versuchspersonen selbst in einem Fragebogen beantwortet wurden. Getestet wurden unter anderem die Positionen von Sonne, Mond und den Planeten in den Tierkreiszeichen und Häusern sowie die klassischen Aspekte. Das Experiment ging zur Überraschung von P. NIEHENKE völlig negativ für die Astrologie aus. Es zeichneten sich nicht einmal positive Teilergebnisse ab, die als Anhaltspunkt für weiterführende Untersuchungen hätten dienen können.

Eine Aspektuntersuchung von N. KOLLERSTROM und M. O'NEILL[426] hat dagegen zu positiven Ergebnissen geführt, obwohl sie sich nur auf wenige Fälle stützt. Gegenstand der Untersuchung sind aber nicht Konjunktionen, Oppositionen, Quadrate, Trigone und Sextile – die Aspekte der klassischen Astrologie –, sondern Quintile und Septile, die in der astrologischen Praxis kaum eine Rolle spielen. Die Quintile (72°) und Biquintile (144°) hat KEPLER[427] in die Astrologie eingeführt. Die Septile entstehen, wenn der Kreis von 360° durch Sieben geteilt wird. Der entsprechende Winkel von 51.4° wird in der neueren Literatur gelegentlich bei der Untersuchung von Oberschwingungen erörtert. KEPLER schloß das Septil als disharmonisch aus der Gruppe der harmonikalisch begründbaren Aspekte aus.

KOLLERSTROM und O'NEILL untersuchten 21 „Heureka-Ereignisse" – den Augenblick, in dem Wissenschaftler wie ARCHIMEDES zu einer entscheidenden Erkenntnis durchstoßen und, zumindest innerlich, den Freudenruf „Heureka"[428] ausstoßen – und die Geburtskonstellationen von 14 solcher genialen Wissenschaftler, deren Geburtszeit bekannt war. Sie fanden, daß bei beiden Stichproben Quintile und Septile sehr viel häufiger vorkamen, als bei Zufallseinfluß zu erwarten gewesen wäre. Die Zufallsverteilung wurde durch ein sorgfältig entworfenes Monte-Carlo-Experiment ermittelt. Bei dem Vergleich der beobachteten mit der erwarteten Verteilung konnte die Nullhypothese, daß die Abweichung ein Zufallsprodukt sei, mit beträchtlicher Sicherheit zurückgewiesen werden, und zwar auf dem Niveau $P = 0{,}003$ bei den 14 Geburtshoroskopen der Wissenschaftler und auf dem Niveau $P = 0{,}002$ bei den 21 Heureka-Ereignissen. Als KOLLERSTROM und O'NEILL[429] die Konstellationen zur Zeit

426 N. KOLLERSTROM / M. O'NEILL: The Eureka Effect (1988), S. 1 – 52
427 J. KEPLER: Weltharmonik, S. 244
428 „Ich hab's gefunden!"
429 N. KOLLERSTROOM / M. O'NEILL: Invention Moments and Aspects to Uranus (1992)

von 36 technischen Erfindungen untersuchten, fanden sie bei den Aspekten des Planeten Uranus, dem in der Astrologie eine Beziehung zu technischen Erfindungen zugeschrieben wird, einen großen Überschuß von Septilen. In allen drei Stichproben tritt das Septil besonders stark hervor. Wir werden später sehen, daß es damit eine besondere Bewandtnis hat.

12. Kritische Gesamtanalysen

Neben der Gesamtprüfung der Regeln der Astrologie, die M. GAUQUELIN durchgeführt hat, liegen kritische Analysen statistischer Ergebnisse von R. B. CULVER und P. A. IANNA[430] sowie H. J. EYSENCK und D. NIAS[431] vor. Während CULVER und IANNA gelegentlich zeigen, daß sie Vorurteile gegenüber der Astrologie haben, welche die Überzeugungskraft ihres negativen Gesamturteils in einzelnen Punkten schwächt[432], zeichnen sich EYSENCK und NIAS durch eine unbestechliche Unvoreingenommenheit aus:

> „Ehe wir annehmen, daß die Astrologie Unsinn ist – oder daß sie einen echten Beitrag zur Erkenntnis zu leisten hat –, müssen wir nach unmittelbaren Tatsachenbeweisen Ausschau halten. Es reicht nicht aus, wie es einige Wissenschaftler tun, zu erklären, die Methoden und Ergebnisse der Astrologie seien einfach unsinnig. Schon oft haben Wissenschaftler etwas für „nicht möglich" erklärt, was sich später als sehr wohl beweisbar erwies. Johannes Müller, einer der bekanntesten und weithin angesehensten Physiologen des neunzehnten Jahrhunderts, Verfasser des maßgebenden Lehrbuchs über das Fachgebiet, erklärte, es werde niemals möglich sein, die Geschwindigkeit des Nervenimpulses zu messen; drei Jahre später hatte sie Helmholtz recht genau gemessen. Der Philosoph Georg Wilhelm Friedrich Hegel erklärte, es sei unsinnig, nach einem achten Planeten Ausschau zu halten – er bewies zu seiner eigenen Zufriedenheit, daß es nur sieben davon geben könne –, unmittelbar bevor Herschel den Uranus entdeckte ... Daher müssen wir die Frage stellen, ob astrologische Aussagen wirklich etwas Unmögliches beinhalten. Könnten sie nicht das Ergebnis der langen und genauen Beobachtung von Ereignissen sein, deren Ursachen bislang unbekannt sind, die aber prinzipiell erkennbar sein können und möglicherweise nicht im Widerspruch zu den Lehren der modernen Wissenschaft stehen? Was

430 R. B. CULVER / P. A. IANNA: The Gemini Syndrome (1979)
431 H. J. EYSENCK / D. NIAS: Astrologie, S. 10 – 311
432 Dies., ebd., S. 280 – 281

> hätte schließlich ein Physiker vor ein oder zwei Jahrhunderten mit Geschichten über Schwarze Löcher, Quarks, Quasare und dergleichen angefangen? ... Die Zeiten ändern sich. Wir wissen viel weniger, als wir annehmen; bleiben wir also offen für sämtliche Fragen."[433]

Bei ihrer sorgfältigen Analyse der vorliegenden Arbeiten zeigen EYSENCK und NIAS, daß sie über vielfältige Erfahrungen auf dem Gebiete der Planung und Auswertung von statistischen Experimenten verfügen. Wer die Fallstricke vermeiden will, über die viele Experimentatoren stolpern, wenn sie statistische Untersuchungen durchführen, kann hier lernen, wie er fachgerecht vorgehen muß. Bei ihrem abschließenden Urteil erklären die beiden Autoren:

> „Wir haben gesehen, daß die Aussagen über Tierkreiszeichen jeder faktischen Grundlage entbehren und daß die über Häuser ebensowenig stichhaltig zu sein scheinen ... Über Aspekte und gewisse andere Faktoren ist kein Urteil möglich, weil sie noch nicht angemessen untersucht sind. Da viele der eher mit wissenschaftlichen Methoden arbeitenden Astrologen annehmen, die Aspekte seien die wichtigsten Faktoren in einem Geburtshoroskop, ist diese Unbekannte in unserer Beurteilung der Astrologie besonders groß."[434]

Dieses harte Urteil über Tierkreiszeichen und Häuser und die vorsichtige Zurückhaltung bei der Beurteilung der Aspekte zeigen wiederum, wie vorurteilsfrei EYSENCK und NIAS an ihre Aufgabe herangegangen sind. Als sie ihr Buch schrieben, lagen die negativen Aspekt-Ergebnisse von STARTUP und NIEHENKE noch nicht vor. Wie wir noch sehen werden, hat M. GAUQUELIN, der zeitweilig von F. GAUQUELIN unterstützt wurde, einige Ergebnisse erzielt, die für neuartige astrologische Zusammenhänge sprechen. EYSENCK und NIAS[435] beurteilen diese Resultate ohne jede Einschränkung als positiv.

13. Niederschmetternde Ergebnisse des statistischen Experiments von G. Dean

Bei der statistischen Untersuchung von Einzelfaktoren und der ganzheitlichen Zuordnung von Persönlichkeitsprofil und Horoskop sammelte sich im Laufe der Jahrzehnte ein Erfahrungspotential an, das zu einer

433 Dies., ebd., S. 10 – 11
434 Dies., ebd., S. 295
435 Dies., ebd., S. 306

ständigen Verbesserung der Qualität der Bewährungstests der Astrologie führte, wenn auch mit der Folge, daß die Ergebnisse für die Astrologie immer negativer wurden. Diese Entwicklung spiegelt sich besonders deutlich in den Veröffentlichungen des Naturwissenschaftlers und Wissenschaftsschriftstellers G. DEAN, der bereits mehrfach zitiert wurde. Als DEAN[436] zusammen mit dem Geologen und Informatiker A. MATHER seine „Kritische Würdigung der astrologischen Veröffentlichungen im Zeitraum 1900 – 1976" begann, war er trotz seiner kritischen Einstellung ein überzeugter Astrologe. Es ging ihm darum, aus dem Wust des wild wuchernden Rankenwerks astrologischer Regeln und Arbeitsmethoden die tragfähigen Elemente als Objekte zukunftsträchtiger Forschung auszusondern. Als er 1977 seine Ergebnisse veröffentlichte, machte er bereits einige Abstriche:

> „Zahlreiche statistische und psychologische Untersuchungen zeigen, daß anscheinend die traditionellen Tierkreiszeichen nur eine zu vernachlässigende Bedeutung haben ... Es gibt keinen überzeugenden Beweis für die Wirksamkeit von Häusern, wie sie nach der Überlieferung gehandhabt werden."

Hinsichtlich der klassischen Aspekte bedauerte er den Mangel an empirischen Studien, schätzte die Beweismöglichkeiten aber noch optimistisch ein.[437] Erst in dem Maße, in dem DEAN bei der Analyse neu veröffentlichter Arbeiten und bei eigenen Studien immer wieder auf negative Ergebnisse stieß, wurde er zunehmend skeptischer. Wir können nach dieser Entwicklungsgeschichte sicher sein, daß er sich, wenn er nunmehr scharfe Kritik an der überlieferten astrologischen Praxis übt, nicht von Vorurteilen leiten läßt.

Zu Anfang der achtziger Jahre hat DEAN[438], der wohl endlich wissen wollte, woran er war, eine Reihe von bemerkenswerten statistischen Experimenten durchgeführt, wobei er nicht nur alle Erfahrungen beherzigte, die vorhergehende Experimentatoren gemacht hatten, sondern auch alle Einwendungen berücksichtigte, die von verschiedenen Astrologen[439] gegen frühere Experimente erhoben worden waren. Ebenso genügte er

436 G. DEAN / A. MATHER: Recent Advances in Natal Astrology, S. 1 – 598

437 Dies., ebd., S. 566 – 567

438 G. DEAN: Can Astrology Predict E and N? – 1. Individual factors (1985), 3 – 17; ders.: Can Astrology Predict E and N? – 2. The whole chart, 2 – 24; ders.: Can Astrology Predict E and N? – 3. Further research, 7 – 52

439 D. ELWELL: The Demonstration of Astrology (1982); R. HARVEY: Letter to the Editor (1984)

mit seiner Versuchsplanung den strengen wissenschaftlichen Anforderungen an die Versuchsmethodik, die H. J. EYSENCK[440] formuliert hatte. Versuchsgegenstand waren einfache psychologische Grundphänomene wie Extraversion und Introversion sowie emotionale Stabilität und Labilität. Diese charakteristischen Ausprägungen sind für eine Untersuchung der vorliegenden Art besonders geeignet, weil sie Grundzüge der Persönlichkeit darstellen, die bis ins hohe Alter erhalten bleiben.[441] Hinzu kommt, daß sie bei psychologischen Tests zumindest in extremeren Fällen zuverlässig zu erkennen sind. DEAN setzte bei seinem Experiment das *Eysenck Personality Inventory (EPI)* ein, das sich in der Praxis bewährt hat, und zwar auch bei Vorhersagen über zukünftiges Verhalten.[442] Von 1198 Versuchspersonen, die den EPI-Test absolvierten und ihre genaue Geburtszeit kannten, wurden nur diejenigen in das astrologische Experiment einbezogen, die sich als einer der extremeren Fälle der untersuchten Grundphänomene erwiesen, die einwandfrei zu identifizieren sind. Es blieben 288 Versuchspersonen übrig, die in eine dieser Kategorien fielen.

Bei der statistischen Untersuchung der einzelnen Faktoren der Geburtshoroskope der Angehörigen der verschiedenen Kategorien mit jeweils entgegengesetzten Grundzügen ergaben sich keinerlei signifikante Abweichungen von der Zufallsverteilung. Tierkreiszeichen und Häuser erwiesen sich als Unterscheidungsmerkmale ebenso wirkungslos wie klassische Aspekte, harmonische Oberschwingungen, Halbdistanzpunkte, die Elemente, und die Verteilung der Faktoren oberhalb und unterhalb des Horizonts. Dies ist um so erstaunlicher, als die untersuchten Grundphänomene teilweise ganz unmittelbar in astrologischen Entsprechungen wiederkehren. In der Folge der Tierkreiszeichen wechselt die Polarität von Zeichen zu Zeichen. Auf das aktive Zeichen Widder folgt das passive Zeichen Stier und so fort. Die aktiven Zeichen „wirken von innen nach außen“, zeigen also Extraversion an, während die passiven Zeichen „von außen nach innen“ wirken, also mit Introversion einhergehen. Ähnliches gilt für die vier „Elemente“ Feuer, Erde, Luft und Wasser, denen je drei Tierkreiszeichen zugeordnet werden. Die Elemente Feuer und Luft wirken wie die aktiven Zeichen, sind also auf Extraversion bezogen, wäh-

440 H. J. EYSENCK: Methodology in Astrological Research (1982)

441 P. T. COSTA / R. M. ROBERT / D. ARENBERG: Recent Longitudinal Research on Personality and Aging (1983), S. 256 – 262

442 O. K. BUROS: The Eighth Mental Measurements Yearbook (1978); H. J. EYSENCK / M. W. EYSENCK: Personality and Individual Differences (1985)

rend Erde und Wasser mit Introversion einhergehen.[443] Nach H. v. KLÖCKLER besteht noch eine weitere direkte Beziehung zu den Zeichen:

> „Die Frühjahrs- und Sommerzeichen (Widder bis Jungfrau) haben die Bedeutung der Extraversion, der Wendung nach außen gemeinsam ... Die Herbst- und Winterzeichen (Waage bis Fische) haben die Bedeutung der Introversion, der Wendung nach innen."[444]

Auch die Interpretation der Verteilung der Faktoren oberhalb und unterhalb des Horizonts knüpft unmittelbar an die untersuchten Grundphänomene an. H. v. KLÖCKLER schreibt in diesem Zusammenhang:

> „Die Taghälfte des Geburtsbildes mit den Feldern 7 bis 12 kennzeichnet, ähnlich wie die Frühjahrs- und Sommerabschnitte des Tierkreises, eine Extraversionstendenz ... Die Nachthälfte des Geburtsbildes ist analog den Herbst- und Winterabschnitten des Tierkreises charakteristisch für die introvertierte Tendenz der Trieb- und Willensrichtung."[445]

Für die Planeten gibt es ebenso wie für die Zeichen eine Polaritätszuordnung, die darüber entscheidet, ob die Planeten der Extraversion oder der Introversion zugeordnet werden.[446] Dies gilt auch für „Halbdistanzen", bei denen ein Planet oder ein anderer Faktor im Horoskop in der Mitte zwischen zwei anderen Planeten oder Faktoren steht. Hiernach kann gegen das negative Ergebnis des Tests nicht geltend gemacht werden, daß die untersuchten psychologischen Grundphänomene nicht unmittelbar mit Faktoren und Entsprechungen verknüpft seien, mit denen der Astrologe in der Praxis arbeite.

Immerhin könnte aber eingewendet werden, daß es nicht zulässig sei, Einzelbeziehungen isoliert zu analysieren, da es sich bei der Interpretation des Horoskops um einen ganzheitlichen Prozeß handle. G. DEAN hat daher eine multiple Diskriminanzanalyse durchgeführt, die 75 kombinierte Horoskopfaktoren testete, und zwar jeweils bei den Gruppen entgegengesetzter Extreme mit besonders stark ausgeprägter Extraversion und Introversion oder emotionaler Stabilität und Labilität. Das Gesamtergebnis war ebenso negativ wie bei den isolierten Einzelfaktoren; es bestätigte den Ausgang des ersten Experiments in allen Einzelheiten. Dies gilt auch für die harmonischen Oberschwingungen, die sich bei dem Test

443 H. KÜNDIG: Das Horoskop (1950), S. 168 – 170; T. RING: Astrologische Menschenkunde (1959), S. 81 – 84

444 H. v. KLÖCKLER: Grundlagen für die astrologische Deutung, S. 53 – 54

445 Ders., ebd., S. 75

446 H. KÜNDIG: Das Horoskop, S. 185

der Einzelbeziehungen bis zur 25. Oberschwingung (14,4°) als wirkungslos erwiesen hatten. Oberschwingungen oder „Harmonics" entstehen durch Teilungen des ganzen Kreises von 360°, die sich wie die Folge der ganzen Zahlen entwickeln. Die Obertöne in der Musik entstehen in gleicher Weise. Die „Harmonics" wurden vor allem von dem Astrologen J. M. ADDEY[447] erforscht, der einige vielversprechende Ergebnisse veröffentlichte. Da diese zum Teil jenseits der 25. Oberschwingung liegen, bleibt abzuwarten, wie sich insoweit die Beweislage entwickelt.

Um dem Einwand vorzubeugen, daß das negative Gesamtergebnis der Computeranalyse nur beweise, daß *Computerexperimente* einfach nicht als Modell für die komplexe Leistung des Astrologen bei der Interpretation eines Horoskops geeignet seien, hat DEAN schließlich noch mit 160 der extremeren Fälle einen Zuordnungstest durchgeführt. Er stellte 45 Astrologen, die zur Mitarbeit bereit waren, die nach astrologischen Begriffen einfache Aufgabe, aus dem jeweiligen Horoskop zu bestimmen, ob die dazugehörigen Versuchsperson als extrem extravertiert, introvertiert, emotional stabil oder instabil einzuordnen war. Obwohl die Astrologen völlig frei entscheiden konnten, wie sie das jeweilige Horoskop interpretieren wollten, lag die Trefferquote insgesamt bei nur 50,3 Prozent gegenüber den bei Zufallseinfluß zu erwartenden 50 Prozent. Eine Kontrollgruppe von weiteren 45 Astrologen, die nicht mit dem Geburtshoroskop arbeitete, sondern lediglich Zuordnungen erriet, erreichte eine Trefferquote von 51 Prozent.

Bei Aussagen von Gutachtern, die sich auf dasselbe Verfahren stützen, sind ähnliche Ergebnisse zu erwarten, wenn es sich um denselben Sachverhalt handelt und das Verfahren zuverlässig ist. Bei den Aussagen der Astrologen über jeweils dieselbe Versuchsperson war jedoch die Übereinstimmung außerordentlich schlecht.[448] Kam ungefähr die Hälfte der astrologischen Gutachter zu einem bestimmten Ergebnis, so vertrat ungefähr die andere Hälfte den entgegengesetzten Standpunkt. Weiter stand die Urteilssicherheit der Astrologen, die ebenfalls getestet wurde, völlig außer Verhältnis zu der tatsächlichen Leistung. Dies ist eine Bestätigung der gleichen Beobachtung bei früheren Untersuchungen. Es spielte auch keine Rolle, welche Technik die Astrologen einsetzten und ob sie Anfänger waren oder allgemein anerkannte Experten mit großer Erfahrung. Selbst Computer schnitten nicht schlechter ab als die Astrologen. Dieses

447 J. M. ADDEY: Harmonics in Astrology (1976)

448 G. DEAN: Can Astrology Predict E and N? – 2. The whole chart, S. 10

schlechte Gesamtergebnis kann nicht nachträglich damit erklärt werden, daß die Versuchsanordnung der astrologischen Arbeitsweise nicht gerecht werde, denn 77 Prozent der teilnehmenden Astrologen beantworteten die Frage, ob der Test fair sei, mit einem uneingeschränkten Ja. G. DEAN bemerkt bei der Gesamtwürdigung des Ergebnisses, daß wenig Hoffnung bleibe, daß die Astrologie über irgend etwas zutreffende Aussagen machen könne, wenn sie nicht einmal in der Lage sei, etwas so Grundlegendes wie extreme Extraversion oder Introversion zu erkennen. Er zieht den Schluß, daß es für die Astrologie, so wie sie zur Zeit praktisch betrieben werde, bisher keine Rechtfertigung gebe.[449] Dennoch schließt G. DEAN nicht die Möglichkeit aus, daß sich irgendwann irgendeine noch nicht getestete astrologische Technik als zuverlässig erweisen werde, meint aber, daß es den Astrologen obliege, die Vermutung zu widerlegen, daß dies nur eine schwache Hoffnung sei.[450]

14. Zwischenbilanz des Bewährungstests der Astrologie

Diese Beweislage spricht dafür, daß die *überlieferte Astrologie*, wie sie zur Zeit praktiziert wird, sicher nicht den Anspruch erheben kann, daß ihre Arbeitsmethoden und Regeln solide begründet seien. Dies schränkt den absoluten Wahrheitsanspruch, den viele unkritische Astrologen erheben, sehr stark ein. Vor allem bei den Tierkreiszeichen, die sehr eingehend untersucht worden sind, besteht kaum noch Hoffnung, daß sie sich als relevant erweisen werden. Im Frühjahr 1979 hat die britische Fachzeitschrift *„Astrological Journal"* für irgendeinen Nachweis der Wirksamkeit der Tierkreiszeichen einen Preis von 500 Pfund Sterling ausgesetzt. Niemand war bisher in der Lage, sich diesen Preis zu verdienen. KEPLER hat sich anscheinend auch hier als weitsichtig erwiesen, indem er die Einteilung des Tierkreises in zwölf Zeichen als nicht in der Natur begründet ablehnte.[451] Wie bereits erörtert wurde, ist die Situation bei den Häusern ähnlich. Die Untersuchungen von G. DEAN haben diese Beweissituation noch verschlechtert.

Nach KEPLERs Worten sollte man sich jedoch hüten, das Kind Astrologie mit dem Bade der Kritik auszuschütten.[452] Die Wissenschaftsge-

449 Ders., ebd., S. 23

450 Ders.: Can Astrology Predict E and N? – 3. Further research, S. 44

451 H. A. STRAUSS / S. STRAUSS-KLOEBE: Die Astrologie des Johannes Kepler, S. 35

452 Als Tertius interveniens gibt KEPLER eine „Warnung an etliche Theologos, Medicos und Philosophos ... daß sie bei billiger Verwerfung des sternguckerischen Aberglaubens nicht

schichte zeigt, daß es nicht nur darauf ankommt, welche Fragen gestellt werden, sondern auch wie dies geschieht. Es ist trotz der vielen negativen Ergebnisse nicht völlig auszuschließen, daß es bisher nicht gelungen ist, die geeignete Versuchsanordnung zu finden, die astrologische Zusammenhänge sichtbar macht. Hierfür könnte ein Zuordnungstest sprechen, der zur Zeit unter der Bezeichnung *„Hamilton Matching Experiment"* unter der Regie von M. BERZINS in Kanada läuft. Es handelt sich um einen Doppelblindversuch, der allen Anforderungen genügt, die Voraussetzung für aussagekräftige Ergebnisse sind. H. J. EYSENCK hat den Testplan analysiert und für gut befunden. Für jeden Versuchslauf mit einer Versuchsperson werden zwei Horoskope vorbereitet. Das erste Horoskop ist echt; es beruht auf den Geburtsdaten der Versuchsperson. Das zweite Horoskop ist falsch; es geht von Daten aus, die ein Jahr früher oder später liegen als das echte Geburtsdatum. Der Sonnenstand im Tierkreiszeichen ist also in beiden Horoskopen gleich und liefert keine Anhaltspunkte für die richtige Entscheidung.

Die beteiligten Astrologen stehen vor der Aufgabe, das echte Horoskop herauszufinden. Zuvor erhalten sie die Möglichkeit, beliebige Fragen an die jeweilige Versuchsperson zu richten. Verboten sind lediglich Fragen, die irgendwie mit dem Zeitpunkt der Geburt zusammenhängen. Dies wird streng überwacht. Die Versuchsleitung strebt 100 Versuchsläufe an. Zur Zeit liegt das Ergebnis für 39 Fälle vor: 28 Treffer stehen 11 Fehlern gegenüber.[453] Ein Pearson-Test ergibt bei 1 Freiheitsgrad den Wert $\chi^2 = 7{,}41$. Dies entspricht dem Wahrscheinlichkeitswert $P = 0{,}0065$. Die Nullhypothese, daß kein Zusammenhang zwischen der Trefferzahl und dem Einsatz astrologischer Verfahren bestehe, kann hiernach auf diesem hohen Signifikanzniveau als widerlegt angesehen werden. Es bleibt aber abzuwarten, wie der Test sich weiter entwickelt. Bisher war es stets so, daß bei größeren Zahlen anfänglich signifikante Abweichungen von der Zufallsverteilung wieder verschwanden.

Die wahrscheinlichste Erklärung für das insgesamt schlechte Abschneiden der praktischen Arbeitsmethoden der Astrologie in den seit Jahrzehnten andauernden Bewährungstests ist jedoch, daß die Astrologen den *kosmischen Umwelteinfluß*, für den nach den bisherigen Ausführungen eine Vermutung spricht, nicht richtig erfaßt haben. Möglicher-

das Kind mit dem Bade ausschütten und hiermit ihrer Profession unwissend zuwiderhandeln." (S. STRAUSS-KLOEBE: Kosmische Bedingtheit der Psyche (1968), S. 38)

453 Persönliche Mitteilung von L. BERZINS

weise gehen viele Regeln mehr auf fragwürdige Spekulation als auf geduldige, unvoreingenommene Beobachtung zurück.[454] Die Äußerung KEPLERs, daß die Astrologen die 12 Häuser nur erfunden hätten, um konkrete Auskünfte über die verschiedenen Lebensbereiche geben zu können, wurde bereits zitiert. An anderer Stelle hat KEPLER bemerkt:

> „Es sind dies ganz und gar nichtige, grundlose, abergläubische, wahrsagerische Vorsagungen, daß des Geborenen Gemahl werde aus diesem oder jenem Land gebürtig sein, am Leib einen verborgenen Fehl haben, daß sie bei ihrem Manne nicht werde fromm bleiben, so und so viele Kinder, und der Geborene zwei, drei oder mehr Weiber haben. Und wie diese Ware ist, so ist auch das Werkzeug dazu: ... Venus im Haus Saturns soll eine Alte bedeuten, im achten Feld eine Wittib, Mars im Hause der

454 Was PTOLEMÄUS, einer der Großen in der Astrologie, über die „Trockenheit" und „Feuchte" der Planeten sagt und wie er die Eigenschaften der Planeten mit ihrer Farbe verknüpft, spricht eher für Spekulation (Siehe C. Ptolemäus: Tetrabiblos, S. 8). Schließt man von den tatsachenfernen Spekulationen mancher zeitgenössischer Astrologen auf die Spekulationsneigungen ihrer Vorgänger, so fördert dies nicht gerade das Vertrauen in eine beobachtungstreue Überlieferung. Der Astrologe H. GENUIT hat hierzu bemerkt: „Es muß einmal offen ausgesprochen werden, daß kaum auf einem anderen Wissensgebiet der Unsinn solche Blüten treibt wie auf dem der Astrologie" (L. REINERS: Steht es in den Sternen? (1951), S. 56). Der Astrologe P. NIEHENKE hat sich ähnlich geäußert: „Wissenschaftlern, die in den ‚Sümpfen' der Vulgär-Astrologie die Orientierung verloren haben, obwohl sie Astrologie ernsthaft prüfen wollten, kann man nicht übelnehmen, daß sie angesichts offensichtlichen Unsinns, den es in der astrologischen Literatur zuhauf zu finden gibt, angewidert aufgeben" (P. NIEHENKE: Kritische Astrologie, S. 198). Wer augenfälligen Unsinn verbreitet, nachweislich geistiges Eigentum stiehlt oder längst widerlegte Behauptungen weiterhin als Wahrheit hinstellt, erfreut sich eines ungeschmälerten Ansehens und steht in der Hierarchie der Fachgenossen oft noch obenan. Das Urteil KEPLERs, daß die „astrologischen Spießgesellen" untereinander „ihren Tand schlechtweg passieren" ließen und „keiner den anderen beißen" wolle, weil er sonst fürchten müsse, selbst „gebissen" zu werden, trifft in vielen Fällen auch heute noch zu (H. STRAUSS / S. STRAUSS-KLOEBE: Die Astrologie des Johannes Kepler, S. 33). Auf den Typ des unkritisch spekulierenden Astrologen scheint eine Bemerkung gemünzt zu sein, die H. J. EYSENCK und D. NIAS am Schluß ihrer kritischen Untersuchung der Astrologie gemacht haben: „Wir hoffen daher, daß Astrologen ernsthaft die Aufgabe in Angriff nehmen, eine Wissenschaft aufzubauen und Zweiflern den Beweis für die Stichhaltigkeit astrologischer Aussagen vorzulegen, den sie bisher schuldig geblieben sind. Kann man annehmen, daß dies geschieht? Nach dem, was sich bisher abgespielt hat, erscheint es wahrscheinlicher, daß die meisten Astrologen damit fortfahren, sich um die mühselige Arbeit wissenschaftlichen Forschens herumzudrücken und die Kriterien der Wissenschaft abzulehnen, weil sie für ihre Kunst nicht angebracht oder unerheblich seien. Wir haben oft Klagen gehört, daß sich halsstarrige Wissenschaftler eingemischt hätten, die in der Astrologie wirklich keine Rolle zu spielen hätten; Astrologen, die von der großen Wahrheit ihrer Disziplin überzeugt sind, sind meist der Ansicht, daß über den Beweis hinaus, den ihnen ihre Erfahrung liefert, kein weiterer vonnöten sei. So wünschenswert es wäre, daß sie die Last des objektiven Beweises akzeptieren, so wenig wahrscheinlich erscheint es uns, daß sie es tun werden. Das wohl zu erwartende Ergebnis ist eine Fortsetzung der derzeitigen Politik, die sich in der Verbreitung von Behauptungen und Gegenbehauptungen erschöpft, ohne daß dafür ein Tatsachenfundament vorhanden wäre" (H. J. EYSENCK / D. NIAS: Astrologie, S. 302 – 303)

Venus und im Trigon zu Mond eine Unkeusche, Venus innerhalb der Sonnenstrahlen eine Kranke. Bei diesen und dergleichen Herrschaften der Häuser und darauf gebautem äußerlichen Glück oder Unglück ohne Einmengung der menschlichen Natur, sage ich mich aus und halte nichts davon: Bin der Meinung, es sei dieser Striegel also erdacht worden, der Leute Fürwitz zu trauen, denn wenn sie viel fragen, so gedenkt der Astrologus auf Mittel, viel zu antworten, Gott gebe, er finde es in der Natur oder nicht."[455]

"KEPLERs Kritik, daß viele Züge der praktischen Astrologie durch den Wunsch geprägt seien, möglichst präzise Aussagen über alle Anliegen zu machen, auf die das Allerweltsinteresse der Menschen gerichtet sei, wendet sich nicht nur gegen die Tierkreiszeichen und Häuser, sondern auch gegen die Unterscheidung zwischen „guten" und „schlechten" Aspekten und „guten" und „bösen" Planeten.[456] In der heutigen Zeit gibt es sogar Astrologen, die Planeten gleich reihenweise erfinden und ihnen obendrein präzise „Entsprechungen" zuschreiben – nicht nach Tausenden von Jahren geduldiger Beobachtung, sondern innerhalb weniger Jahre.[457] Was würde wohl KEPLER dazu sagen?

455 C. FRISCH: Johannes Kepler – Opera omnia, S. 627; H. A. STRAUSS / S. STRAUSS-KLOEBE: Die Astrologie des Johannes Kepler, S. 178 – 179

456 Dies., ebd., S. 24; siehe auch J. KEPLER: Über die zuverlässigeren Grundlagen der Astrologie (1975), S. 45 – 46

457 Eine astrologische Schule in Deutschland stützt sich besonders stark auf spekulative Elemente, indem sie mit acht hypothetischen „Planeten" arbeitet. Die Bahnelemente dieser „Planeten" sind von A. WITTE und F. SIEGGRÜN „bestimmt" worden, indem sie von Ereignissen, die sich nach ihrer Meinung mit den überlieferten astrologischen Mitteln nicht erklären ließen, auf die Existenz und die jeweilige Position der acht „Transneptuner" schlossen (H. H. KRITZINGER: Zum Transneptuner-Problem (1963), 173). Selbst für Astronomen, die einen neu entdeckten Himmelskörper schon mehrfach im Fernrohr gesehen haben und über die Mindestzahl von drei Beobachtungen verfügen, ist es eine schwierige Aufgabe, die Bahn mit mathematischen Mitteln zu bestimmen (K. STUMPFF: Himmelsmechanik (1973), S.345 – 438). Die Bahnelemente des Pluto liegen bis heute nicht exakt fest, und selbst mit der Neptunbahn gibt es noch Probleme. WITTE und SIEGGRÜN gingen aber davon aus, daß die von ihnen mit geradezu abenteuerlichen Mitteln bestimmten Bahnen genau seien. Ihre Nachfolger sind der gleichen Überzeugung. Hierfür sprechen Aufgaben, die Schülern bei Prüfungen gestellt werden. Als Hilfsmittel sind ausdrücklich die Ephemeriden für die Transneptuner zugelassen, die auf WITTE und SIEGGRÜN zurückgehen. Damit sollen die Genauigkeitsanforderungen der folgenden Beispielaufgaben erfüllt werden: Aufgabe 2 – „Fünf abgeschlossene Lebensläufe: Jeweils Geburts- und Todesmonat ist bekannt sowie je zwei Ereignistage. Zu berechnen ist jeweils die Geburts- und Todesminute und die Todesart." Aufgabe 3 – „Flugzeug-Unfall: Bekannt sind Flugplan und Flugstrecke sowie die Daten des Piloten. Zu berechnen ist die Todessekunde des Piloten und der genaue Absturzort. Ein Rechenfehler von + / –2 km ist gestattet." Aufgabe 6 – „Geburts-Uhrzeit: Von einer Person ist nur der Geburtstag bekannt, sowie zwei weitere Ereignistage. Zu berechnen ist die Geburtsminute (Sekunde) und der Geburtsort. Erlaubter Fehler + / –2 km." Die Unsicherheit der auf bloße Spekulation gegründeten Positionen der hypothetischen Planeten und die Genauigkeitsanforderungen der Prüfungsaufgaben stehen hier im Verhältnis der umgekehrten Proportio-

KEPLERs Kritik gewinnt an Überzeugungskraft, wenn man die traditionellen Arbeitsweisen der Astrologie der Hypothese der Geburts-Synchronisation gegenüberstellt. Die Phasensynchronisation endogener und exogener Zyklen, die nach dieser Hypothese zur Zeit der Geburt erfolgt, läßt zwar Schlüsse auf die Qualität des neu entstehenden ganzheitlichen Schwingungssystems zu und macht plausibel, daß es wegen seiner speziellen Resonanzbedingungen auch in der Folgezeit in bestimmter Weise auf besondere Phasen der exogenen Schwingungen reagieren wird. Es ist aber kaum vorstellbar, daß dadurch eine Beziehung hergestellt wird, wie sie sich in Tierkreiszeichen, Häusern, Herrschern über Zeichen und Häuser sowie „guten" und „bösen" Planeten und Aspekten niedergeschlagen hat. Die Philosophin und Psychologin S. STRAUSS-KLOEBE[458] scheint ein Gespür für diese Situation zu haben; sie weist darauf hin, daß die Astrologen mit ihren Schlußfolgerungen die Dimension der Astrologie verfehlten, die weit unterhalb der Ebene liege, auf der sich Eigenschaften zeigten. Der Dichter E. JÜNGER ist mit seinem tief eindringenden Einfühlungsvermögen bei seinen *„Gedanken eines Nichtastrologen zur Astrologie"* zu der Einsicht gelangt, daß sich bei Schlüssen aus den Geburtskonstellationen nur Annäherungen erreichen ließen, nicht aber bestimmte Aussagen. Er geht aber noch darüber hinaus:

> „Freilich können diese Schlüsse Wichtigeres berühren als die eigentlichen Ereignisse eines Lebens, nämlich den Grund, von dem diese Ereignisse abhängen und durch den sie geformt werden."[459]

Ist dieser Grund der ganzheitlichen Schwingungsform gleichzusetzen, die bei der Geburt durch die Harmonisierung der endogenen und exogenen Rhythmen entsteht, so läßt sich die Vorstellung der Sphärenharmonie, die PYTHAGORAS und KEPLER ausschließlich auf die Schwingungen der Himmelskörper bezogen, auf die innere Sphäre des jeweiligen Individuums und seine besonderen Phasenverbindungen mit der kosmischen

nalität. Wundern muß man sich auch, wie WITTE und SIEGGRÜN die Eigenschaften, die den acht hypothetischen „Planeten" zugeschrieben werden, aus dem Handgelenk geschüttelt haben, wo es doch mehrere tausend Jahre gedauert hat, die Entsprechungen für die Planeten bis Saturn herauszufinden. Die angeführten Prüfungsaufgaben sind zugleich ein abschreckendes Beispiel für die unzulässige Überschreitung der Grenzen, die qualitativen Verfahren gezogen sind, die mit Symbolen arbeiten. Wenn KEPLER heute lebte, würde er wohl hierauf seine Bemerkung beziehen: „Die Erfahrung bezeuget, daß die schöne Gottesgab und edle Kunst von des Himmels Lauf und Wirkung durch nichts mehr in Verachtung gebracht, denn daß man ihr zu viel zugelegt und durch unziemlich abergläubisches Berühmen die Gelehrten von ihr abwendig gemacht." (H. A. STRAUSS / S. STRAUSS-KLOEBE: Die Astrologie des Johannes Kepler, S. 18)

458 S. STRAUSS-KLOEBE: Kosmische Bedingtheit der Psyche (1968), S. 41

459 E. JÜNGER: An der Zeitmauer (1959), S. 34

Außenwelt ausdehnen. Es entstehen so zahllose individuelle Spärenharmonien, die sich aber alle, wenn auch jeweils in anderer Art, in die übergeordnete Sphärenharmonie der Schwingungen der kosmischen Körper einfügen.

Trifft es zu, daß die gängige *Praxis der Astrologie* weitgehend auf *Vorstellungen* beruht, die nicht tief genug ansetzen und deshalb die Wirklichkeit zumindest zu einem wesentlichen Teil nicht richtig abbilden, so ist es nicht sinnvoll, weiterhin von den überlieferten Regeln als zu testenden Hypothesen auszugehen. Vielmehr bietet es sich an, ganz allgemein und völlig frei von speziellen Vorstellungen nach Korrelationen zwischen irdischen und kosmischen Phänomenen im weitesten Sinne Ausschau zu halten. Der Jurist K. SOHNIUS[460] hat gezeigt, wie solche Untersuchungen durchgeführt werden können, wenn es um die Geburtsdaten von Menschen geht: 150 *astrologische Zwillinge* – am selben Ort und ungefähr zur gleichen Zeit geborene Paare von Versuchspersonen – absolvierten den Farbpyramidentest von R. HEISS und H. HILTMANN. Die gewählten Farben und Formen wurden bei jedem Paar ohne jede Interpretation miteinander verglichen, wobei der Übereinstimmungsgrad in einem objektiven Berechnungsverfahren ermittelt wurde. Als Vergleichsmaßstab diente dabei der durchschnittliche Grad der Übereinstimmung bei 100 Zufallspaaren, die ebenfalls an dem Farbpyramidentest teilnahmen. Die Nullhypothese, die astrologischen Zwillinge stimmten nicht stärker miteinander überein als die durch Zufall zusammengewürfelten Paare mit ganz verschiedenen Geburtsdaten, wurde auf dem Signifikanzniveau $P = 0{,}01$ widerlegt.[461]

Das weitere Ergebnis, daß die Übereinstimmung in dem Maße schlechter wurde, in dem die Geburtszeiten weiter auseinanderrückten, weist in die gleiche Richtung. Da es bei der Farbwahrnehmung, wie wir bereits gesehen haben, um Schwingungsresonanzen bestimmter Qualität geht, kann dieses Ergebnis als erste Bestätigung für die bereits theoretisch erörterte Möglichkeit angesehen werden, aus den Geburtshoroskopen verschiedener Menschen Schlüsse auf die Resonanzqualität ihrer funda-

460 Persönliche Mitteilung vom 19. März 1988

461 Untersuchungen von astrologischen Zwillingen, die an überlieferte Vorstellungen anknüpfen, haben dagegen bisher nicht zu positiven Ergebnissen geführt. S. FUZEAU-BRAESCH hat zwar auf der 9. London Astrological Research Conference im November 1993 vorgetragen, daß signifikante Ergebnisse ihrer Zwillingsforschung für die Realität der Tierkreiszeichen und Häuser sprächen. Auf derselben Konferenz hat jedoch M. O'NEILL beweiskräftig dargelegt, daß eine Replikation mit neuen Daten keinerlei Bestätigung für den von FUZEAU-BRAESCH behaupteten Zusammenhang ergibt.

mentalen Schwingungsstrukturen zu ziehen, die für eine bessere oder schlechtere Mitschwingfähigkeit in einer zwischenmenschlichen Beziehung spricht. Ein solches Einzelergebnis erbringt natürlich noch keinen zuverlässigen Beweis. Erst fortgesetzte erfolgreiche Replikationen und andere Versuchsreihen mit ähnlich tiefgreifendem Ansatz, die immer wieder den Zusammenhang bestätigen und schließlich anzeigen, wo seine Grenzen liegen, bieten eine hinreichende Grundlage für eine zuverlässige Beurteilung.

II. SINNVERMITTLUNG DURCH ASTROLOGIE?

Selbst wenn sich irgendwann endgültig herausstellte, daß die überlieferten astrologischen Verfahren keinen Anspruch auf Wahrheit erheben können, so bedeutete dies nicht zwangsläufig, daß sie ohne jeden Nutzen sind. C. G. JUNG hat die Astrologie als ältere Schwester der Psychologie bezeichnet, welche die vielfältigen psychologischen Erkenntnisse des Altertums zusammenfaßt und bewahrt.[462] H. J. EYSENCK und D. NIAS sind der Auffassung, daß die Astrologie manchen psychologischen Techniken überlegen sei, „weil ihre Konzepte unbestreitbar Schönheit und Reiz" besäßen und „anziehend einfach" seien:

> „So sind, im Gegensatz zu Es und Über-Ich, die aggressive Kraft von Mars und die liebenswerte Harmonie von Venus für jedermann verständlich. Darüber hinaus können sie, miteinander kombiniert, auf jede Komplexität der menschlichen Erfahrung eingehen; eine derart allumfassende Anwendung geht sicherlich über jede existierende psychologische Technik hinaus ..."[463]

EYSENCK und NIAS vertreten darüber hinaus den Standpunkt, daß die Astrologie sich unabhängig davon, ob sie objektiv wahr sei oder nicht, zur „Sinnvermittlung" eigne:

> „An sich ist diese Möglichkeit, ‚Sinn' zu liefern, nicht ohne Vorzüge, und in der Tat findet eine kleine, aber wachsende Zahl von Therapeuten, daß astrologische Begriffe einen brauchbaren Rahmen für die Beschreibung von Personen und Situationen in verständlichen und sehr menschlichen Ausdrücken abgeben können."[464]

462 S. STRAUSS-KLOEBE: Das kosmopsychische Phänomen (1977), S. 21
463 H. J. EYSENCK / D. NIAS: Astrologie, S. 294

Diese Feststellung hat besonderes Gewicht, weil H. J. EYSENCK als Faktorenanalytiker sicher nicht dem Verdacht ausgesetzt ist, nicht nüchtern genug zu urteilen. Jeder, der sich einmal auf die vielschichtige Symbolik der Tierkreiszeichen und der kosmischen Körper eingelassen hat, wird aus seiner Erfahrung bestätigen, daß deren Lebendigkeit, Nuancenreichtum und Integrationsvermögen die Ausdrucksfähigkeit moderner psychologischer Begriffswerkzeuge der Persönlichkeitsanalyse weit übertreffen. Eine Ausnahme bildet wohl die Archetypenlehre; C. G. JUNG[465] wurde aber bei deren Entwicklung stark durch alchimistische und astrologische Symbole beeinflußt. Der Soziologe F. A. FULLAM ist ebenfalls überzeugt, daß es für die Nützlichkeit eines Verfahrens nicht darauf ankomme, ob es sich auf ein Wirklichkeitsfundament stütze:

> „Ein System muß nicht objektiv real sein, um als „wahr" anerkannt zu werden; es genügt, daß es zufriedenstellend ist. Die Astrologie blüht auf, weil sie ein Rahmenwerk bietet, innerhalb dessen die Menschen die Bedeutung ihres persönlichen Lebens diskutieren und nach einem Lebenssinn Ausschau halten können."[466]

Der Mensch wird durch Spiele fasziniert. J. HUIZINGA hat die tieferen Gründe hierfür in seinem Werk „Homo ludens" dargelegt:

> „In der Funktion des Spiels mit seiner eigenständigen Qualität findet das Gefühl, im Kosmos eingebettet zu sein, seinen ersten und höchsten Ausdruck."[467]

Hiernach könnte man die Astrologie auch als „Glasperlenspiel" im Sinne von H. HESSE ansehen.

Zur Sinnvermittlung durch astrologische Symbole und die gemeinschaftliche „Meditation" über das mandalaartige Horoskop trägt ganz unverkennbar bei, daß es um kosmische Zusammenhänge geht, die den Menschen in ein größeres Ganzes einbinden. Ich habe in meinem Buch *„Wir sind Kinder des Lichts – Kosmisches Bewußtsein als Quelle der Lebensbejahung"*[468] dargelegt, daß die Lebensangst, der Pessimismus und die Negativität, die unsere Zeit kennzeichnen, nur geheilt werden können, wenn wir unsere kosmischen Wurzeln wieder lebendig machen, die

464 Dies., ebd., S. 295

465 C. G. JUNG: Psychologie und Alchemie (1975)

466 F. A. FULLAM: Contemporary Belief in Astrology (1984), S. 67

467 J. HUIZINGA: Homo ludens (1938); siehe auch A. KOESTLER: The Act of Creation, S. 509 – 512

468 T. LANDSCHEIDT: Wir sind Kinder des Lichts

unsere Kreativität, Religion und Kultur nähren. Nur wenn wir uns wieder zu einem mitschwingenden Glied der allumfassenden Schwingungsstruktur Kosmos wandeln, gewinnen wir Zugang zu der kreativen Seinsfülle, auf die hin wir angelegt sind. Dies entspricht nicht nur dem übereinstimmenden Zeugnis von Mystikern aus drei Jahrtausenden, sondern auch den Erkenntnissen der Naturwissenschaft unserer Zeit. Die Kosmische Erkenntnistheorie, die ich an anderer Stelle formuliert habe[469], erkennt die Evolution des Kosmos als Vorgeschichte jedes Individuums, sei dies eine Galaxie, eine Sonne, ein Planet, ein Mond, ein Mensch, eine Zelle oder ein Elementarteilchen. Die Entwicklungslinien aller kosmischen Körper und Systeme treffen sich im Ausgangspunkt der Expansion des Universums, den G. LEMAÎTRE sinnfällig das „kosmische Ei" genannt hat. Alle existierenden Seinsformen sind kosmische Verwandte, deren gemeinschaftlichem Ursprung vielfältige Wechselbeziehungen entsprechen. Dieses ganzheitliche Wirklichkeitsgeflecht, dessen Realität durch die Bell-Experimente unbestreitbar geworden ist, spiegelt sich in den Grundprinzipien der Astrologie wider, die das kosmische Bewußtsein selbst noch in der verstümmelten Form der überlieferten Horoskopdeutung durch den Rückbezug auf den kosmischen Zusammenhang anregen.

469 Ders.: Funktionen kosmischer Organismen (1984)

2. TEIL:

NEO-ASTROLOGIE

C. NEO-ASTROLOGIE

I. FORSCHUNGSKONZEPT

1. Praktizierende Astrologen und Alchimisten: Begründer moderner Naturwissenschaft

Es ist eine merkwürdige Tatsache, daß die Begründer der modernen Naturwissenschaft – KEPLER, GALILEI und NEWTON – Astrologen oder Alchimisten waren. Wer behauptet, daß KEPLER Astrologie nur um des schnöden Mammons willen betrieben habe, kann seine Werke nicht gelesen haben. Seine Schrift „*De fundamentis astrologiae certioribus*"[1] zeigt deutlich, daß KEPLER zwar eine kritische Haltung gegenüber der überlieferten Astrologie einnahm, aber sie gerade dadurch lebendig erhalten wollte, daß er ihr wucherndes Regelwerk auf einen soliden Kern zurückschnitt. Er hat dies ausdrücklich angesprochen:

> „In der Astrologie habe ich aus deren prätendierter Erfahrenheit die Quintessenz herausgezogen, die zwar sehr nahe zusammmengegangen, aber doch nicht ganz und gar zunichte geworden ist. Hab mich hernach beflissen, aus derjenigen Erfahrung, welche die Prob gehalten, eine scientiam oder Wissenschaft zu machen, welches mir meines Erachtens nicht ganz mißlungen ist."[2]

Das ganze 4. Buch seines Lebenswerkes „*Harmonices mundi libri V*" ist den astrologischen Aspekten und der Erklärung ihrer Wirkung gewidmet. Wie ernst KEPLER dieses Thema nahm, zeigt allein schon der Umstand, daß er als tiefgläubiger Christ das 4. Buch mit einer Anrufung Gottes abschloß:

> „Auf daß dies zur Ehre des hochgebenedeiten Namens Gottes, des Schöpfers alles Sichtbaren und Unsichtbaren, zur Mehrung des rechtschaffenen und heiligen Lebenswandels der Forscher und zum ewigen

1 C. FRISCH: Johannes Kepler, Bd. 1, S. 417 – 438 (Über die zuverlässigeren Grundlagen der Astrologie)

2 H. A. STRAUSS / S. STRAUSS-KLOEBE: Die Astrologie des Johannes Kepler, S. 9 – 10 (Tertius interveniens, These 36)

> Heil recht vieler Seelen gereiche, darum bitte ich flehentlich den dreieinigen Gott."[3]

Es kommt auch nicht von ungefähr, daß KEPLER selbst seine Ausführungen über astrologische Aspekte und andere astrologische Themen im 4. Buch seiner Weltharmonik für ebenso gewichtig hielt wie das von der Nachwelt nur noch zitierte 3. Gesetz der Planetenbewegung im 5. Buch, wonach sich die Quadrate der Umlaufzeiten der Planeten wie die 3. Potenzen der großen Halbachsen ihrer Bahnellipsen verhalten. Wie D. MANNSPERGER[4] zutreffend festgestellt hat, verdankte KEPLER die Entdeckung des astronomischen Gesetzes, das wesentlich zu seinem Ruhm beigetragen hat, dem ihn leitenden Harmoniebegriff, den er im 4. Buch entwickelte. Ohne seine Überzeugung, daß es sich hierbei um ein schöpferisches Grundprinzip handle, wäre sein Werk nicht entstanden, auch soweit es exakte Ergebnisse im Sinne moderner Naturwissenschaft enthält. D. MANNSPERGER hat zu Recht gemahnt:

> „Will man schon Keplers leitende Prinzipien als ‚Mythos' kennzeichnen, so vollzieht sich hier Wissenschaft nicht als ‚Anti-Mythos', sondern als eine durch kritische Vorsicht und reale Weltdeutung gelenkte Geburt aus dem Mythos. Es ist daher geradezu gefährlich, das ‚Positiv-Wissenschaftliche' herauszulösen und den Rest wegzuwerfen: wissen wir doch nicht, was dieser Mythos präformiert noch alles enthält, das erst künftige Wissenschaft bewahrheiten mag."[5]

Der Mathematiker, Physiker, Astronom und Philosoph GALILEI, der ebenso wie KEPLER kreative Beiträge zur Entwicklung der modernen Naturwissenschaft geleistet hat, war ebenfalls Astrologe. Abb. 4 zeigt eine Zeichnung von GALILEIs Hand[6], die typisch ist für seine interdisziplinäre Arbeitsweise. Ebenso wie KEPLER und NEWTON redete er nicht von interdisziplinärer Forschung, sondern praktizierte sie in unvoreingenommener Weise. Er vereinte auf einem Blatt, was nach der Auffassung heutiger Wissenschaftler unvereinbar ist: *Astronomie und Astrologie*. Oben in der Zeichnung sehen wir die Wiedergabe einer Mondbeobachtung mit dem Teleskop und darunter die Skizze eines Horoskops für Cosimo II. de' Medici.

3 J. KEPLER: Weltharmonik (1973), S. 276
4 D. MANNSPERGER: Harmonices mundi libri V (1974), Bd. 10, S. 4286
5 Ders., ebd., S. 4287
6 O. GINGERICH: The Galileo Affair (1982)

Abb. 4: GALILEI vereinigte auf einem Blatt, was heute unvereinbar ist: Astronomie und Astrologie. Unten entwarf GALILEI die Skizze eines Horoskops für Cosimo II. de' Medici. Oben gab er eine Mondbeobachtung mit seinem neuen Teleskop wieder.

NEWTON, last but not least in diesem Dreigestirn wissenschaftlicher Revolutionäre, hat über Alchimie und Theologie weit mehr geschrieben als über Physik und Mathematik. Er besaß nicht nur eine umfassende Sammlung alchimistischer Werke, sondern versah sie auch mit umfangreichen Anmerkungen, die nach einer Schätzung von D. BREWSTER[7] den Umfang von 650 000 Worten erreichen. NEWTON verbrachte Hunderte von Nächten in seinem alchimistischen Laboratorium mit praktischen Experimenten.[8] So hat sich F. DÜRRENMATT[9] bei einem Vortrag anläßlich des 100. Geburtstags von Albert EINSTEIN an der Eidgenössischen Technischen Hochschule in Zürich nicht gescheut, NEWTON als theologischen Denker zu bezeichnen, der auch noch Alchimie und Astrologie[10] betrieb.

2. Interdisziplinarität: ein vielversprechendes Forschungsprinzip

KEPLER war ebenso interdisziplinär ausgerichtet wie GALILEI und NEWTON. Er war nicht nur zugleich Astronom und Astrologe, sondern auch Philosoph, Theologe, Mathematiker und Meteorologe. Die Väter der modernen Naturwissenschaft integrierten das Wissen ihrer Zeit, wobei

7 D. BREWSTER: Memoirs of the Life, Writings, and Discoveries of Sir Isaac Newton (1855), Bd. 2, S. 371 – 372

8 K. FIGALA: Das verheimlichte Leben des Sir Isaac Newton (1980); P. M. RATTENSI: Science, Medicine, and Society in the Renaissance (1972)

9 F. DÜRRENMATT: Albert Einstein (1979), S. 17

10 J. RITTER (Hg.): Historisches Wörterbuch der Philosophie, Bd. 1, S. 587

sie das Schwergewicht nicht auf reduktionistische Disziplinen legten, sondern auf Bereiche, die das Gefühl für lebendige, ganzheitliche Zusammenhänge stärkten und als Nährboden für kreative Anregungen dienen konnten wie Religion, Alchimie und Astrologie. A. KOESTLER hat nachdrücklich darauf hingewiesen, daß nur Wissenschaftler, die zumindest untergründig auch „inspirierte Träumer" sind, die Fähigkeit zu wirklich schöpferischen Leistungen haben. Er fährt fort:

> „Die Gestalt des ‚Weißen Magiers' symbolisiert das selbst-transzendierende Element in der Motivation und emotionalen Verfassung des Wissenschaftlers; seine selbstlose Versenkung in die Geheimnisse der Natur; seine Suche nach der Harmonie der Sphären, dem Ursprung des Lebens, den Gleichungen einer einheitlichen Feldtheorie. Der Drang zur Eroberung entsteht aus dem Machtgefühl, während die wissenschaftliche Anteilnahme auf der einfühlsamen Fähigkeit beruht, sich zu wundern. So schrieb Aristoteles: ‚Die Menschheit wurde zuerst durch das Wundernehmen zur Naturphilosophie geführt, so wie dies noch heute geschieht.' Maxwells früheste Erinnerung war, ‚im Gras zu liegen, die Sonne anzuschauen und sich zu wundern.' Einstein schlug dieselbe Saite an, als er schrieb: ‚jeder, der die Fähigkeit verloren hat, sich zu wundern, jedweder, der unbewegt bleibt, sich der Kontemplation verschließt und das tiefe Erschauern der verzauberten Seele nicht kennt, ist wie tot, da seine Augen für das wirkliche Leben erstorben sind'."[11]

Es ist bereits aufgezeigt worden, wie sich im Falle KEPLERs eine solche Grundhaltung auf Erkenntnisse ausgewirkt hat, die heute zum bleibenden Wissensstand der Menschheit gehören. In unserer Zeit scheinen die meisten Wissenschaftler und Astrologen nicht mehr in der Lage zu sein, dem Beispiel von KEPLER, GALILEI und NEWTON zu folgen. Die Naturwissenschaftler sehen durchweg in der Astrologie nur noch ein totes Regelwerk, das aus dem Aberglauben geboren wurde, während die Astrolo-

11 A. KOESTLER: The Act of Creation (1967), S. 258. Siehe auch: B. KUSNEZOW: Einstein und Mozart (1972); G. S. STENT: Prematurity and Uniqueness in Scientific Discovery (1972); J. SERGEJEW: Psychologische Hintergründe großer Entdeckungen (1970). Das Originalzitat KOESTLERs lautet: „This last figure, the White Magician, symbolizes the self-transcending element in the scientist's motivational drive and emotional make-up; his humble immersion into the mysteries of nature, his quest for the harmony of the spheres, the origins of life, the equations of a unified field theory. The conquistadorial urge is derived from a sense of power, the participatory urge from a sense of oceanic wonder. ‚Men were first led to the study of natural philosophy', wrote Aristotle, ‚as indeed they are today, by wonder.' Maxwell's earliest memory was ‚lying on the grass, looking at the sun, and wondering'. Einstein struck the same chord when he wrote that whoever is devoid of the capacity to wonder, ‚whoever remains unmoved, whoever cannot contemplate or know the deep shudder of the soul in enchantment, might just as well be dead, for he has already closed his eyes upon life'."

gen, deren Vorurteile oft noch stärker ausgeprägt sind als die der Naturwissenschaftler, blind dafür sind, daß kreative Wissenschaftler in den letzten Jahrzehnten Ergebnisse erzielt haben, welche die Horizonte des astrologischen Weltbildes in unerwarteter Weise erweitern.

3. Neue Ziele

Im folgenden werde ich, dem Vorbild von KEPLER, GALILEI und NEWTON folgend, den Versuch unternehmen, in einem möglichst umfassenden interdisziplinären Ansatz Anregungen aufzunehmen, die sich aus der *holistischen astrologischen Sichtweise* ergeben, um sie dann unter Einsatz des Rüstzeuges heutiger Wissenschaft weiter zu entwickeln. Dabei werde ich Fragen stellen, die nach dem herrschenden naturwissenschaftlichen Paradigma gar nicht gestellt werden dürften. Ebenso werde ich keine der in der astrologischen Praxis entwickelten Regeln a priori als bindend ansehen. Entscheidend ist allein, welche Naturmuster sich abzeichnen und wie sie mit Hilfe astrologischer Grundvorstellungen oder naturwissenschaftlicher Erkenntnisse in einen sinnvollen Zusammenhang eingeordnet werden können.

Es wird sich herausstellen, daß sich durch eine solche Synthese Probleme lösen lassen, die von keiner der getrennten Disziplinen Astronomie und Astrologie in isolierter Weise zu bewältigen waren. Begriffe wie Chaos und Ordnung, Fraktale, Selbstähnlichkeit, Maßstabtransformationen, Rückkopplungszyklen, iterative Verfahren, Grenzprozesse in nichtlinearen dynamischen Systemen, Quasikristalle und fünfzählige Symmetrie, die zur Zeit im Vordergrund der wissenschaftlichen Literatur stehen, gewinnen durch ihre Projektion auf die Dimension des Sonnensystems umfassendere Bedeutung und bilden die Grundlage für neue Vorhersageverfahren, die nicht nur Sonnenfleckenzyklen, energetische Sonneneruptionen, magnetische Stürme und klimatische Erscheinungen erfassen, sondern auch Äußerungen menschlicher Aktivität in Kunst, Wissenschaft, Wirtschaft und Politik. Insbesondere kristallisiert sich heraus, daß die fünfzählige Symmetrie, die logarithmische Spirale und der Goldene Schnitt Strukturprozesse im Sonnensystem und insbesondere auch auf der Erde in einem Maße beherrschen, das beim Leser sicher Erstaunen oder Begeisterung, vielleicht sogar Bestürzung auslösen wird. Es erweist sich, daß der Goldene Schnitt ein umfassendes Naturprinzip ist, das bei der räumlichen und zeitlichen Differenzierung von Wachstumseinheiten und Entwicklungszyklen ganz konkret auf die Gliederung der entstehenden Form einwirkt. Die geistige Freiheit des Menschen wird durch diese Zusammenhänge jedoch nicht tangiert. Im Gegenteil wird sich erweisen, daß die Kernfunktion des Menschen, seine schöpferische Tätigkeit, durch Strukturprozesse gefördert wird, an denen das Sonnensystem in seiner Ganzheit beteiligt ist.

4. Heliozentrische Aspekte in der Astrologie

Zunächst geht es nur um Erscheinungen der *Sonnenaktivität* und *solarterrestrische Beziehungen*, die von *heliozentrischen Konstellationen* gesteuert werden. Die Zusammenhänge werden also vom Zentrum der Sonne her gesehen. Dies entspricht nicht der klassischen Betrachtungsweise der Astrologie. G. DEAN und A. MATHER haben jedoch hierzu bemerkt:

> „Man könnte die Hypothese aufstellen, daß die Planeten das Strahlungsverhalten der Sonne regulieren und daß die modulierte Sonnenstrahlung durch Anregung in dem Hohlraum zwischen Erdoberfäche und Ionosphäre in eine biologisch aktive Strahlung verwandelt wird, wobei die Planeten die Regie führen und die Sonne die Energie liefert. Eine solche Theorie wäre uneingeschränkt ... mit der astrologischen Tradition vereinbar."[12]

Ähnlich haben sich H. J. EYSENCK und D. NIAS geäußert:

> „Wenn Sonnenflecken uns beeinflussen und diese wiederum durch die Anziehungskraft der Planeten beeinflußt werden, dann liegt hier ein klarer und aufregender kosmobiologischer Zusammenhang vor. Wenn dann noch die Art und Weise, wie die Planeten ihren Einfluß ausüben, durch die Winkel bestimmt ist, die sie, von der Sonne oder von der Erde her gesehen, miteinander bilden – also durch ihre ‚Aspekte' – dann kann die traditionelle Astrologie für sich in Anspruch nehmen, daß eine ihrer fundamentalen Konzeptionen eine erwiesene physikalische Grundlage hat."[13]

Als der Radioingenieur J. H. NELSON[14] 1951 eine Arbeit veröffentlichte, die dafür zu sprechen schien, daß heliozentrische Konjunktionen, Quadrate und Oppositionen der Planeten zu Radiostörungen im Kurzwellen-

12 G. DEAN / A. MATHER: Recent Advances in Natal Astrology, S. 508

13 H. J. EYSENCK / D. NIAS: Astrologie, S. 204

14 J. H. NELSON: Shortwave Radio Propagation Correlation With Planetary Positions (1951); ders.: Certain Planetary Angles Related to Magnetic Storms (1979)

verkehr führen, brachen daher die Astrologen in aller Welt, die zu jener Zeit noch für naturwissenschaftliche Anregungen aufgeschlossen waren, in spontane Begeisterung aus. D. NIAS[15] wies jedoch 1981 nach, daß NELSON die Korrelation statistisch falsch beurteilt hatte; in Wirklichkeit handelte es sich nur um eine Zufallsverteilung. Dieses Ergebnis wurde durch G. DEAN[16], der eine besonders gründliche Analyse vorlegte, und zusätzlich durch den Astronomen J. MEEUS[17] bestätigt.

5. Beschränkung der Grundlagenforschung auf elementare Naturereignisse

Heute würden viele anthropozentrisch eingestellte Astrologen gegenüber dem von NELSON untersuchten Zusammenhang, selbst wenn er sich als real erwiese, den Einwand erheben, daß ein solches Ergebnis für die Interpretation eines menschlichen Horoskops keinerlei Bedeutung habe. Ein Blick auf die Geschichte der Wissenschaften zeigt jedoch, daß die entscheidenden Anstöße für die Weiterentwicklung der Praxis stets von der zweckfreien Grundlagenforschung ausgegangen sind. Warum soll für die Astrologie etwas anderes gelten? Wir können auch insoweit von J. KEPLER lernen. In seinem Bemühen, neben der Astronomie auch die Astrologie zu reformieren, konzentrierte er sich vor allem auf die Aspekte. Er war überzeugt, daß es Aspekte gibt, die wirksam sind. So schrieb er an H. v. HOHENBURG:

> „Den Glauben an die Wirksamkeit der Aspekte verleiht in erster Linie die Erfahrung, die so klar ist, daß sie nur jemand leugnen kann, der sie nicht selber geprüft hat."[18]

Dennoch war er sich nicht sicher, auf welche Aspekte unbedingter Verlaß war und ob er in seiner Praxis auch wirklich alle wirksamen Aspekte erfaßt hatte. Wie ging KEPLER, dessen Forschungstüchtigkeit unbestreitbar ist, an die Lösung dieses Problems heran? Obwohl er ein Meister praktischer Psychologie war, griff er nicht auf Horoskope von Menschen zurück, sondern verglich von 1594 an seine Tag für Tag und Jahr für Jahr

15 D. NIAS: Storms in the Ionosphere (1981)

16 G. DEAN: Shortwave Radio Propagation – Non-Correlation With Planetary Positions – A Critical Analysis of the Forecasts of John H. Nelson – 1981, zunächst nicht veröffentlichtes Manuskript. Spätere Veröffentlichung: Forecasting Radio Quality by the Planets (1983)

17 J. MEEUS: On the ‚Correlation' Between Radio Disturbance and Planetary Positions (1982)

18 S. STRAUSS-KLOEBE: Kosmische Bedingtheit der Psyche, S. 35

aufgezeichneten Wetterbeobachtungen mit den jeweils fälligen Aspekten. Schließlich führte er vier neue Aspekte in die Astrologie ein: die *Winkel* von 30°, 72°, 135° und 144°. Wir werden später sehen, daß er damit Zusammenhängen nahe kam, die wir erst jetzt verstehen. Durch die Einführung des Aspekts von 30° sah KEPLER sich gezwungen, die ihm lieb gewordene parallele Erklärung der musikalischen Harmonien und der Aspekte durch *geometrische Urverhältnisse* aufzugeben.[19] Als er sah, daß sie sich mit seinen Beobachtungen nicht vereinbaren ließ, zeigte er insoweit den gleichen unbestechlichen Respekt vor Tatsachen wie bei der astronomischen Bestimmung der Marsbahn. Später setzte KEPLER die mit einfachen Naturereignissen getesteten Aspekte bei der Deutung menschlicher Horoskope ein.[20]

6. Erfolge des interdisziplinären Ansatzes

Dieses Vorgehen KEPLERs – Prüfung bestimmter Elemente in möglichst einfachen Zusammenhängen und erst dann Übertragung auf komplexere Verhältnisse – entspricht auch den Regeln moderner Forschungsplanung. So erteilt der Chaosforscher L. P. KADANOFF folgenden Ratschlag:

> „Wer einen komplizierten Phasenübergang verstehen will – einen plötzlichen Umschlag im Verhalten eines Vielteilchensystems – muß sich ein ganz einfaches System ansehen, das einen qualitativ ähnlichen Umschlag zeigt. Er studiere dieses einfache System im Detail. Dann abstrahiere er die Merkmale des Systems, die ‚universell' sind, das heißt unabhängig von den Besonderheiten des Systems. Nun lassen sich diese universellen Grundzüge auf komplexere Probleme übertragen."[21]

Ich habe daher schon seit dem Ende der sechziger Jahre eindeutig zu bestimmende Naturereignisse wie Sonnenflecken, energetische Sonnen-

19 J. KEPLER: Über die zuverlässigeren Grundlagen der Astrologie, S. 38; M. CASPAR: Johannes Kepler (1973), S. 23, 28

20 In letzter Zeit engen viele Astrologen den Begriff der Astrologie so sehr ein, daß sie nur noch menschliche Horoskope und die mit deren Interpretation verbundenen psychologischen Probleme untersuchen. Der erfahrene Astrologe J. M. ADDEY (Harmonics in Astrology, S. 231) ist dem zu Recht entgegengetreten: „Jene Anhänger der Astrologie sagen, die Astrologie habe nur mit dem Menschen zu tun, mit seiner inneren Qualität, seinen Motivationen und seinen Charakteranlagen. Sie stufen solche Zusammenhänge als ‚höherstehend' ein als äußere Ereignisse und die Umweltbedingungen. Dies spricht jedoch für ein falsches Verständnis des Wesens der Astrologie. Diese hat immer und überall mit der gesamten Natur zu tun, ob es sich um Einwirkungen auf die Materie oder auf den Menschen handelt; sie umfaßt die ‚natürliche' Natur ebenso wie die menschliche Natur."

21 L. P. KADANOFF: Roads to Chaos (1983), S. 29

eruptionen, Sprünge in der Rotation der Sonne und der Erde, magnetische Stürme, Erdbeben, geologische Prozesse, Klimaschwankungen, Wetteränderungen, Variationen des Ozongehalts der Atmosphäre, Gewittertätigkeit, Niederschläge und Temperaturänderungen auf kosmische Einflüsse untersucht. Dabei konnte ich ganz konkret nachweisen, daß die *Planeten* das Geschehen im Sonnensystem in dem von H. J. EYSENCK und D. NIAS angesprochenen Sinn beeinflussen.[22] Erst später, als sich schon eindeutige Zusammenhänge abzeichneten, war erkennbar, daß auch Äußerungen des irdischen Lebens, wie Pflanzenwachstum, Schwankungen von Tierpopulationen, Börsenkurse, Zinsvariationen, herausragende Leistungen menschlicher Kreativtät und Instabilitätsphasen in Wirtschaft, Politik und Geschichte dem kosmischen Einfluß ausgesetzt sind.

Die Zusammenhänge sind so stark, daß *Vorhersagen* darauf gestützt werden können. Relativ seltene energetische Vulkaneruptionen, die Staubteilchen und Schwefelsäuretröpfchen hoch in die Stratosphäre schleudern, lösen weltweite Abkühlungseffekte aus. Weil es in der Stratosphäre zwar Wind, aber keinen Regen gibt, bleibt der Staubschleier, der die Erde einhüllt, bis zu fünf Jahren und mehr erhalten, mit der Folge, daß sich die Sonneneinstrahlung verringert.[23] Ich hatte bereits 1984 bei einer Klimakonferenz an der Columbia-University in New York vorhergesagt, daß sich solche explosiven Vulkaneruptionen in den Jahren um 1990 häufen würden.[24] 1990 und 1991 ereigneten sich drei solche Explosionen, die Vulkanstaub in großen Mengen in die Stratosphäre hochschleuderten. Der Vulkan *Redoubt* in Alaska brach am 2. Januar 1990 aus, der Vulkan *Hudson* in Chile schleuderte am 12. August 1991 Staubmaterial 18 km hoch in die Stratosphäre und am 15. Juni 1991 folgte eine explosive Eruption des Mount *Pinatubo* auf den Philippinen.[25] Der Vulkan Pinatubo schleuderte seinen Auswurf mehr als 30 Kilometer hoch in die Stra-

22 T. LANDSCHEIDT: Kosmische Kybernetik (1974); ders.: Beziehungen zwischen der Sonnenaktivität und dem Massenzentrum des Sonnensystems (1976); ders.: Solar Oscillations, Sunspot Cycles, and Climatic Change (1983); ders.: Funktionen kosmischer Organismen (1984); ders.: Cycles of Solar Flares and Weather (1984); ders.: Long Range Forecast of Energetic X-Ray Bursts Based on Cycles of Flares (1986); ders.: Long Range Forecasts of Solar Cycles and Climatic Change (1987); derselbe: Solar Rotation, Impulses of the Torque in the Sun's Motion, and Climatic Variation (1988); ders.: Sun – Earth – Man (1989), S. 1 – 112; ders.: Creative Functions of Cycles (1989); ders.: Predictable Cycles in Geomagnetic Activity and Ozone Levels (1989); ders.: Relationship between Rainfall in the Northern Hemisphere and Impulses of the Torque in the Sun's Motion (1990), S.259-266

23 C. D. SCHÖNWIESE: Klimaschwankungen (1979), S. 129

24 T. LANDSCHEIDT: Long-Range Forecasts of Solar Cycles and Climatic Change, S.423

25 Eos, 13. Februar 1990, S. 273; Eos, 10. September 1991, S. 1

tosphäre; der Ausbruch war so gewaltig, daß er doppelt so viel Material hochwarf wie die explosive Eruption des *El Chichón* in Mexiko im Jahre 1982. Nach dem Ausbruch des El Chichón verringerte sich die Temperatur in der nördlichen Atmosphäre um fast 1° Celsius[26]; der Staubschleier hielt sich fünf Jahre in der Stratosphäre. Wahrscheinlich hängen die sehr kalten Winter 1991/1992 und 1992/1993 in Kanada und der ungewöhnlich kühle Sommer 1993 in Europa ebenso wie viele andere Temperaturanomalien mit der Eruption des Mount Pinatubo zusammen. Weitere erfolgreiche Vorhersagen, die sich auf Konstellationen der Körper des Sonnensystems stützen, werde ich später an gegebener Stelle erörtern.

Die zitierten Arbeiten[27], die den Beweis erbringen, daß die Planeten einen wesentlichen Einfluß auf die Prozesse im Sonnensystem haben, befassen sich ausschließlich mit heliozentrischen Konstellationen. Sie untersuchen, inwieweit die Planeten mittelbar auf das irdische Geschehen einwirken, indem sie unmittelbar die Aktivität der Sonne beeinflussen, die durch die solar-terrestrischen Beziehungen mit den irdischen Erscheinungen verknüpft ist. Dabei hat sich als hilfreich erwiesen, daß das Sonnensystem als ein gewaltiges Laboratorium angesehen werden kann, in dem ununterbrochen Experimente stattfinden. Aus diesen Experimenten können wir lernen, wenn wir sie unvoreingenommen betrachten. Diese Vorurteilsfreiheit ist entscheidend für den Lernerfolg. LEONARDO da Vinci, der selbst experimentierte, bemerkte hierzu:

„Das Experiment irrt nie; es irren nur eure Urteile."

Auch die im folgenden dargestellten neuen Untersuchungen befassen sich zunächst nur mit *heliozentrischen Konstellationen*, die mittelbar über die Sonnenaktivität irdische Vorgänge beeinflussen. Erst im Verlauf dieser Untersuchungen werden sich Ergebnisse herauskristallisieren, die in einer so tiefen Strukturschicht liegen, daß sie sich auch in geozentrischen Zusammenhängen bewähren. Sie eignen sich für das Experimentum crucis, das darüber entscheidet, ob R. SHELDRAKEs Hypothese des morphogenetischen Feldes oder meine Quantensystem-Hypothese der Formentwicklung der Wirklichkeit besser entspricht.

26 J. P. PEIXOTO / A. H. OORT: Physics of Climate (1992), S. 442 – 443
27 Siehe Anm. 22

II. FÜNFZAHL ALS GLIEDERUNGSPRINZIP SOLAR-TERRESTRISCHER ZYKLEN

1. Riesenplaneten steuern die Schwingung der Sonne um das Zentrum des Sonnensystems

Die *Astrologie* geht von der Grundannahme aus, daß *Konfigurationen der Sonne und der Planeten* das *Geschehen auf der Erde beeinflussen*. Wie ich in den bereits zitierten früheren Arbeiten[28] nachgewiesen habe, geschieht dies tatsächlich in der Form, daß Planetenkonstellationen die variable Aktivität der Sonne steuern, welche wiederum terrestrische Effekte auslöst. Hierbei verhalten sich Sonne und Planeten wie ein Organismus, dessen Funktionen durch komplexe Rückkopplungszyklen geregelt werden. Typisch hierfür ist die komplizierte Schwingung der Sonne um das unsichtbare Massenzentrum des Sonnensystems, die durch die räumliche Verteilung der massenreichen Planeten Jupiter, Saturn, Uranus und Neptun gesteuert wird. Hierbei wirkt die Aktivität der Sonne, die durch ihre Schwingung um das Massenzentrum beeinflußt wird, auf die Planeten zurück.

Nach dem Newtonschen Gravitationsgesetz zieht nicht nur die gewaltig große Sonne die Planeten an, sondern auch die Planeten mit ihren vergleichsweise winzigen Massen üben eine Anziehungskraft auf die Sonne aus. Diese Wechselwirkung hat zur Folge, daß der gemeinsame Massenschwerpunkt der Planeten und der Sonne (CM) nicht mit dem *Sonnenzentrum* (CS) zusammenfällt. In diesem Zusammenhang sind nur die großen Planeten Jupiter, Saturn, Uranus und Neptun von Bedeutung. Wäre Jupiter der einzige Planet im Sonnensystem, so befände sich der Massenschwerpunkt ständig außerhalb des Sonnenkörpers, und zwar durchschnittlich 46 000 km oberhalb der Sonnenoberfläche. Aber auch der Beitrag, den Saturn, Uranus und Neptun zur Lage des Massenzentrums relativ zum Sonnenzentrum leisten, ist ganz beträchtlich. Dabei wirkt sich merklich aus, ob die Planeten im sonnennächsten oder sonnenfernsten Punkt stehen. Je weiter der Planet von der Sonne entfernt ist, desto stärker zieht er den Massenschwerpunkt zu sich heran.

In die Berechnung der Koordinaten des Massenschwerpunkts gehen auch die Richtungen ein, in denen die Planeten von der Sonne her gesehen werden. Konstellationen der Riesenplaneten, die auch in der Astrologie relevant sind, spielen dabei eine wichtige Rolle. Stehen Jupiter, Saturn,

28 Siehe Anm. 22

Uranus und Neptun in Konjunktion, so erreicht das Sonnenzentrum CS den maximalen Abstand vom Massenzentrum CM von 2.19 Sonnenradien. Steht dagegen Jupiter allein auf einer Seite der Sonne und versammeln sich Saturn, Uranus und Neptun derart, daß sie eine Opposition zu Jupiter bilden, so fällt CS fast mit CM zusammen. Zwischen diesen Extremen entwickelt sich ein kompliziertes Abstandsmuster.

Abb. 5 zeigt die relativen ekliptikalen Positionen von CM und CS für die Jahre 1945 – 1995. Der Rand des Sonnenkörpers ist in der heliozentrischen Darstellung durch einen ausgezogenen Kreis markiert, der erkennen läßt, ob sich das Massenzentrum CM innerhalb oder außerhalb der Sonne befindet. Die kleinen Kreise mit intermittierenden Jahreszahlen markieren die relative Position von CM am 1. Januar des jeweiligen Jahres. Im heliozentrischen Koordinatensystem, das die Rechnung erleichtert, erscheinen die Koordinatenveränderungen in Form einer Bahn von CM. In Wirklichkeit schwingt das Sonnenzentrum CS in entsprechender Form um CM herum. Dadurch wird die Bewegung des Sonnensystems in der Galaxis kompliziert. Die sogenannte *Peculiarbewegung* der Sonne ist in Wirklichkeit die Bewegung des Massenzentrums. Während dieses auf einer Ellipsenbahn um das galaktische Zentrum in Richtung des Apex fortschreitet, bewegt sich die Sonne auf einer verwickelten Spirale um die CM-Bahn, wobei sie sich dieser Achse ihrer Helixbewegung in unregelmäßiger Weise annähert oder wieder von ihr entfernt. Noch komplizierter wird das Bild, wenn auch die Planeten einbezogen werden, die ihrerseits Spiralen um die Sonne ziehen, während diese auf einer pulsierenden Spiralbahn um CM herumschwingt. Es ist wichtig, sich vor Augen zu halten, daß wir es hier mit einem Schwingungsvorgang zu tun haben, dem nach den Erörterungen im ersten Teil des Buches besondere Bedeutung zukommt.

Wie Abb. 5 zeigt, wechseln großräumige Umläufe, bei denen die beiden Zentren einen relativ großen Abstand halten, mit engeren Umläufen ab, in denen CM und CS einander sehr nahe kommen. Eine starke Annäherung der Zentren, die bis zu 0,01 Sonnenradien gehen kann, ist stets mit einer starken Krümmung der Bahn und einer relativ kurzen Umlaufzeit von 9 bis 10 Jahren verbunden, während sonst die Bahnkrümmung erheblich geringer ist und der Umlauf rund 12 bis 14 Jahre dauert. Die starken Variationen in der Bewegung der Sonne um CM versprechen interessante dynamische Aufschlüsse. Der Bahndrehimpuls der Sonne, der die Dynamik der Bewegung der Sonne auf ihrer gekrümmten Bahn um CM mißt, kann sich um mehr als das Vierzigfache gegenüber dem Ausgangswert verändern. Obwohl die Sonne sich bei ihrer Schwingung um das Massenzentrum relativ langsam bewegt, ist der Bahndrehimpuls quantitativ gegenüber dem Spindrehimpuls, der an die Rotation der Sonne um ihre Achse anknüpft, nicht vernachlässigbar; er kann ein Viertel des Spindrehimpulses erreichen.

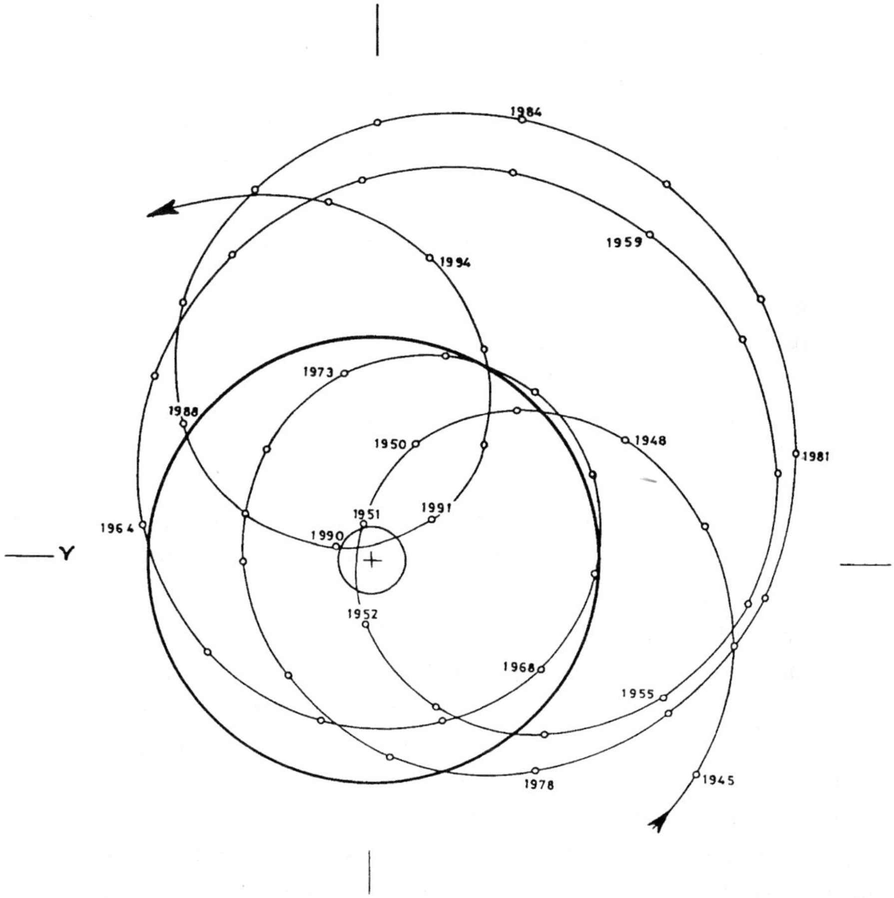

Abb. 5: Unregelmäßige Schwingung der Sonne um das Massenzentrum des Sonnensystems in heliozentrischer Darstellung. Die Position des Massenzentrums relativ zum Sonnenzentrum (+) ist für den Anfang des jeweiligen Jahres im Zeitraum 1945 bis 1995 durch kleine Kreise markiert. Der Rand der Sonne ist durch einen dick ausgezogenen Kreis gekennzeichnet. So ist leicht zu sehen, ob das Massenzentrum innerhalb oder außerhalb des Sonnenkörpers liegt und wie nahe es an das Sonnenzentrum herankommt.

Da die *Dynamotheorie* – die erste, noch sehr rudimentäre Theorie zur Erklärung der Sonnenfleckenaktivität – vom Spindrehimpuls der Sonne ausgeht, liegt es nahe, auch den Bahndrehimpuls zu berücksichtigen.

Dies ist auch deshalb sinnvoll, weil wegen der Schwingung der Sonne durch ihre eigenen magnetischen Felder und die von ihr ausgestoßene Materie die Möglichkeit einer Kopplung zwischen Bahnbewegung und Rotation besteht, die zu einer Übertragung von Drehimpuls führen kann. Fände ein solcher Transfer wirklich statt, so wäre mit einer Änderung der äquatorialen Rotationsgeschwindigkeit der Sonne von mehr als 5% zu rechnen. Seit Anfang der dreißiger Jahre sind solche Variationen tatsächlich beobachtet worden.[29] Für die Realität einer solchen Kopplung zwischen Spindrehimpuls und Bahndrehimpuls sprechen auch allgemeine Überlegungen. H. POINCARÉ hat darauf hingewiesen, welche Bedeutung der *Analogie* als Forschungsinstrument zukommt:

> „Jede einzelne Wahrheit kann ersichtlich auf unendlich viele verschiedene Arten ausgedehnt werden. Man muß eine Wahl treffen, wenigstens vorläufig. Was wird uns bei dieser Wahl leiten? Das kann nur die Analogie. Aber wie unbestimmt ist dieses Wort! Der natürliche Mensch kennt nur die groben Analogien, die den Sinnen auffallen, die der Farben und der Töne. Er würde nie darauf kommen, etwa das Licht und die strahlende Wärme miteinander in Verbindung zu bringen. Wer hat uns die wirklichen, tiefen Analogien gelehrt, die die Augen nicht sehen, die der Verstand ahnt? Es ist der mathematische Geist, der die Materie verschmäht, um sich an die reine Form zu halten. Er ist es, der uns lehrt, Dinge mit den gleichen Namen zu nennen, die sich nur durch den Stoff unterscheiden."[30]

Das derart angewandte Analogieprinzip führt im vorliegenden Fall zum Atom. Auch bei den Elektronen der Atomhülle gibt es eine „Spin-Bahn-Kopplung". Diese Kopplung zwischen dem Eigendrehimpuls oder Spin der Elektronen und ihrem Bahndrehimpuls wird durch die magnetischen Momente bewirkt, die mit der Achsendrehung und dem Umlauf um den Atomkern zusammenhängen. Dies hat praktische Auswirkungen. Durch die Spin-Bahn-Kopplung wird die Zahl der Energieniveaus in der Atomhülle und damit auch die Zahl der möglichen Quantensprünge und Spektrallinien vergrößert.[31] Dies scheint darauf hinzuweisen, daß es auch bei der Sonne eine Kopplung zwischen Spindrehimpuls und Bahndrehimpuls gibt, die praktische Bedeutung hat.

29 T. LANDSCHEIDT: Beziehungen zwischen der Sonnenaktivität und dem Massenzentrum des Sonnensystems, S. 12

30 W. R. FUCHS: Knaurs Buch der modernen Physik (1965), S. 238

31 O. HÖFLING: Mehr Wissen über Physik (1970), S. 452 – 453

2. Dynamik der Sonnenschwingung als Grundlage erfolgreicher Vorhersagen

Bereits 1923 vermutete L. ZEHNDER[32], daß ein Zusammenhang der Sonnenschwingung mit dem 11-jährigen Sonnenfleckenzyklus bestehe. P. D. JOSE[33] führte 1965 als erster eine Computeranalyse der Sonnenbewegung durch und entdeckte einen Zyklus von 178,8 Jahren, den er auch aus den Sonnenfleckendaten isolierte. Ich selbst habe seit 1975 verschiedene physikalische Größen, welche die Bewegung der Sonne um CM beschreiben, wie zum Beispiel die 2. Ableitung des Drehimpulses nach der Zeit, eingehend untersucht, und dabei eine ganze Reihe von Zyklen gefunden, die sich bei langfristigen Vorhersagen bewährt haben.

So habe ich unter anderem bereits 1982 auf dem internationalen Symposium *„Solar Terrestrial Influences on Weather and Climate"* in Boulder, Colorado, das Ende der Dürre in den Sahelländern zutreffend für das Jahr 1985 vorhergesagt. Bei langfristigen Prognosen energetischer Sonneneruptionen und geomagnetischer Stürme, die sich auf die Jahre 1979 – 1981 und 1983 – 1986 erstreckten, erreichte ich eine Vorhersagegüte von 90%. Von 75 beobachteten Ereignissen fielen 68 in die Zeiträume, in denen ich energetische Aktivität erwartet hatte. Die Vorhersagen wurden von dem Astronomen H. WÖHL vom Kiepenheuer-Institut für Sonnenphysik in Freiburg und dem *Space Environment Services Center* in Boulder kontrolliert. Auch die besonders starken geomagnetischen Stürme des Jahres 1982 und der Jahre 1989 – 1991 wurden jeweils mehrere Jahre vorher zutreffend prognostiziert. Selbst Wirtschaftsdaten wurden richtig erfaßt. So habe ich unter anderem auf den Wendepunkt der Börsenkurse im Jahre 1987 und den internationalen Tiefpunkt der Börsenpreise im Jahre 1990 schon Jahre vorher in Veröffentlichungen hingewiesen.[34] Wirtschaftsfachleute in den USA erwarteten diese Baisse erst Jahre später. Der Leser möge sich vor Augen halten, daß sich die angeführten Vorhersagen auf Vorgänge stützten, die mit Konfigurationen der Hauptkörper des Sonnensystems zusammenhängen. Vor allem heliozentrische

32 L. ZEHNDER: Die zyklische Sonnenbahn als Ursache der Sonnenfleckenperiode (1923), S. 104 – 107; siehe auch die Besprechung von G. PLASSMANN: Himmelswelt (1923), S. 104 – 107

33 P. D. JOSE: Sun's Motion and Sunspots (1965)

34 Wegen der Ergebnisse weiterer Vorhersagen und der Belege für die angeführten Prognosen wird auf T. LANDSCHEIDT: Sun – Earth – Man verwiesen. Siehe auch T. LANDSCHEIDT: Mini-Crash in Tune with Cosmic Rhythms (1989) und ders.: Predictable Cycles in Geomagnetic Activity and Ozone Levels (1989)

Konjunktionen und Oppositionen des Planeten Jupiter mit dem Massenzentrum CM erwiesen sich dabei als besonders wirksam. In solchen Fällen waren das Zentrum der Sonne, das Massenzentrum und Jupiter, das massenreiche Zentrum der Planetenwelt, auf einer Linie aufgereiht.

3. Variation der Sonnenschwingung, 90-jähriger Zyklus der Sonnenfleckentätigkeit und Klimaschwankungen

Im folgenden geht es um Zusammenhänge, die ein ganz neues Licht auf die Qualität des Zusammenspiels der Sonne und der Riesenplaneten werfen. Sie erschließen zugleich den Zugang zu einem Problem, das mit den gängigen Mitteln der Astronomie nicht zu lösen war. Die Variation der Aktivität der Sonne verläuft nicht streng periodisch, wie bei einem Mechanismus, sondern zyklisch, wie bei einem Organismus. So schwankt die Länge des von dem Apotheker H. SCHWABE entdeckten 11-jährigen Sonnenfleckenzyklus zwischen 7 und 17 Jahren. In Abb. 6, welche die Sonnenflecken-Relativzahlen von 1700 bis zum Ende der achtziger Jahre darstellt, zeichnet sich deutlich ab, daß die Intensität der einzelnen 11-jährigen Maxima sehr unterschiedlich ist. Verbindet man in Gedanken die in der Abbildung dargestellten Spitzen durch eine einhüllende Kurve, so entsteht das Bild einer langwelligen Variation, in der sich eindeutige Minima in den Jahrzehnten um 1810 und um 1900 abzeichnen. W. GLEISSBERG, der diesem säkularen *Sonnenfleckenzyklus* ein ganzes Forscherleben gewidmet hat, geht davon aus, daß dessen Länge zwischen 80 und 90 Jahren liegt. Dabei handelt es sich aber, wie stets bei Zyklen, nur um einen mittleren Wert. Nach einer Analyse von GLEISSBERG[35], die sich auf 17 Jahrhunderte erstreckt, variiert der Abstand aufeinanderfolgender Maxima oder Minima zwischen 40 und 120 Jahren. Soweit es um Vorhersagen des zukünftigen Verlaufs geht, nützt daher praktisch die Kenntnis der durchschnittlichen Länge des Zyklus sehr wenig.

Diese Schwierigkeiten, die einer Vorhersage der Minima des *Gleissbergzyklus* im Wege stehen, werden nicht nur von Astronomen bedauert, da sich in letzter Zeit herausgestellt hat, daß kälteres Klima auf der Erde eng mit ausgedehnten Phasen schwacher Sonnenfleckentätigkeit zusammenhängt.[36] Die Gleissberg-Minima um 1810 und 1900 gingen mit kalten Win-

35 W. GLEISSBERG: Gibt es in der Sonnenfleckentätigkeit eine 179-jährige Wiederholungstendenz? (1975), S. 2, 11

36 J. A. EDDY: The Case of the Missing Sunspots (1977), S. 80; E. FRIIS-CHRISTENSEN / K. LASSEN: Length of the Solar Cycle (1991)

tern einher; der Rückzug der Gletscher hörte auf oder schlug sogar in ein Vorrücken um.[37] Die Ausbreitung arktischen Meereseises erreichte jeweils ein ausgeprägtes Maximum.[38] Im zeitlichen Abstand von Jahrhunderten, machmal auch Jahrtausenden, also mit großer Unregelmäßigkeit,

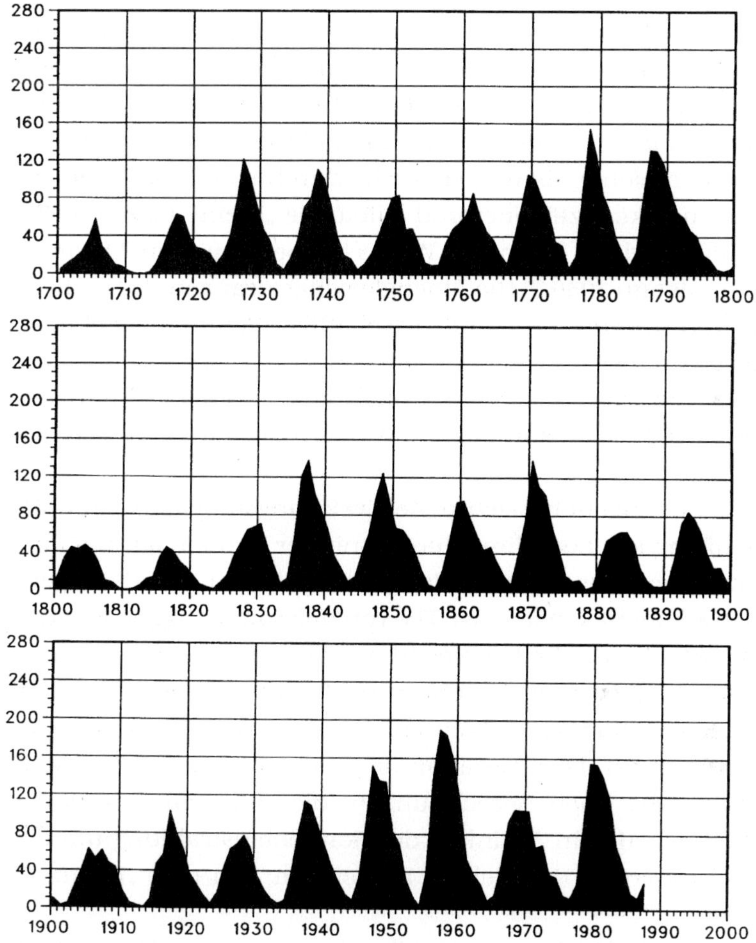

Abb. 6: 11-jähriger Zyklus der Sonnenflecken-Aktivität von 1700 – 1988. Die sehr unterschiedliche Intensität der Maxima deutet auf einen längeren Zyklus von rund 90 Jahren hin, der Gleissberg-Zyklus genannt wird.

sind die Gleissberg-Minima besonders ausgeprägt. In Abb. 7 nach C. D. SCHÖNWIESE[39] ist auf der linken Seite eine solche Phase zu erkennen,

37 H. v. RUDLOFF: Die Schwankungen und Pendelungen des Klimas in Europa seit dem Beginn der regelmäßigen Instrumentenbeobachtungen (1967); H. DRONIA: Verändern wir unser Klima? (1975), S. 52

38 H. H. LAMB: Climate History and the Modern World (1982), S. 260

die 1670 ihren Tiefpunkt erreichte. Es handelt sich um das *Maunder-Minimum*, das mit sehr schwacher Sonnenfleckentätigkeit und klimatisch mit der sogenannten „Kleinen Eiszeit" einherging.

Die gestrichelte Kurve in Abb. 7 stellt den Verlauf des *11-jährigen Sonnenfleckenzyklus* ab 1670 dar, während die ausgezogene Kurve auf geglätteten Werten beruht, welche die mehr oder weniger tiefen Minima um 1670, 1740, 1810 und 1900 ebenso wie die dazwischenliegenden Maxima in leicht erkennbarer Form abbilden. Dem Maunder-Minimum ging das *Spörer-Minimum* voraus, das gegen Ende des 15. Jahrhunderts seinen Tiefpunkt erreichte. Es war ebenfalls durch sehr schwache Sonnenfleckentätigkeit gekennzeichnet und leitete die „Kleine Eiszeit" ein. Während dieser Kälteperiode lagen die Wintertemperaturen in Europa bis zu 5° niedriger als um 1950.[40] Die Alpengletscher drangen tief in die Gebirgstäler ein und überdeckten landwirtschaftlich genutzte Flächen.[41] Treibeis breitete sich aus, und Packeis blockierte die isländischen Küsten. Der Meeresspiegel sank zwei Meter unter den Stand in der Mitte des 20. Jahrhunderts, weil die entsprechende Wassermenge im Polargebiet als Eis gebunden wurde.[42]

Inzwischen zeichnen sich erste Erklärungsmöglichkeiten für den Zusammenhang solcher Klimaphasen mit der Sonnenaktivität ab. Nach Satellitenbeobachtungen der letzten Jahre steht fest, daß die sogenannte *Solarkonstante* nicht konstant ist. Die von der Sonne insgesamt ausgestrahlte Energie, welche die Erde erreicht, verringerte sich vom Sonnenfleckenmaximum 1980 bis zum Minimum 1986 um 0,1% und stieg auf dem Wege zum nächsten Sonnenfleckenmaximum wieder an.[43] Entgegen dem ersten Eindruck ist diese Variation nicht so geringfügig, daß sie nichts bewirken könnte. Nach Berechnungen, die von Standard-Klimamodellen ausgehen, würde ein Absinken der Sonneneinstrahlung um 0,2 bis 0,5% während mehrerer Jahrzehnte ausreichen, um eine „Kleine Eiszeit" zu verursachen.[44]

Die Dynamik der Schwingung der Sonne um das Massenzentrum läßt sich quantitativ durch die zeitliche Änderung des Bahndrehimpulses erfassen. Ich bin bei der Darstellung dieser Dynamik im Gegensatz zu

39 C. D. SCHÖNWIESE: Klimaschwankungen, S. 127
40 H. v. RUDLOFF: Die Schwankungen und Pendelungen des Klimas in Europa, S. 87
41 H. TOLLNER: Zum Eisschwund der Alpengletscher (1948), S. 65
42 H. DRONIA: Verändern wir unser Klima?
43 R. B. LEE: Long-Term Solar Irradiance Variability (1990)
44 P. V. FOUKAL: The Variable Sun (1990)

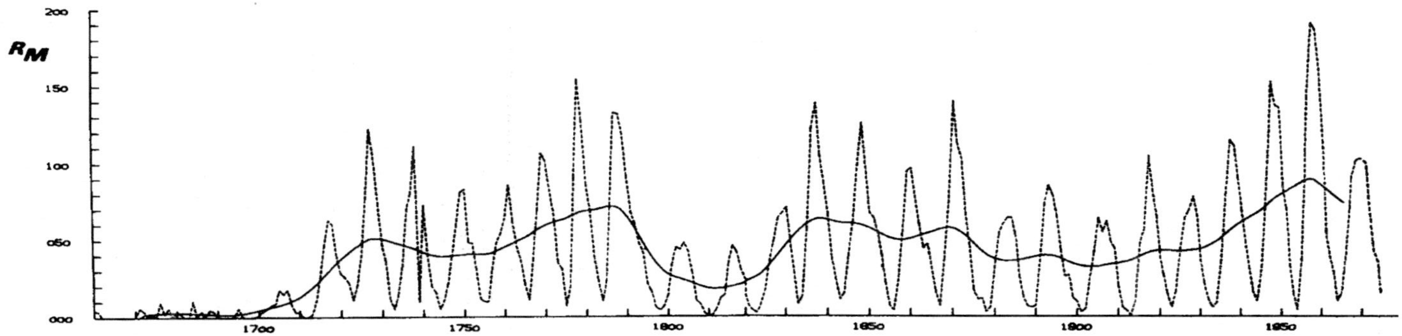

Abb. 7: Die gestrichelte Kurve stellt den Verlauf des 11-jährigen Sonnenflecken-Zyklus ab 1670 dar. Die ausgezogene Kurve nach C. D. SCHÖNWIESE beruht auf geglätteten Werten und hebt die Gleissberg-Minima um 1670, 1740, 1810 und 1900 ebenso wie die dazwischenliegenden säkulären Maxima deutlich heraus. Das besonders tiefe Minimum um 1670 wird Maunder-Minimum genannt. Es ging nicht nur mit sehr schwacher Fleckenaktivität, sondern auch mit ungewöhnlich kaltem Klima einher.

früheren Untersuchungen nicht von Differentialquotienten ausgegangen, sondern von der laufenden Varianz[45] *v* des Drehimpulses *L*. Hierdurch eröffnet sich eine neue Perspektive. Abb. 8 stellt die 36-jährige laufende Varianz *v* des Bahndrehimpulses der Sonne für die Jahre 700 – 1600 dar.

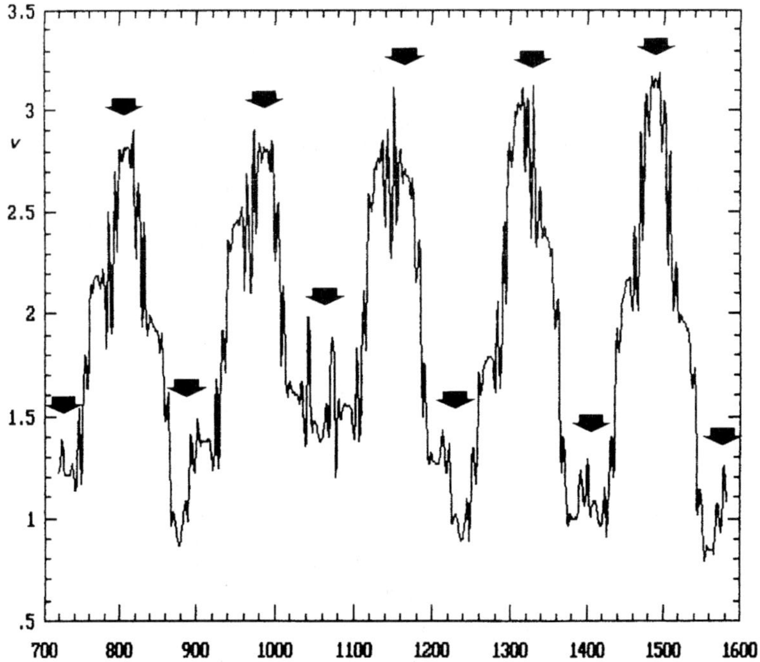

Abb. 8: Die Dynamik der Schwingung der Sonne um das Massenzentrum läßt sich durch die laufende Varianz *v* des Bahndrehimpulses *L* quantitativ erfassen. Die Kurve bildet die 36-jährige laufende Varianz für die Jahre 700 – 1600 ab. Alle Maxima und Minima der Varianzwerte fallen mit Gleissberg-Minima zusammen, deren Epochen durch fette Pfeile gekennzeichnet sind. Dieser Zusammenhang eröffnet die Möglichkeit langfristiger Vorhersagen.

Die abgebildete Kurve weist ganz eindeutig auf einen Zyklus hin, der eng mit dem säkularen Zyklus der Sonnenfleckentätigkeit korreliert ist. Alle Maxima und Minima, also alle Extrema der Kurve der Varianzwerte, fallen

45 Die Varianz wird als Quadrat der Standardabweichung definiert; sie wird durch die quadratischen Abweichungen der Daten vom arithmetischen Mittelwert gekennzeichnet. Die laufende Varianz wird gleich behandelt wie laufende Mittel, wie sie bei der Glättung von Zeitreihen eingesetzt werden; je mehr Glieder der Zeitreihe der Varianzwerte jeweils zur jeweiligen Mittelbildung herangezogen werden, desto stärker wird der Glättungseffekt, der zu einer gröberen Darstellung führt (vgl. T. YAMANE: Statistik (1976), Bd. 2, S. 801 – 805). Infolge der Quadrierung bei der Berechnung der Varianz wird der Unterschied zwischen positiven und negativen Abweichungen vom Mittelwert aufgehoben; im Vordergrund steht, ob es überhaupt Abweichungen vom Durchschnitt gibt, wie stark sie sind und welches Muster sie bilden. Aufeinanderfolgende Werte der laufenden Varianz lenken den Blick auf die Variation der Varianz, sind also besonders geeignet, die Dynamik eines Vorganges sichtbar zu machen.

ohne Ausnahme mit den aufeinanderfolgenden Gleissberg-Minima[46] zusammen, die durch fette Pfeile gekennzeichnet sind. Dieser Zusammenhang entspricht nicht der alltäglichen Erwartung, daß Maxima und Minima, in welcher Relation auch immer, mit entgegengesetzten Auswirkungen einhergehen. Der Umstand, daß es hier anders ist, spricht dafür, daß in den entgegengesetzten Extrema der Varianz ein gemeinsamer Faktor steckt, der für die Gleissberg-Minima verantwortlich ist. Wir werden dieser Erscheinung noch mehrfach begegnen; sie zeigt wiederum, wie wichtig es ist, völlig vorurteilsfrei an solche Untersuchungen heranzugehen. Meine Rechnungen zeigen, daß der Tiefpunkt des nächsten Gleissberg-Minimums um 2026 zu erwarten ist. Noch zu erörternde Gründe sprechen dafür, daß es sich um eine Schwächeperiode der Sonnenfleckenaktivität vom Typ des Maunder-Minimums handeln wird.

Als ich dieses Ergebnis, welches das Problem der Vorhersage der säkularen Minima der Sonnenfleckentätigkeit und der mit ihnen korrelierten Phasen kälteren Klimas mit einem Schlag zu lösen scheint, zum ersten Mal im April 1990 bei einer NASA-Konferenz[47] über den Einfluß der Sonnenaktivität auf das Klima vortrug, löste die Einfachheit der Lösung bei den anwesenden Naturwissenschaftlern Verwunderung aus. Dies scheint dafür zu sprechen, daß der interdisziplinäre Ansatz, der die Grundvorstellungen der *astrologischen Weltsicht* mit moderner wissenschaftlicher Methodik verbindet, zu Assoziationen führt, die bei isolierter Betrachtung vom astrologischen oder naturwissenschaftlichen Standpunkt als ungewöhnlich erscheinen. Der Leser möge sich vor Augen halten, daß die Dynamik der Schwingung der Sonne um das Massenzentrum CM von Konstellationen der Riesenplaneten gesteuert wird. Es wäre also eigentlich die Aufgabe der Astrologen gewesen, den Naturwissenschaftlern zu zeigen, wie Gleissberg-Minima und damit zusammenhängende Phasen kälteren Klimas vorhergesagt werden können. Dieses Beispiel zeigt zugleich, daß eine reformierte Astrologie, soweit sie sich mit Zusammenhängen der von EYSENCK und NIAS angesprochenen Art befaßt, konkrete Vorhersagen machen kann, da es hier nicht um Symbole geht, sondern um spezielle Zusammenhänge, die sich auf ganz scharf umrissene Ereignisse beziehen. Dies wird durch eine ganze Reihe von Beispielen deutlich werden.

46 W. GLEISSBERG: The 80-year Sunspot Cycle (1958), 150; F. LINK: Solar Cycles Between 1540 and 1700 (1978), S. 175 – 178

47 T. LANDSCHEIDT: Relationship between Rainfall in the Northern Hemisphere and Impulses of the Torque in the Sun's Motion (1990), S. 260, 265

4. „Fünffingrige Hände“ als Ausdruck der Dynamik der Sonnenbewegung

Maßstabtransformationen spielen in der heutigen Wissenschaft eine bedeutende Rolle. Sie haben sich aus dem Verfahren der Renormalisierung entwickelt, das in der Quantenelektrodynamik angewendet wurde, wenn unendliche Werte auftauchten. Masse und Ladung subatomarer Teilchen wurden so renormiert, daß praktikable Rechenergebnisse zustande kamen. Inzwischen hat der Nobelpreisträger K. G. WILSON gezeigt, daß diese Technik universal angewendet werden kann.[48] Schwierigkeiten mit komplizierten Systemen lassen sich oft dadurch überwinden, daß der Maßstab der Betrachtung so vergröbert wird, daß das verwickelte System einfacher erscheint. Dies hat sich insbesondere bei Phasenübergängen bewährt, bei denen plötzlich das gesamte System von Zustandsänderungen erfaßt wird, die im Detail nicht mehr überschaut werden können,[49] wie zum Beispiel bei Wasser, das gefriert, oder zu kochen beginnt. K. G. WILSON selbst hat hervorgehoben, daß die grundlegende physikalische Idee seiner Methode ein Kaskadeneffekt sei, dem wiederum als Prinzip die Maßstabtransformation zugrunde liege.[50] B. B. MANDELBROT[51], der Vater der Fraktale, hat dies zum Anlaß genommen, nachdrücklich darauf hinzuweisen, daß die Maßstabtransformation auch ein Grundprinzip fraktaler Strukturen sei. Dies zeigt, wie umfassend dieses Grundprinzip ist, da Fraktale überall in der Natur zu finden sind.

Maßstabtransformationen können auch in der Weise vorgenommen werden, daß ein grober Maßstab durch einen feineren ersetzt wird. Abb. 9 ist das Ergebnis einer solchen Transformation. Sie gibt die 9-jährige laufende Varianz v des Bahndrehimpulses L der Sonne für die Jahre 730 bis 1075 wieder, die an die Stelle des gröberen Musters der 36-jährigen laufenden Varianz der Abb. 8 tritt. Ich war merkwürdig berührt, als ich dieses Bild zu Anfang des Jahres 1990 zum ersten Male auf dem Bildschirm meines Computers sah[52], denn ich dachte sofort an fünffingrige Hände und an die eingefleischte Überzeugung der Wissenschaftler, daß

48 K. G. WILSON: Problems in Physics With Many Scales of Length (1979)

49 P. PFEUTY / G. TOULOUSE: Introduction to the Renormalization Group and Critical Phenomena (1977)

50 K. G. WILSON: The Renormalization Group (1975), 774

51 B. B. MANDELBROT: The Fractal Geometry of Nature (1983), S. 331

52 Bereits am 26. April 1990 habe ich in dem Vortrag „Relationship Between Rainfall in the Northern Hemisphere and Impulses of the Torque in the Sun's Motion“ auf einer internationalen Konferenz am Goddard Space Flight Center der NASA in Greenbelt, Maryland, auf die Konsequenzen dieses überraschenden Zusammenhangs hingewiesen.

fünfzählige Symmetrie mit Funktionen „toter Körper" wie der Sonne völlig unvereinbar sei. Dies mag mit der für unumstößlich gehaltenen Regel zusammenhängen, daß bei kristallinen Festkörpern, die den Großteil der festen Stoffe ausmachen, die Ordnungszahl fünf nicht vorkommt. In Lehrbüchern der Kristallographie wird auch angegeben, warum das so sein muß. So heißt es bei P. ESKOLA:

> „In den Kristallen können nur 1-, 2-, 3-, 4- und 6-zählige Drehungsachsen auftreten, denn es muß die gegen die Symmetrieachse senkrechte Netzebene durch Punktreihen in gleich große und lückenlos sich aneinanderfügende Polyeder geteilt werden können. Jetzt ist leicht einzusehen, daß ausschließlich Parallelogramme, gleichseitige Dreiecke, Vierecke und regelmäßige Sechsecke die Ebene lückenlos ausfüllen, aber ... nicht regelmäßige Fünfecke."[53]

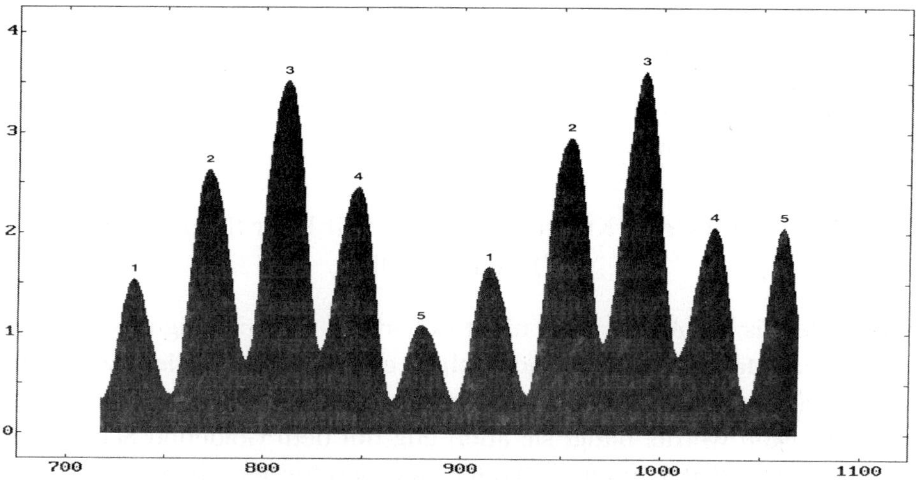

Abb. 9: 9-jährige laufende Varianz des Bahndrehimpulses der Sonne von 730 – 1075. Durch die Verfeinerung des Maßstabes gegenüber Abb. 8 werden „fünffingrige Hände" sichtbar. Dieses Auftauchen fünfzähliger Symmetrie in der Dynamik der Sonnenschwingung ist eine Überraschung, da sie bis vor kurzem nur bei Lebewesen gefunden wurde.

Fünfzählige Symmetrie ist nach der bisher herrschenden Meinung ausschließlich Lebewesen vorbehalten, wie bei der fünffingrigen Hand des Menschen oder der fünfteiligen Anordnung der Blütenblätter und Staubgefäße der Pflanzen. Auch Psychologen stimmen in diesen Chor ein. So schreibt L. PANETH:

> "Derselbe Mensch nun, der in der leblosen Natur die Zahlen 2, 3, 4, 6 in verschiedenster Ausprägung, nie aber eine Fünf verwirklicht fand –

53 P. ESKOLA: Kristalle und Gesteine (1946)

schon ein flüchtiger Blick in die belebte Natur, in die Gesetzmäßigkeit der Blütenpflanzen, brachte ihm die Zahl Fünf in überwältigender Fülle entgegen. Denken wir nur an die Rosaceen, denen unsere wichtigsten Obstbäume angehören, die Ranunculaceen mit ihren vielen Frühlingsblumen. Daß gerade im Frühling dieser triumphale Ausbruch der Fünf sich ereignet, mußte den Eindruck, der schon aus dem Gegensatz Leblos-Belebt sich aufdrängt, noch verstärken ... die Fünf als Charakteristikum der zeugenden Lebensfülle gegenüber dem starren, unbeweglichen Toten."[54]

Paläontologen benutzen die fünfzählige Symmetrie als zuverlässiges Kriterium, um biologische Fossilien von Funden geologischen Ursprungs zu unterscheiden. Selbst Viren, die auf der Grenze zwischen belebter und unbelebter Materie existieren, schließen sich schon zu Kolonien zusammen, die auf dieser Symmetrie beruhen.[55] Die langkettigen Nukleinsäuren, die Speicher genetischer Information, setzen beim Aufbau ihres Rückgrats fünfgliedrigen Zucker (Pentose) ein, obwohl sechsgliedriger Zucker (Hexose), chemisch betrachtet, eigentlich genausogut für diese Aufgabe geeignet wäre.[56]

5. Es gibt doch Kristalle mit fünfzähliger Symmetrie: Quasikristalle

Das Ergebnis der Abb. 9 steht nicht isoliert da. Die Schwingung der Sonne um das Massenzentrum und noch zu erörternde vielfältige Zyklen der Sonnenaktivität werden von der Fünfzahl geradezu beherrscht. Wie ich weiter zeigen werde, hängt sie auch eng mit dem Goldenen Schnitt zusammen. Der Pythagoräer HIPPASOS, der den fünften platonischen Körper entdeckte, dessen Grenzfläche obendrein das Fünfeck ist, wurde von seinen Ordensbrüdern wegen dieser Störung ihres auf der Vierheit gegründeten Weltbildes im Meer ertränkt. Das gleiche Schicksal erlitt ein anderer Pythagoräer, der nachwies, daß die Wurzel aus 2 ebenso wie der Goldene Schnitt nur durch eine irrationale Zahl auszudrücken ist.[57] Diese Schicksale von Märtyrern der Wissenschaft machen deutlich, daß bei

54 L. PANETH: Zahlensymbolik im Unbewußtsein (1952), S. 64 – 65

55 G. M. ZASLAVSKY / R. Z. SAGDEEV / D. A. USIKOV / A. A. CHERNIKOV: Weak Chaos and Quasi-Regular Patterns (1991), S. 225

56 B. H.: Welche Bausteine braucht das Leben? Frankfurter Allgemeine Zeitung vom 24. 7. 1991

57 J. JEANS: Werdegang der exakten Wissenschaft (1948)

den hier vorgelegten Ergebnissen ebenfalls mit emotionalen Reaktionen zu rechnen ist, da sie an tief eingewurzelte Vorurteile rühren.

Immerhin haben inzwischen D. S. SHECHTMAN und seine Kollegen vom National Institute of Standards and Technology der USA entdeckt, daß es doch Kristalle mit fünfzähliger Symmetrie gibt.[58] Sie haben überwiegend die Form des fünften platonischen Körpers, des Pentagondodekaeders, das von zwölf regelmäßigen Fünfecken begrenzt wird. Die Wissenschaftler nennen diese Kristallform abwertend Quasikristall, obwohl sie allen wesentlichen Anforderungen genügt, die an einen Kristall gestellt werden können. Nur gehen die „kreativen“ Fähigkeiten dieser Festkörper weit über die gewöhnlicher Kristalle hinaus. Wunderbarerweise füllen sie nicht nur den zur Verfügung stehenden Raum trotz ihrer fünfeckigen Grenzflächen lückenlos aus, sondern schaffen ein Muster, das sich trotz der Regelmäßigkeit der beteiligten Formelemente nie wiederholt. Der Forscher R. BECKER, der in den Bell-Laboratorien arbeitet, hat unter dem Eindruck eines Blicks auf Quasikristalle unter dem Raster-Tunnel-Mikroskop geäußert:

> "Diese fünfzählige Symmetrie ist ein absoluter Schock. Diese Erscheinungsformen und Abmessungen beweisen, daß fünfeckig angeordnete Gruppen von Atomen sich so zusammenfügen können, daß perfekte Quasikristalle entstehen.“[59]

Nach den bisher vorliegenden Ergebnissen wachsen die *Quasikristalle* nicht wie gewöhnliche Kristalle in der Weise, daß sich ein Atom nach dem anderen an die schon vorhandene Struktur anlagert, sondern so, daß unvermittelt die Gesamtstruktur entsteht. R. PENROSE, ein Forscher mit ungewöhnlichen Ideen, hat die Existenz der Quasikristalle vorhergesagt. Er meint, daß eine Erklärung der ungewöhnlichen Fähigkeiten dieser Kristalle nur gefunden werden kann, wenn nichtlokale quantenmechanische Funktionen in Betracht gezogen werden. R. PENROSE hält es sogar für möglich, daß die Fähigkeit der Quasikristalle, komplizierte Strukturen, die sich nicht wiederholen, ganzheitlich zu errichten, etwas mit der Funktion des menschlichen Hirns gemeinsam habe.[60] Für die Ungewöhnlichkeit der Eigenschaften der Quasikristalle spricht, daß einige Forscher den Versuch unternommen haben, ihre schwer zu durch-

58 D. R. NELSON: Quasicrystals (1986)

59 R. HIGHFIELD: New Form of Matter Discovered. – The Daily Telegraph, London, März 1990

60 R. PENROSE: The Emperor's New Mind (1989), S. 434 – 439

schauende Anordnung als Projektionen höherdimensionaler Kristallgitter zu erklären. So ist es gelungen, die Struktur bestimmter Quasikristalle als dreidimensionalen Schnitt durch ein übergeordnetes sechsdimensionales Gitter zu beschreiben.[61] Die hier eingehender dargestellten Eigenschaften der Quasikristalle werden später noch eine Rolle spielen, und zwar im Zusammenhang mit astrologischen Aspekten.

6. „Große Finger“ der „Sonnen-Hände“ bezeichnen Wendepunkte im Jahrhundert-Zyklus der Sonnenflecken

Den „organischen“ Strukturen in Abb. 9 entsprechen ganz exakt Zyklen, welche die verschiedenen Erscheinungen der Sonnenaktivität einem zeitlichen Rhythmus unterwerfen. Mit der ganzen „Hand“ geht ein Zyklus von 178.8 Jahren einher. Den einzelnen „Fingern“ der Hand, die zur einfacheren Kennzeichnung numeriert sind, lassen sich Zyklen zuordnen, die eine durchschnittliche Länge von 35.8 Jahren haben. Die genaue tatsächliche Länge läßt sich aus der jeweiligen Gesamtkonstellation der gewichtigsten Körper des Sonnensystems errechnen. Die Finger in Abb. 9 werden von nun an *große Finger* (GF) genannt, während die an sie anknüpfenden Zyklen von rund 36 Jahren als *GF-Zyklen* (GFZ) bezeichnet werden. Bei allen GFZ wird die Nullphase ($0°$) durch den „Fingeransatz“ und die Mittelphase ($180°$ oder π) durch die „Fingerkuppe“ gekennzeichnet. Die genauen Zeitpunkte dieser Phasen lassen sich als Minima und Maxima der laufenden Varianz v des Bahndrehimpulses L der Sonne exakt berechnen.

Abb. 10 gibt die 9-jährige laufende Varianz v für den Zeitraum von 700 bis 1600 wieder, der 5 Hände umfaßt. Die Finger der jeweiligen Hand sind durchnumeriert. Die Gleißberg-Minima, deren Daten durch Dreiecke angezeigt werden, die auf der Spitze stehen, fallen stets mit den Kuppen des Mittelfingers (GF3) und des kleinen Fingers (GF5) zusammen, deren Abstand 70 bis 90 Jahre beträgt, während die restlichen Finger jeweils auf Maxima im säkularen Zyklus der Sonnenfleckentätigkeit hinweisen. Die von W. GLEISSBERG und F. LINK festgelegten Maxima sind in der Abbildung durch nach oben weisende Pfeile gekennzeichnet. Finger 1 und 2 fallen mit ausgedehnten Perioden intensiver Sonnenfleckentätigkeit zusammen, die nur durch eine kurze Periode schwächerer Aktivität unterbrochen wird, während Finger 4 säkulare Aktivität anzeigt, die sich auf ei-

61 P. W. STEPHENS / A. I. GOLDMAN: The Structure of Quasicrystals (1991), 47

ne eingegrenzte Periode starker Fleckentätigkeit konzentriert. Das rhythmische Muster der Hände und Finger reagiert sehr empfindlich auf Störungen. Der letzten Hand in Abb. 10 fehlt ein Finger. Wie von der Zeichnung abzulesen ist, fallen Finger 1 und 2 zusammen. Dies hatte entsprechende Auswirkungen. Wo sonst zwei getrennte säkulare Fleckenmaxima aufeinanderfolgen, ereignete sich nur ein einziges Maximum, das außerdem sehr schwach ausfiel. Noch stärker wirkte sich die „organische Anomalie" in dem nachfolgenden säkularen Minimum am Ende des 15. Jahrhunderts aus, das sich durch besonders schwache Fleckentätigkeit auszeichnete. Es handelt sich um das bereits erwähnte Spörer-Minimum.

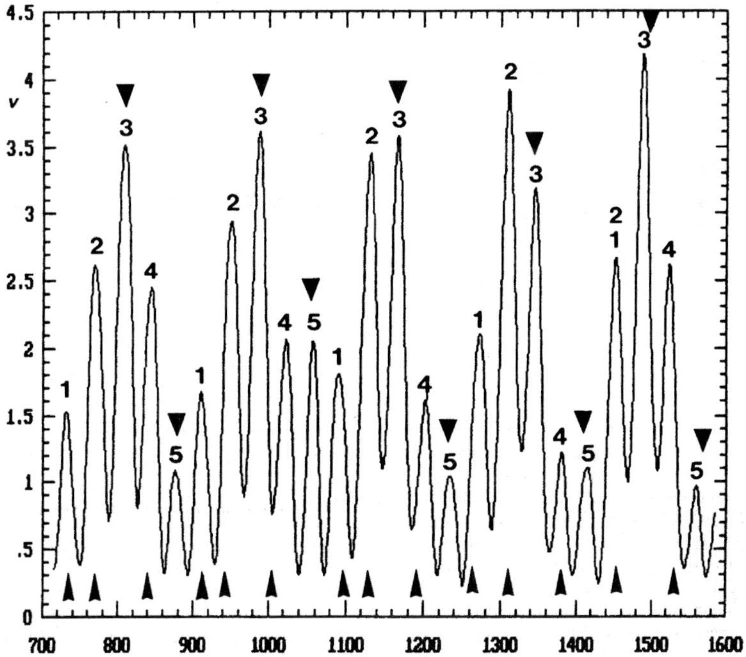

Abb. 10: 9-jährige laufende Varianz des Bahndrehimpulses der Sonne von 700 – 1600. Die „Finger" der „Sonnenhände" sind numeriert. Finger 3 und Finger 5 weisen jeweils auf Gleissberg-Minima hin, deren beobachtete Zeitpunkte durch nach unten weisende Dreiecke markiert sind. Die restlichen Finger zeigen Gleissberg-Maxima an, deren Epochen durch nach oben weisende Pfeile gekennzeichnet sind. Der Hand am rechten Bildrand fehlt der erste oder zweite Finger. Der auf diese „organische" Anomalie folgende Finger 3 fiel mit dem besonders tiefen Spörer-Minimum zusammen, das klimatisch die „Kleine Eiszeit" einleitete.

Abb. 11 zeigt, wie die weitere Entwicklung verläuft. In den Jahrhunderten nach 1600 taucht eine neue Form der Störung auf, die in den Jahren 700 – 1600 nicht vorkam. Es handelt sich um Phasen rückläufiger Bewegung der Sonne in ihrer Schwingung um das Massenzentrum, die mit negativem Bahndrehimpuls einhergehen. Die Sonne läuft in diesen Fällen nicht um CM herum, sondern zieht vor dem Massenzentrum eine kurze Schleife. Wie in Abb. 5 zu sehen ist, ereignete sich ein solcher Fall in den Jahren 1989 – 1991. Vor 1600 war die Sonne zuletzt im Jahre 482 rückläufig und danach 1632 und 1811 – 1812. Erst 2168 – 2169 ist die nächste Rückläufigkeit zu erwarten.

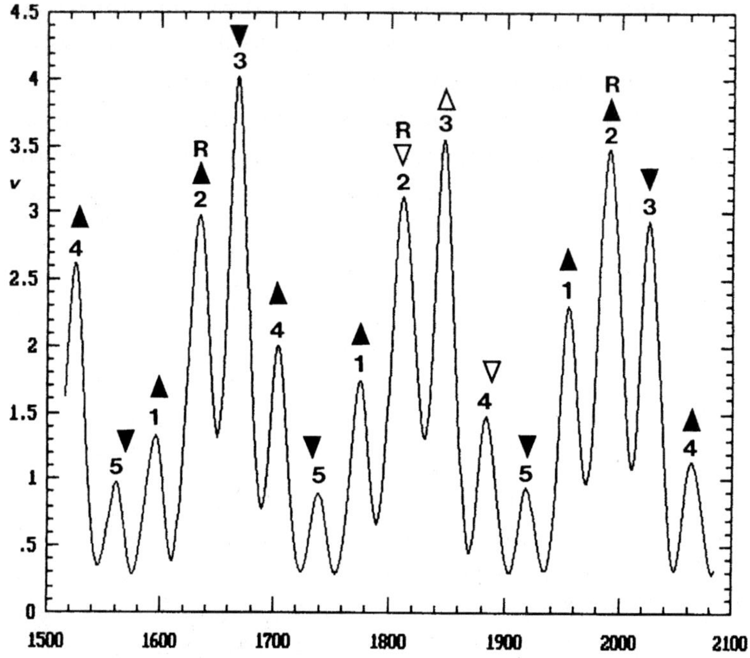

Abb. 11: 9-jährige laufende Varianz *v* des Bahndrehimpulses *L* der Sonne in ihrer Bewegung um das Massenzentrum von 1500 – 2100. Nach unten zeigende Dreiecke kennzeichnen beobachtete oder zukünftige Gleissberg-Minima, während nach oben weisende Dreiecke Gleissberg-Maxima markieren. Seltene Phasen der Rückläufigkeit der Sonne in ihrer Bahnbewegung sind mit R gekennzeichnet. Die R-Phase 1632 ging dem Maunder-Minimum voraus, während die Rückläufigkeit 1810 zu einer Rhythmusstörung führte, die durch offene Dreiecke angedeutet ist. Das nächste Gleissberg-Minimum um 2026 wird voraussichtlich ähnlich ausgeprägt sein wie das Maunder-Minimum, weil es auf die Rückläufigkeit der Jahre 1989 und 1990 folgt.

In Abb. 11 sind solche Phasen mit R gekennzeichnet. Sie fallen stets mit dem „Zeigefinger" (GF2) zusammen. Die rückläufige Bewegung 1632 (GF2) führte nicht zu einer Rhythmusstörung. Es ist aber auffällig, daß das darauf folgende Gleissberg-Minimum (GF3) mit dem Maunder-Minimum identisch ist, also einer seltenen Periode außerordentlich schwacher Fleckentätigkeit. Die Rückläufigkeit um 1811 (GF2) löste eine Phasenanomalie aus. Normalerweise zeigt GF2 starke Fleckenaktivität an. Stattdessen entwickelte sich in der Napoleonischen Zeit das ausgeprägteste säkulare Minimum, das nach dem Maunder-Minimum beobachtet wurde.

Die Phasenanomalie erfaßte auch die nachfolgenden Finger GF3 und GF4. Wo sonst ein Maximum zu erwarten ist, entwickelte sich ein Minimum und umgekehrt. In Abb. 11 werden diese Perioden durch weiße Dreiecke hervorgehoben, während sonst die beobachteten Daten säkularer Maxima und Minima durch schwarze Dreiecke markiert sind, die bei Maxima mit der Spitze nach oben zeigen, während sie bei Minima nach unten gerichtet sind. GF5 zu Anfang des 20. Jahrhunderts stellte den regulären Rhythmus wieder her. Die ausgedehnte Periode schwacher Sonnenfleckenaktivität von 1880 – 1930 hängt offensichtlich damit zusammen, daß auf die irreguläre Minimumphase GF4 die reguläre Minimumperiode GF5 folgte. Der Phasensprung, der durch die Rückläufigkeit der Sonne um 1811 eingeleitet wurde, ist der einzige Fall, der sich in 14 Jahrhunderten ereignet hat. Bei Rhythmusanomalien scheint sich Instabilität zu entwickeln, die in seltenen Ausnahmefällen so extrem ist, daß sie zu einem Phasensprung führt.

7. Vorhersage schwacher Sonnenaktivität und kalten Klimas um 2026

Im 20. Jahrhundert hat sich die Sonnenfleckenaktivität bisher ohne Ausnahme dem Fingerrhythmus eingefügt. Als die Periode GF1 in der zweiten Hälfte der fünfziger Jahre ihren Höhepunkt erreichte, wurden Rekordwerte der Sonnenfleckenzahlen erreicht. Nach einer vorübergehenden Abschwächung der Aktivität in den Jahren um 1970, die auch mit kühlerem Klima einherging, folgte regelgerecht die Maximumphase GF2, die ihren Höhepunkt um 1990 erreichte. Die 11-jährigen Sonnenfleckenzyklen 21 und 22 mit ihren Maxima in den Jahren 1979 und 1989 zeichneten sich durch starke Fleckenaktivität aus, die allgemeine Überraschung auslöste, weil angenommen wurde, daß auf ein starkes säkulares Maximum ein ausgeprägtes Minimum folgen müsse. Das ist jedoch nicht der Fall, wenn GF1 und GF2, wie hier, aufeinanderfolgende Maxima anzeigen. Es sollte aber nicht vergessen werden, daß die Sonne von 1989 bis 1991 rückläufig war und einen negativen Bahndrehimpuls hatte. Da alle hier erörterten Zyklen auf Variationen des Bahndrehimpulses beruhen, ist damit zu rechnen, daß die Rückläufigkeit wie in allen vorhergehenden Fällen Folgen haben wird. Eine Phasenanomalie wie 1811 hat sich nicht entwickelt. Ich gehe daher davon aus, daß sich eine ähnliche Situation ergeben wird wie um 1670, als die GF3-Phase, die auf die Rückläufigkeit

1632 folgte, mit dem Maunder-Minimum zusammenfiel. Ist das richtig, so ist damit zu rechnen, daß das nächste Gleissberg-Minimum um 2026 besonders ausgeprägt sein wird, ähnlich wie das Spörer-Minimum und das Maunder-Minimum.

J. A. EDDY[62] hat durch eine Untersuchung, die bis ins 6. Jahrtausend v. Chr. zurückgeht, Beweise dafür vorgelegt, daß jede Phase besonders ausgeprägter Schwäche der *Fleckenaktivität* vom Typ des Maunder-Minimums von ähnlich kaltem Klima wie in der Kleinen Eiszeit begleitet war. Wie bereits erörtert wurde, scheint dies damit zusammenzuhängen, daß die insgesamt von der Sonne ausgestrahlte Energie, die auf die Erdatmosphäre trifft, geringer wird, wenn die Sonnenfleckentätigkeit absinkt. Es ist daher zu erwarten, daß das Klima nach der Erwärmung, die mit dem säkularen Maximum 1990 zusammenhängt, wieder kälter werden wird mit einem Tiefpunkt um 2026.

Der Treibhauseffekt wird vielleicht etwas zur Milderung der neuen Kälteperiode beitragen. Sicher ist dies jedoch nicht. Wenn die Spurengase wie Kohlendioxid und Methan weiterhin so anwachsen wie seit dem Beginn der Industrialisierung und der ungehemmten Vermehrung der Menschheit, ist zu befürchten, daß sich dies früher oder später negativ auf das Klima auswirken wird. Der Treibhauseffekt ist aber nicht der einzige Faktor, der auf das Klima einwirkt. Wäre er allein wirksam, so müßte die globale Temperatur einen linear aufsteigenden Trend zeigen. Das ist jedoch nicht der Fall. Das *Klima* veränderte sich vielmehr genau im gleichen Rhythmus wie der Gleißberg-Zyklus.[63] Von 1890 – 1920 trat eine Abkühlung ein, obwohl die Industrialisierung stark fortschritt. Als das säkulare Maximum der fünfziger Jahre herannahte, stiegen die Temperaturen an, sanken dann aber bis 1970 wieder ab, obwohl gerade in den Jahrzehnten nach dem 2. Weltkrieg der Zuwachs des CO_2-Gehalts der Atmosphäre durch die exzessive Steigerung des Ölverbrauchs und den Raubbau an den Wäldern stark erhöht wurde.[64] Der unverkennbare Anstieg der Temperaturen in den achtziger Jahren ist mit dem Herannahen des säkularen Maximums der Sonnenfleckentätigkeit mit dem Höhepunkt um 1990 korreliert. Je mehr wir uns dem säkularen Minimum mit dem Tiefpunkt um 2026 nähern, werden aber die Temperaturen wieder sinken.

62 J. A. EDDY: The Maunder Minimum (1976), 1189

63 E. FRIIS-CHRISTENSEN / K. LASSEN: Length of the Solar Cycle (1991), S. 698 – 700

64 J. E. WALSH: The Arctic As a Bellwether (1991), 19

Hinzu kommt, daß das in der Öffentlichkeit ausgebreitete Szenario unmittelbar bevorstehender katastrophaler Auswirkungen des Treibhauseffekts auf sehr einfachen Klimamodellen beruhte, die weder die ausgleichende Rolle der Ozeane noch den Einfluß der Wolkenbildung auf das Klima berücksichtigten. Niedrig liegende Wolken kühlen die Erdoberfläche ab. Erhöhen sich die Temperaturen, so werden Konvektion und Wolkenbildung stärker, wobei schon eine Vermehrung der Wolkenbildung um 15 – 20% hinreicht, eine Verdoppelung des CO-Gehalts der Atmosphäre auszugleichen. Auch eine winzige Veränderung der Größe der Wassertropfen in den Wolken kann den Treibhauseffekt zum Verschwinden bringen.[65] Die schon recht moderaten Vorhersagen der Fachleute auf der Weltklimakonferenz Ende 1990 sind inzwischen durch Ergebnisse der Wissenschaftler des Hamburger Max-Planck-Instituts für Meteorologie, die in ihrem Modell die Speicherkapazität der Ozeane berücksichtigen, noch einmal halbiert worden. Hiernach soll der *Treibhauseffekt*, isoliert betrachtet, bis zum Jahre 2060 den Meeresspiegel nur um 4 – 10 cm anheben und die Globaltemperatur um rund 1 °C erhöhen.[66] Demgegenüber würden die Auswirkungen einer neuen *Kleinen Eiszeit*, die bereits beschrieben wurden, viel stärker und kurzfristiger durchschlagen.

8. Irdische Resonanzen der solaren Zyklen „großer Finger"

a) Regen-Zyklen in geschichteten Ablagerungen des Gletschersees Saki

Die großen Finger und die mit ihnen verknüpften Zyklen bilden nicht nur Gleißberg-Extrema ab, sondern auch andere Erscheinungen der Sonnenaktivität, wie energetische Eruptionen, welche die in Sonnenflekken gespeicherte magnetische Energie freisetzen und für deren Ausbreitung im Sonnensystem sorgen. Der Forschungsbereich der solar-terrestrischen Beziehungen befaßt sich mit den irdischen Auswirkungen dieser Form der Sonnenaktivität. Es kommt daher nicht gänzlich unerwartet, daß die GF-Zyklen sich auch in irdischen Datenreihen widerspiegeln. Geschichtete Jahresablagerungen in Gletscherseen, sogenannte *Warven*, weisen im allgemeinen durch ihre unterschiedliche Dicke auf mehr oder weniger Regen im Jahresablauf hin. W. B. SCHOSTAKOWITSCH[67] hat sol-

65 J. T. KIEHL: Clouds and Climate Change (1991), 112

66 H. SCHUH: Verschnaufpause im Treibhaus. – Die Zeit, 7. Juni 1991, S. 20

67 W. B. SCHOSTAKOWITSCH: Bodenablagerungen der Seen und periodische Schwankungen der Naturerscheinungen (1934)

che Warven aus dem See *Saki* auf der Krim entnommen und die Dicke der jeweiligen Jahresablagerungen aufgelistet. Zugleich hat er sichergestellt, daß die dicksten Warven tatsächlich mit Jahren besonders starken Regenfalls einhergingen und die dünnsten Ablagerungen mit ausgesprochen trockenen Jahren.[68] Seine Veröffentlichung der Daten erstreckt sich auf den Zeitraum 2295 v. Chr. bis 1894 n. Chr.

Schon bei erstem Hinsehen zeichnet sich ab, daß die Jahre mit maximaler Schichtdicke, die auf starke Regenfälle hinweisen, zyklisch wiederkehren. Als ich für die Jahre 700 – 1894 diese Maxima untersuchte, stellte sich sofort heraus, daß sie sehr eng mit dem GF-Zyklus zusammenhängen. Die Nullphasen und die Mittelphasen des GFZ fielen jeweils mit Maxima in der Warvendichte zusammen, also mit Perioden starken Regenfalls. Ein statistischer Test zeigt, daß die Nullhypothese, daß keine solche Beziehung bestehe, mit sehr geringer Irrtumswahrscheinlichkeit ($P < 4 \cdot 10^{-14}$) abgelehnt werden kann. Wird die Datengruppe in zwei gleich große Hälften geteilt, tritt die Korrelation genau so deutlich in jeder der Einzelgruppen hervor.[69] Die durchschnittliche Dicke der untersuchten Warven beträgt 1,2 mm. Dicken von 80 mm, die auf katastrophenartige Regenfälle hinweisen, kamen in 4189 Jahren nur neunmal vor. Sie fielen ohne Ausnahme auf Null- oder Mittelphasen des GF-Zyklus. Ein χ^2-Test führt bei 1 Freiheitsgrad zu dem Wert 13,5 und dem Signifikanzniveau $P < 0{,}0003$. Derart präzise, zeitlich scharf eingeordnete Zusammenhänge, die sich über viele Jahrhunderte erstrecken, sind auf dem Gebiet der solar-terrestrischen Beziehungen mit klimatischem Einschlag ungewöhnlich. Die bisher gefundenen Korrelationen erstreckten sich höchstens auf mehrere Jahrzehnte und verschwanden meist wieder, wenn weitere Daten in die Zeitreihe einbezogen wurden.[70]

b) Langfristige Schwankungen in der Rotation der Erde

In meinem Buch *„Sun – Earth – Man“*[71] habe ich gezeigt, daß Variationen in der *Rotation der Sonne* um ihre Achse durch die Schwingung der Sonne um das Massenzentrum beeinflußt werden. Daraus folgt zugleich ein Zusammenhang mit den Variationen der Sonnenaktivität, weil diese mit der Rotation verknüpft sind. Selbst die Rotation der Erde fügt sich in die-

68 W. B. SCHOSTAKOWITSCH: Geschichtete Bodenablagerungen der Seen als Klima (1936)
69 T. LANDSCHEIDT, NASA Conference Publication 3086, S. 260 – 262
70 J. A. EDDY: An Historical Review of Solar Variability, Weather, and Climate (1983)
71 T. LANDSCHEIDT: Sun – Earth – Man, S. 53 – 57

ses Beziehungsgeflecht ein. Nach Beobachtungen von A. DANJON[72] machte die Erde nach den gewaltigen Sonneneruptionen vom 23. Februar 1956 und vom 16. Juli 1959 einen Sprung in ihrer Rotation. Der Tag wurde vorübergehend fast 2 Millisekunden länger und erreichte erst nach einem halben Jahr wieder den früheren Wert. Außer der Periode der Erddrehung änderte sich auch die Lage der Drehachse im Erdkörper. Hinter diesen Einzelfällen verbirgt sich ein allgemeiner Zusammenhang zwischen Erdrotation, Sonnenaktivität und der Gesamtdynamik des Sonnensystems. Abb. 12 nach F. MIGNARD[73] stellt die langfristige Entwicklung der Länge des irdischen Tages für die Jahre 1780 – 1980 dar.

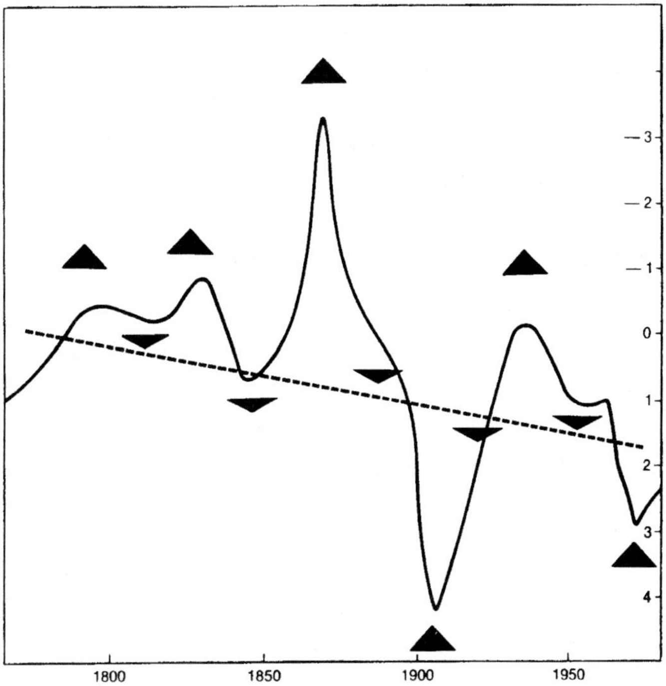

Abb. 12: Darstellung der langfristigen Variationen der Rotationsgeschwindigkeit der Erde nach F. MIGNARD. Die geneigte Trendlinie zeigt an, wie sich die Rotation durch die Gezeitenreibung verlangsamt. Die vertikale Skala bezeichnet das Maß der Variation in Millisekunden. Der Beobachtungszeitraum erstreckt sich von 1780 – 1980. Aufwärts zeigende Dreiecke kennzeichnen die Nullphasen „großer Finger", die mit den stärksten positiven oder negativen Abweichungen vom Trend einhergehen, während flache, nach unten weisende Dreiecke Mittelphasen der „großen Finger" markieren, die mit minimalen Abweichungen vom Trend zusammenfallen.

Die geneigte gerade Linie zeigt an, wie sich die Erdrotation allmählich durch die Gezeitenreibung verlangsamt, die Tageslänge also anwächst. Die Zeitskala der senkrechten Achse mißt Millisekunden.

72 A. DANJON: Solar Flares and Changes in the Length of the Day (1960), S. 1399

Die unregelmäßige Kurve, welche die säkularen Schwankungen der Rotationsgeschwindigkeit abbildet, hängt eng mit den GF-Zyklen (GFZ) der Sonne zusammen. Alle Nullphasen der GFZ, die in den dargestellten Zeitraum fallen, sind durch große, mit der Spitze nach oben zeigende Dreiecke gekennzeichnet. Sie fallen ohne Ausnahme mit Extrema der Kurve zusammen, die stärker von der Trendlinie abweichen, gleichgültig, ob dies eine positive oder negative Abweichung ist. Die Mittelphasen der GFZ, die in der Abbildung durch flache, nach unten zeigende Dreiecke markiert sind, kennzeichnen dagegen Bereiche der Kurve, die nahe an der Trendlinie liegen. Dieser Sachverhalt, auf den ich bereits im April 1990 auf der internationalen NASA-Konferenz *„Climate Impact of Solar Variability"* in Greenbelt, Maryland, hingewiesen habe,[74] eröffnet die Möglichkeit von langfristigen Vorhersagen, die sich auf Konstellationen der Sonne und der Riesenplaneten stützen: Mit den nächsten stärkeren Abweichungen der Tageslänge vom Gezeitenreibungstrend ist in den Jahren um 2007 und 2046 zu rechnen.

c) Menschliche Reaktionen auf Zyklen solarer Aktivität

1) Einheit von Mensch und Biosphäre

Ich habe seit den sechziger Jahren in meinen Arbeiten immer wieder nachdrücklich darauf hingewiesen, daß man die komplexen Wechselbeziehungen der kosmischen Körper in unserem Planetensystem einschließlich der Erde nur richtig verstehen könne, wenn man das Sonnensystem insgesamt ebenso wie die Himmelskörper, aus denen es sich zusammensetzt, mit Organismen vergleiche. J. E. LOVELOCK[75] hat mit Sachverstand und kreativem Einfühlungsvermögen ins einzelne gehend dargelegt, daß die Oberfläche der Erde, ihre Meere und Gewässer, die Atmosphäre und alle Lebewesen einschließlich des Menschen ein lebendiges Ganzes bilden, das durch kompliziert vernetzte Rückkopplungskomplexe derart geregelt wird, daß nicht nur die Umwelt auf die Lebewesen einwirkt, sondern auch die Lebewesen gestaltend in die Umwelt eingreifen, und zwar durch koordinierte Akte aller 4 Milliarden Arten. Der so entstehende „dauerhafte Nichtgleichgewichtszustand", der die Erde als autopoietische Struktur erscheinen läßt, kann nach L. THOMAS[76] mit ei-

73 F. MIGNARD: La rotation de la Terre (1981), S. 144

74 T. LANDSCHEIDT: Relationship between Rainfall in the Northern Hemisphere and Impulses of the Torque in the Sun's Motion (1990)

75 J. E. LOVELOCK: Unsere Erde wird überleben (1982)

nem riesigen „Einzeller" verglichen werden. Auf diesen „Einzeller" wirken von außen her die Felder und Partikel ein, die durch Sonneneruptionen zur Erde geschleudert werden. Die ganzheitliche Reaktion, die hierauf erfolgt, ist außerordentlich komplex. Sie reicht von geomagnetischen Stürmen und Wetteränderungen bis zu menschlichen Reaktionen wie Häufungen von Verkehrsunfällen, Herzinfarkten, Leukopenie und Störungen des psychischen Gleichgewichts, die sich unter anderem in einer größeren Zahl von Selbstmorden und Psychosen äußern. Eine positive Reaktion auf Sonneneruptionen ist die bei gesunden Menschen gesteigerte Kreativität.[77] Im Hinblick auf die *Verknüpfung des Menschen mit der gesamten Biosphäre* wäre es geradezu unverständlich, wenn er nicht auch auf externe Einwirkungen reagierte.

2) Instabilität als Voraussetzung für die Entstehung neuer Strukturen

Mancher Leser wird sich trotzdem, wenn auch vielleicht nur unbewußt, gegen die Vorstellung wehren, daß ein so komplexes Wesen wie der Mensch Einwirkungen ausgesetzt sein soll, die den Umwelteinfluß bis zu den Grenzen des Sonnensystems ausdehnen. Dies ist leichter zu verstehen, wenn berücksichtigt wird, daß die naturwissenschaftliche Forschung der letzten beiden Jahrzehnte der Erkenntnis Bahn gebrochen hat, daß nicht Symmetrie, Ruhe, Ausgeglichenheit und Stabilität günstige Bedingungen für die *Entstehung neuer Strukturen* schaffen, sondern Symmetriebrüche, Grenzsituationen und Instabilität. Der Nobelpreisträger I. PRIGOGINE[78] hat gezeigt, daß dies schon für physikalische und chemische Systeme gilt, die fernab vom Zustand des thermodynamischen Gleichgewichts „kreativ" werden. Er führt hierzu aus:

> „Fern vom Gleichgewicht können wir zum Beispiel das Auftreten von chemischen Uhren beobachten, von chemischen Reaktionen, die ein kohärentes, rhythmisches Verhalten zeigen ... Wir möchten hervorheben, daß dieses Verhalten etwas Unerwartetes ist ... Mit einer gewissen Übervereinfachung können wir sagen, daß bei einer chemischen Uhr alle Moleküle ihre chemische Identität gleichzeitig in regelmäßigen Zeitintervallen ändern ... Es ist eine neue Art von Ordnung eingetreten. Wir können von einer neuen Kohärenz sprechen, von einem Mechanismus

76 L. THOMAS: The Lives of a Cell (1974)

77 Wegen einer ausführlichen Darstellung verweise ich auf mein Buch „Sun – Earth – Man", S. 34 – 40 und 60 – 61, und meine Spezialarbeit „Funktionen kosmischer Organismen, S. 105 – 118

78 I. PRIGOGINE: Vom Sein zum Werden (1980); I. PRIGOGINE / I. STENGERS: Dialog mit der Natur (1983)

der „Kommunikation" zwischen den Molekülen. Eine solche Kommunikation kann allerdings nur unter gleichgewichtsfernen Bedingungen entstehen ... Die Art der dissipativen Struktur hängt darüber hinaus entscheidend von den Entstehungsbedingungen ab. Äußere Felder, wie etwa das Gravitationsfeld oder auch das Magnetfeld der Erde, können bei der Selektion eine wesentliche Rolle spielen ... Sicher scheint zu sein, daß diese gleichgewichtsfernen Phänomene eine wesentliche und unerwartete Eigenschaft der Materie belegen: Man kann dies so formulieren, daß Strukturen an die äußeren Bedingungen angepaßt sind, daß sie eine Art von vorbiologischem Anpassungsmechanismus besitzen. Mit einer etwas anthropomorphen Ausdrucksweise könnte man sagen, daß die Materie unter gleichgewichtsfernen Bedingungen beginnt, Unterschiede in der Außenwelt (wie etwa schwache Gravitations- oder elektrische Felder) wahrzunehmen, die sie unter Gleichgewichtsbedingungen nicht spüren konnte."[79]

Wie H. HAKEN[80] und F. R. KRUEGER[81] dargelegt haben, gilt die Grunderkenntnis der Gleichgewichtsferne als Voraussetzung für die Entstehung neuer Strukturen auch für die menschliche Kreativität und sogar für soziologische Strukturen. Warum sollte eine so komplexe Struktur wie der Mensch auch weniger sensibel reagieren als „tote" Materie. Im übrigen zeigt der Blick auf die instabile Charakterstruktur der meisten Genies, wie eng Instabilität und Kreativität miteinander verwoben sind.[82]

3) Sonneneruptionen, geomagnetische Stürme und menschliche Instabilität

Hiernach ist es von großer Bedeutung für das menschliche Schaffen, daß die Sonne im Zusammenwirken mit den Planeten in scheinbar unregelmäßigen zeitlichen Abständen dafür sorgt, daß sich Instabilität im Sonnensystem und insbesondere auch auf der Erde ausbreitet. Die *energetischen Eruptionen der Sonne,* die eine Energiebrücke zwischen Sonne und Erde bilden, sind selbst Produkte der Instabilität. Flares entstehen auf der instabilen Grenze zwischen turbulenten nord- und südpolaren magnetischen Feldern in komplexen Sonnenfleckengruppen, und Protuberanzen werden eruptiv, wenn sie durch übermäßige Verdrehungen der Magnetfelder in der Korona instabil werden.[83] Die energiereiche

79 Dies., ebd., S. 22 – 23
80 H. HAKEN: Erfolgsgeheimnisse, S. 133 – 183
81 F. R. KRUEGER: Physik und Evolution, S. 41 – 42
82 W. LANGE-EICHBAUM: Das Genie-Problem (1951), S. 77 – 91

elektromagnetische Strahlung und die *schnellen Partikel*, die von solaren Eruptionen erzeugt werden, wirken auf das Magnetfeld, die Ionosphäre und die tiefere Atmosphäre der Erde ein. Dies führt zu irdischer Instabilität, die sich unter anderem in geomagnetischen Stürmen äußert. Beim Stand der heutigen Forschung ist es naheliegend davon auszugehen, daß die Schwankungen des irdischen Magnetfeldes, die so starke Ströme auf der Erde induzieren können, daß sogar die Stromversorgung lahmgelegt wird,[84] auch die elektrische Aktivität des menschlichen Gehirns, die in Elektroenzephalogrammen sichtbar wird, aus dem Gleichgewicht werfen. Das gleiche gilt für das Hormonsystem und das Immunsystem, die mit ihm gekoppelt sind. Es ist eine umfangreiche Spezialliteratur entstanden, die im Detail aufzeigt, in welchem Maße energetische solare Eruptionen und starke geomagnetische Stürme Instabilität in biologischen Regulationssystemen auslösen.[85]

Bei den untersuchten Effekten handelt es sich zumeist um negative Auswirkungen durch Störungen des regulatorischen Gleichgewichts. In meinem Buch *„Sun – Earth – Man“* habe ich jedoch durch eine statistische Untersuchung nachgewiesen, daß wissenschaftliche Entdeckungen, also Spitzenleistungen menschlicher Kreativität, eng mit starken geomagnetischen Stürmen und den ihnen vorausgehenden solaren Eruptionen korreliert sind.[86] Die Nullhypothese, es bestehe kein solcher Zusammenhang, kann auf hohem Signifikanzniveau ($P < 0{,}0007$) zurückgewiesen werden. Die Instabilität, die sich im Sonnensystem ausbreitet, wenn sich entsprechende Konstellationen bilden, kann sicherlich keine kreativen Potentiale erzeugen, für welche die Grundvoraussetzungen fehlen. Sind aber solche Potentiale vorhanden, so kann kosmische Instabilität zu ihrer Auslösung beitragen. A. KOESTLER[87], ein scharfer Beobachter, hat darauf hingewiesen, daß eine unbewußte Verteidigungshaltung, die bewährte

83 P. V. FOUKAL: Solar Astrophysics, S. 342, 357

84 J. ALLEN / H. SAUER / L. FRANK / P. REIFF: Effects of the March 1989 Solar Activity (1989), 1488; J. A. JOSELYN: The Impact of Solar Flares and Magnetic Storms on Humans (1992), 84. So wurde am 13. März 1989 während eines starken magnetischen Sturms die Stromversorgung der Provinz Quebec für sechs Millionen Menschen neun Stunden lang lahmgelegt; auch in USA und Schweden brachen viele Stromnetze zusammen.

85 T. LANDSCHEIDT: Funktionen kosmischer Organismen, S. 108 – 118; A. P. DUBROV: The Geomagnetic Field and Life (1978); A. S. PRESSMAN: Electromagnetic Fields and Life (1970); M. F. BARTHOTY: Biological Effects of Magnetic Fields (1965, 1969); M. GAUQUELIN / F. GAUQUELIN: Review of Studies in the U.S.S.R. on the Possible Biological Effects of Solar Activity (1975); P. SEYMOUR: Astrology (1988); ders.: The Scientific Basis of Astrology (1992)

86 T. LANDSCHEIDT: Sun – Earth – Man, S. 35 – 38

87 A. KOESTLER: The Act of Creation, S. 216 – 217

Denkgewohnheiten gegen das Eindringen neuer Vorstellungen schützt, die mentale Stabilität bewahrt, aber um den Preis der Denkträgheit. Es ist leicht nachzuvollziehen, daß diese Trägheit, die neuen Assoziationen im Wege steht, weniger schwer zu überwinden ist, wenn der Mensch durch eine Phase mentaler Instabilität geht.

Umgekehrt kann es dem Menschen durch zu große kosmische Stabilität erschwert werden, eine Entdeckung zu machen, zu der er an sich fähig wäre. So machten I. CURIE und F. JOLIOT, die bereits bewiesen hatten, daß sie entdeckungstüchtige Forscher sind, am 18. Januar 1932 eine Beobachtung, deren weitreichende Bedeutung sie nicht erfaßten. So entging ihnen die Entdeckung des Neutrons, eines fundamentalen Elementarteilchens. Als der junge Physiker E. MAJORANA, ein Schüler J. CHADWICKs, den Laboratoriumsbericht von CURIE und JOLIOT las, bemerkte er sarkastisch:

> „Diese Narren, sie haben das neutrale Proton entdeckt, ohne es zu bemerken."[88]

Zur fraglichen Zeit war das magnetische Feld der Erde ungewöhnlich ruhig.

Der Mensch wird durch *destabilisierende Einflüsse*, die das Sonnensystem in seiner Gesamtheit auf ihn ausübt, nicht determiniert, sondern angeregt, von seinem Kreativitätspotential, das ihn als Individuum auszeichnet, weitreichenden Gebrauch zu machen. Wenn es nicht um Individuen geht, sondern um Gruppen von Menschen oder gar ganze Völker, läßt sich hiernach verstehen, wie sich längere oder kürzere Perioden vorherrschender Stabilität oder Instabilität auf die Wirtschaft oder auch auf das politische Verhalten auswirken. In gewisser Weise spielen Instabilität und Stabilität hierbei die gleiche Rolle wie „Aktivator" und „Inhibitor" in der modernen Biologie. Es liegt in der Hand des Menschen, ob er von seiner Erkenntnis- und Entscheidungsfähigkeit verständigen Gebrauch machen will, indem er den jeweiligen kosmischen Rückenwind nützt oder sich gegen widrige Winde wappnet, statt sich unkontrolliert treiben zu lassen.

4) Zentralphasen „großer Finger" und Volksaufstände

Im Hinblick auf diese Zusammenhänge ist es nicht befremdlich, sondern eher logisch, daß ich schon beim ersten Hinsehen eine ganze Reihe von Verbindungen zwischen Fingerzyklen und menschlicher Aktivität gefun-

88 E. SEGRÈ: Die großen Physiker und ihre Entdeckungen (1984), S. 190

den habe. Schauen wir auf die Geschichte bis zur Mitte des 18. Jahrhunderts zurück, so gingen alle Mittelphasen der GF-Zyklen ohne Ausnahme mit großen Volksaufständen einher:

1775: Beginn des nordamerikanischen Unabhängigkeitskrieges gegen England. Bauernaufstand an der Wolga.
1811: Aufstände und Befreiungskriege gegen die Napoleonische Herrschaft.
1848: Aufstände und demokratische Bewegungen in Frankreich, Italien und Mitteleuropa.
1880: Befreiung der Balkanvölker vom türkischen Joch. Aufstand des Sudan gegen Ägypten und Grossbritannien.
1917: Revolutionen in Rußland und Deutschland.
1956: Ungarnaufstand.
1989: Freiheitsbewegung der mittel- und osteuropäischen Völker; Abschütteln des kommunistischen Jochs.

Die angeführten Jahreszahlen gelten für die jeweilige Mittelphase des *GF-Zyklus*. Obwohl dieser Zyklus im Mittel 36 Jahre lang ist, konzentriert sich der Instabilitätseffekt, der sich unter anderem durch die Unruhe und die revolutionäre Haltung der Völker äußert, auf wenige Jahre im Umkreis der Mittelphase. Die nächste Volksbewegung dieser Art ist um das Jahr 2026 zu erwarten, wenn nach meiner Rechnung die nächste Mittelphase im GF-Zyklus erreicht wird.

5) Rückläufigkeit der Sonne, hochenergetische Sonneneruptionen und menschliche Unruhe

Das Jahr 1989, in dem Ungarn neue politische Parteien zuließ, Polen seinen ersten nichtkommunistischen Premierminister wählte, in Ostdeutschland die Mauer geöffnet wurde und auch in der Tschechoslowakei und in Rumänien der Kommunismus fiel, ist insofern besonders interessant, als zu dieser Zeit nicht nur die Mittelphase des GF-Zyklus erreicht wurde, sondern zugleich die *Sonne* bei ihrer Schwingung um das Massenzentrum *rückläufig* wurde. Wie wir gesehen haben, wirken sich solche Phasen der *Rückläufigkeit*, deren kürzester Abstand 178 Jahre beträgt, destabilisierend auf den Gleißberg-Zyklus der Sonnenaktivität und das damit zusammenhängende irdische Klima aus. Neben diesem langfristigen Effekt gibt es aber auch relativ kurzfristige Auswirkungen. Normalerweise ist der Bahndrehimpuls der Sonne positiv. Nach meinen Rechenergebnissen sprang Mitte September 1989 der Bahndrehimpuls im

Zusammenhang mit der Rückläufigkeit zu *negativen Werten* über. Erst Mitte Januar 1991 wurde der „normale" Zustand mit dem Übergang zu positiven Werten des Bahndrehimpulses wiederhergestellt. Offensichtlich wirkte sich der Umsprung zu negativen Werten unmittelbar auf die Eruptionstätigkeit der Sonne aus. Von Mitte August bis Mitte Oktober, also einen Monat vor dem Umsprung bis einen Monat danach, erreichte die Eruptionstätigkeit der Sonne ein ganz ungewöhnliches Ausmaß. Es wurden die energetischsten Eruptionen seit dem Beginn des Raumzeitalters beobachtet. Allein die solare kosmische Strahlung, die von einer einzigen Eruption am 19. Oktober 1989 ausging, übertraf den entsprechenden Energieausstoß des gesamten vorhergehenden 11-jährigen Sonnenfleckenzyklus.[89] Die Erde reagierte auf diesen Energiestoß am 21. Oktober 1989 mit einem schweren magnetischen Sturm (Ap = 146). Im Jahre 1990 ereigneten sich keine energetischen Protoneneruptionen. Die Rückkehr der Sonne zu positiven Werten des Drehimpulses Mitte Januar 1991 löste jedoch ebenso wie vorher der Umschwung zu negativen Werten eine Phase hochenergetischer Sonneneruptionen aus, die im Januar 1991 begann und bis Mitte Juni 1991 andauerte. Ein Protonenflare vom 23. März 1991 war sogar noch energetischer als die ungewöhnlich starke Eruption vom 19. Oktober 1989.[90] Die Erde antwortete auf dieses Instabilitätsereignis am 24. März 1991 mit einem schweren magnetischen Sturm (Ap = 161).

Der Zusammenhang zwischen der jeweiligen *Umpolung* des Bahndrehimpulses der Sonne bei ihrer Schwingung um das Massenzentrum CM und den beiden gewaltigen Energiestößen der *Eruptionstätigkeit* ist evident. Er erschließt sich jedoch nur, wenn die astrologische Betrachtungsweise, welche die Gesamtkonstellation des Sonnensystems erfaßt, mit naturwissenschaftlichen Begriffen wie dem Bahndrehimpuls verknüpft wird. Beide Betrachtungsweisen müssen integriert werden. Aus astrologischer Sicht ist auffällig, daß während der Rückläufigkeitsperiode Saturn, Uranus und Neptun eine weite Konjunktion bildeten, während Jupiter dieser Gruppierung in Opposition gegenüberstand. Hinzu kommt, daß Jupiter im April 1990, von der Sonne her gesehen, eine exakte Opposition zu dem Massenzentrum bildete, und zwar genau in der

89 G. L. SISCOE: Solar Activity (1991), S. 113. Dieser Protonenflare erzeugte in der Nähe der Erde eine Protonenflußdichte von 40 000 Teilchen / cm^2 s ster im Bereich 10 MeV.

90 Solar-Geophysical Data, NOAA, Prompt Reports, No. 577, Sept. 1992, S. 74. Der Protonenflare vom 23. März 1991 erreichte die Protonenflußdichte 43 000 Teilchen / cm^2 s ster im Bereich 10 MeV.

Mitte der Periode der Rückläufigkeit. Dies ist eine seltene Konstellation, die sich zuletzt 1811 ereignete. Warum sich die hochenergetischen Eruptionen auf zwei relativ kurze Perioden vor und nach der Opposition des Jupiter zum Massenzentrum konzentrieren, die überdies 16 Monate voneinander entfernt sind, wird jedoch erst verständlich, wenn das astronomisch-physikalische Wissen von der Schwingung der Sonne um das Massenzentrum und der Änderung des Vorzeichens des Bahndrehimpulses hinzukommt. So haben denn weder Astrologen noch Naturwissenschaftler den Zusammenhang gesehen.

Die andersartige astrologische Perspektive regt wiederum eine Assoziation an, welche die Instabilitätsperiode auf der Sonne, die durch den Polaritätssprung des Bahndrehimpulses ausgelöst wurde, mit dem Verhalten der Menschen auf der Erde verknüpft. Als sich von Mitte August bis Mitte Oktober 1989 eine Folge von gewaltigen Eruptionen auf der Sonne ereignete, trat die *Unruhe in der DDR* in ihr entscheidendes Stadium. Im August und September wurde die hermetisch abgeriegelte Grenze zwischen Ost und West durch die plötzlich eröffnete Ausreisemöglichkeit über Ungarn, Polen und die Tschechoslowakei undicht. Im Oktober entwickelten sich schlagartig riesige Demonstrationen der nicht mehr botmäßigen Bevölkerung, die von Woche zu Woche mehr Zulauf fanden. Am 18. Oktober schließlich, einen Tag vor der Rieseneruption auf der Sonne, die auch einen schweren magnetischen Sturm auslöste, wurde *Honecker* entmachtet. Als die Sonne Mitte Januar 1991 zu positiven Werten des Drehimpulses zurücksprang und eine neue Periode hochenergetischer Eruptionen auslöste, begann die heiße Phase des *Golfkrieges*. Im März 1991 folgten die Aufstände der *Kurden* und *Schiiten* im Irak. Die nächste Rückläufigkeit der Sonne, die von den Konstellationen der Riesenplaneten abhängt, wird erst 2168 – 2169 eintreten, ist also für die Zeitgenossen kaum interessant.

9. Fraktale in der Dynamik der Sonnenschwingung

a) Was ist ein Fraktal?

Eine weitere wichtige Funktion der GF-Zyklen hängt mit ihrem *fraktalen Charakter* und ihrer Position in der fraktalen Hierarchie des Sonnensystems zusammen. Bei der Erörterung der Bedeutung von Maßstabtransformationen wurde bereits kurz auf Fraktale hingewiesen. Seit der Veröffentlichung der grundlegenden Arbeit *„Les objects fractals: forme, hasard* *et dimension*" von B. B. MANDELBROT[91] hat der Begriff des Fraktals in der Wissenschaft eine außerordentlich befruchtende Rolle gespielt. MANDELBROT ließ sich nach seinen eigenen Worten bei der Entwicklung seiner neuen Geometrie von der Vorstellung leiten:

> „Wolken sind nicht kugelförmig, Berge nicht kegelförmig, Küstenlinien sind keine Kreise, Rinde ist nicht glatt und auch der Blitz folgt keiner geraden Linie."

Bei der Analyse von Aktienkursen fand er heraus, daß langwellige Erscheinungen, die mit Konjunkturgipfeln und Rezessionen einhergehen, die gleiche Verlaufsstruktur zeigen wie monatliche oder tägliche Kursschwankungen. Diese „Selbstähnlichkeit", die Wiederkehr einer Gestalt bei wiederholten Maßstabtransformationen, fand er in der Form von Küstenlinien, Bäumen, Bergen, Wolken, Flüssen, Mondkratern und Galaxien wieder und selbst in menschlichen Gehirnen und dem feinverzweigten Röhrensystem von Lungen und Kreislaufgefäßen.

MANDELBROTs Untersuchungen zeigten, daß die Natur bestimmte Strukturen in komplexen Systemen auf den verschiedensten Größenskalen einsetzt, auch wenn diese weit auseinander liegen. Ständig wiederholte Iterationen elementarer Formelemente und Variationen der jeweils eingesetzten Skalen spielen dabei eine wichtige Rolle, und zwar nicht nur bei biologischen Strukturen, sondern auch in der sogenannten unbelebten Natur. Weitere Merkmale der Fraktale sind ihr ungeheurer Detailreichtum und die damit verbundene unbegrenzte Länge. So hat MANDELBROT nachgewiesen, daß die Küste Großbritanniens die gleiche Länge hat wie die Nordamerikas. Werden bei der Messung hinreichend kleine Skalen zugrunde gelegt, so ergibt sich in beiden Fällen unendliche Länge. Typisch ist auch die mangelnde Differenzierbarkeit der Fraktale – ein Greuel für Physiker kartesianischer Prägung – und die gebrochene Dimension, die zwischen der Dimension einer Linie und der einer Fläche oder des dreidimensionalen Raumes liegt.

Das herausragende Kriterium ist jedoch die *Selbstähnlichkeit*, die Invarianz gegenüber Skalentransformationen. Ein einfaches Beispiel hierfür ist ein Satz russischer Puppen, die immer kleiner werden, wenn man sie aus der jeweils größeren Puppe herausholt, aber alle gleich aussehen. Jedes Kleinere ist dem Größeren ähnlich und jedes Größere dem Kleineren. Dies besagt auch der astrologische Grundsatz „Wie oben, so unten",

91 B. B. MANDELBROT: The Fractal Geometry of Nature (1983)

der in der bereits zitierten Tabula Smaragdina in präziserer Formulierung zu finden ist. MANDELBROT hat aus den von ihm dargestellten Zusammenhängen weitgehende Schlüsse gezogen:

> „Fraktale Gestalten hoher Komplexität lassen sich allein durch die Wiederholung einer einfachen geometrischen Transformation gewinnen, und geringfügige Variationen dieser Transformation bewirken globale Änderungen. Dies legt nahe, daß eine kleine Menge genetischer Information die Entstehung komplexer Gestalten bewirken kann, und daß selbst geringe genetische Veränderungen zu erheblichem Gestaltwandel führen."[92]

Auf jeden Fall läßt sich nicht leugnen, daß Fraktale überall in der Natur anzutreffen sind, von Flußdeltas bis zu Verzweigungen der Lunge, vom Dahinschlängeln unbegradigter Flüsse bis zu den Windungen menschlicher Gehirne. Eine fraktale Struktur des Wetters wird aber bisher nur vermutet. S. LOVEJOY von der McGill Universität nimmt an, daß die Atmospäre durch eine ganze Schar bisher unbekannter gebrochener Dimensionen gekennzeichnet werde. Er hält für erwiesen, daß das meteorologische Netzwerk zur Wettererfassung eine niedrigere fraktale Dimension habe als Winde, Wolken und andere Wettererscheinungen und zieht hieraus den Schluß, daß die Meteorologen bei ihren Vorhersagen nicht von der richtigen Art von Daten ausgingen.[93]

b) Fraktale und Stabilität des Sonnensystems

Die *Himmelsmechanik* ist schon früh von fraktalen Vorstellungen beeinflußt worden, ohne daß sie als solche erkannt wurden. H. LAUWERIER[94] hat darauf hingewiesen, daß die Epizykeltheorie des PTOLEMÄUS ein Beispiel hierfür ist:

> „Kreise auf Kreisen ... Wir spüren darin das Prinzip der Selbstähnlichkeit: eine kosmische Bewegung mit der Struktur des Fraktals."

Um die Jahrhundertwende stieß H. POINCARÉ in seiner preisgekrönten Arbeit *„Sur le problème des trois corps et les équations de la dynamique"* auf nichtperiodische Lösungen der gekoppelten Bewegungsgleichungen der drei Himmelskörper, die chaotischen Charakter hatten und bei einer

92 J. BRIGGS / F. D. PEAT: Die Entdeckung des Chaos (1990), S. 151

93 Dies., ebd., S. 154

94 H. LAUWERIER: Fraktale verstehen und selbst programmieren (1989), S. 115

Gesamtdarstellung den Charakter von Fraktalen zeigten, wie wir heute sagen würden. Er mußte trotz seiner großen Rechenkunst auf qualitative Methoden zurückgreifen, um zu der Erkenntnis zu kommen, daß nicht entschieden werden kann, ob das Sonnensystem immer stabil bleiben wird.

In seinem Werk *„Méthodes nouvelles de la mécanique céleste"* hat POINCARÉ anläßlich der Analyse einer der nichtperiodischen Bahnen konstatiert:

> „Man wird verblüfft sein über die Komplexität dieser Figur, die zu zeichnen ich nicht einmal versuchen will. Nichts ist besser geeignet, uns eine Vorstellung von der Kompliziertheit des Dreikörperproblems und überhaupt aller Probleme der Dynamik zu geben, die nicht integrabel sind und für die die Bohlinschen Reihen divergieren."[95]

Dies ist eine zurückhaltende mathematische Formulierung der Tatsache, daß sich das Chaos am Horizont des Sonnensystems abzuzeichnen beginnt, sobald drei Himmelskörper in die Berechnung der Bahnen einbezogen werden. Es kann kein Zweifel daran bestehen, daß POINCARÉ in seinem Geiste Fraktale gesehen hat, denn der Astronom M. HÉNON hat 1969 mit Hilfe eines Computers in einer Graphik sichtbar gemacht, was POINCARÉ sich mühsam vorstellen mußte. POINCARÉs Zeitgenossen waren nicht in der Lage, den revolutionären Charakter seiner Entdeckung zu erfassen. Erst nach einer Veröffentlichung des russischen Mathematikers A. N. KOLMOGOROW[96] im Jahre 1954 wurden POINCARÉs Ergebnisse wirklich verstanden. Wir werden hierauf im Zusammenhang mit der Funktion des Goldenen Schnitts im Sonnensystem zurückkommen.

c) „Kleine Hände" mit „kleinen Fingern" in „großen Fingern"

Abgesehen von dem grundlegenden Problem der Stabilität der Bahnen der Körper des Sonnensystems haben Fraktale bisher in der Astronomie der Gegenwart keine entscheidende Rolle gespielt. Außer der Analyse von Oberflächenstrukturen der Planeten und Monde sind nur einige Mutmaßungen in den Raum gestellt worden. So hat A. A. RUZMAIKIN[97] vermutet, daß hinter dem 11-jährigen Sonnenfleckenzyklus ein „seltsamer Attraktor" stehe, und D. RUELLE[98] hat in der Geophysik den Vorschlag ge-

95 I. EKELAND: Das Vorhersehbare und das Unvorhersehbare, S. 48 – 64

96 A. N. KOLMOGOROW: Preservation of Conditionally Periodic Movements with Small Change in the Hamiltonian Function (1979), S. 51

97 A. A. RUZMAIKIN, in: Comm. Astrophys.; 9 (1981), 85

macht, die Umpolungen des Magnetfeldes der Erde, die sich in vier Millionen Jahren 16-mal ereignet haben, durch eine solche „seltsame" fraktale Struktur zu erklären. Ganz konkrete Zusammenhänge fraktaler Art sind jedoch bisher nicht aufgezeigt worden. Um so mehr war ich verwundert, als ich sah, daß die Sonne und die Riesenplaneten durch ihre Konstellationen nicht nur fünfzählige Symmetrie erzeugen, sondern auch *fraktale Muster*, die sich in Zyklen der Sonnenaktivität ebenso klar abzeichnen wie in entsprechenden irdischen Zyklen. In den großen Fingern der großen Hände stecken wiederum kleine Hände mit kleinen Fingern (KF), denen ebenfalls Zyklen (KFZ) zugeordnet sind.

Dies schält sich heraus, wenn das Bild der Dynamik der Schwingung der Sonne um das Massenzentrum durch eine erneute Maßstabtransformation weiter verfeinert wird. Die KFZ haben im Mittel eine Länge von 7,2 Jahren, die aber sehr stark variiert, zumal „verkümmerte" kleine Hände mit weniger als fünf gut ausgebildeten kleinen Fingern vorkommen. Die Variationsbreite der KFZ liegt zwischen 2 und 15 Jahren und hängt unmittelbar von den Konstellationen der Riesenplaneten Jupiter, Saturn, Uranus und Neptun ab. Immer wenn *Jupiter*, der beinahe eine zweite Sonne geworden wäre, auf einer Linie mit dem Sonnenzentrum und dem Massenzentrum CM steht, wenn also Jupiter heliozentrisch eine Konjunktion oder in seltenen Fällen eine Opposition mit CM bildet, beginnt ein kleiner Finger und wird die Nullphase des KFZ erreicht. Abb. 13 stellt diesen komplexen Zusammenhang und seine fraktale Struktur für die Jahre 1800 – 2000 dar. Die Kurve bildet die 3-jährige laufende Varianz v des Bahndrehimpulses L der Sonne ab. Große, von einem Kreis umgebene Zahlen markieren die Fingerkuppe der jeweiligen großen Finger, die sich in einer gröberen Darstellung abzeichnen, während die kleinen Zahlen die kleinen Finger der unter dem großen Finger hervortretenden kleinen Hände kennzeichnen. Der Anfang kleiner Hände, der mit dem Ansatz der großen Finger zusammenfällt, wird durch fette Pfeile angezeigt und der Beginn kleiner Finger durch kleine Dreiecke.

Die punktierte senkrechte Linie markiert den Anfang einer großen Hand im Jahre 1933, deren Zyklus sich bis zum Jahre 2111 erstreckt. Die Zyklen solcher großen Hände scheinen ähnlich wie die Zyklen großer Finger auch mit menschlichen Verhaltensweisen verknüpft zu sein. Historisch waren die Jahre um die *Anfangsphase 1933* von einschneidender Bedeutung. In diesen Zeitraum fielen: *Hitler*s Machtergreifung; die von

98 D. RUELLE: Les attracteurs étranges (1980), S. 144

Stalin durch die Liquidierung der Kulaken herbeigeführte große Hungerkatastrophe, bei der viele Millionen Russen umkamen; die Sicherung der Stalinschen Alleinherrschaft; die Ermordung des letzten zivilen Ministerpräsidenten in Japan und die Übernahme der Regierungskontrolle durch das Militär, das eine aggressive Expansionspolitik begann; weltweite Depression mit katastrophalen wirtschaftlichen Folgen. Die vorhergehende *Anfangsphase 1756* des Zyklus einer großen Hand fiel wiederum in eine kritische historische Periode. Großbritannien erhielt durch den siebenjährigen Krieg Gelegenheit, mit der Eroberung von Indien und Kanada sein Weltreich zu begründen. Preußen trat in das Konzert der Großmächte ein. Eine „Handbreite“ später ging Preußen unter, als *Hitler* 1933 den letzten Rest preußischer Eigenstaatlichkeit beseitigte und zugleich Werte der preußischen Staatlichkeit wie unparteiische Verwaltung, unabhängige Justiz, religiöse Toleranz und Freiheit von Kunst und Wissenschaft verschwanden.

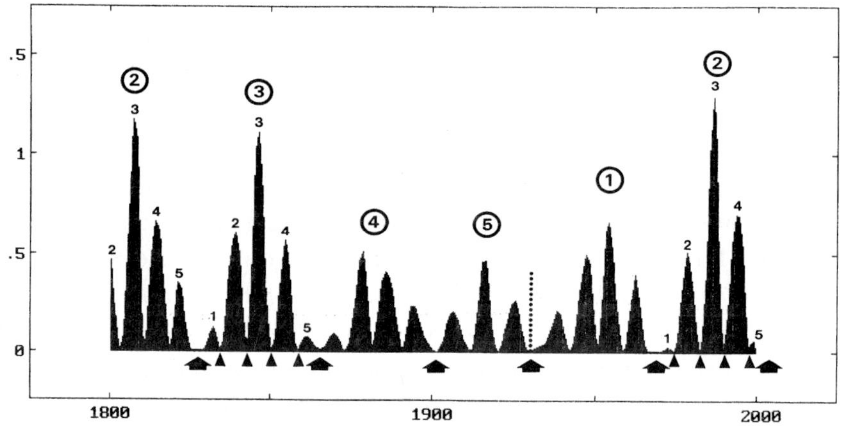

Abb. 13: 3-jährige laufende Varianz *v* des Bahndrehimpulses der Sonne von 1800 – 2000. Die erneute Maßstabsverfeinerung enthüllt die fraktale Natur der Dynamik der Sonnenschwingung. „Große Finger“ enthalten „kleine Hände“ mit „kleinen Fingern“. Mittelphasen „großer Finger“ sind durch große Zahlen gekennzeichnet, die von fetten Kreisen umgeben sind, während die Nullphasen durch fette Pfeile angezeigt werden. Die „Kuppen kleiner Finger“ sind durch kleine Zahlen markiert und die entsprechenden Nullphasen durch kleine Dreiecke. Die punktierte senkrechte Linie zeigt den Beginn einer „großen Hand“ an.

10. Rhythmusstörungen bei Konflikten „großer Finger“ und „kleiner Finger“

KF-Zyklen sind von ebenso großer praktischer Bedeutung wie GF-Zyklen. Ihrer kürzeren Wellenlänge entsprechen Phänomene mit kürzerer Lebensdauer auf einer entsprechend verkleinerten Fraktalskala. So konnte ich langfristige Vorhersagen von Perioden besonders energeti-

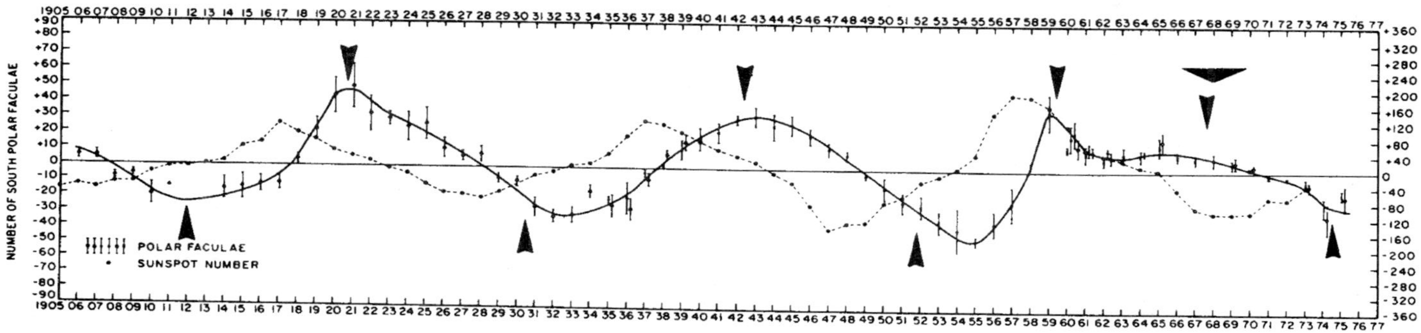

Abb. 14: Darstellung der Zahl der in den Jahren 1906 – 1975 beobachteten südpolaren Fackeln auf der Sonne nach P. V. FOUKAL. Die durchgezogene Kurve der Fackelaktivität verläuft nicht parallel zu dem gestrichelt dargestellten 11-jährigen Sonnenfleckenzyklus. Die Extrema der Fackeldaten fallen aber relativ genau mit den Nullphasen „kleiner Finger“ zusammen, die durch kurze Pfeile angezeigt werden. Die mit einem flachen Dreieck gekennzeichnete Nullphase 1968 eines „großen Fingers«, die mit der Nullphase eines „kleinen Fingers“ zusammentrifft, löst einen Phasensprung in der Relation der „kleinen Finger“ zu den Extrema der Zahl der Fackeln aus, der zu einem veränderten Rhythmus führt.

scher Sonneneruptionen auf die Beobachtung stützen, daß solche Flares sich in *KF-Nullphasen* häufen.[99] Abb. 14 nach P. V. FOUKAL[100] zeigt einen engen Zusammenhang zwischen der Anzahl südpolarer Fackeln – heißerer und hellerer Gebiete auf der Sonne – und KF-Nullphasen, die ich durch Pfeilspitzen gekennzeichnet habe. Die durchgezogene Kurve repräsentiert die jeweilige Anzahl der *Fackeln* für die Jahre 1906 – 1975, während die gestrichelte Kurve den *11-jährigen Sonnenfleckenzyklus* darstellt. Im Gegensatz zu diesen beiden Kurven, die nicht parallel laufen, fallen die KF-Nullphasen mit den aufeinanderfolgenden Extrema der Fackelzahlen zusammen. Bei den Maxima ist die Korrelation relativ genau, während die Minima der Fackelzahlen jeweils etwas später liegen als die KF-Nullphasen. Nur die zweitletzte Phase am rechten Rand der Graphik macht eine Ausnahme, die aber Aufschluß über das Verhältnis von GF und KF innerhalb desselben Fraktals gibt. Nullphasen der großen Finger lösen in der Regel Instabilität aus, die den Rhythmus des KFZ stört und oft einen Phasensprung von 180° oder π bewirkt. Solche Phasensprünge werden auch in mechanischen und elektrischen Schwingungssystemen beobachtet, wenn sie einen Knotenpunkt erreichen, in dem die Gesamtreaktion gleich Null wird. Das flache Dreieck in Abb. 14 markiert die *GF-Nullphase 1968* mit einem solchen Effekt. Wo im KF-Rhythmus ein Minimum der Fackelzahlen erwartet wurde, stellte sich ein Maximum ein. Daraus entwickelte sich ein neuer Rhythmus, wie an der letzten KF-Nullphase in Abb. 14 zu sehen ist. Im allgemeinen bleibt diese Anordnung über Jahrzehnte erhalten, bis die nächste GF-Nullphase den Rhythmus stört. Hier bahnt sich eine Lösung des Problems der Vorhersage von Phasensprüngen in Zeitreihen an, für das bisher keine Lösungsansätze gefunden werden konnten.

11. Terrestrische Entsprechungen solarer Zyklen „kleiner Finger"

a) Roheisenpreise

Derartige Phasensprünge zeichnen sich auch in *irdischen KF-Zyklen* ab, die im Gleichklang mit den solaren Zyklen schwingen. Wirtschaftliche Zyklen reagieren in dieser Hinsicht besonders empfindlich. Abb. 15 nach

99 T. LANDSCHEIDT: Beziehungen zwischen der Sonnenaktivität und dem Massenzentrum des Sonnensystems, S. 12 – 13

100 P. V. FOUKAL: Solar Astrophysics (1990), S. 381

E. R. DEWEY[101] gibt die U.S.-Roheisenpreise für 1834 – 1900 wieder. Von mir eingezeichnete flache Dreiecke kennzeichnen die KF-Nullphasen, die in diesen Zeitraum fallen, während der fette Pfeil die GF-Nullphase 1867 hervorhebt, die einen Phasensprung von Minima zu Maxima einleitete.

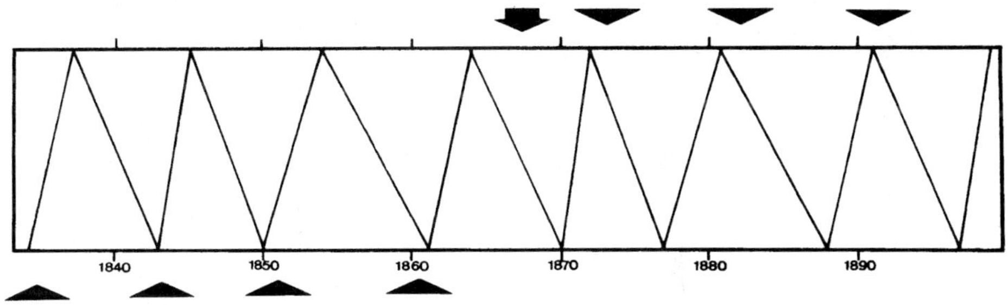

Abb. 15: US-Roheisenpreise 1834 – 1900 nach E. R. DEWEY. Nullphasen „kleiner Finger" sind durch flache Dreiecke markiert, während die Nullphase 1867 eines „großen Fingers" mit einem fetten Pfeil gekennzeichnet ist. Der Konflikt zwischen „großem Finger" und „kleinem Finger" löst auch in diesem terrestrischen Zyklus einen Phasensprung aus.

b) Börsenkurse

Börsenpreise zeigen das gleiche Muster. Abb. 16 nach einer Vorlage von E.R. DEWEY[102] stellt die prozentuale Abweichung der U.S.-Börsenkurse vom 9-jährigen laufenden Mittel des Trends dar und erfaßt den Zeitraum von 1830 – 1942. Die von mir eingezeichneten flachen Dreiecke kennzeichnen die Daten der KF-Nullphasen, während die beiden fetten Pfeile die Nullphasen 1867 und 1933 der großen Finger anzeigen. Es ist deutlich zu sehen, wie der KF-Rhythmus nach 1867 von Minima der Börsenkurse zu Maxima umsprang und nach 1933 von Maxima zu Minima. Nach der GF-Nullphase 1968 gingen die Nullphasen der kleinen Finger 1970 und 1974 jeweils mit ausgeprägten, international synchronisierten Tiefpunkten der Börsenkurse einher. Da mit einer Störung dieses Rhythmus erst um 2007 zu rechnen ist, wenn die nächste GF-Nullphase erreicht wird, konnte ich für die KF-Nullphasen 1982 und 1990 weitere weltweite Einbrüche der Börsenpreise vorhersagen, die auch tatsächlich eingetreten sind. Es ist ein besonderes Kennzeichen solcher kosmisch bedingten Instabilitätsperioden, daß sie sich nicht auf abgegrenzte Wirtschaftsgebiete beschränken, die unterschiedlichen lokalen Schwankungen ausgesetzt sind, sondern die Weltwirtschaft insgesamt erfassen. Da solche relativ seltenen Perioden global koordinierter Märkte sich nicht nationalökono-

101 E. R. DEWEY: Cycles (1973), S. 95
102 Ders., ebd., S. 119

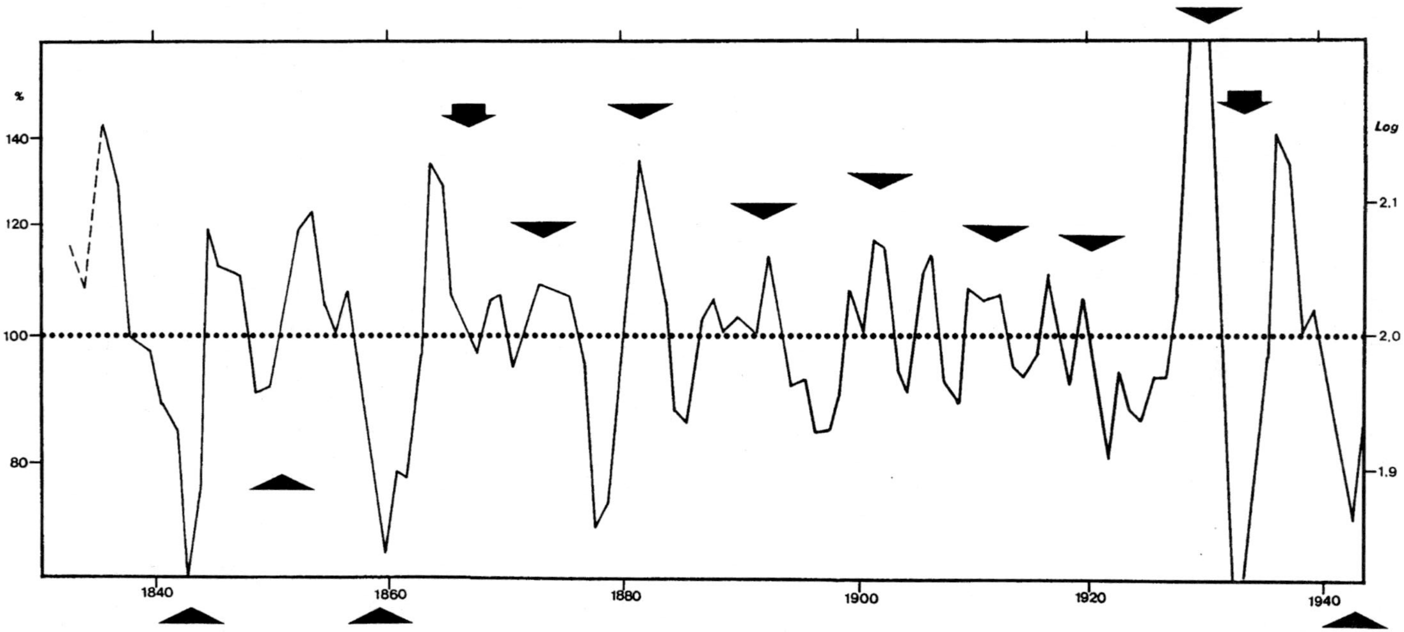

Abb. 16: US-Börsenpreise von 1830 – 1942 nach E. R. DEWEY. Die Kurve stellt die prozentualen Abweichungen der Kurse vom 9-jährigen Mittel des Trends dar. Nullphasen „kleiner Finger“ sind durch flache Dreiecke gekennzeichnet, während die Nullphasen „großer Finger“ durch fette Pfeile angezeigt werden. Vor 1867 zeigen „kleine Finger“ Minima der Börsenkurse an, danach Maxima, und nach 1942 wieder Minima. Die Nullphase des „großen Fingers“ leitet jeweils einen Phasensprung ein.

misch aus Wirtschaftsdaten ableiten lassen, ist ihnen mit Aktienanalysen und Chart-Techniken allein nicht beizukommen. Wird jedoch die Wirtschaftsaktivität als ein ganzheitlicher Prozeß angesehen, auf den nicht nur die Wirtschaftsbedingungen im engeren Sinne einwirken, sondern die Gesamtverhältnisse auf der Erde und sogar die Verteilung der kosmischen Massen in unserem Sonnensystem, so läßt sich vorhersagen, daß sich mit großer Wahrscheinlichkeit das nächste weltweite Tief der Börsenkurse im Jahre 1998 entwickeln wird.

c) Geomagnetische Stürme

Obwohl viele Nullphasen der großen Finger, die mit Instabilität auf der Sonne einhergehen, diese Instabilität auf kürzere Zyklen in der Weise übertragen, daß sie deren Rhythmus durch einen Phasensprung stören, wirkt sich dies nicht immer so aus. Dies gilt schon für bestimmte Erscheinungen der Sonnenaktivität. Abb. 17 nach D. V. HOYT[103] ist ein Beispiel hierfür. Die Kurve spiegelt einen strukturellen Wandel der Sonnenflecken wider, dessen dynamische Ursachen bisher noch unbekannt sind. Der tiefdunkle Kern der Sonnenflecken, die *Umbra*, wird in der Regel von einem halbdunklen Hof umgeben, der *Penumbra* genannt wird.

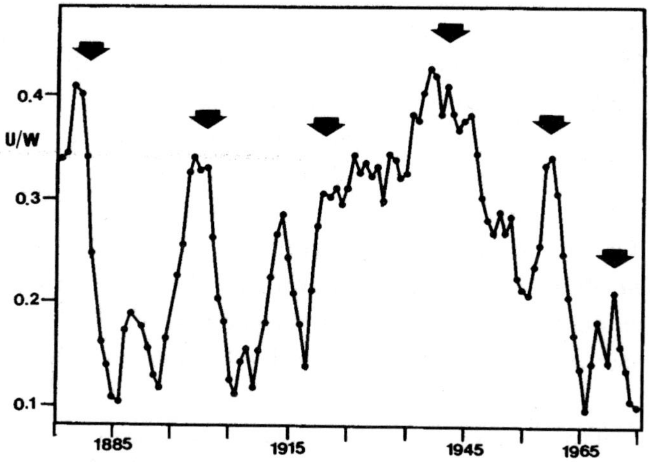

Abb. 17: Diese Kurve nach D. V. HOYT bildet eine strukturelle Variation der Sonnenflecken ab. Das Verhältnis der Fläche des tiefdunklen Kerns (Umbra) zu dem halbdunklen Fleckenhof (Penumbra) verändert sich ständig. HOYT hat für die Jahre 1875 – 1975 die Variation des Verhältnisses der Fläche der Umbra und des ganzen Flecks (U/W) dargestellt. Die Pfeile zeigen die Anfangsphasen „kleiner Finger" an, die mit einer Bewegung der Sonne zum Massenzentrum CM hin einhergehen; sie fallen mit den Maxima der Kurve zusammen.

103 D. V. HOYT: Using the Boundary Conditions of Sunspots as a Technique for Monitoring Solar Luminosity Variations (1990), S. 44

Das Verhältnis der Flächen, die jeweils von der Umbra und der Penumbra eingenommen werden, verändert sich ständig. D. V. HOYT[104] hat diese Veränderungen quantitativ erfaßt, indem er aus den strukturellen Sonnenflecken-Beobachtungen des Greenwich Observatoriums der Jahre 1875 bis 1975 das jeweilige Verhältnis der Umbra zum ganzen Fleck (U/W) bestimmte. Die Kurve in Abb. 17 stellt die Variation dieses Verhältnisses dar.

Die von mir in Abb. 17 eingesetzten Pfeile, die mit den herausragenden Maxima der Kurve zusammenfallen, markieren die Anfangsphasen kleiner Finger. Aus der Folge der kleinen Finger wird aber nur jeder zweite KF berücksichtigt. Damit hat es folgende Bewandtnis: Die jeweils aufeinanderfolgenden Nullphasen haben eine unterschiedliche Qualität. Die einen sind durch eine kräftige Verringerung des Bahndrehimpulses und eine Bewegung der Sonne zum Massenzentrum hin gekennzeichnet, während die anderen mit einem starken Anwachsen des Drehimpulses und einer Bewegung der Sonne vom Massenzentrum weg einhergehen. Dies hat Auswirkungen auf die Sonnenaktivität. Ich habe nachgewiesen, daß die Eruptionen auf der Sonne nach Nullphasen der kleinen Finger sehr stark einseitig ausgerichtet sind.[105] Fliegt die Sonne nach einem starken Drehmomentstoß vom Massenzentrum weg, so ereignen sich auf der vom Massenzentrum abgewandten Seite doppelt so viele Eruptionen wie auf der Sonnenseite, die dem Massenzentrum zugewandt ist. Bewegt sich die Sonne infolge eines Drehmomentstoßes zum Massenzentrum hin, so ist die Zahl der Eruptionen auf der dem Massenzentrum zugewandten Seite sehr viel größer als auf der abgewandten Seite. Dieser Effekt zeigt sich aber nur, wenn die Stärke des Drehmomentstoßes, der sich in der Nullphase des KFZ ereignet, eine bestimmte quantitative Schwelle überschreitet. Die Pfeile in Abb. 17 erfassen nur diejenigen KF-Anfangsphasen, nach denen sich die Sonne zum Massenzentrum CM hin bewegte.[106] Die Nullphasen der GF-Zyklen 1933 und 1968 haben in der Relation der

104 Ders., ebd., S. 42 – 49

105 T. LANDSCHEIDT: Beziehungen zwischen der Sonnenaktivität und dem Massenzentrum des Sonnensystems, S. 14 – 15; ders.: Long-Range Forecast of Energetic X-Ray Bursts Based on Cycles of Flares, S. 87 – 88; ders.: Solar Rotation, Impulses of the Torque in the Sun's Motion, and Climatic Change, S. 278 – 280

106 Die Schwingung der Sonne um das Massenzentrum wird ebenso wie die Bewegung der Planeten auf ihrer Bahn um die Sonne von Differenzkräften beherrscht, die sich aus der Gravitation und der Zentrifugalkraft zusammensetzen. Diese Kräfte gleichen sich insgesamt in der Bahn aus. Es gibt jedoch Bahnphasen, in denen jeweils die eine oder die andere Kraft überwiegt. Wenn die Sonne sich vom Massenzentrum wegbewegt, ist die Zentrifugalkraft stärker. Nähert sich die Sonne dem Massenzentrum, so überwiegt die Gravitation. Die Pfeile

U/W-Kurve zu den KF-Nullphasen nicht zu Phasensprüngen geführt. Um 1933 vollführt die Kurve aber während eines Jahrzehnts eine horizontale Bewegung, die sonst nicht vorkommt, und die KF-Nullphase, die mit der GF-Nullphase 1968 zusammenfällt, ist im Vergleich zu den anderen KF-Nullphasen ungewöhnlich niedrig.

Bei irdischen Zyklen, die dem Rhythmus der kleinen Finger folgen, gibt es ebenfalls Beispiele für fehlende Phasensprünge. Abb. 18 nach P. N. MAYAUD[107] zeigt einen solchen Fall. Sie gibt die jährlichen Werte des aa-Index der geomagnetischen Aktivität für die Jahre 1868 – 1983 wieder. Die Maxima der Kurve, also Jahre mit starken magnetischen Stürmen, zeigen entgegen weitverbreiteten Erwartungen keine gute Übereinstimmung

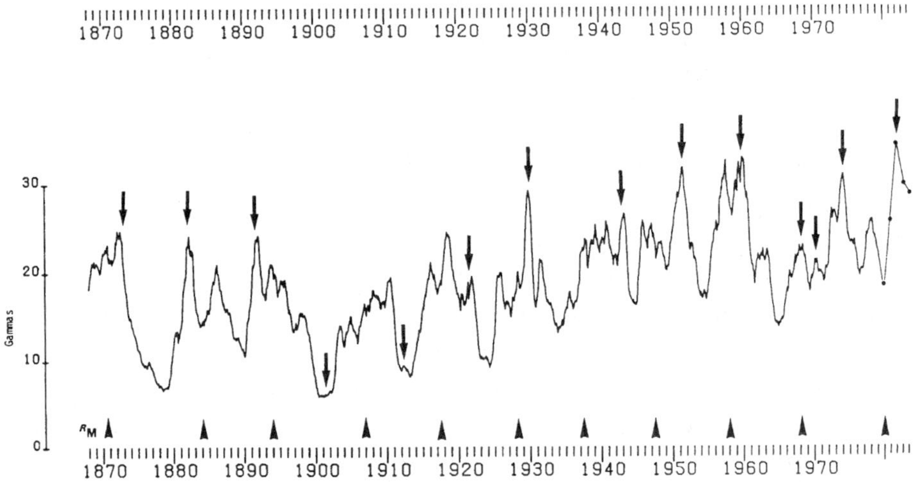

Abb. 18: Jährliche Werte des aa-Index der geomagnetischen Aktivität von 1868 – 1983 nach P. N. MAYAUD. Die Jahre mit starken magnetischen Stürmen fallen mit zwei Ausnahmen, die im Text erklärt werden, mit Nullphasen der „kleinen Finger" zusammen, die durch lange Pfeile markiert sind. Die Korrelation der magnetischen Aktivität mit den Maxima im 11-jährigen Sonnenfleckenzyklus, die durch kleine nach oben zeigende Pfeile gekennzeichnet sind, ist dagegen erheblich schlechter, manchmal sogar gegenläufig.

mit den Maxima des 11-jährigen Sonnenfleckenzyklus, deren zeitliche Einordnung ich unten im Bild durch nach oben zeigende Pfeile gekennzeichnet habe. Das Fleckenmaximum 1980 fällt zum Beispiel mit einem Minimum der Kurve der magnetischen Aktivität zusammen. Die KF-Nullphasen, die ich durch lange nach unten weisende Pfeile markiert habe,

in Abb. 17 erfassen ausschließlich die KF-Nullphasen, in denen sich für einen Moment Gravitation und Zentrifugalkraft die Waage halten und dann die Gravitation vorherrscht.

107 P. N. MAYAUD: A Hundred Year Series of Geomagnetic Data 1868 – 1967 (1973); P. N. MAYAUD / A. ROMANA: Supplementary Geomagnetic Data 1957 – 1975 (1977)

zeigen jedoch eine gute Korrelation mit den Spitzen des magnetischen Index. Ausnahmen gab es nur 1901 und 1912. Diese Nullphasen kleiner Finger fielen aber genau mit *Sonnenfleckenminima* zusammen. Sonnenflecken speichern starke magnetische Felder. Fehlen sie ganz oder sind sie sehr schwach, wie in einem Fleckenminimum, so gibt es keine Energiepotentiale, die durch Eruptionen ausgelöst werden können. Die GF-Nullphase 1968 hat in den zyklischen Daten keinen Phasensprung ausgelöst. Dafür sind die Maxima in den Jahren 1967 und 1970 nur schwach ausgeprägt. Diese Anomalie ist in die geophysikalische Fachliteratur als „geomagnetic jerk“ eingegangen. Das Maximum der Kurve im Jahre 1982 habe ich auf dieser Grundlage langfristig vorhergesagt, ebenso wie die starken magnetischen Stürme von 1989 – 1991. Die nächsten Maxima magnetischer Aktivität werden sich mit großer Wahrscheinlichkeit auf die Jahre 1998, 2013, 2021, 2030 und 2038 konzentrieren.

d) Regenfälle und Temperaturdaten

Die beiden letzten Beispiele haben gezeigt, daß die *Instabilität*, die mit Nullphasen der GFZ einhergeht, nicht immer zu Phasensprüngen in hierarchisch tieferliegenden Fraktalen führt, sondern sich manchmal auch auf andere Weise äußert. Es muß daher in jedem individuellen Fall beobachtet werden, wie sich die jeweilige GF-Anfangsphase auf die untergeordneten KF-Zyklen auswirkt, wenn zuverlässige Aussagen über deren weitere Entwicklung gemacht werden sollen. Ein weiteres Beispiel hierfür sind die folgenden meteorologische Zusammenhänge, die aber auch unabhängig hiervon instruktiv sind.

Wie schon angesprochen wurde, wenden Kritiker gegenüber den bisher veröffentlichten Arbeiten über solar-terrestrische Zusammenhänge auf meteorologischem Gebiet ein, daß sie sich auf zu kurze Zeiträume erstreckten. Dies kann dem folgenden Ergebnis nicht entgegengehalten werden, das ich bereits 1988, wenn auch in einem anderen Gesamtzusammenhang, in den USA veröffentlicht habe.[108] Abb. 19 basiert auf deutschen Regendaten für die Jahre 1851 – 1983. Sie erstrecken sich also auf mehr als 130 Jahre. Es handelt sich um die von F. BAUR[109] veröffentlichten Mittel der jährlichen Niederschläge von 14 deutschen Stationen. Die

108 T. LANDSCHEIDT: Solar Rotation, Impulses of the Torque in the Sun's Motion, and Climatic Change, S. 286 – 290

109 F. BAUR: Abweichungen der Monatsmittel der Temperatur Mitteleuropas und des Niederschlags in Deutschland.- Beilage zur Wetterkarte des Instituts für Meteorologie der Freien Universität Berlin vom 24. 6. 1975

2-jährige laufende Varianz v der in mm gemessenen Regenmengen, die ich in Abb. 19 dargestellt habe, lenkt die Aufmerksamkeit auf die Änderung der Varianz in benachbarten Jahren. Ausgeprägte Maxima der Kurve weisen auf einen starken Kontrast im Niederschlag aufeinanderfolgender Jahre hin – wenn sehr nasse Jahre auf sehr trockene Jahre folgen oder sehr trockene auf sehr nasse – während Minima mit geringfügigen Abweichungen in dieser Hinsicht einhergehen. Die nach unten weisenden breiten Pfeile markieren KF-Nullphasen und die offenen Kreise Mittelphasen der KF-Zyklen.

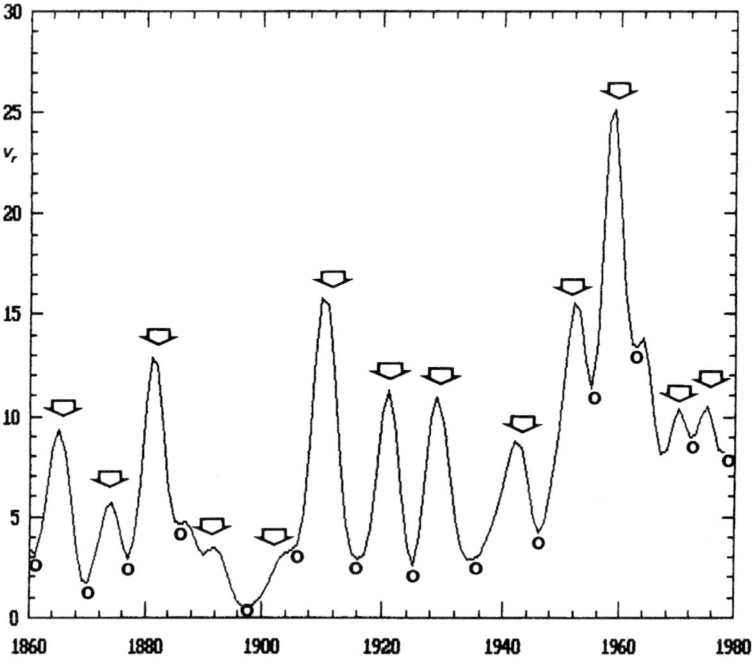

Abb. 19: 2-jährige laufende Varianz der Jahresmittel deutscher Regendaten von 1851 – 1983. Die Pfeile kennzeichnen Nullphasen „kleiner Finger", während die kleinen Kreise auf entsprechende Mittelphasen hinweisen. Die hochsignifikante Korrelation zwischen diesen Phasen und der Varianz des Niederschlags ermöglicht Vorhersagen über den allgemeinen Wettercharakter aufeinanderfolgender Jahre.

Der optische Eindruck einer guten Korrelation zwischen den KF-Phasen und den beobachteten Daten wird durch eine ganze Reihe verschiedener statistischer Tests erhärtet, welche die Nullhypothese, daß kein Zusammenhang bestehe, mit einer Irrtumswahrscheinlichkeit zwischen $P = 0{,}0002$ und $P = 0{,}00003$ widerlegen. Phasensprünge, die mit Nullphasen der GFZ zusammenhängen könnten, haben sich in den Daten nicht abgezeichnet. Die schwach ausgeprägten Maxima um 1900 und 1968 fallen aber mit Nullphasen großer Finger zusammen. Dies sind auch die Anomalie-Perioden in den Daten magnetischer Aktivität in Abb. 18. Solche Parallelen sind in solar-terrestrischen Zeitreihen oft zu beobachten. Weitere Untersuchungen ähnlich langer Zeitreihen, die ich mit Niederschlagsdaten aus England, den USA und Indien durchgeführt habe, bestätigen den in Abb. 19 sichtbar gemachten Zusammenhang. Das gleiche gilt für jährliche Durchschnittstemperaturen in den angeführten Ländern.[110] Dieses Ergebnis, das sich konsistent auf mehr als ein Jahrhundert und weite Teile der nördlichen Hemisphäre erstreckt, eröffnet die Möglichkeit von langfristigen Vorhersagen über den allgemeinen Wetter-Charakter kommender Jahre.

e) Zinsentwicklung

Das Auf und Ab der *Zinssätze* ist ein letztes Beispiel für einen irdischen Zyklus, der dem KF-Zyklus der Sonne folgt, aber auch nach Nullphasen der großen Finger im gleichen Rhythmus weiterzulaufen scheint. Die Durchschnittsrendite öffentlicher Anleihen in Deutschland erreichte seit der Währungsreform stets ein Maximum, wenn der KF-Zyklus durch eine Nullphase lief. Zuletzt war dies 1982 und 1990 der Fall. Die internationalen Märkte zeigten die gleiche Entwicklung. Durch die Nullphase 1968 im GF-Zyklus wurde der Rhythmus nicht gestört. Mit dem nächsten Maximum der Zinserträge ist 1998 zu rechnen. Es ist nicht ausgeschlossen, daß dieses Maximum in Deutschland infolge der wirtschaftlichen Auswirkungen der Wiedervereinigung erst ein oder zwei Jahre später erreicht wird.

110 Wegen weiterer Details wird auf T. LANDSCHEIDT: Sun – Earth – Man, S. 67 – 71, und ders.: Solar Rotation, Impulses of the Torque in the Sun's Motion, and Climatic Change, S. 286 – 290, verwiesen.

III. DER GOLDENE SCHNITT ALS BAUSTEIN DER NATUR

1. Flutkräfte der Planeten, energetische Sonneneruptionen und Goldener Schnitt

Zu den solaren Eruptionen, die Energiebrücken zwischen der Sonne und der Erde bilden, sind neben den aufsteigenden Protuberanzen vor allem die *chromosphärischen Eruptionen* zu zählen, die auch *Flares* genannt werden, weil sie mit intensiven Lichtblitzen einhergehen. Hochenergetische Flares entwickeln Temperaturen, die höher sind als im innersten Kern der Sonne. Die ausgelöste Energie kommt der Explosion von Hunderten von Millionen Wasserstoffbomben gleich. Könnten wir die Energie eines einzigen kräftigen Flares einfangen, wären die Energieprobleme der Menschheit für die nächsten 100 Millionen Jahre gelöst. Zu den zahlreichen Instabilitätseffekten, die Flares auf der Erde auslösen, gehören magnetische Stürme, Störungen des Kurzwellenverkehrs, Fehlfunktionen von Computern, Unterbrechungen der Stromversorgung und des Telefonverkehrs, Satellitenabstürze und Schwierigkeiten in der Satellitennavigation, Wetteränderungen sowie Erhöhung der Zahl von Herzinfarkten, Verkehrsunfällen und von Patienten, die in psychiatrische Kliniken eingeliefert werden.[111] Daß die induzierte Instabilität aber auch positive Auswirkungen hat, insbesondere auf die menschliche Kreativität, wurde bereits erörtert. Überraschend war für mich, daß wir aus dem Muster, das Flares durch ihre zeitlichen Abstände bilden, etwas über die Funktion elementarer Naturstrukturen lernen können. Auch in diesen Zusammenhang spielen wieder Planeten hinein, aber diesmal nicht die sonnenfernen, sondern die sonnennahen.

Da Flares, gemessen an der Lebensdauer von Sonnenflecken oder gar Fleckenzyklen, ephemere Ereignisse sind, liegt es nahe, die *Flutkräfte* der Planeten, die einem schnelleren Wandel unterworfen sind als die Schwingung der Sonne um das Massenzentrum CM, auf Beziehungen zu der Verteilung von Flares zu untersuchen. Wird die relative Stärke der Flutkräfte aller Planeten berechnet, so ist sofort zu sehen, daß nur Merkur, Venus, Erde und Jupiter als Flutkraft-Planeten in Betracht kommen. Die anderen Planeten sind zu weit entfernt oder haben eine zu geringe Masse. Werden die Flutkräfte dieser Planeten in einem Gesamtvektor zusammengefaßt, so zeigt sich sogleich, daß der Vektor, der Merkur einbezieht,

111 T. LANDSCHEIDT: Sun – Earth – Man, S. 34

lediglich um den zentralen Vektor herumschwingt, der von Venus, Erde und Jupiter gebildet wird. Ich habe daher die Analyse auf den Gesamtvektor der Flutkräfte dieser drei Planeten beschränkt, der von nun an einfach als Flutkraftvektor F bezeichnet wird.

Ein Vektor ist eine gerichtete Größe. Neben dem Betrag, in unserem Falle der Stärke der Flutkraft, ist auch die Richtung wichtig. Die Richtung von F habe ich bereits in anderen Arbeiten untersucht.[112] Hier geht es nur um den Betrag, die Gesamtstärke der von Venus, Erde und Jupiter gemeinschaftlich auf die Sonne ausgeübten Flutkraft. Von Kritikern wird darauf hingewiesen, daß die vertikale Komponente dieser Flutkraft viel zu schwach sei, da sie nur eine Flut von wenigen Millimetern auf der Sonne anheben könne. Demgegenüber hat E. OEPIK[113] vorgerechnet, daß die Horizontalkomponente Gezeitenströmungen bewirkt, die eine Geschwindigkeit von 0,93 m / sec erreichen. Das ist keine *quantité négligeable*, vor allem wenn man berücksichtigt, daß das in der Sonne enthaltene Plasma zu Instabilität und Turbulenz neigt. Meine Analyse längerer Zeitreihen von F zeigt, daß ein *Flutkraftzyklus* (FZ) von 118.5 Tagen existiert, der aber eine Variationsbreite von 106 bis 130 Tagen hat.

Steht dieser Zyklus in einer Beziehung zu Flares? Um diese Frage zu beantworten, habe ich die stärksten Sonneneruptionen herangezogen, die von 1859 bis 1989 beobachtet worden sind. Meine praktische Erfahrung bei der Frequenzanalyse von Zeitreihen hat gezeigt, daß sich die besten Ergebnisse einstellen, wenn nur herausragende Ereignisse berücksichtigt werden. Insgesamt handelt es sich um 57 Fälle.[114] Abb. 20 zeigt, wie sich die 57 hochenergetischen Eruptionen innerhalb des Flutkraftzyklus FZ verteilen. Die waagerechte Achse bezeichnet die Phase des Flutkraftzyklus, der so normiert ist, daß ein voller Flutkraftzyklus zwischen 0 und 2π als Einheit mit dem Maß 1 behandelt wird. Dies hat den Vorzug, daß die unterschiedliche Länge der Flutkraftzyklen durch die Anpassung an die Einheitsnorm ausgeglichen wird. Gleiche Phasen in verschieden langen Zyklen sind so auf einen Blick zu erkennen, weil sie zusammenfallen. Ohne die Normierung würden sie stark verwischt werden.

Bei Voruntersuchungen hat sich gezeigt, daß die Teile des Flutkraftzyklus vom Minimum zum Maximum und vom Maximum zum Minimum als selbständige Zyklen mit der gleichen Verteilung behandelt werden

112 T. LANDSCHEIDT: Sun – Earth – Man, S. 49 – 52

113 E. OEPIK: Planetary Tides and Sunspots (1972), 298

114 Wegen der Datenquellen und der technischen Details verweise ich auf T. LANDSCHEIDT: Cosmic Regulation of Cycles in Nature and Economy (1990), S. 13 – 20

können. Sie sind daher normiert und übereinandergelegt worden, so daß im Endergebnis die Normskala in Abb. 20 die Verteilung der Eruptionen in je einem halben Flutkraftzyklus wiedergibt, dessen Nullphasen im Minimum und im Maximum des ganzen Flutkraftzyklus liegen. Ähnlich wie bei der 36-jährigen laufenden Varianz des Bahndrehimpulses der Sonne im Verhältnis zu den Minima des Gleißbergzyklus kommt es also nur auf die Extrema an. Die senkrechte Achse mißt die Häufigkeit von Eruptionen in Klassen von je 1 / 40 der Phasenskala.

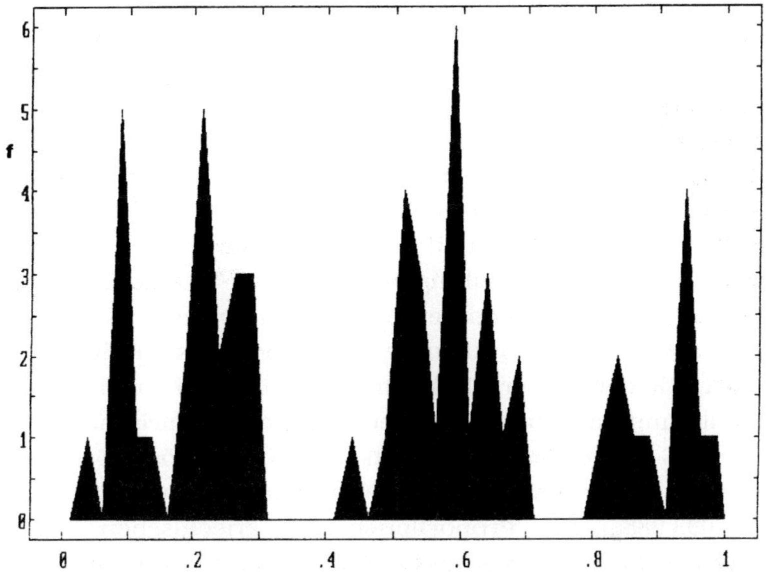

Abb. 20: Verteilung von 57 hochenergetischen Sonneneruptionen der Jahre 1859 – 1989 innerhalb des Zyklus, der durch die Variation der Flutkräfte von Venus, Erde und Jupiter gebildet wird. Die waagerechte Achse bezeichnet die Phasen dieses Zyklus, die auf 1 als Einheit bezogen sind. Die senkrechte Achse mißt die Häufigkeit von Eruptionen in Klassen von je 1/40 der Phasenskala. Entgegen physikalischer Erwartung erscheint die stärkste Häufung von Eruptionen nicht bei 0 oder 1 der Phasenskala, wo die Extrema der Flutkraft liegen, sondern in der Nähe von 0.6. Weist dies auf den Goldenen Schnitt hin?

Das Ergebnis in Abb. 20 ist alles andere als eine Zufallsverteilung. Selbst wenn keinerlei Hypothese zugrunde gelegt wird, ergibt sich für die Verteilung insgesamt bei einem Pearson-Test mit 39 Freiheitsgraden $\chi^2 = 71{,}4$; $P < 0{,}0012$. Die stärkste Konzentration von Eruptionen zeigt sich entgegen jeder physikalischen Erwartung nicht am Anfang und am Ende der Skala, wo die Extremwerte des Betrages des Flutkraftvektors liegen, sondern mehr zur Mitte der Phasenskala hin, und auch nicht symmetrisch um 0,5 gruppiert, sondern nach 0,6 verschoben. Diese nichtsymmetrische Verteilung und insbesondere die Nähe zu 0,618..., dem Zahlenwert des

Goldenen Schnitts, könnte auf eine Beziehung zu diesem klassischen Teilungsmaß hinweisen. Bei der Beurteilung komplexer Zusammenhänge ist ein möglichst differenziertes Assoziationspotential von Nutzen, wie die Fruchtbarkeit interdisziplinärer Arbeit zeigt. Wir befassen uns daher zunächst näher mit dem Goldenen Schnitt, bevor wir das Ergebnis der Abb. 20 im Detail interpretieren.

2. Das Teilungsverhältnis des Goldenen Schnitts

Der *Goldene Schnitt*, auch stetige Teilung genannt, war schon den alten Ägyptern bekannt. Er erscheint bereits in den Maßverhältnissen der *Cheopspyramide*, die um 2600 v. Chr. erbaut wurde. Das Verhältnis der halben Seite des Grundquadrats der Pyramide zum Lot von der Pyramidenspitze auf die Basisseite des jeweiligen Begrenzungsdreiecks entspricht dem Goldenen Schnitt ebenso wie das Verhältnis der Basis der Cheopspyramide zur übrigen Pyramidenoberfläche.[115] Von den Pythagoräern wurde die stetige Teilung neu entdeckt.[116] EUKLID behandelt sie in den Elementen seiner Geometrie. Die *Sectio aurea* teilt ein beliebiges Ganzes derart, daß sich der kleinere Teil (Minor) zum größeren Teil (Major) verhält, wie der größere Teil zum Ganzen. Dabei entwickeln sich die beiden Teile und das Ganze wie Glieder einer geometrischen Reihe. Der Zahlenwert G des Goldenen Schnitts läßt sich als Lösung der quadratischen Gleichung $x^2 + x = 1$ definieren und ist eine irrationale Zahl: G = 0,618 033 988... Die Proportionen des griechischen Tempels in Abb. 21 führen das Verhältnis des Goldenen Schnitts sinnfällig vor Augen.

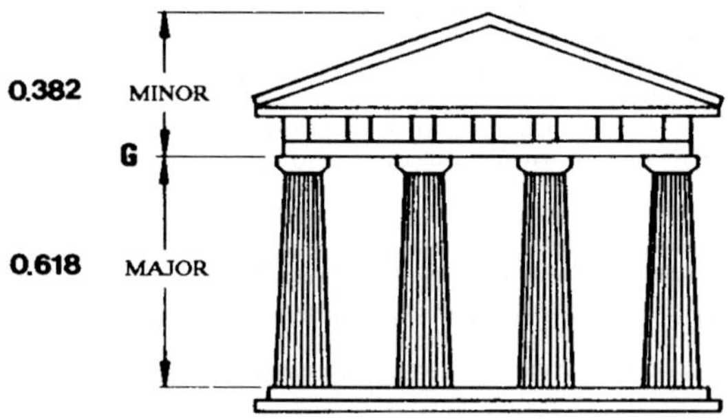

Abb. 21: Der Goldene Schnitt bei G teilt die Tempelhöhe so, daß sich die ganze Höhe zum größeren Teilstück (Major) verhält, wie der Major zum kleineren Teilstück (Minor). Ist eine beliebige Einheit gegeben, so erhält man den Major und den Minor durch die Multiplikation mit 0,618 und 0,382.

G hat einzigartige mathemathische Eigenschaften, die bei Naturforschern und Künstlern immer wieder Verwunderung und Begeisterung ausgelöst haben. So ist G die einzige positive Zahl, deren reziproker Wert

115 H. v. BARAVALLE: Geometrie als Sprache der Formen (1980), S. 81
116 S. HELLER: Die Entdeckung der stetigen Teilung durch die Pythagoräer (1958)

ϕ = 1,618 033 988... nach dem Komma dieselbe Dezimalenfolge wiederholt. Weiter kann G, wie aus Abb. 22 oben zu entnehmen ist, in ganz elementarer Weise durch einen unendlichen Kettenbruch ausgedrückt werden, der als einzige Zahl die 1 enthält. Abb. 22 unten zeigt, daß der Kehrwert von G sich durch einen Ausdruck, der sich bis in die Unendlichkeit fortsetzt, aus Quadratwurzeln ableiten läßt, wobei wiederum die einzige auftretende Zahl die 1 ist. Es ist hier nicht möglich, den Beziehungsreichtum der Zahl G auch nur annähernd vollständig zu beschreiben.

$$G = \cfrac{1}{1+\cfrac{1}{1+\cfrac{1}{1+\cfrac{1}{1+\cfrac{1}{1+\dots}}}}}$$

$$\frac{1}{G} = \sqrt{1+\sqrt{1+\sqrt{1+\sqrt{1+\sqrt{1+\dots}}}}}$$

Abb. 22: Darstellung der goldenen Zahl G und ihres Kehrwertes durch einen unendlichen Kettenbruch und eine unbegrenzte Folge von Quadratwurzeln, die als einzige Ziffer die 1 enthalten.

Die *Fibonacci Association* in den USA hat seit 1963 in der Fachzeitschrift *„The Fibonacci Quarterly"* ständig neue Ergebnisse veröffentlicht, die sich ausschließlich auf den Goldenen Schnitt und die Fibonacci-Folge beziehen.

3. Die Fibonacci-Folge

LEONARDO *da Pisa*, auch FIBONACCI genannt, der 1202 den „Liber abaci" verfaßte, hat die Aufmerksamkeit darauf gelenkt, daß G bei natürlichen Wachstumsprozessen eine wichtige Rolle spielt. Als Kaiser *Friedrich II.* ihm die Aufgabe stellte, genau zu berechnen, wie sich Kaninchen unter bestimmten Bedingungen vermehren, löste er das Problem mit der nach ihm benannten Zahlenfolge, deren aufeinanderfolgende Glieder sich dem Zahlenwert des Goldenen Schnitts immer mehr nähern, wenn sie als Quotienten behandelt werden. Die Fibonacci-Zahlen entwickeln sich so, daß jede Zahl der Folge gleich der Summe der beiden vorhergehenden Zahlen ist. Nur die beiden ersten Glieder der Folge machen hiervon eine Ausnahme: 1, 1, 2, 3, 5, 8, 13, 21, 34, 55, 89, 144, 233, ... C. S. OGILVY[117] hat die Entstehung der Folge am Beispiel des Baumwachstums demonstriert.

117 C. S. OGILVY / J. T. ANDERSON: Zahlentheorie (1970), S. 111 – 112

Seine entsprechende Zeichnung, die das Wachstum schematisch darstellt, wird hier als Abb. 23 wiedergegeben. OGILVY geht von der durchaus vernünftigen Regel aus, daß jeder alte Ast, einschließlich des Stammes, pro Jahr einen neuen Ast bildet. Diese neuen Äste wachsen im folgenden Jahr weiter, aber ohne sich zu verzweigen, und gelten dann auch als alte Äste. Die Anzahl der Äste nach n Jahren ist $F_n = F_{n-1} + F_{n-2}$. Auf der rechten Seite des Bildes ist zu sehen, wie sich die Glieder der Fibonacci-Folge bis zur Zahl 13 entwickeln. Der Quotient 8 / 13 der beiden letzten Glieder führt schon zu dem Annäherungswert 0,615...

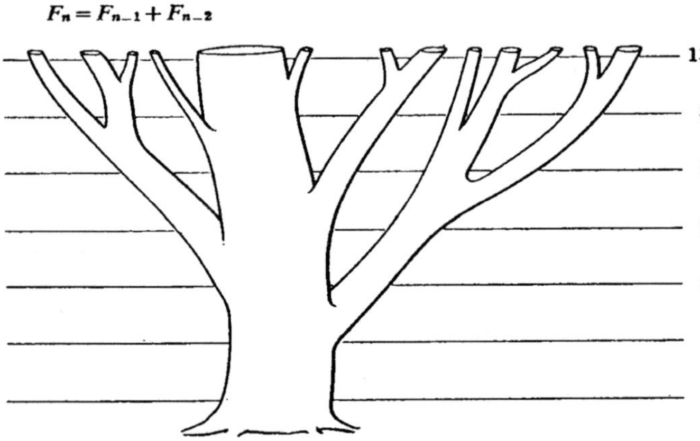

Abb. 23: Demonstration der Entwicklung der Fibonacci-Folge am Wachstum eines Baumes von C. S. OGILVY.

Abb. 24 nach D. R. HOFSTADTER[118] beleuchtet das Entwicklungsgesetz aus einer Bild-Perspektive. Abb. 25 nach C. S. OGILVY[119] erklärt einen unerwarteten Zusammenhang zwischen den Binomialkoeffizienten, die im

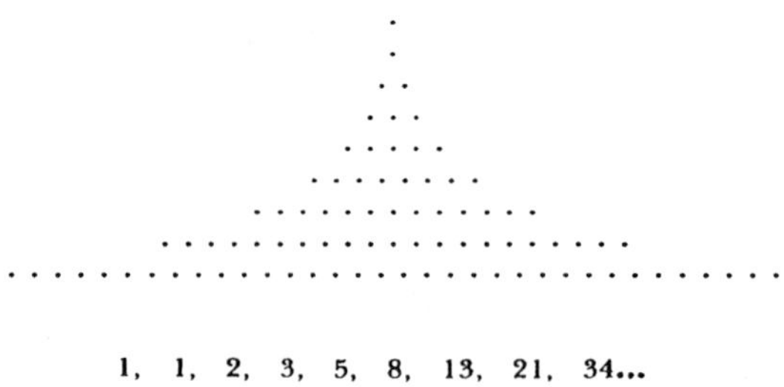

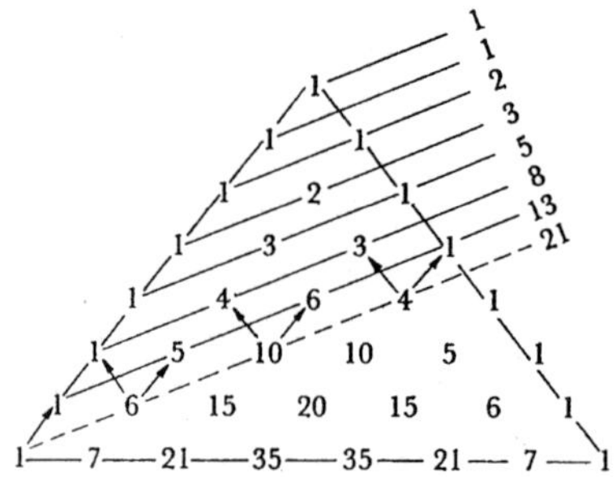

Abb. 24, links: Optisch ansprechende Darstellung des Entwicklungsgesetzes der Fibonacci-Folge von D. R. HOFSTADTER.
Abb. 25, rechts: Zusammenhang zwischen dem Pascalschen Dreieck und der Fibonacci-Folge nach C. S. OGILVY.

118 D. R. HOFSTADTER: Gödel, Escher, Bach (1979), S. 173
119 C. S. OGILVY: Zahlentheorie, S. 113

Abb. 26: "Auferstehung Christi"

Pascal-Dreieck erscheinen, und der Fibonacci-Folge. Wird der Betrachtungswinkel um 22.5 Grad verändert, ergibt sich eine neue Perspektive, die vorher unsichtbare Zusammenhänge erschließt. Der Zahlentheoretiker E. LUCAS hat mehr als 200 Jahre nach PASCALs Tod als erster diese Perspektive eröffnet. Die Fibonacci-Zahlen sind hier ausführlicher beschrieben worden, weil sie im folgenden noch eine wichtige Rolle spielen werden.

4. Goldener Schnitt, Kunst und Ästhetik

In der Renaissance lenkte L. PACIOLI mit seinem 1509 veröffentlichten Werk „De divina proportione" die Aufmerksamkeit auf Beziehungen zwischen dem Goldenen Schnitt, menschlichen Proportionen und menschlichem Schönheitsempfinden, wie es sich in Architektur, Bildhauerei und Malerei ausdrückt. Die Proportionen des Parthenon, der „Speerträger" des POLYKLET und der „Schaber" des LYSIPP, die bei den alten Griechen als kanonisch galten, kamen zu neuen Ehren. Wohin wir in der Kunst auch schauen, überall tritt uns dieser Einfluß entgegen. Abb. 26, die „Auferstehung Christi" von M. GRÜNEWALD[120], ist ein eindrucksvolles Beispiel. Der Künstler lenkt die Aufmerksamkeit des Beschauers auf die Wunden in den ausgestreckten Händen und im abgewinkelten linken Fuß der Gestalt. Die Proportion des Goldenen Schnitts, die das Gemälde strukturiert, prägt sich so dem Betrachter ein, selbst wenn er nicht erkennt, daß es sich um dieses ästhetische Maßverhältnis handelt. Hierzu trägt bei, daß die Augen genau auf der Verbindungslinie zwischen den Handwunden liegen. Bei näherer Betrachtung ist zu sehen, daß der Abstand zwischen den beiden Handwunden und der Abstand der Wunden in der rechten Hand und im linken Fuß im Verhältnis des Goldenen Schnitts stehen. Das gleiche gilt für den Abstand der Handwunden im Verhältnis zur Länge der Gestalt von der Mitte des Scheitels bis zum linken großen Zeh. Weiter ist der Major des Abstandes der beiden Handwunden gerade so groß wie der Radius des Aurakreises. Selbst der Major dieses Radius erschließt wieder eine wesentliche Beziehung. Die Seitenwunde rückt dadurch in den Vordergrund, daß sie entblößt ist. Tragen wir auf der Verbindungslinie der Handwunden von der rechten Wunde her den Major des Aurakreises ab und fällen dann ein Lot mit der Länge dieses Major, so gelangen wir genau zu der Seitenwunde. Insgesamt bilden die Goldenen Schnitte in diesem Kunsterk eine fraktale Struktur.

120 Isenheimer Altar, 1513 – 1515, Colmar, Musée d'Unterlinden

Oft finden wir den Goldenen Schnitt in der Kunst auch da, wo wir es gar nicht erwarten, wie bei dem Neoimpressionisten G. SEURAT in seinem Gemälde „La parade“ oder in den Werken von P. SIGNAC. Es ist wenig bekannt, da LEONARDO *da Vinci* die Illustrationen zu PACIOLIs Buch gezeichnet hat.[121] Nach den Worten dieses Meisters ist die *Sectio divina*

> „nicht nur in Zahlen und Maßen zu finden, sondern auch in den Tönen, Gewichten, Zeiträumen und Lagen, sowie in jeglicher Wirkungskraft, die es gibt.“

Wie sich noch zeigen wird, war dies ein prophetischer Ausspruch, wie so oft bei dem Universalgenie LEONARDO *da Vinci*.

A. DÜRER, der ebenfalls eingehende Studien zum Goldenen Schnitt betrieben hat, fand diese Proportion 25-mal im menschlichen Körperbau vor. Vielleicht ist dies einer der Gründe, warum der Mensch auf die *Sectio aurea* psychisch so sensibel reagiert. Der Physiker und Naturphilosoph G. FECHNER, der mitten im materialistischen 19. Jahrhundert das Sonnensystem als Organismus ansah[122], hat Versuchspersonen verschieden proportionierte Rechtecke vorgelegt, von denen sie dasjenige auswählen sollten, das ihnen am besten gefiel. Abb. 27 nach H. E. HUNTLEY[123] zeigt das Ergebnis. Die Häufigkeitskurve erreicht ganz eindeutig

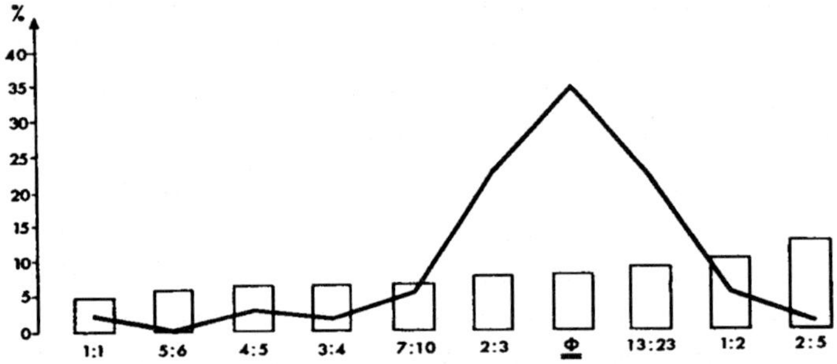

Abb. 27: Ergebnis des Fechnerschen Experiments nach H. E. HUNTLEY. Die meisten Versuchspersonen bezeichneten das goldene Rechteck als ästhetisch besonders ansprechend.

ihren höchsten Punkt über dem goldenen Rechteck. Das in der Zeichnung eingetragene ϕ ist der Kehrwert von G. Spätere Wiederholungen dieses Experiments durch andere Autoren führten immer wieder zum gleichen Resultat.[124]

121 Eine neue illustrierte Ausgabe von „De divina proportione“ ist in Mailand veröffentlicht worden in: Fontes Ambrosioni, 31 (1956)

122 G. T. FECHNER: Zend-Avesta (1919)

123 H. E. HUNTLEY: The Divine Proportion (1970), S. 64

124 Ders., ebd.

5. Keplers Sectio divina

J. KEPLER hatte einen sicheren Instinkt für zukunftsträchtige Themen. P. H. RICHTER und H. J. SCHOLZ[125] haben insoweit festgestellt:

> „Auf überraschende Weise ist Kepler wieder aktuell geworden. Sein geometrischer Zugang der Beurteilung der Zahlen als Proportionen paßt gut zu einer Entwicklung, die mit Henri Poincaré begann und als Theorie der dynamischen Systeme gegenwärtig stürmisch voranschreitet."

Hiernach ist ernst zu nehmen, was KEPLER in seiner *Weltharmonik* über die „Sectio divina" und ihre Beziehung zur Kreativität gesagt hat, auch wenn seine Sprache nicht mehr der Denkweise von Menschen entspricht, die sich wohlfühlen, wenn sie sich ihrer individuellen Gestaltungsmöglichkeiten begeben, indem sie alle in die gleichen Jeans und Turnschuhe steigen. An der betreffenden Stelle heißt es:

> „Man erinnere sich, daß die Durterz ihren Ursprung im Fünfeck hat, und daß das Fünfeck durch die Teilung nach dem äußeren und mittleren Verhältnis bestimmt ist, die den göttlichen Schnitt bildet. In diesem schönen Verhältnis liegt nun aber die Idee der Zeugung verborgen. Denn wie der Vater den Sohn erzeugt, der Sohn einen anderen, jeder einen ihm ähnlichen, so wird auch bei jener Teilung die Proportion fortgesetzt, wenn man den größeren Abschnitt zum Ganzen hinzufügt. Die Summe erhält dann die Stelle des Ganzen, und was vorher Ganzes war, ist jetzt größerer Abschnitt. Wenn auch dieses Verhältnis nicht durch Zahlen ausgedrückt werden kann, so gibt es doch eine Zahlenreihe, die dem wahren Wert des Verhältnisses immer näher kommt. In dieser Reihe erzeugt der Unterschied der Zahlen gegenüber den wirklichen Proportionsgliedern ... in höchst merkwürdiger Weise Männchen und Weibchen, wie sie sich durch die Geschlechtsglieder unterscheiden."[126]

KEPLER analysiert sodann die Fibonacci-Folge, die er im Auge hat, Glied für Glied und belegt seine Auffassung im Detail. Hat er recht, so ist nicht verwunderlich, daß die Fibonacci-Zahlen im Pflanzenreich, das zuerst die geschlechtliche Differenzierung entwickelt hat, überall anzutreffen sind.

125 P. H. RICHTER / H. J. SCHOLZ: Der Goldene Schnitt in der Natur (1991), S. 176
126 J. KEPLER: Weltharmonik, S. 165

6. Die Fibonacci-Folge im Pflanzenreich

Bei der Anordnung von Blättern, Blüten, Samenkernen und Schuppen tauchen in verschwenderischer Variationsfülle die Verhältniszahlen der Fibonacci-Folge 1/2, 2/3, 3/5, 5/8, 8/13, 13/21, 21/34, 34/55, 55/89, ... auf. Abb. 28 nach J. KAPPRAFF[127] ist ein Beispiel hierfür. Die Sonnenblumenkerne sind in rechts- und linksdrehenden Spiralen angeordnet, deren Zahl im Verhältnis 55/89 steht. Bei anderen Pflanzen zeigen ähnliche Spiralformen ein anderes Verhältnis: 3/5 bei Kiefernzapfen, 5/8 bei Tannenzapfen, 8/13 bei Ananasfrüchten, 13/21 bei Gänseblümchen und 21/34, 34/55, oder sogar 55/89 bei Disteln und Sonnenblumen.[128] Es ist übrigens

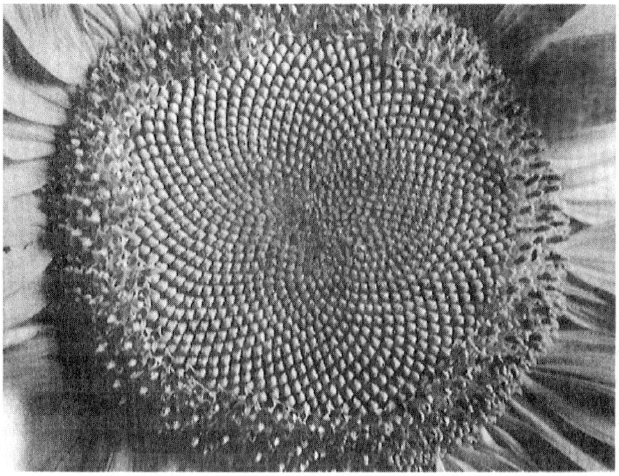

Abb. 28: Bild einer reifen Sonnenblume nach J. KAPRAFF. Die Sonnenblumenkerne sind in rechts- und linksdrehenden Spiralen angeordnet, die das Verhältnis 55/89 der Fibonacci-Folge bilden. Dessen Wert 0,617977 ... liegt schon nahe bei 0,618 ..., der goldenen Zahl G.

nicht verwunderlich, daß gerade die Pflanzen eine so enge Beziehung zur Fibonacci-Folge und damit zum Goldenen Schnitt haben. Die *Sonne,* die ihnen das Licht für die Photosynthese energiereicher Kohlehydrate spendet, richtet ihr dynamisches Verhalten ebenfalls nach diesem Naturprinzip aus. Auch bei der Verteilung grüner Blätter um einen Stengel erscheinen die Fibonacci-Zahlen. Hier bedeutet zum Beispiel die 3/5-Stellung, daß man bei 3 Umgängen um den Stengel auf 5 Blätter trifft. Dieses Stellungsverhältnis charakterisiert wiederum verschiedene Pflanzenarten durch verschiedene Quotienten. Bei gewöhnlichem Gras finden wir

127 J. KAPPRAFF: Connections – The Geometric Bridge Between Art and Science (1991), S. 93

128 P. H. RICHTER / H. J. SCHOLZ: Der Goldene Schnitt, S. 192

das Verhältnis 1/2, das zu Anfang der Fibonacci-Folge auftritt. Bei anderen Arten tauchen jedoch Blattstellungs-Verhältnisse auf, die scheinbar mit der Fibonacci-Folge nichts zu tun haben: 1/3 für Riedgras, 2/5 für Obstbäume wie den Apfelbaum, 3/8 für den Wegerich und 5/13 für Lauch.[129]

Wie sich noch herausstellen wird, ist dies ein Zusammenhang, der auch bei der Verteilung von Sonneneruptionen innerhalb von Finger-Zyklen eine wesentliche Rolle spielt. Es ist also wichtig zu wissen, wo diese Zahlen herkommen. Die Erklärung ist relativ einfach. Die andersartigen Verhältniszahlen sind die Konvergierenden eines Kettenbruchs, die nicht auf den Major als Grenzwert zustreben, sondern auf den Minor 0,381966 ... Dieser Kettenbruch ist eng verwandt mit dem Kettenbruch in Abb. 22 oben, der gegen G konvergiert. Anstelle der ersten 1 unter dem ersten Bruchstrich ist nur eine 2 zu setzen. Aus diesem leicht abgewandelten Kettenbruch ergeben sich die Näherungsbrüche: 1/2, 1/3, 2/5, 3/8, 5/13, 8/21, ... also gerade die vorher nicht zu erklärenden Blattstellungs-Verhältnisse. Hinsichtlich des neuen Grenzwerts, des Minor, möge sich der Leser daran erinnern, daß bei der Teilung einer Einheitsstrecke im Goldenen Schnitt neben dem Major 0,618034 ... auch der Minor erscheint, das Komplement zu G: Minor = 1 – G = 0,381966 ... Den Zahlenwert des Minor erhalten wir auf andere Weise, wenn wir G mit sich selbst multiplizieren: Minor = G^2. Der Zusammenhang der an den Minor anknüpfenden Blattstellungs-Verhältnisse mit der Fibonacci-Folge ist am leichtesten zu erkennen, wenn zwei Fibonacci-Folgen übereinandergestellt werden, und zwar so gegeneinander verschoben, daß die Glieder der unteren Folge jeweils zwei Stellen nach links rücken:

1, 1, 2, 3, 5, 8, 13, 21, ...
2, 3, 5, 8, 13, 21, 34, 55, ...

Die jeweils zusammengehörigen Blattstellungs-Zahlen stehen dann unmittelbar untereinander. Solche Verschiebungsoperationen, die man mit Translationen in der Vektormathematik vergleichen könnte, sind auch in der Natur zu finden. Abb. 29 nach E. HUNTLEY[130] zeigt den Stammbaum einer Drohne. Für jede Generation, jeweils durch einen Pfeil angezeigt, wird rechts im Bild in getrennten Kolonnen die Gesamtzahl der weiblichen (f) und männlichen (m) Vorfahren angegeben. In einer weiteren Kolonne, rechts daneben, erscheint die entsprechende Gesamtzahl beider

129 H. E. HUNTLEY: The Divine Proportion, S. 161
130 Ders., ebd., S. 160

Geschlechter. Liest man die Zahlen in den Kolonnen von unten nach oben, so erscheint jedesmal die Fibonacci-Folge, aber mit einer Verschiebung gegenüber den anderen Folgen. Läßt man die beiden untersten Stufen weg, in denen Nullen erscheinen, so ergeben sich die Verhältniszahlen 1/2, 1/3, 2/5, 3/8, 5/13, ..., die auf den Minor zulaufen, aus der mittleren und rechten Kolonne, während die Wertepaare 1/1, 1/2, 2/3, 3/5, 5/8,

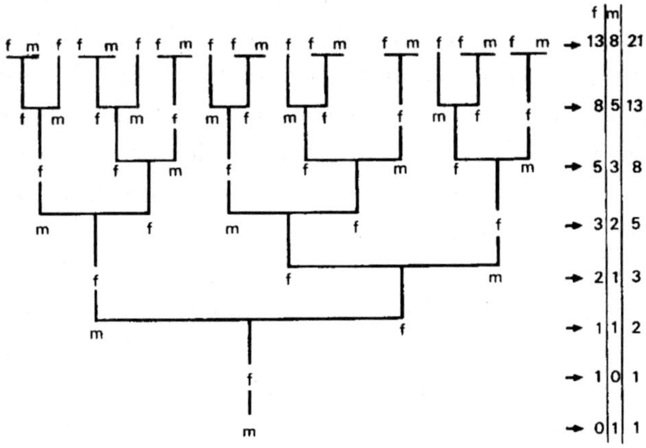

Abb. 29: Stammbaum einer Drohne nach H. E. HUNTLEY. Die jeweilige Zahl der weiblichen (f) und männlichen (m) Vorfahren in einer Generation sowie deren Gesamtzahl, in drei Kolonnen rechts im Bild angeordnet, führen zu drei Fibonacci-Folgen, die gegeneinander verschoben sind. Hieraus läßt sich eine Fibonacci-Folge ableiten, deren Verhältniszahlen dem Minor 0,381966 ... zustreben und nicht dem Major 0,618 ...

die sich dem Major nähern, aus der mittleren und linken Kolonne abzulesen sind. Insgesamt weisen die Ergebnisse in eine interessante Richtung. Wenn in der Natur neben dem Major G der Minor G^2 eine Rolle spielt, wie steht es dann mit G^3, G^4, G^5 ... ?

7. Fünfzahl und Sectio aurea

Die fünfzählige Symmetrie, die hinter der Dynamik der Sonnenschwingung steckt, welche von den Riesenplaneten gesteuert wird, weist im Grunde bereits auf den Goldenen Schnitt hin, denn dieses Teilungsmaß

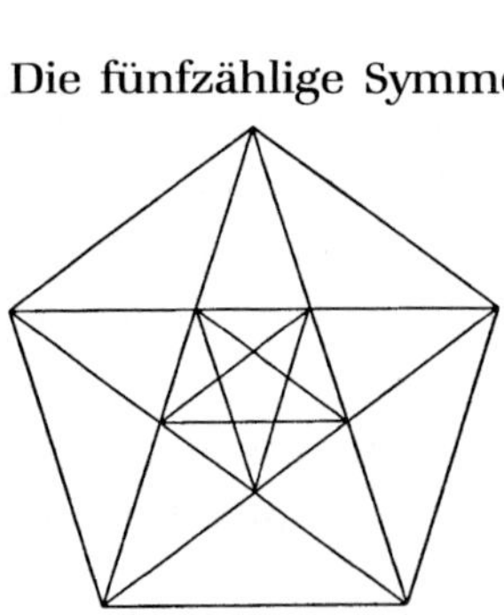

Abb. 30: Beziehung zwischen Fünfeck und Goldenem Schnitt: Werden in ein regelmäßiges Fünfeck alle Diagonalen eingezeichnet, so entsteht ein Pentagramm mit einem Fünfeck in der Mitte, dem wieder ein Pentagramm eingeschrieben werden kann. Dieser Prozeß läßt sich unendlich oft wiederholen. Alle Diagonalen, die hierbei ein Pentagramm bilden, teilen sich wechselseitig im Goldenen Schnitt.

ist eng mit der Zahl 5 verknüpft. Abb. 30 macht dies deutlich. Zeichnet

Abb. 31: Dynamische Darstellung des Zusammenhangs zwischen Fünfzahl und Goldenem Schnitt nach M. FIELD und M. GOLUBITZKY. Dieses Computerbild geht auf Zahlenstrukturen zurück, die Symmetrie und Chaos miteinander verbinden.

man in ein regelmäßiges Fünfeck alle Diagonalen ein, so erscheint ein regelmäßiges Sternfünfeck, ein Pentagramm, wie es J. W. v. GOETHE im *Faust* beschrieben hat. Das Pentragramm schließt in seinem zentralen Teil ein weiteres regelmäßiges Fünfeck ein, in dem man wiederum die Diagonalen ziehen kann, die erneut ein Pentagramm bilden. Dieser iterative Prozeß, der eine fraktale Sternstruktur erzeugt, läßt sich ins Unendliche fortsetzen. In jedem Fall teilen sich die Diagonalen, die das Pentagramm bilden, wechselseitig im Verhältnis des Goldenen Schnitts. Schon nach wenigen Iterationen entsteht ein komplexes Geflecht von Strukturen, die alle auf diesem Teilungsverhältnis beruhen. Selbst die Verkleinerung des Maßstabs der ineinander geschachtelten Pentagramme folgt noch der Sectio aurea. Das Verhältnis ist $\phi^2 : 1$, wobei $\phi = 1 / G$. Abb. 31 nach M. FIELD und M. GOLUBITZKY[131] verleiht diesem Zusammenhang dynamischen Ausdruck. Es handelt sich nicht um die Arbeit eines Künstlers, sondern um ein Computer-Bild nach einer Formel, die Symmetrie und Chaos miteinander verbindet und ihre gemeinsame Wurzel deutlich macht.

8. Die goldene Spirale

a) Das goldene Rechteck und die logarithmische Spirale

Ebenso wie die Zahl 5 hängt auch die *logarithmische Spirale* eng mit dem Goldenen Schnitt zusammen. Dies ist aus Abb. 32 zu entnehmen.

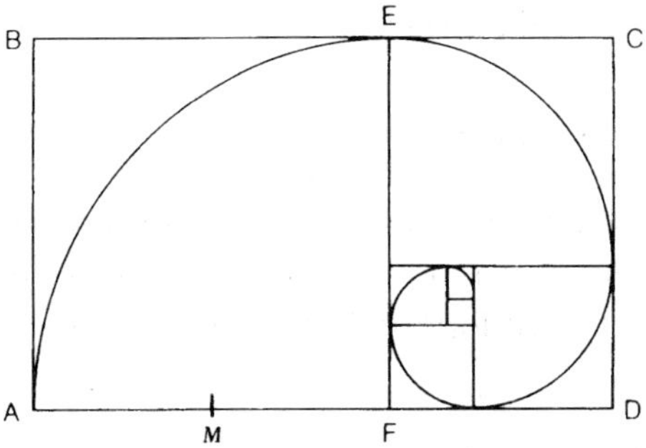

Abb. 32: Wirbelnde goldene Rechtecke erzeugen die goldene Spirale.

EUKLID hat bereits gezeigt, wie ein *goldenes Rechteck* mit Zirkel und Lineal konstruiert werden kann. Wir gehen von dem Quadrat AFEB aus und bestimmen die Mitte M der Strecke AF. Ein Kreis mit dem Radius ME, der um M gezogen wird, schneidet die Verlängerung von AF in D. F teilt dann die Strecke AD im Goldenen Schnitt und ADCB erweist sich als goldenes Rechteck: DC / AD = 0,618 ... Neben dem alten Quadrat ist das Rechteck FDCE entstanden, das ebenfalls ein goldenes Rechteck ist. Wird dieses weiter geteilt, so daß neben einem Quadrat ein noch klei-

131 M. FIELD / M. GOLUBITZKY: Symmetry in Chaos (1992), S. 80

neres goldenes Rechteck entsteht, und so fort, so entsteht eine Folge von gegeneinander verwirbelten goldenen Rechtecken, die eine logarithmische Spirale erzeugen. Wie in Abb. 32 zu sehen ist, läuft die Spirale gerade durch die Punkte, welche das jeweils größere Rechteck im Goldenen Schnitt teilen. Das Zentrum, zu welchem die Spirale hinstrebt, ohne es je zu erreichen, ist der Schnittpunkt der Diagonalen BD und FC.

Der Schwung der Spirale nach außen geht ebenso in die Unendlichkeit wie die Bewegung nach innen. Trotzdem hat die logarithmische Spirale, wo wir sie auch anschauen, überall die gleiche Gestalt. Ein winziges Stück, durch ein Mikroskop betrachtet, hat die gleiche Form wie ein riesiger Ausschnitt, groß wie eine Galaxie. Wegen dieser Selbstähnlichkeit bezeichnet H. LAUWERIER[132] die logarithmische Spirale als Urfraktal, das sich aus unendlich vielen potentiellen Teilfraktalen zusammensetzt. B. B. MANDELBROT wäre hier wegen der fehlenden gebrochenen Dimension vielleicht anderer Meinung, obwohl er nie eine dogmatische Definition des Fraktals veröffentlicht hat. Der Mathematiker J. BERNOULLI, der die logarithmische Spirale in einer tiefschürfenden Untersuchung als *„Spira mirabilis"* bezeichnete, war von der Erhaltung ihrer Gestalt in den unterschiedlichsten Größenbereichen so stark beeindruckt, daß er sie auf seinem Grabstein abbilden ließ mit der Inschrift: *„Eadem mutatus resurgo"*.[133] Wie der Goldene Schnitt unmittelbar auf die Form der logarithmischen Spirale einwirkt, ist zu sehen, wenn von deren Zentrum aus zwei Radien im Abstand von 90° gezogen werden, welche die Kurve berühren. Das Verhältnis der Länge dieser Radien ist gleich G.

b) Die goldene Spirale in der Natur

Die Bernoulli-Spirale ist überall in der organischen Natur zu finden: in der Gestalt ausgestorbener Ammoniten und lebender Meeresmuscheln ebenso wie in gewundenen Widder- und Antilopenhörnern, dem Gehäu-

132 H. LAUWERIER: Fraktale, S. 10, 11, 58

133 Siehe H. KAYSER: Lehrbuch der Harmonik (1950), S. 42. In dem Bernoulli-Zitat heißt es: „Da mir diese wunderbare Spirale wegen ihrer einzigartigen und staunenerregenden Eigentümlichkeit so gefällt, daß ich nicht satt werden kann, mich in sie zu versenken, kam ich auf den Gedanken, man könne sie durchaus sinnvoll dazu verwenden, verschiedene Erscheinungen symbolisch darzustellen. Da sie nämlich immer eine ihr selber ähnliche und gleiche hervorbringt, wie immer sie sich dreht, wendet, strahlt, wird sie ein Bild sein können für das Kind, das in allem den Eltern ähnlich ist ... und daß unser Leib durch mannigfache Wandlungen und schließlich durch den Tod geht, dann aber aufersteht gemäß seiner Urzahl." Eine freie Übersetzung des lateinischen Grabspruchs könnte lauten: Verändert und doch von gleichem Wesen werde ich wieder auferstehen.

se von Kopffüßern und der Schnecke im Innenohr der Wirbeltiere und des Menschen. Auch die bereits erörterte Anordnung der Pflanzensamen in Fibonacci-Spiralen gehört hierher. T. A. COOK[134] hat diesem Thema ein ganzes Buch mit zahlreichen Abbildungen gewidmet. Ein Beispiel aus diesem Bereich ist Abb. 33 nach H. E. HUNTLEY[135]. Es handelt sich um eine Röntgenaufnahme des Nautilus pompilius, eines noch nicht ausgestorbenen Kopffüßers. Hier ist ohne jede Erklärung zu sehen, warum die logarithmische Spirale auch als Wachstumsspirale bezeichnet wird. In der sogenannten toten Natur sind die Ausdrucksformen nicht weniger vielfältig. Sie reichen von Wasserwirbeln, Tiefdruckwirbeln des Wetters und tropischen Wirbelstürmen bis zu den Galaxien, die das gesamte Universum erfüllen. Abb. 34 nach H. VEHRENBERG[136] stellt das Messier-Objekt M 74 dar, ein eindrucksvolles Beispiel eines Spiralnebels. In dem hier untersuchten Zusammenhang ist von besonderer Bedeutung, daß sich der Sonnenwind, der durch die eruptive Aktivität der Sonne entsteht, in Form einer logarithmischen Spirale im Sonnensystem ausdehnt.[137]

Abb. 33: Röntgenaufnahme des Nautilus pompilius nach H. E. HUNTLEY. Das Bild dieses noch nicht ausgestorbenen Kopffüßers zeigt, warum die logarithmische Spirale auch als Wachstumsspirale bezeichnet wird.

Abb. 34: Aufnahme der Galaxie M 74 von H. VEHRENBERG. Ein Beispiel der Verwirklichung der Form der goldenen Spirale im Makrokosmos.

134 T. A. COOK: The Curves of Live (1979)
135 H. E. HUNTLEY: The Divine Proportion, vor S. 1
136 H. VEHRENBERG: Mein Messier-Buch (1966), S. 28

c) Chaos-Forschung und logarithmische Spirale

1) Komplexe dynamische Systeme, Julia-Mengen und Mandelbrot-Menge

Ganz besonders interessant ist eine Beziehung der *logarithmischen Spirale* und damit zugleich des Goldenen Schnitts zum Gebiet der komplexen dynamischen Systeme. Dies ist ein besonders fruchtbarer Teilbereich der sogenannten *Chaos-Forschung*, die eine Revolution des wissenschaftlichen Denkens eingeleitet hat. Was sich bereits zu Anfang dieses Jahrhunderts im Geiste der Mathematiker H. POINCARÉ, G. JULIA und P. FATOU abzuzeichnen begann, wird jetzt durch Experimente mit graphikfähigen Computern sichtbar gemacht: die ungeheure strukturelle Differenziertheit der Grenzbereiche, in denen „Attraktoren" antagonistischer Qualität um die Ausdehnung ihres Herrschaftsbereichs ringen und sich dabei in einer so hochgradigen Komplexität durchdringen und umschlingen, daß die derart erzeugten verwickelten Fraktale wie Geschöpfe der Phantasie menschlicher Künstler wirken. Abb. 35 nach H. O. PEITGEN[138] ist ein überzeugendes Beispiel hierfür. Die komplizierten Gebilde in den Abb. 35 b – h sind Julia-Mengen, die von PEITGEN auch liebevoll „Seepferdchen" genannt werden. Die Figur in Abb. 35 a wird nach ihrem Entdecker als Mandelbrot-Menge bezeichnet, heißt aber bei PEITGEN „Apfelmännchen". Es ist das Verdienst von H. O. PEITGEN und P. H. RICHTER[139] sowie ihrer Mitarbeiter vom „Grafiklabor Dynamische Systeme" der Universität Bremen, durch solche elfenbeinturmferne Terminologie und durch Farbbilder künstlerischer Qualität das Interesse weiter Kreise an nichtlinearen dynamischen Systemen und den feinverzweigten Grenzen zwischen Chaos und Ordnung geweckt zu haben. Inzwischen hat sich eine umfangreiche Spezialliteratur zu diesem Thema entwickelt, die auch Laien zugänglich ist.[140] Trotzdem soll hier kurz erklärt werden, worum es bei der Erforschung komplexer Grenzen geht, damit der Leser die Implikationen der Abb. 35 selbständig beurteilen kann.

2) Phasenübergänge als Grenzphänomen

Noch vor drei Jahrzehnten konnten sich Wissenschaftler keine Vorstellung davon machen, wie ein *Phasenübergang*, wie zum Beispiel der

137 P. V. FOUKAL: Solar Astrophysics, S. 403

138 H. O. PEITGEN: Fantastic Deterministic Fractals (1988), S. 202

139 H. O. PEITGEN / P. H. RICHTER: Schönheit im Chaos (1985); dies.: The Beauty of Fractals (1986)

140 Als erste Einführung eignet sich J. BRIGGS / F. D. PEAT: Die Entdeckung des Chaos (1990)

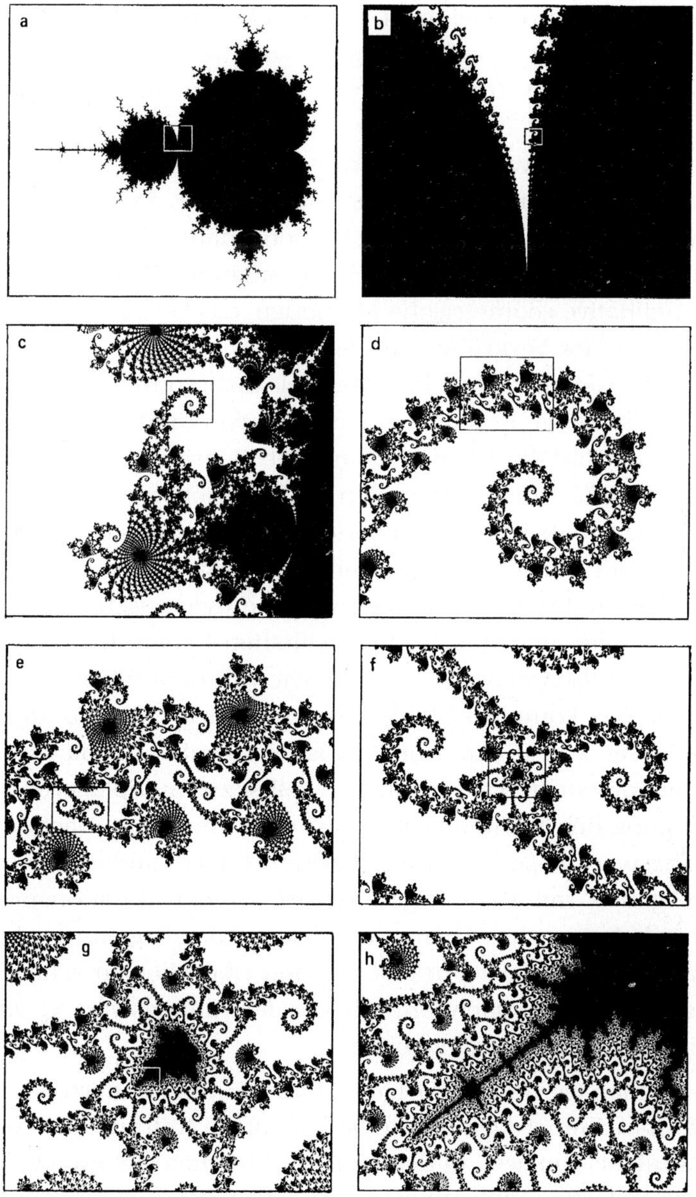

Abb. 35: Mandelbrot-Menge (a), auch „Apfelmännchen" genannt, und Julia-Mengen (b – h) nach H. O. PEITGEN. Die überall auftauchenden „Seepferdchen-Schwänze", Teilmengen der selbstähnlichen Julia-Mengen, die PEITGEN als „Seepferdchen" bezeichnet, haben die Form einer logarithmischen Spirale. Dies spricht für eine Verwandtschaft mit dem Goldenen Schnitt.

sprunghafte Wechsel vom paramagnetischen Zustand in die ferromagnetische Phase oder der Übergang einer Flüssigkeit in die dampfförmige

Phase, im einzelnen vor sich geht. Das gleiche galt für die Entstehung von Turbulenz in den verschiedenartigsten Systemen, den Übergang vom regelmäßigen Puls zum Herzflimmern oder die Entwicklung von Ordnung aus chaotischen Verhältnissen. Die Grenz-Erscheinungen, die mit dem plötzlichen Zustandswandel einhergingen, breiteten sich so schnell im ganzen System aus und waren so unübersichtlich, daß ihnen mit den bewährten Mitteln der quantitativen Wissenschaft, wie der Integration linearer Differentialgleichungen, nicht beizukommen war. Erst der Rückgriff auf qualitative geometrische Methoden, das Verfahren der Renormalisierung mit einer Vergröberung der Skalen und die Computer-Analyse nichtlinearer Systeme schuf hier Wandel. Insbesondere iterative Methoden, die das jeweilige Ergebnis einer Operation immer wieder als neuen Ausgangspunkt für die Wiederholung der Operation unter veränderten Bedingungen einsetzen, haben sich als hilfreich erwiesen. Im Grunde handelt es sich dabei um nichts anderes als um *Rückkopplungszyklen*, wie sie auch bei zyklischen Prozessen in der Natur vorkommen.

Die naheliegende Annahme, daß einfache dynamische Systeme dieser Art auch einfache dynamische Eigenschaften haben, hat sich erstaunlicherweise als falsch erwiesen. Gehen wir von dem folgenden einfachen Modell aus, das komplexe Zahlen zugrunde legt, also Vorgänge in der Ebene abbildet: $x \rightarrow x^2 + c$. Der Pfeil ist ein Symbol für die zyklische Iteration. Die Vorschrift, daß x mit sich selbst zu multiplizieren sei, erfüllt die Bedingung der Nichtlinearität. c ist eine Konstante. Nachdem wir einen Anfangswert x gewählt und quadriert haben, addieren wir die Konstante c, gehen mit dem Ergebnis, wie es der Iterationsprozeß vorschreibt, wieder an den Anfang, quadrieren das Ergebnis, addieren die Konstante c und so fort. Um einen ersten Überblick zu erhalten, setzen wir zunächst $c = 0$. Je nachdem, wie wir den Anfangswert x_0 wählen, ergeben sich dann drei Möglichkeiten:

1. Die Zahlen werden bei fortgesetztem Wiedereinfüttern des jeweiligen Ergebnisses immer kleiner und laufen auf die Null zu, die in diesem Fall als „Attraktor" fungiert, in dessen Einflußbereich alle Punkte liegen, deren Abstand vom „Anziehungszentrum" kleiner als 1 ist.
2. Die Zahlen werden immer größer und laufen auf Unendlich zu. Unendlich ist dann der Attraktor, in dessen Herrschaftsbereich alle Punkte liegen, die größer als 1 sind.
3. Die Zahlen haben stets den Abstand 1 und liegen daher auf einem Kreis mit dem Radius 1 um den Nullpunkt. Dies ist in diesem einfachen

Fall die Grenze zwischen den Herrschaftsbereichen der im Widerstreit liegenden Attraktoren.

Trotz der Einfachheit dieses Bildes ist bereits zu erkennen, daß das Modell, das ihm zugrunde liegt, durchaus geeignet ist, Grenzprozesse abzubilden. So können die konkurrierenden Attraktoren Null und Unendlich zum Beispiel als Symbole für die polaren Prozesse Kontraktion und Expansion stehen.

Es ist dennoch überraschend, was geschieht, wenn wir komplexe Konstanten wählen, die verschieden von Null sind. Die Grenze wird dann nicht mehr durch eine einfache Linie abgesteckt, sondern durch fraktale Strukturen gebildet, die einen unglaublichen Formenreichtum entwikkeln. Die besondere Ausprägung dieser „Grenzgeschöpfe“, die der Mathematiker Julia-Mengen nennt, ist davon abhängig, an welcher Stelle der Ebene der komplexen Zahlen die gewählte Konstante liegt. Hier kommt das „Apfelmännchen“ ins Spiel, das in Abb. 35 a wiedergegeben ist. Es existiert ebenso wie die Julia-Mengen in der komplexen Zahlenebene und taucht auf, wenn in dem beschriebenen iterativen Prozess $x_0 = 0$ gesetzt und der Parameter c variiert wird. Die Mandelbrot-Menge kann nach H. O. PEITGEN mit einem Katalog verglichen werden, der eine unendliche Zahl von Julia-Mengen verzeichnet, aber wunderbarerweise auf einer einzigen Seite. Wie in Abb. 35 a zu sehen ist, hat diese Ordnungsstruktur selbst eine fraktale Grenze, die ihren Formenreichtum um so üppiger entfaltet, je tiefer wir in den Grenzbereich hineinsehen. Liegt die komplexe Konstante c, die wir bei der Entwicklung von Julia-Mengen wählen, in der Nähe dieser Grenze, so sind besonders ansprechende Formen zu erwarten.

Dies scheint mit der für Grenzen charakteristischen Instabilität zusammenzuhängen, von der wir wissen, daß sie die Entstehung neuer Strukturen begünstigt. Die Funktion der Mandelbrot-Menge weist eindeutig in diese Richtung. Liegt die Konstante c innerhalb des Körpers des Apfelmännchens, so bilden die Julia-Mengen ein zusammenhängendes Ganzes. Wird jedoch die Körpergrenze überschritten, so brechen die Julia-Strukturen auseinander und zerfallen immer mehr zu „Fatou-Staub“, je weiter sie sich von der Grenze entfernen. PEITGEN und RICHTER bezeichnen dies als „mathematischen Phasenübergang“, der symbolisch für die Wandlung von einer Daseinsform in eine andere steht: von der Ordnung in die Unordnung, vom magnetischen in den nichtmagnetischen Zustand, von Wasser in Dampf.

Das Eintauchen in die Grenze des Apfelmännchens geschieht durch eine fortgesetzte Vergrößerung, die mit dem Computer leicht zu bewerkstelligen ist. Der jeweils vergrößerte Bereich ist in Abb. 35 durch kleine Rechtecke markiert. Die Reise beginnt im „Seepferdchen-Tal" der Abb. 35 b. Schon in Abb. 35 c und d sind deutlich „Seepferdchenschwänze" zu erkennen, die bei tieferem Eindringen wiederkehren. Dies demonstriert die Selbstähnlichkeit der Julia-Fraktale, die G. JULIA und P. FATOU bereits 1919 nachgewiesen haben. Ein beliebiges aus der Grenze herausgeschnittenes Teilstück enthält bereits die ganze Struktur, die durch Iterationen der beschriebenen Art hervorgeholt werden kann. Die Grenze ist unter dieser Transformation invariant.[141] Dies ist wiederum eine moderne Ausformung des Kernsatzes der Tabula Smaragdina, der bereits mehrfach zitiert wurde:„"Wie oben, so unten; wie unten, so oben."

3) Die logarithmische Spirale: eine Grenzstruktur

Ich habe jahrelang „Seepferdchenschwänze" mit ästhetischem Vergnügen betrachtet, ohne darin etwas anderes zu sehen als die Ähnlichkeit mit dem Körperteil eines possierlichen Lebewesens. Erst als ich bei der Analyse des Ergebnisses der Verteilung energetischer *Sonneneruptionen* auf den Goldenen Schnitt stieß und mich eingehender damit befaßte, fiel mir auf, daß die „Seepferdchenschwänze" genau die Form der logarithmischen Spirale haben, die auf den goldenen Schnitt hinweist. Trotz intensiven Suchens habe ich in der Fachliteratur nirgends einen Hinweis auf diese wegweisende Beziehung gefunden, die zeigt, daß in der Dynamik der *Sonnen- und Planetenbewegung* und in der Dynamik komplexer Systeme in der Mathematik die gleichen grundlegenden Strukturen maßgeblich sind.

Daß Teilmengen der Julia-Mengen wie die „Seepferdchenschwänze" mit dem Goldenen Schnitt zusammenhängen, hat eine tiefergehende Bedeutung als die zufällige Übereinstimmung eines Gedankenkonstrukts mit einem vorgefundenen Muster. Es geht hier um *Urbilder* der Realität. R. PENROSE hat dies einprägsam formuliert:

> „Die Mandelbrot-Menge ist nicht eine Erfindung des menschlichen Geistes: sie wurde entdeckt; wie der Mount Everest ist die Mandelbrot-Menge einfach da!"[142]

Bei den verschiedensten Betrachtern hat die Mandelbrot-Menge Assozia-

141 H. O. PEITGEN / P. H. RICHTER: Schönheit im Chaos, S. 74
142 R. PENROSE: The Emperor's New Mind, S. 95

tionen ausgelöst, die sie in eine Beziehung zu zentralen biologischen Regulationsfunktionen setzen. So heißt es bei PEITGEN und RICHTER:

> „Unwillkürlich erinnert man sich an den Bauplan höherer Lebewesen, die in jeder ihrer Zellen das vollständige Genom besitzen – die Summe ihrer möglichen Erscheinungsformen – von dem aber an jedem Ort nur eine kleine Auswahl zur Entfaltung kommt."[143]

Ähnliche Gedanken hat A. DOUADY entwickelt.[144] Für mich selbst sind die Grenzstrukturen der komplexen Dynamik urbildlicher Ausdruck kreativen Geschehens, das sich aus der Instabilität umkämpfter Grenzen entwickelt und mit Freiheit einhergeht: Freiheit von einseitig ausgerichteten Herrschaftsstrukturen und erstickendem Dogma welcher Ausprägung auch immer, Freiheit von selbstgezüchteten Denkzwängen und somit Assoziationsfreiheit. Dies gilt für die Grenze zwischen Bewußtem und Unbewußten und die kreativen Anregungen, die von ihr ausgehen, ebenso wie für den Übergang vom Schlaf in das Wachbewußtsein und die dadurch ausgelösten Kekulé-Effekte. Kreative Phasen künstlerischen Schaffens, Heureka-Einsichten von Wissenschaftlern, mystische Erfahrung, Geburt und Tod, sie alle werden trotz ihrer qualitativen Unterschiede durch die gleichen Grenz-Charakteristika gekennzeichnet. Gleiches gilt für interdisziplinäre Forschung, Nullphasen von Zyklen und die Stelle, wo in mathematischen und physikalischen Gleichungen das Gleichheitszeichen steht. Krisen sollten aus dieser Einsicht heraus begrüßt werden; die Instabilität, die mit ihnen einhergeht, bietet die Chance zu einer fruchtbaren Wandlung.

Manche Philosophen meinen, der tiefste Grund, der in unserer Raumzeit zu erreichen sei, werde von Polaritätspaaren beherrscht, aus deren Spannungsfeldern die Strukturen der Zukunft herauswüchsen. Dieser Ansatz greift jedoch nicht tief genug. Die Computerexperimente der letzten Jahre lehren uns, daß *Schwingungen* das Urelement sind, das jeglicher Entwicklung zugrunde liegt. Zyklisch strukturierte Schwingungen, die jeweils fortentwickeln, was im vorhergehenden Zyklus Gestalt gewonnen hat, sind der Samen der Zukunft. Wer das Strukturpotential zukünftiger Möglichkeiten sehen will, muß sich *kosmischen Schwingungen* öffnen, wie es Mystiker, Visionäre und Künstler tun. Das Studium kosmischer Rückkopplungszyklen ist eine profanerer Weg, der ebenfalls zum Ziel führt, wenn auch in begrenzter Form und auf trockenere Weise.

143 H. O. PEITGEN / P. H. RICHTER: Schönheit im Chaos, S. 81
144 A. DOUADY: Julia Sets and the Mandelbrot Set (1986), S. 172 – 173

4) Magnetismus-Modell der komplexen Dynamik

Die mathematischen Grundstrukturen der komplexen dynamischen Systeme lassen sich mit physikalischen Modellen verbinden, um so das Phänomen spezieller Phasenübergänge zu durchleuchten. H. O. PEITGEN und P. H. RICHTER[145] haben ein entsprechendes *Magnetismus-Modell* entwickelt, das von dem Curie-Punkt als Grenze ausgeht. Abb. 36 zeigt eines der Ergebnisse.[146] Wiederum taucht die logarithmische Spirale auf, die diesmal anzeigt, daß der Goldene Schnitt auch etwas mit dem

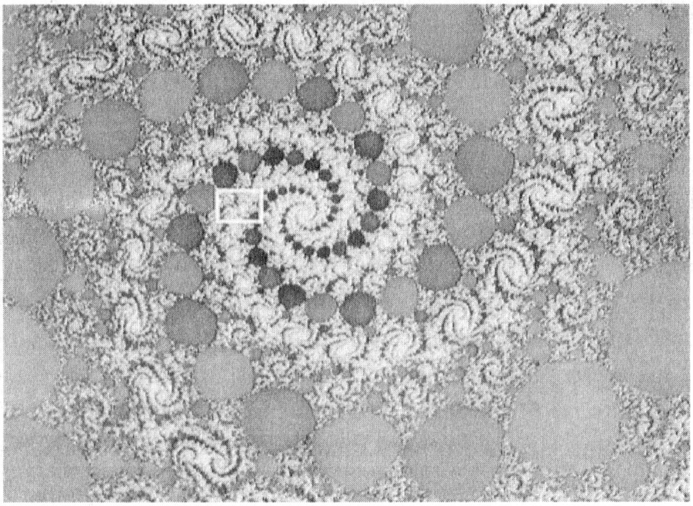

Abb. 36: Goldene Spirale im Magnetismus-Modell von H. O. PEITGEN und P. H. RICHTER, das den Übergang von der nichtmagnetischen Phase in die magnetische Phase oder den umgekehrten Prozeß abbildet. Hiernach ist zu vermuten, daß der Goldene Schnitt auch bei physikalischen Phasenübergängen eine Funktion hat.

Phasenübergang auf dem Gebiet des Magnetismus zu tun hat. Beim Magnetismus-Experiment zeigt sich auch wieder das Apfelmännchen, wie in Abb. 37 zu sehen ist.[147] Dieses ausgezeichnet komponierte Bild von PEITGEN und RICHTER vermittelt einen lebendigen Eindruck vom Formenreichtum der Welt der komplexen dynamischen Systeme.

145 H. O. PEITGEN / P. H. RICHTER: Schönheit im Chaos, S. 82 – 86. Dies.: The Beauty of Fractals, S. 129 – 137

146 H. O. PEITGEN / P. H. RICHTER: Schönheit im Chaos, Map 12

147 Dies., ebd., Map 14

Abb. 37: Im Magnetismus-Modell von H. O. PEITGEN und P. H. RICHTER taucht auch das "Apfelmännchen" auf.

9. Der kosmische Modulor

a) Modulor-Abbild im Flutkraftzyklus

Mit unserem erweiterten Wissen kehren wir zurück zur Analyse der Verteilung der 57 hochenergetischen Sonneneruptionen innerhalb des Zyklus, der durch die Variation der vereinigten Flutkräfte von Venus, Erde und Jupiter gebildet wird. Abb. 38 zeigt ein verfeinertes Bild, das ich im Jahre 1990 veröffentlicht habe.[148] Es zeigt deutlich, daß die Verteilung

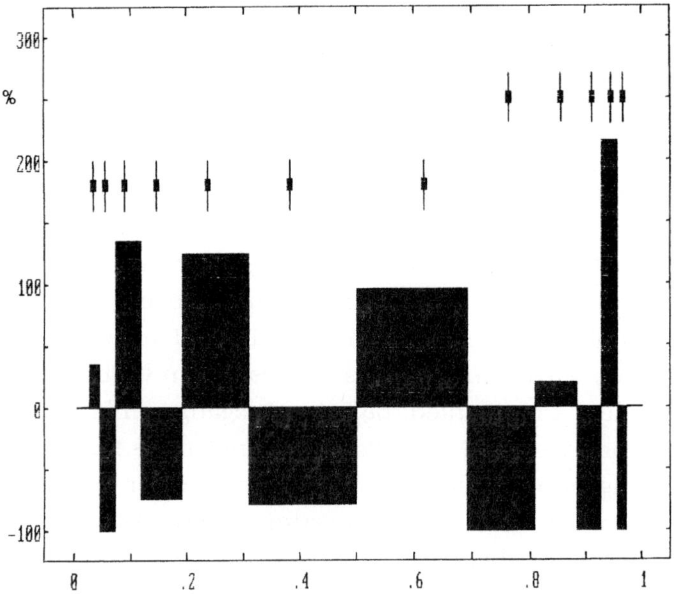

Abb. 38: Modulor-Abbild im Flutkraftzyklus. Bei einer Feinanalyse der Verteilung der 57 hochenergetischen Sonneneruptionen im Flutkraftzyklus (Abb. 20) stellt sich heraus, daß ihre zeitlichen Abstände einem Modulor-Muster folgen, das gänzlich vom Goldenen Schnitt beherrscht wird. Nach einer ersten Teilung des Einheitszyklus im Goldenen Schnitt werden sowohl Major als auch Minor fortgesetzt im Goldenen Schnitt geteilt, und zwar so, daß die Schnitte innerhalb des Major immer näher an die Phase 0 der waagerechten Achse heranrücken und innerhalb des Minor an die Phase 1. So entsteht eine Gesamtanordnung der Schnitte, die genau die Verteilung der Eruptionen abbildet. Die senkrechte Achse mißt die positive oder negative prozentuale Abweichung von der bei Zufallseinfluß zu erwartenden Verteilungsdichte der Klasse des jeweiligen Schnitts.

gänzlich vom Goldenen Schnitt beherrscht wird, und zwar in noch komplizierterer Weise als bei den erörterten Pflanzenmustern. Die waagerechte Achse kennzeichnet wie in Abb. 20 die Phasen des normierten Flutkraftzyklus. Der ganze Zyklus mit der Länge 1 wird nun so geteilt, wie dies die mit Markierungsstrichen versehenen kleinen Quadrate im oberen Teil der Zeichnung auf zwei verschiedenen Ebenen anzeigen. Wir be-

148 T. LANDSCHEIDT: Cosmic Regulation of Cycles in Nature and Economy, S. 13 – 20

wegen uns zunächst auf der unteren Ebene. Der erste Schritt ist die Teilung des Einheitszyklus im Goldenen Schnitt. Der Teilungspunkt wird durch das Markierungsquadrat bei 0,618 angezeigt. Wir runden die angeführten irrationalen Zahlen der Einfachheit halber ab. Den Major, der links von 0,618 liegt, teilen wir erneut im Goldenen Schnitt, was uns zum Markierungspunkt 0,382 führt. Der neue Major 0,382 wird wiederum stetig geteilt, so daß wir zu 0,236 kommen etc. Die folgenden Teilungspunkte liegen bei 0,146; 0,09; 0,056 und 0,034. Hier brechen wir ab, weil sich eine weitergehende Differenzierung, die theoretisch ins Unendliche fortgesetzt werden könnte, praktisch nicht mehr bewältigen läßt.

Werden die jeweiligen Ergebnisse des nach links laufenden Prozesses nicht in Form von Teilungspunkten hintereinander auf einer Linie eingetragen, sondern als verschieden lange Strecken untereinander angeordnet, so wird deutlich, daß es sich um ein iteratives Verfahren handelt, das durch die Formel $x \rightarrow x \cdot G$ beschrieben werden kann, wenn als Ausgangspunkt der Nullpunkt der Phasenskala gewählt wird, an den die Teilungspunkte von 0,618 her immer näher heranrücken. Damit läßt es die Sonne aber nicht genug sein. Der Minor mit der Länge 0,382, der bisher unberührt blieb, wird nun ebenfalls fortgesetzt im Goldenen Schnitt geteilt, nur mit dem Unterschied, daß der Ausgangspunkt für die Anwendung der Formel $x \rightarrow x \cdot G$ jetzt der Endpunkt 1 der Phasenskala ist, an den die Teilungspunkte von 0,618 her immer enger heranrücken. Die entsprechenden Schnitte sind wiederum durch Markierungsquadrate gekennzeichnet, jetzt aber auf der höheren Ebene im oberen Teil der Abb. 38. Die einzelnen Teilungspunkte liegen, wenn sie auf die von 0 nach 1 laufende Phasenskala umgerechnet werden, bei 0,764; 0,854; 0,91; 0,944 und 0,966.

Obwohl der Major und der Minor des ganzen Zyklus auf der Einheitsskala nicht symmetrisch zueinander liegen und dies auch für die weiteren Teilungen gilt, stellt sich als Endergebnis heraus, daß alle Schnitte punktsymmetrisch in Bezug auf die Mitte 0,5 sind. Dies ist besser in Abb. 39 zu sehen, und zwar auf der unteren Skala mit der Markierung der Zyklusmitte. Ich bezeichne im folgenden das Gesamtmuster der von der Sonne erzeugten Verteilung der Goldenen Schnitte als *kosmischen Modulor*. Dies geschieht in Anlehnung an LE CORBUSIER[149], der eine Proportionsskala für Architekten geschaffen hat, die an den menschlichen Körper anknüpft, aber im übrigen den Goldenen Schnitt zugrunde

149 LE CORBUSIER: Le Modulor (1951)

legt, wenn auch in anderer Weise als die Sonne bei ihrer Aktivität. Die Wortwahl LE CORBUSIERs ist treffend, da das lateinische Zeitwort *modulari* mit *rhythmisch abmessen* übersetzt werden kann.

Auf der waagerechten Achse in Abb. 38, die von dort ausgeht, wo auf der senkrechten Achse die positiven und negativen Werte bei 0 zusammentreffen, werden verschieden breite Häufigkeitsklassen, die durch die Basis der schwarzen Rechtecke gekennzeichnet sind, den Schnittpunkten des kosmischen Modulors zugeordnet. Es wird abgezählt, wieviele hochenergetische Sonneneruptionen auf die jeweilige Klasse entfallen. Selbst die Grenzen dieser Häufigkeitsklassen hängen noch vom Goldenen Schnitt ab. Wie in Abb. 38 zu sehen ist, sitzen die Markierungsquadrate, welche die Schnitte kennzeichnen, links vom Symmetriepunkt 0,5 bei 0,382 der Klassenbreite und rechts von 0,5 bei 0,618 der Klassenbreite. Die senkrechte Achse mißt die positive oder negative prozentuale Abweichung von der bei Zufallseinfluß zu erwartenden Verteilungsdichte in der jeweiligen Klasse. Wegen der unterschiedlichen Breite der Klassen bot es sich an, vom Begriff der Dichte auszugehen, der die in einem bestimmten Volumen enthaltene Masse oder Menge mißt.

Abb. 38 zeigt eindeutig, daß die Verteilung der Sonneneruptionen einem klaren Muster folgt. Abgesehen von der Zuordnung zu den Schnittpunkten des Modulors folgt stets auf eine betonte positive Abweichung von der Zufallsdichte eine starke negative Abweichung. Die schwarzen Rechtecke, die in einem entsprechenden Rhythmus nach oben oder nach unten von der waagrechten Achse wegzeigen, machen dies deutlich. Dieser Rhythmus des abwechselnd zu viel und zu wenig erinnert an die zitierten Überlegungen KEPLERs im Zusammenhang mit der Fibonacci-Folge. Auch die Schnittpunkte des Modulors innerhalb des Majors und des Minors bilden jeweils eine Fibonacci-Folge. Betrachtet man die positiven Abweichungen isoliert, so ist ein Häufigkeitsstoß kurz vor Beginn des neuen Zyklus bei der Phase 1 zu beobachten, der allerdings auf einen engen Phasenbereich beschränkt ist. Dann fallen die relativen positiven Abweichungen langsam ab. Ein Pearson-Test bestätigt den ersten Eindruck, daß die Verteilung insgesamt weit von einer Zufallsverteilung entfernt ist. Obwohl es sich nur um 57 Eruptionsereignisse handelt, ergibt sich bei 1 Freiheitsgrad $\chi^2 = 48$. Die Nullhypothese, daß kein Zusammenhang zwischen den untersuchten Eruptionen und dem kosmischen Modulor bestehe, wird mit der sehr geringen Irrtumswahrscheinlichkeit P = 0,000 000 000 0043 widerlegt. Werden die Daten in zwei Gruppen aufgespalten, so erhalten wir in jeder dieser Gruppen mit dem Pearson-Test ein homogenes, hochsignifikantes Ergebnis. Die Korrelation zwischen den gespaltenen Gruppen ist $r = 0,927$ für 11 Freiheitsgrade.

Die Teilungspunkte des Modulors 0,618; 0,382; 0,236; 0,146, ... , die sich innerhalb des Majors entwickeln, lassen sich auch durch eine Folge von Potenzen darstellen: G^1, G^2, G^3, G^4, ... Das gleiche gilt für die Teilungspunkte innerhalb des Minor, nur daß die Folge nicht mit G^1, sondern mit G^2 beginnt. Der Leser möge sich daran erinnern, daß schon bei der Differenzierung von Pflanzenstrukturen und im Stammbaum einer Drohne diese verschiedenen Ausgangspunkte aufgetaucht sind. Der Umstand, daß die gleichen Formelemente, obendrein in komplizierterer Anordnung, in einem Zyklus erscheinen, der einerseits mit Konstellationen der Flutkraftplaneten und andererseits mit den zeitlichen Intervallen zwischen hochenergetischen Sonneneruptionen zusammenhängt, scheint dafür zu sprechen, daß es sich beim Goldenen Schnitt um ein grundlegendes kosmisches Gestaltungsprinzip handelt. Weitere Ergebnisse, die wieder auf Finger-Zyklen zurückgreifen, bestätigen dies.

b) Generationenfolge im Modulor

Bevor wir näher darauf eingehen, soll jedoch kurz ein weiteres Variationsprinzip besprochen werden, das die Sonne in ihren Aktivitätszyklen einsetzt. In Abb. 39 ist unten im Bild die bereits besprochene Modulor-Skala dargestellt einschließlich einer Markierung des Symmetriepunkts 0,5, der oft in gleicher Weise wie die Schnittpunkte des Modulors Zeitpunkte anzeigt, in denen sich konzentrierte Aktivität entwickelt. Dies ist die Skala der *1. Generation* (G1). Bei längeren Zyklen kommt es gelegentlich zu weiteren Differenzierungen nach dem fraktalen Prinzip. Wenn der Abstand zwischen aufeinanderfolgenden G1-Schnittpunkten groß ist, wird er wiederum im Goldenen Schnitt geteilt. In der so entstehenden *2. Generation* (G2) halten die neuen Schnittpunkte vom vorhergehenden G1-Schnittpunkt im allgemeinen einen Abstand von 0,382 oder 0,618 ein. Sie werden im folgenden als G2-(0,382) und G2-(0,618) bezeichnet. Eine weitergehende Teilung kommt nur sehr selten vor. Die obere Modulor-Skala in Abb. 39 ist aus G2-(0,382)-Schnittpunkten aufgebaut. Der Abstand zwischen 0,236 und 0,382 auf der G1-Skala ist zum Beispiel 0,146. Der Minor dieses Abstandes ist 0,056. Wird er zum vorangehenden G1-Schnittpunkt 0,236 addiert, so ergibt sich 0,292. Dieser Wert erscheint auf der oberen Skala der Abb. 39. Die beiden Phasen 0,427 und 0,545 in der

Nachbarschaft des Symmetriepunktes 0,5 fallen insoweit aus dem Rahmen, als sie nicht auf den Major, sondern auf 0,5 bezogen sind. Dies entspricht aber dem Verhalten der Sonne, das für die Praxis entscheidend ist. Auf irgendwelche präkonzipierte Vorstellungen davon, wie ein makelloses System beschaffen sein müsse, kommt es nicht an.

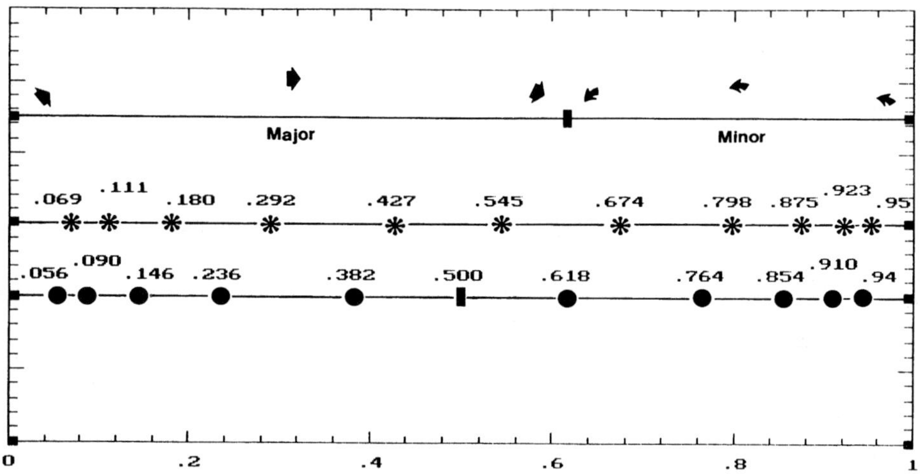

Abb. 39: Schema des der Sonne abgelauschten kosmischen Modulors. Die waagerechte Achse stellt eine Einheitsskala dar. Die darüber angeordnete Skala repräsentiert die 1. Generation fortgesetzter Schnitte, die auf die erste rudimentäre Teilung im Major und Minor folgt, die oben im Bild angedeutet ist. Die Skala in der Mitte stellt die 2. Generation dar, bei der die Schnitte um den Minor 0,382 gegenüber den Ausgangswerten der 1. Generation verschoben sind. Solche Verschiebungen zeigen sich nicht nur bei Sonneneruptionen, sondern auch bei Pflanzen und Bienen.

c) Modulor und „Sonnenfinger"

Die jeweiligen Modulor-Skalen lassen sich auf Zyklen jeder Art transformieren, wenn sie entsprechend normiert werden. Abb. 40 ist ein Beispiel hierfür. Sie stellt die Häufigkeitsverteilung von 68 energetischen Eruptionen innerhalb des Zyklus des großen Fingers dar. Es handelt sich um alle von 1942 bis 1969 beobachteten Protonenflares, die das Energieniveau kosmischer Strahlung erreichten, und alle ab 1970 registrierten Röntgenstrahlungsausbrüche der Klasse X4 und größer. Die Phasen, in denen sich Eruptionen häufen, sind ohne Ausnahme G2-(0,382)-Schnittpunkte, wie sie in der oberen Skala in Abb. 39 erscheinen. Ich habe diese um den minor 0,382 verschobenen Phasen der 2. Generation mit schwarzen Pfeilen markiert. Die weißen Pfeile kennzeichnen die restlichen G2-(0,382)-Schnittpunkte des vollständigen Satzes, die nicht mit einer Häufung von Eruptionen einhergehen. Das Ergebnis ist statistisch hochsignifikant. Es läßt sich ebenso wie die Beziehung zwischen Modulor und Flutkraftzyklus für langfristige Vorhersagen energetischer Sonneneruptionen einsetzen. Bemerkenswert ist, daß die Sonne hier durch ihre Eruptionen ein Minor-Muster erzeugt hat, wie wir es auch bei Pflanzen und Bienen finden. Wichtig ist weiter die Beobachtung, daß bei den GF-Zyklen der Sonne nicht nur die Anfangs- und Mittelphasen wirksam sind, sondern auch asymmetrische Phasen, die dem Goldenen Schnitt folgen. Wir werden in Kürze sehen, daß dies auch für andere Zyklen gilt.

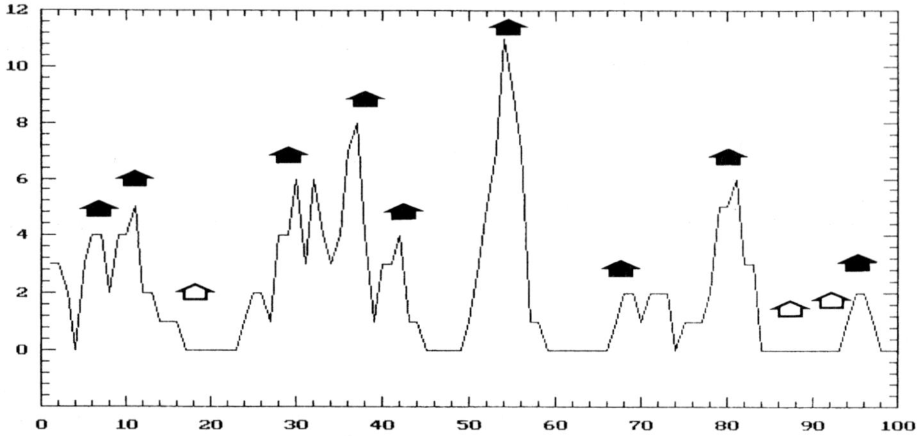

Abb. 40: Verteilung von 68 energetischen Eruptionen der Jahre 1942 bis 1990 innerhalb des Zyklus des „großen Fingers". Die waagerechte Achse bezeichnet die auf 100 als Einheit bezogenen Phasen des Zyklus, während die senkrechte Achse die Zahl der Eruptionen innerhalb sehr enger Klassen mißt. Die Modulor-Phasen der 2. Generation sind durch schwarze Pfeile angezeigt. Alle Häufungen von Eruptionen sammeln sich um diese Phasen. Nicht besetzte Phasen sind durch weiße Pfeile gekennzeichnet.

Da es sich um fraktale Zusammenhänge handelt, bewährt sich der Modulor auch in Zyklen, die durch Maßstabtransformationen entstehen. Abb. 41 gibt die Verteilung derselben 68 energetischen Eruptionen in einem Zyklus wieder, der ein Viertel des großen Fingers umfaßt. Diesmal weisen die schwarzen Pfeile auf Modulor-Phasen der ersten Generation hin, während die schwarzen Dreiecke dazwischen eingeschobene Phasen der 2. Generation kennzeichnen, und zwar links von dem Symmetriepunkt 0,5 zwei G2-(0,382)-Schnittpunkte und rechts davon eine G2-(0,618)-Phase. Die untersuchten Eruptionen konzentrieren sich ausschließlich auf diese Stellen. Wie die jeweiligen Muster auf den verschiedenen Fraktalstufen aussehen, kann abgesehen davon, daß sie dem Modulor folgen, nicht im einzelnen theoretisch vorhergesagt werden. Insoweit behält sich die Sonne künstlerische Freiheit vor. Liegen aber konkrete Beobachtungen für bestimmte Verhältnisse vor, so ist auf sie Verlaß. So folgt der kleine Finger der Verteilung der 1. Generation mit Einschüben aus der 2. Generation dort, wo der Abstand zwischen den Schnittpunkten der 1. Generation relativ groß wird. Die Übereinstimmung zwischen Modulor-Phasen und Häufungen von Eruptionen ist bei dem kleinen Finger so gut, daß sich bei einem Pearson-Test mit 1 Freiheitsgrad ein χ^2-Wert von 28 ($P < 0{,}0000002$) ergibt.

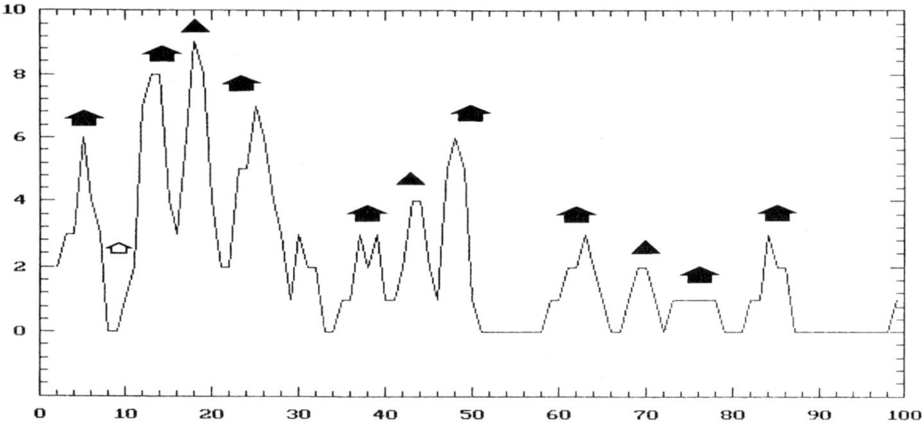

Abb. 41: Verteilung von 68 in den Jahren 1942 bis 1990 beobachteten Eruptionen in einem Zyklus, dessen Länge 1/4 des „großen Fingers" beträgt. Schwarze Pfeile weisen auf Modulor-Phasen der 1. Generation hin. Der einzelne weiße Pfeil bezeichnet eine Phase, die ausnahmsweise nicht mit einer Häufung von Eruptionen zusammenfällt. Die schwarzen Dreiecke markieren eingeschobene Phasen der 2. Modulor-Generation. Die Achsen haben die gleiche Funktion wie in Abb. 40.

d) Kosmischer Modulor und Quasikristalle

Abb. 42 nach P. W. STEPHENS und A. I. GOLDMAN[150] bietet eine weitere Überraschung. Die Raumgitterstruktur von Kristallen kann durch eine

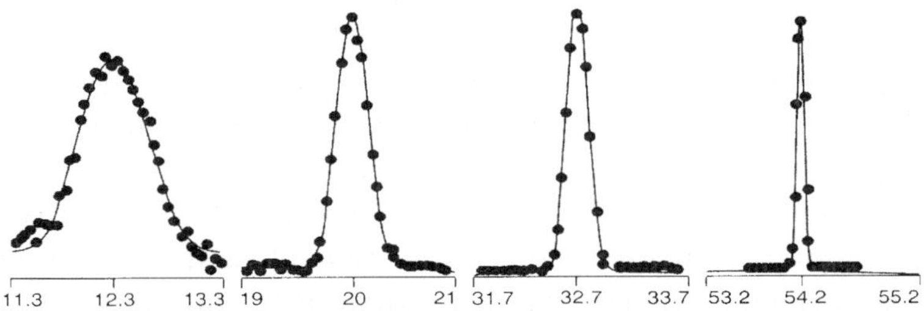

Abb. 42: Ergebnis der Röntgenanalyse eines Quasikristalls nach P. W. STEPHENS und A. I. GOLDMAN. Die gemessenen Streuungswinkel in Grad, welche die Struktur des Quasikristalls widerspiegeln, entsprechen Winkeln, die sich ergeben, wenn der Kreis von 360° mit G^4, G^5 und G^7 multipliziert wird.

Analyse mit Röntgenstrahlen ermittelt werden, wie sie M. von LAUE entwickelt hat. Die Röntgenstrahlen werden an den Atomen oder Ionen des

150 P. W. STEPHENS / A. I. GOLDMAN: The Structure of Quasicrystals (1991), S. 53

Kristallgitters gestreut. Die gemessenen Streuungswinkel spiegeln die Struktur des Kristalls wider. Eine solche Röntgenanalyse ist kürzlich auch an einem *Quasikristall* durchgeführt worden, dessen Struktur, wie bereits erörtert wurde, auf fünfzähliger Symmetrie beruht. Abb. 42 gibt die gemessenen Streuungswinkel in Grad wieder. Wie ich mit Erstaunen feststellte, entsprechen sie recht genau den Werten, die sich ergeben, wenn der volle Kreis von 360°, der einem ganzen Zyklus entspricht, nacheinander mit G^4, G^5, G^6 und G^7 multipliziert wird: 52,5°; 32,5°; 20,06°; 12,4°. Die Potenzfolge des Goldenen Schnitts scheint hiernach allgegenwärtig zu sein. Es liegt nahe, von der Vermutung auszugehen, daß auch die ersten Glieder der Folge – G^1, G^2 und G^3 – interessante Winkel bilden, wenn sie mit dem ganzen Kreis von 360° multipliziert werden. Tatsächlich werden wir sehen, daß diese Winkel inbesondere bei Menschen eine wesentliche Rolle spielen. In diesem Zusammenhang erweist sich als aufschlußreich, daß bei den Aspektuntersuchungen von N. KOLLERSTROM und M. O'NEILL das Septil bei genialen Wissenschaftlern, Heureka-Ereignissen und Erfindungen am stärksten hervorgetreten ist. Dieser Aspekt von 51.4° liegt ganz dicht bei dem Winkel von 52,5°, der sich aus der Multiplikation des ganzen Kreises mit G^4 ergibt. Es wird daran erinnert, daß KOLLERSTROM und O'NEILL nachgewiesen haben, daß die starke positive Abweichung der Septile von der Zufallshäufigkeit hochsignifikant ist.

e) Der Modulor in der Pflanzenwelt

Die Potenzfolge des Goldenen Schnitts ist innerhalb von Zyklen und in Wachstumsmustern nicht immer in so komplizierter Form zu finden wie bei der Eruptionstätigkeit der Sonne und erreicht nicht immer so hohe Potenzen wie bei den Quasikristallen. Oft werden nur die beiden ersten Glieder G^1 (Major) und G^2 (Minor) aktiviert, oder auch Glieder, die in einem Verhältnis zueinander stehen wie die Frequenzen der musikalischen Oktaven (G^1, G^2, G^4, ...). In der Phyllotaxis, der Anordnung von Blättern und anderen Pflanzenorganen, sind Winkel zu finden, die ein solches Oktavverhältnis bilden. So schreiben P. H. RICHTER und H. J. SCHOLZ:

> „Ob es sich um Nadeln an einem jungen Kiefernast, die Schuppen des Tannenzapfens, die Blätter eines Kohlkopfs oder die Blütenstände von Kompositen handelt: der von der Achse aus gemessene Winkel zwischen zwei Blättern (Nadeln, Schuppen, Blüten usw.), die in der Entwicklung der Pflanze aufeinanderfolgen, ist fast immer mit guter Nähe-

rung 137,5°. Dieser Goldene Winkel teilt den Kreisumfang im Goldenen Verhältnis, denn $(1 - G) \cdot 360 = 137{,}5$. Im Falle des Kohls oder der Artischocke, auch an der Verzweigung junger Eichen oder den Blütenblättern einer Rose erkennt man diesen Winkel recht gut daran, daß beim Fortschreiten von einem Blatt zum drittnächsten die Achse etwas mehr als einmal umrundet wird: $3 \cdot 137{,}5 = 412{,}5 = 360 + 52{,}5$; das vierte Blatt bildet mit dem ersten also einen Winkel von etwas mehr als 50°."[151]

Dieser Sachverhalt läßt sich unkomplizierter und in unserem Gesamtzusammenhang einleuchtender durch Glieder der Potenzfolge des Goldenen Schnitts beschreiben. Wird der Einheitszyklus, durch 360° ausgedrückt, mit G^2 multipliziert, so ergibt sich 137,5°; wird als Faktor G^4 genommen, so ist das Ergebnis 52,5°. G^2 und G^4 stehen in einem Oktavverhältnis der definierten Art.

10. Gliederung von Zyklen durch Major und Minor

Es scheint richtig zu sein, daß wir nur sehen, was wir wissen. Nachdem ich bei einem tieferen Blick in die Dynamik der Schwingung der Sonne und bei der Betrachtung der Muster der Eruptionsaktivität der Sonne meine Scheuklappen verloren hatte und wußte, daß der Goldene Schnitt nicht nur ein ästhetisches Teilungsmaß ist, sondern ein Entwicklungsprinzip der gesamten Natur, das bei der räumlichen und zeitlichen Differenzierung von Wachstumseinheiten und Entwicklungszyklen ganz konkret auf die Gliederung der entstehenden Form einwirkt, sah ich plötzlich, daß diese dynamische Proportion allgegenwärtig ist, und zwar auch in der „toten" Natur. Insbesondere bei *Zyklen* fiel mir auf, wie sehr der Major und der Minor die innere Struktur der jeweiligen Schwingungseinheit gliedern. Das Augenmaß reicht aus, um einen solchen Zusammenhang zu erkennen. Die Genauigkeit der Gliederung läßt sich einfach überprüfen. Ist die Länge des Zyklus bekannt, so ergeben sich Major und Minor durch die Multiplikation der Zykluslänge mit 0,618 und 0,382.

a) Sonnenfleckenzyklus

Ein einfaches Beispiel ist der 11-jährige *Sonnenfleckenzyklus*. Es ist schon seit den statistischen Untersuchungen der Sonnenflecken von R. WOLF in der zweiten Hälfte des 19. Jahrhunderts bekannt, daß der Teil des Zyklus, in dem die Fleckenaktivität vom Minimum zum Maximum ansteigt,

151 P. H. RICHTER / H. J. SCHOLZ: Der Goldene Schnitt in der Natur, S. 190

merklich kürzer ist als der vom Maximum zum Minimum absteigende Teil. Merkwürdigerweise scheint bisher niemand gesehen zu haben, daß die Proportionen dieser Abschnitte dem Goldenen Schnitt folgen: der ansteigende Teil entspricht dem Minor und der absteigende Teil dem Major des 11-jährigen Zyklus. Umfassende Beobachtungen der Sonnenflecken liegen seit 1750 vor. Der Sonnenfleckenzyklus hatte von 1750 bis in die Gegenwart eine durchschnittliche Länge von 11,02 Jahren, während der ansteigende Teil vom Minimum zum Maximum im Durchschnitt eine Länge von 4,31 Jahren erreichte.[152] Der Minor des Zyklus von 11,02 Jahren ist mit 4,21 Jahren fast genau gleich lang. Ebenso genau stimmt der Major mit dem absteigenden Teil des 11-jährigen Zyklus überein.

Bisher ist es der Wissenschaft trotz angestrengter Bemühungen, die schon seit 150 Jahren andauern, nicht gelungen, irgendwelche Zusammenhänge zu finden, die einen Hinweis geben könnten, warum der Fleckenzyklus gerade 11 Jahre lang ist. Die Formen, welche die Dynamik der Schwingung der Sonne um das Massenzentrum CM abbilden, eröffnen hier einen ersten Zugang. Wir haben gesehen, daß die großen Finger eng mit den Extrema des Gleißberg-Zyklus zusammenhängen. Die Länge der GF-Zyklen beträgt 35,76 Jahre. Der Major dieser langwelligen Zyklen liegt bei 22,1 Jahren. Dies ist genau die Länge des magnetischen Sonnenfleckenzyklus, der als der wahre Zyklus der Fleckenaktivität angesehen wird. Nach seinem Entdecker wird er *Hale-Zyklus* genannt. Die Fleckengruppen haben nordmagnetische und südmagnetische Flecken, die bipolar angeordnet sind. Während eines 11-jährigen Zyklus laufen bei der Rotation der Sonne entweder die Nordpole oder die Südpole beständig voraus. Nach 11 Jahren kehrt sich diese Polarität um. Es vergehen also zwei 11-jährige Zyklen, bis die gleiche Anordnung der Polarität wieder erscheint. Der magnetische Zyklus von 22,1 Jahren, der dem Major des GF-Zyklus entspricht, läßt sich in natürlicher Weise in die beiden Zyklen mit entgegengesetzter magnetischer Polarität aufspalten. Wir erhalten so einen halben magnetischen Zyklus mit einer Länge von 11,05 Jahren. Werden auch historische Daten mit einbezogen, so ergibt sich eine beobachtete Länge des 11-jährigen Zyklus von 11,04 Jahren.[153]

152 J. A. McKINNON: Sunspot Numbers: 1610 – 1985 (1987), S. 5
153 C. W. ALLEN: Astrophysical Quantities (1964), S. 182

b) Sonneneruptionen

Die schwächeren *Sonneneruptionen* der optischen Kategorie folgen genau dem 11-jährigen Zyklus der Sonnenflecken; sie sind also am häufigsten, wenn die Sonnenflecken ihr Maximum erreichen, das mit dem Minor des Goldenen Schnitts zusammenfällt. Das Histogramm in Abb. 43 a stellt diesen Zusammenhang dar.[154] Die Blöcke des Staffelbildes repräsentieren die jeweilige Häufigkeit der schwächeren Eruptionen in der Phase des darüber abgebildeten Sonnenfleckenzyklus. Wer noch nicht den Überraschungen ausgesetzt war, die

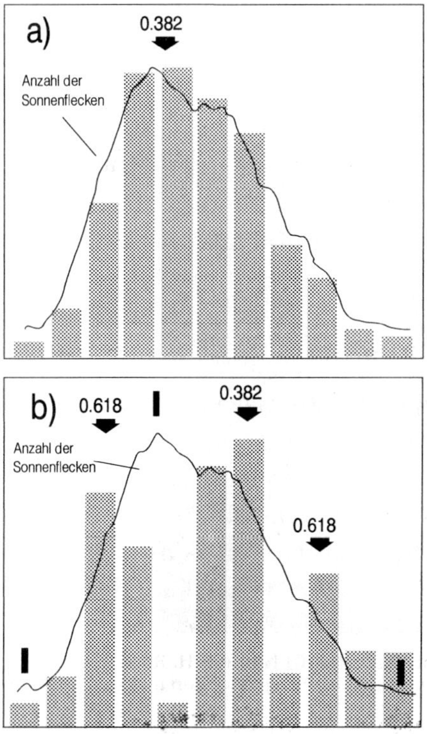

Abb. 43a: Der 11-jährige Sonnenfleckenzyklus wird durch sein Maximum im Goldenen Schnitt geteilt. Der Anstieg vom Minimum zum Maximum entspricht dem Minor und der Abstieg vom Maximum zum Minimum dem Major. Schwächere Sonneneruptionen der optischen Kategorie erreichen ihr Maximum im Minor des Zyklus.

Abb. 43b: Energetische Protonenflares der Sonne folgen einer differenzierteren Verteilung. Die maßgeblichen Rahmenzyklen sind der aufsteigende und der absteigende Teil des 11-jährigen Zyklus. Ein erstes Maximum der Protoneneruptionen liegt bei 0,618 des aufsteigenden Zyklus. Zwei weitere Maxima fallen mit 0,382 und 0,618 des absteigenden Zyklus zusammen. Das besonders hohe Eruptionsmaximum bei 0,382 liegt zugleich im Major des ganzen 11-jährigen Zyklus.

jeden erwarten, der sich näher mit dem Studium von Zyklen befaßt, würde meinen, daß Protonenflares, auch wenn sie energetischer sind als die optischen Flares, dem gleichen Muster folgen. Abb. 43 b zeigt jedoch, daß dies nicht der Fall ist. Die Natur ordnet die Strukturelemente, mit denen sie arbeitet, immer wieder in veränderter Form an. Die Kurve in Abb. 43 b gibt den Verlauf eines 11-jährigen Sonnenfleckenzyklus mit überdurchschnittlicher Aktivität wieder. Die Stäbe des Histogramms zeigen die Häufigkeit der Protoneneruptionen in der jeweiligen Phase des Fleckenzyklus an. Die Beziehung zum Goldenen Schnitt wird erst sichtbar, wenn der aufsteigende und der absteigende Teil des Zyklus ähnlich wie bei dem früher untersuchten Flutkraftzyklus jeweils als selbständige

154 Die Zeichnungen der Abb. 43 a und b wurden auf dem Titelblatt von Eos, Transactions, American Geophysical Union, 18. Oktober 1988, abgedruckt.

Einheit angesehen werden. In dem Abschnitt vom Minimum zum Maximum fällt die Phase mit den meisten Protonenflares mit dem Schnittpunkt 0,618 zusammen, der durch einen Pfeil gekennzeichnet ist. In dem Bereich vom Maximum zum Minimum gibt es zwei Häufungsphasen, die aus dem Umfeld herausragen: die vom Maximum aus bestimmten Schnittpunkte 0,382 und 0,618, auf die ebenfalls durch Pfeile hingewiesen wird. Der Schnittpunkt 0,382 im Abstiegsbereich, der mit der stärksten Häufung von Protonenflares insgesamt einhergeht, ist zugleich der Schnittpunkt 0,618 des gesamten 11-jährigen Zyklus. Der Fleckenzyklus, seine natürlichen Untereinheiten und die Protoneneruptionen sind also ganz auf den Goldenen Schnitt ausgerichtet. Sehen kann man dies aber erst, wenn man weiß, wohin man schauen muß und aus welchem Blickwinkel.

c) *Gewitterhäufigkeit*

Abb. 44 nach H. H. LAMB[155] verbindet den 11-jährigen Fleckenzyklus mit der Häufigkeit von *Gewittern*. Die Skala auf der horizontalen Achse oben, die unten noch einmal wiederholt wird, kennzeichnet den Verlauf eines 11-jährigen Sonnenfleckenzyklus von Minimum zu Minimum. Auch das Maximum ist angegeben, ebenso wie die Zahl der seit dem Beginn des Zyklus verstrichenen Jahre. Die obere Kurve (Abb. 44 a) gibt in der Relation zu der jeweiligen Phase des Fleckenzyklus die Zahl der Tage mit Gewittern in Kremsmünster an, und zwar für die Jahre 1810 bis 1934. Die mittlere Kurve (Abb. 43 b) stellt die entsprechende Gewitterhäufigkeit für Wien und die Jahre 1878 bis 1934 dar. Die untere Kurve (Abb. 44 c) mißt die Zahl der Blitzeinschläge, die in Bayern für je 1 Million Häuser in den Jahren 1833 bis 1879 registriert wurden. Es ist deutlich zu sehen, daß die Maxima der Gewitter und Blitzeinschläge in allen drei Kurven zeitlich übereinstimmen und eine Beziehung zum Goldenen Schnitt haben. Die entsprechenden Phasen sind durch offene Dreiecke und die Einheitsmaße 0,382 und 0,618 gekennzeichnet. Sie beziehen sich aber nicht auf den ganzen 11-jährigen Zyklus, sondern wie schon vorher beim Flutkraftzyklus und den Protonenflares, auf die Abschnitte vom Minimum zum Maximum und vom Maximum zum Minimum. Die Naturbeobachtung zeigt, daß Zyklen oft eine fraktale Struktur haben. Natürlich abgegrenzte Teile des ganzen Zyklus wie hier der aufsteigende und der absteigende Sonnenfleckenzyklus erweisen sich vielfach als Untereinheiten, die

155 H. H. LAMB: Climate. Bd. 1 (1972), S. 456

hinsichtlich des Goldenen Schnitts gleich behandelt werden können wie der umfassendere Zyklus. In der Aufstiegsphase vom Minimum zum Maximum zeigt bei dieser Betrachtungsweise der Minor das Gewitter-Maximum an, während in der Abstiegsphase der Major mit der stärksten Gewittertätigkeit korreliert ist.

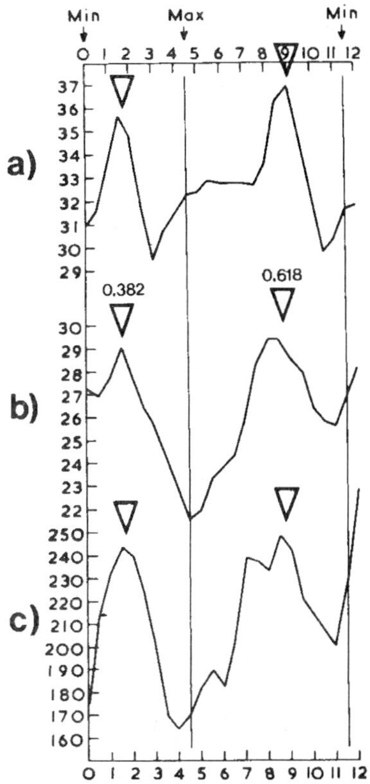

Dieser Zusammenhang, der in Abb. 44 deutlich hervortritt, berührt den Menschen nicht nur durch die Todesfälle und die Sachschäden, die mit Blitzeinschlägen einhergehen. *Blitze* erzeugen auch die sogenannten *Atmospherics*, deren Frequenzbereich die Ausstrahlungsfrequenzen des menschlichen Hirns und anderer Körperteile erfaßt.[156] Diese Wellen extrem

Abb. 44: Die drei Kurven nach H. H. LAMB verbinden den 11-jährigen Sonnenfleckenzyklus mit der Gewittertätigkeit in Mitteleuropa. Im Kopf der Graphik sind die Epochen der aufeinanderfolgenden Minima und des dazwischenliegenden Maximums des jeweiligen Fleckenzyklus durch Pfeile markiert. Kurve a) gibt für 1810 – 1934 die Zahl der Tage mit Gewitter in Kremsmünster an, Kurve b) stellt die Gewitterhäufigkeit in Wien für 1878 – 1934 dar, und Kurve c) gibt die Zahl der Blitzeinschläge je 1 Million Häuser in Bayern in den Jahren 1833 – 1879 wieder. Die Maxima in allen drei Kurven fallen mit 0,382 des aufsteigenden Zyklus und 0,618 des absteigenden Zyklus zusammen. Offene Dreiecke weisen auf diese Schnittstellen hin.

niedriger Frequenz (ELF) laufen rund um die Erde und sind schwer abzuschirmen. Indizien sprechen dafür, daß sie Herzversagen, Leukozytose, Veränderungen des Oxygenstoffwechsels und psychische Störungen auslösen können, wenn eine entsprechende Prädisposition gegeben ist.[157] Auch der profane Umstand, daß Milch bei Gewittern sauer wird, also gerinnt, hängt mit *Radiowellen* zusammen, die durch Blitze erzeugt werden. Der extrem niederfrequente Anteil dieser Radiowellen ist bioaktiv und verursacht die Zersetzung von Kolloiden, zu denen neben der Milch auch das Blutserum gehört.[158]

156 H. L. KÖNIG: Unsichtbare Umwelt, S. 29, 34, 77

157 G. L. PLAYFAIR / S. HILL: Die Zyklen des Himmels (1979), S. 141, 217

158 G. CAROLI, in: Med. Met. Hefte; 4 (1950), 12; M. PERSINGER (Hg.): ELF and VLF Electromagnetic Field Effects (1974)

d) Mondzyklen

Nach diesen Ergebnissen mit solaren und solar-terrestrischen Zyklen, die auf heliozentrische Prozesse ausgerichtet sind, lag es nahe, auch in irdischen Zyklen, die an die Bewegung von Himmelskörpern anknüpfen, nach Strukturen des Goldenen Schnitts zu suchen. Als ich den *Mondzyklus*, der für Erdenbewohner besonders auffällig ist, aus dieser Perspektive betrachtete, wurde sofort eine Fülle von Zusammenhängen sichtbar, die bisher merkwürdigerweise nicht in das Bewußtsein gedrungen waren, weil ihnen das Vorurteil im Wege stand, der Goldene Schnitt wirke sich nur bei Lebewesen und nicht in der „toten" Natur aus.

1) Regenfälle

Astrologen haben von jeher behauptet, es bestehe ein Zusammenhang zwischen starken *Regenfällen* und den *Mondphasen*. Die amerikanischen Meteorologen D. A. BRADLEY, M. A. WOODBURY und G. W. BRIER[159] sind dieser Frage nachgegangen. Sie haben die Niederschlagsdaten von 1544 Wetterstationen in Nordamerika für die Jahre 1900 – 1949 ausgewertet und 16 057 Daten von Tagen mit dem maximalen Niederschlag innerhalb des jeweiligen Monats untersucht. Abb. 45 nach

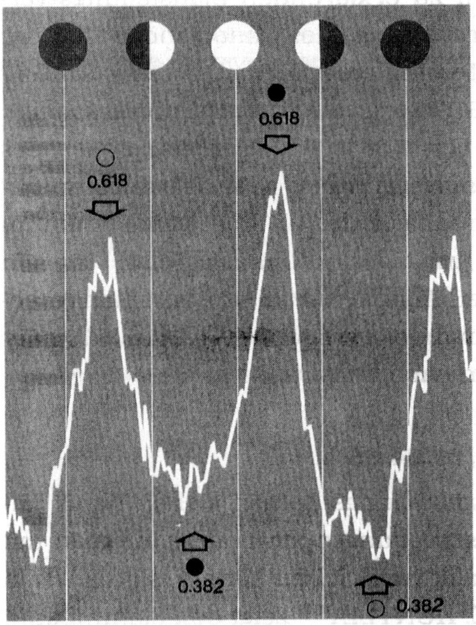

Abb. 45: Die Graphik nach F. MÖLLER stellt 16 057 Daten maximalen monatlichen Niederschlags dar, die von 1 544 Wetterstationen in den USA in den Jahren 1900 – 1949 registriert wurden. Die Extrema der Kurve stehen in keiner unmittelbaren Beziehung zu den Mondphasen, die oben im Bild gekennzeichnet sind. Die Maxima der Daten fallen jedoch jeweils mit dem Major (0,618) der Zyklen von Vollmond zu Vollmond (weißer Kreis) und von Neumond zu Neumond (schwarzer Kreis) zusammen, während die Minima jeweils mit dem Minor (0,382) einhergehen.

F. MÖLLER[160] gibt das Ergebnis wieder. Es ist offensichtlich, daß die Daten einem Zyklus folgen, auch wenn dieser erst bei einer großen Zahl von Daten sichtbar wird. Die Abweichung von der bei Zufallseinfluß zu er-

159 D. A. BRADLEY / M. A. WOODBURY / G. W. BRIER: Lunar Synodical Period and Widespread Precipitation (1964), 748 – 749

160 F. MÖLLER: Gibt es kosmische Einflüsse auf das Wetter? (1967), 499

wartenden Verteilung ist hochsignifikant. Die Maxima und Minima der Niederschlagszyklen fallen aber nicht mit Vollmond oder Neumond zusammen, sondern zeigen eine beträchtliche Phasenverschiebung. Dies ist in Abb. 45 leicht zu erkennen, weil über der Niederschlagskurve die Mondphasen eingezeichnet sind. Jene Naturwissenschaftler, die jeden Einfluß des Mondes auf das irdische Geschehen, der über Ebbe und Flut hinausgeht, als astrologieverdächtig ablehnen, weigern sich daher, das in der angesehenen Fachzeitschrift *Science* veröffentlichte Ergebnis als beweiskräftig anzusehen, obwohl es durch Daten in Neuseeland bestätigt worden ist.[161]

Es besteht dennoch eine genaue Beziehung der Maxima und Minima der Niederschlagsdaten zu Vollmond und Neumond. Es gibt verschiedene *Mondzyklen.* Am wichtigsten sind die synodischen Zyklen von Vollmond zu Vollmond (V–V) und von Neumond zu Neumond (N–N). Wird von der jeweils früheren Phase aus der Major innerhalb von V–V und N–N abgemessen, die Zykluslänge also mit 0,618 multipliziert, so fallen die entsprechenden Schnitte genau mit den Maxima der Niederschlagsdaten zusammen. Das erste, niedrigere Maximum liegt bei 0,618 des Vollmondzyklus und das zweite, etwas höhere Maximum bei 0,618 des Neumondzyklus. Die Pfeile in Abb. 45 weisen auf diese Schnittstellen hin. Auf welchen Zyklus sich die jeweiligen Schnittpunkte beziehen, ist an den Zeichen über den Pfeilen zu erkennen: ein schwarzer Kreis steht für den Zyklus N–N und ein offener Kreis für den Zyklus V–V. Tragen wir von der jeweiligen Anfangsphase aus innerhalb von V–V und N–N den Minor ab, multiplizieren wir also die Zykluslänge mit 0,382, so fallen die entsprechenden Schnitte gerade dorthin, wo die Minima der Niederschlagsdaten liegen. Pfeile weisen wiederum auf die Schnittstellen hin. Abb. 46 nach F. MÖLLER[162] zeigt das Resultat einer Replikation. Diesmal sind die stärksten monatlichen Niederschläge aus einer 63-jährigen Beobachtungsreihe von 100 anderen Meßstellen in den USA analysiert worden. Es erscheinen die gleichen Beziehungen zum Goldenen Schnitt wie in Abb. 45, jedoch mit einer Ausnahme: eines der beiden Minima fällt unmittelbar mit dem Neumond zusammen. Dies ist ein Indiz dafür, daß der Goldene Schnitt zwar häufig, aber nicht immer die entscheidenden Phasen anzeigt, die mit Extrema innerhalb des Zyklus einhergehen. Erst nach einer

161 E. E. ADDERLEY / E. G. BOWEN: Lunar Component in Precipitation Data (1962), 749 – 750
162 F. MÖLLER: Gibt es kosmische Einflüsse auf das Wetter?, S. 500

sorgfältigen Analyse der jeweiligen Zeitreihe läßt sich sagen, welche zyklischen Phasen entscheidend sind und welches spezielle Muster sie bilden.

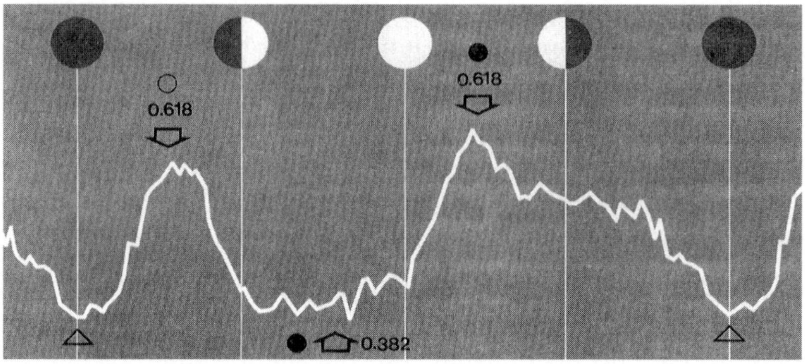

Abb. 46: Niederschlagsdaten wie in Abb. 45, aber von 100 anderen US-Stationen in einem Zeitraum von 63 Jahren beobachtet. Auch hier fallen die Maxima der Niederschläge mit dem Major (0,618) des Vollmondzyklus und des Neumondzyklus zusammen. Eines der Minima fällt auch wie in Abb. 45 auf den Minor (0,382) des Neumondzyklus. Das andere Minimum liegt aber genau in der Neumondphase.

2) Nahrungsaufnahme von Termiten

Abb. 47 nach G. BECKER[163] zeigt ein Beispiel aus dem Tierreich. Es geht um *Termiten* (Heterotermes indicola), die bei ihrer Nahrungsaufnahme

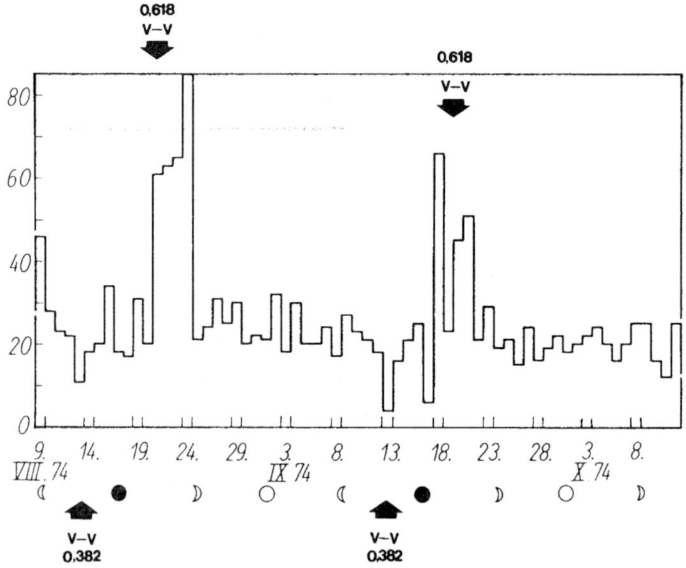

Abb. 47: Die Kurve beschreibt den Holzverzehr von Termiten in einem Experiment von G. BEKKER, das sich vom 9. August bis zum 11. Oktober 1974 erstreckte. Innerhalb des Vollmondzyklus (V–V) fallen die Maxima der Konsumtion mit dem Major des Goldenen Schnitts (0,618) und die Minima mit dem Minor (0,382) zusammen.

dem Mondzyklus folgen. Die senkrechte Achse mißt den Verzehr von Holz in Milligramm in einem Beobachtungsexperiment, das sich vom 9. August bis zum 11. Oktober 1974 erstreckte. Die waagrechte Achse kennzeichnet die entsprechenden Daten und die in diesen Zeitraum fallenden Mondphasen. Die ausgeprägten Maxima der Holzkonsumtion liegen jeweils im Major (0,618) der beiden aufeinanderfolgenden Vollmondzyklen und die Minima im Minor (0,382). Diese Schnitte sind in der Abbildung durch Pfeile markiert. Der Neumondzyklus spielt bei der Nahrungsaufnahme der Termiten keine Rolle, regt aber eine andere Aktivität an, nämlich den Bau von Galerien, in denen sie nach Nahrung suchen können.

3) Aktivität von Hamstern

Säugetiere reagieren ähnlich. F. A. BROWN und Y. H. PARK[164] haben zwei Jahre lang die Aktivität von vier *Hamstern* registriert, die Gelegenheit erhielten, sich in einem Tretrad zu betätigen. Die Zahl der Umdrehungen wurde mechanisch ermittelt. Abb. 48 nach EYSENCK und NIAS[165] zeigt das Ergebnis. Die senkrechte Achse mißt den Grad der jeweiligen Akti-

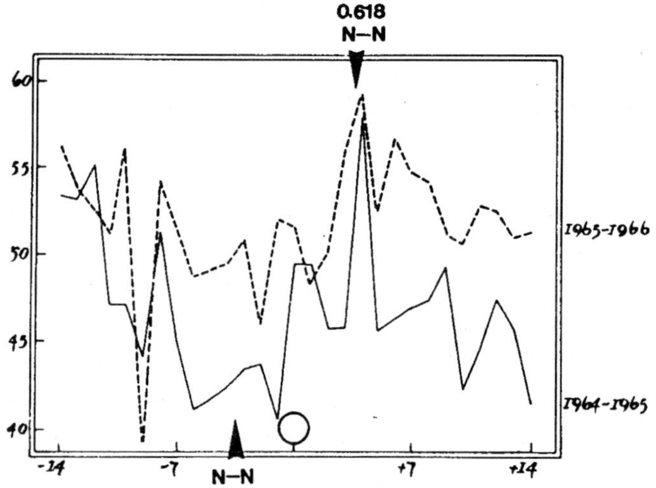

Abb. 48: Die Maxima der während zweier Jahre von F. A. BROWN und Y. H. PARK beobachteten Aktivität von Hamstern liegen im Major (0,618) des Neumondzyklus (N – N), während schwache Aktivität der Tiere mit dem Minor (0,382) zusammenfällt. Die Vollmondphase in der Mitte der waagerechten Achse ist durch einen offenen Kreis markiert.

163 G. BECKER: Communication Between Termites and the Influence of Magnetic and Electric Fields (1979), S. 103

164 F. A. BROWN / Y. H. PARK: Synodic Monthly Modulation of the Diurnal Rhythms of Hamsters (1967), 712 – 715

165 H. J. EYSENCK / D. NIAS: Astrologie, S. 239

vität. Die waagrechte Achse ist auf die Vollmondphase in der Mitte der Zeitskala ausgerichtet. Die durchgezogene Kurve gibt die Daten aus dem Beobachtungsjahr 1964 wieder, während die gestrichelte Kurve das Ergebnis des Jahres 1965 abbildet. Die beiden Jahreskurven verlaufen ähnlich, fallen aber genau zusammen, wo sie ihren höchsten Punkt erreichen. Dort liegt zugleich der Schnittpunkt 0,618 des Neumondzyklus N–N. Die Phase 0,382 des Zyklus N–N fällt mit dem tiefsten Aktivitätsminimum beider Jahre zusammen. Die entsprechenden Schnittpunkte sind durch Pfeile markiert. Nach Daten, die A. L. LIEBER[166] veröffentlicht hat, fällt makabrerweise das Maxium von 2008 Mordfällen, die sich von 1958 – 1970 im Bezirk Cuyahoga von Ohio ereigneten, mit dem Schnittpunkt 0,618 des Neumondzyklus zusammen, der die stärkste Hamsteraktivität kennzeichnet.

4) Junge oder Mädchen?

Ein wichtiger biologischer Funktionszyklus, der eine Beziehung zum Mondumlauf zu haben scheint, ist der *Menstruationszyklus*. Mit seiner Länge von 28 Tagen liegt er in der Mitte zwischen dem tropischen Monat und dem synodischen Monat. Bei den Naturvölkern setzte die Menstruation in der Regel einen Tag vor dem Vollmond ein.[167] Die Auswirkungen der modernen Zivilisation haben diese Phasenkopplung verwischt. Nach den statistischen Untersuchungen von H. GUTHMANN und D. OSTWALD[168] setzt die Menstruation aber immer noch überzufällig häufig bei Vollmond oder Neumond ein. Der Menstruationszyklus und der Ovulationszyklus hängen eng zusammen, da der Eisprung normalerweise in der Mitte zwischen zwei aufeinanderfolgenden Regelblutungen stattfindet. Abb. 49 nach W. THUMSHIRN[169] stellt diesen Zusammenhang dar und zeigt unten im Bild, wie sich die Basaltemperatur im Verlauf des Menstruationszyklus entwickelt. Es handelt sich dabei um die Körpertemperatur, die jeden Morgen unter den gleichen Bedingungen gemessen wird. Unmittelbar nach dem Eisprung, durch den sich das Ei aus dem Eierstock löst und in den Eileiter wandert, steigt die Basaltemperatur und erreicht nach ein bis zwei Tagen ein Temperaturniveau, das 0,4 bis 0,8 Grad höher liegt. H. S. BURR[170] hat gezeigt, daß auch das elektrische Po-

166 A. L. LIEBER: Der Mondeffekt (1980), S. 46
167 E. JANTSCH: Die Selbstorganisation des Universums, S. 294
168 H. GUTHMANN / D. OSTWALD: Menstruation und Mond (1936), 232 – 235
169 W. THUMSHIRN: Unsere innere Uhr, S. 171
170 H. S. BURR: Blueprint for Immortality (1972), S. 49 – 50

tential des weiblichen Körpers zur Zeit der Ovulation sprunghaft ansteigt. Entsprechende Vorhersageexperimente, die er durchgeführt hat, sind fast ohne Ausnahme positiv verlaufen. Der Termin der Ovulation kann hiernach recht genau bestimmt werden. Nach einer angemessenen Beobachtungszeit, in der sich der individuelle Ovulationszyklus abzeichnet, lassen sich zukünftige Ovulationstermine vorhersagen. Hierauf beruht das Verfahren zur Empfängnisverhütung von H. KNAUS und K. OGINO[171], das sich 1993 bei einem Massenversuch in Indien als erstaunlich zuverlässig erwiesen hat.

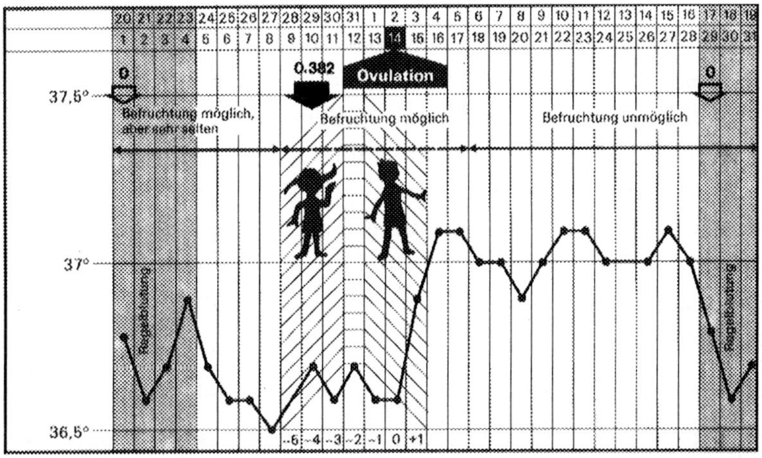

Abb. 49: Junge oder Mädchen? Abbildung nach W. THUMSHIRN. Bei einer Befruchtung zur Zeit des Eisprungs ist nach den Forschungen des Arztes F. BENENDO mit einer Wahrscheinlichkeit von 87% die Geburt eines Jungen zu erwarten, während eine Befruchtung im Minor (0,382) des Menstruationszyklus mit einer Wahrscheinlichkeit von 85% zur Geburt eines Mädchens führt.

Das Wissen um diese Zusammenhänge läßt sich auch zu einer *gezielten Befruchtung* einsetzen. Es hilft jedoch nicht weiter, wenn die Eltern sich speziell ein Mädchen oder einen Jungen wünschen. Hier bewähren sich die Forschungsergebnisse des Arztes F. BENENDO, der nach sorgfältigen Untersuchungen in Hunderten von Fällen einen engen Zusammenhang zwischen dem Zeitpunkt des befruchtenden Beischlafs, dem Ovulationstermin und dem Geschlecht des Kindes gefunden hat: Bei einer Kopulation drei bis fünf Tage vor dem Ovulationstermin ist in 84,7 Prozent der Fälle ein *Mädchen* zu erwarten, während eine Befruchtung am Tage des Eisprungs und einen Tag davor und danach, manchmal auch noch zwei Tage später, mit einer Wahrscheinlichkeit von 86,8 Prozent zur Ge-

171 K. OGINO: Conception Period of Woman (1934)

burt eines *Jungen* führt.[172] Im oberen Teil der Abb. 49 ist dieser Zusammenhang bildlich dargestellt.

Überraschend ist nun, daß der Befruchtungstermin, der zur Geburt von Mädchen führt, genau im Minor des Menstruationszyklus von 28 Tagen liegt. Der von mir eingefügte schwarze Pfeil in Abb. 49 weist hierauf hin, während die offenen Pfeile die aufeinanderfolgenden Nullphasen des Menstruationszyklus kennzeichnen. Der Kopulationstermin, der überwiegend mit der Geburt von Jungen einhergeht, fällt dagegen mit der Mitte des Menstruationszyklus zusammen, verhält sich also zum ganzen Zyklus wie 1 : 2. Dieser Sachverhalt scheint auf einen tiefgreifenden Unterschied hinzuweisen. Wie wir noch sehen werden, hat der irrationale Goldene Schnitt eine tiefliegende Beziehung zur Stabilität, während rationale Verhältnisse kleiner ganzer Zahlen wie 1 : 2 in einem entsprechenden Verhältnis zur Instabilität stehen. Hängt hiermit zusammen, daß das weibliche Geschlecht in der Regel physisch und psychisch stabiler ist als das männliche Geschlecht und daß Frauen statistisch länger leben als Männer? Wie wirkt sich dann die Umkehr der Verhältnisse bei den 13 bis 15 Prozent der Jungen und Mädchen aus, die nicht in das Mehrheitsmuster passen?

5) Magnetische Störungen und Wachstum von Pflanzenkeimen

Nach statistischen Untersuchungen des Geophysikers E. K. BIGG[173] zeigen *erdmagnetische Störungen* eine Phasenbeziehung zum Mondzyklus. Die Minima der Störungen fallen mit dem Neumond zusammen. Die Maxima, die fast 30 Prozent über das Niveau der Minima hinausgehen, liegen jedoch nicht in der Mitte zwischen den Minima in der Zeit der Vollmondphase, sondern im Major des Zyklus von Neumond zu Neumond.

Es sind eine ganze Reihe von Experimenten gemacht worden, die zeigen sollen, ob sich Samen oder Keime, die in einer bestimmten Mondphase ausgesät oder zum Treiben angesetzt werden, durch ihr Wachstum voneinander unterscheiden. N. KOLLERSTROM[174] hat gezeigt, daß *Rettich*, der zur Zeit des Vollmonds oder Neumonds ausgesät wird, sehr schlecht wächst. Ein hohes Maximum mit fünffach besserem Wachstum, das nicht unmittelbar auf Mondphasen bezogen ist, konnte bisher nicht erklärt werden. Es liegt genau im Major des Zyklus von Vollmond zu Voll-

172 W. THUMSHIRN: Unsere innere Uhr, S. 167 – 173

173 E. K. BIGG, in: J. Geophys. Res.; 68 (1963), 1409 – 1413

174 N. KOLLERSTROM: A Lunar Sidereal Rhythm in Crop Yield and its Phasing in the Zodiacal Circle (1981), 50

mond. Eine Aussaat in dieser Phase des Mondzyklus scheint zumindest bei Rettichen der ausgesäten Art gute Erträge zu bringen.

In einem Experiment mit dem Wachstum von *Weizenkeimen*, das über sechs Monate ausgedehnt wurde, hat N. KOLLERSTROM[175] wiederum ein interessantes Ergebnis erzielt. Die Erträge erreichten jeweils ein Maximum, wenn die Keime in der Woche vor Vollmond mit Wasser angesetzt wurden. Im Durchschnitt lagen die Maxima ungefähr 5 Tage vor Vollmond. L. KOLISKO[176] hatte Mitte der dreißiger Jahre schon das gleiche Ergebnis erzielt. In der von KOLLERSTROM[177] veröffentlichten Abbildung des Gesamtergebnisses ist zu sehen, daß die aufeinanderfolgenden Maxima jeweils mit dem Minor im Zyklus von Neumond zu Neumond zusammenfallen, während die Minima im Minor des Vollmondzyklus liegen.

e) Zyklen der „kleinen Finger", Stratosphärenerwärmung und Winterverlauf

Irdische Zyklen, die mit den GF- und KF-Zyklen der Sonnenschwingung verknüpft sind, zeigen ebenfalls eine Gliederung, die dem Goldenen Schnitt folgt. Abb. 50 gibt einen Zusammenhang wieder, in dem nur der Major innerhalb des KF-Zyklus eine Rolle spielt. Die Entwicklung der *Stratosphären-Temperatur* über dem Nordpol ist entscheidend für den Ablauf der Winter in der nördlichen Hemisphäre. Die Zirkulation der polaren Stratosphäre wird im Winter in der Regel von einem Tiefdruckwirbel beherrscht, dessen Zentrum sehr kalt ist. In diesem starken Wirbel, in dem westliche Winde vorherrschen, sinken die Temperaturen bis zu –90 °C ab. Im Sommer sind die Verhältnisse umgekehrt; es entwickelt sich ein warmer, antizyklonaler Wirbel mit östlichen Winden. In scheinbar unregelmäßigen Abständen tritt ein solcher Umschwung schon zu Anfang des Winters in den Monaten Januar und Februar ein. Er wird durch große lokale stratosphärische Erwärmungen ausgelöst, die zuerst von R. SCHERHAG[178] in Berlin beobachtet wurden und deshalb „Berliner Phänomen" genannt werden. Bei Erwärmungen dieser Art steigt die Temperatur in der Stratosphäre sehr stark an, der winterliche Polarwirbel bricht zusammen und es entwickeln sich östliche Winde. Ließen sich

175 Ders.: Wheat Germination and Lunar Phase (1984), 25 – 31

176 L. KOLISKO: The Moon and the Growth of Plants (1936)

177 N. KOLLERSTROM: Wheat Germination and Lunar Phase, S. 29

178 R. SCHERHAG: Die explosionsartigen Stratosphärenerwärmungen des Spätwinters 1952 (1952)

solche Umschwünge prognostizieren, so eröffnete sich eine Möglichkeit, den allgemeinen Charakter kommender Winter langfristig vorherzusagen.

K. LABITZKE vom Meteorologischen Institut der Freien Universität Berlin scheint hier einen Zugang gefunden zu haben. Es gibt eine Windschwingung in der äquatorialen Atmosphäre, die quasibiennale Oszillation (QBO), die ihre Windrichtung ungefähr alle 13 Monate von West nach Ost oder von Ost nach West umkehrt. Werden die Nordpoltemperaturen der Winter-Stratosphäre getrennt nach der Windrichtung der QBO aufgezeichnet, so erschließt sich, wie K. LABITZKE[179] aufgezeigt hat, ein deutlicher Zusammenhang mit dem 11-jährigen Sonnenfleckenzyklus. Abb. 50 nach K. LABITZKE und H. van LOON[180] stellt diesen Zusammenhang dar. Das obere Bild (Abb. 50 a) zeigt die Entwicklung in der Westwind-Phase der QBO, während das untere Bild (Abb. 50 b) den Datenzusammenhang der Ostwind-Phase wiedergibt. Die grauen Kurven, die in beiden Bildern identisch sind, stellen die Sonnenfleckenaktivität für die Jahre 1956 bis 1989 dar, erfassen also drei 11-jährige Zyklen.

Die Maßzahl der linken vertikalen Achse ist nicht die Sonnenfleckenrelativzahl, sondern die Radiostrahlung der Sonne im Bereich 10,7 cm. Die rechte vertikale Achse gibt die Nordpoltemperaturen des 30 hPa-Niveaus in der Stratosphäre an, und zwar das Mittel für Januar und Februar der jeweiligen Jahre. Die beiden schwarzen Kurven geben den Verlauf dieser Temperaturen in der entsprechenden Phase der QBO wieder. Da dies in jedem Fall Minustemperaturen sind, zeigt die Abbildung, daß in der Westphase der QBO (oben) die wärmsten Temperaturen mit Maxima des 11-jährigen Sonnenfleckenzyklus zusammenfallen, während in der Ostphase (unten) die wärmeren Temperaturen mit Fleckenminima einhergehen. Bei den Westwinden laufen die Fleckenkurve und die Temperaturkurve im gleichen Rhythmus, während sich bei den Ostwinden eine gegenläufige Entwicklung zeigt. Diese positiven und negativen Korrelationen sind statistisch signifikant.[181] Da die Epochen der jeweils maßgeblichen Maxima und Minima sich angenähert aus den vorliegenden Daten des laufenden Sonnenfleckenzyklus ergeben, läßt sich mit beträchtlicher

179 K. LABITZKE: Sunspots, the QBO, and the Stratospheric Temperature in the North Polar Region (1987), 535 – 537; dies. / H. van LOON: Association Between the 11-Year Solar Cycle, the QBO, and the Atmosphere (1988); dies.: Sonnenflecken und Wetter (1990), 1 – 6

180 Dies., ebd., S. 2

181 A. G. BARNSTON / R. E. LIVEZEY: A Closer Look at the Effects of the 11-Year Solar Cycle (1989)

Wahrscheinlichkeit die nächste starke Erwärmung der Stratosphäre vorhersagen. Dies hat praktische Bedeutung, da K. LABITZKE und H. van LOON im Detail gezeigt haben, welche Auswirkungen solche Erwärmungen auf das Wetter in der Troposphäre haben.

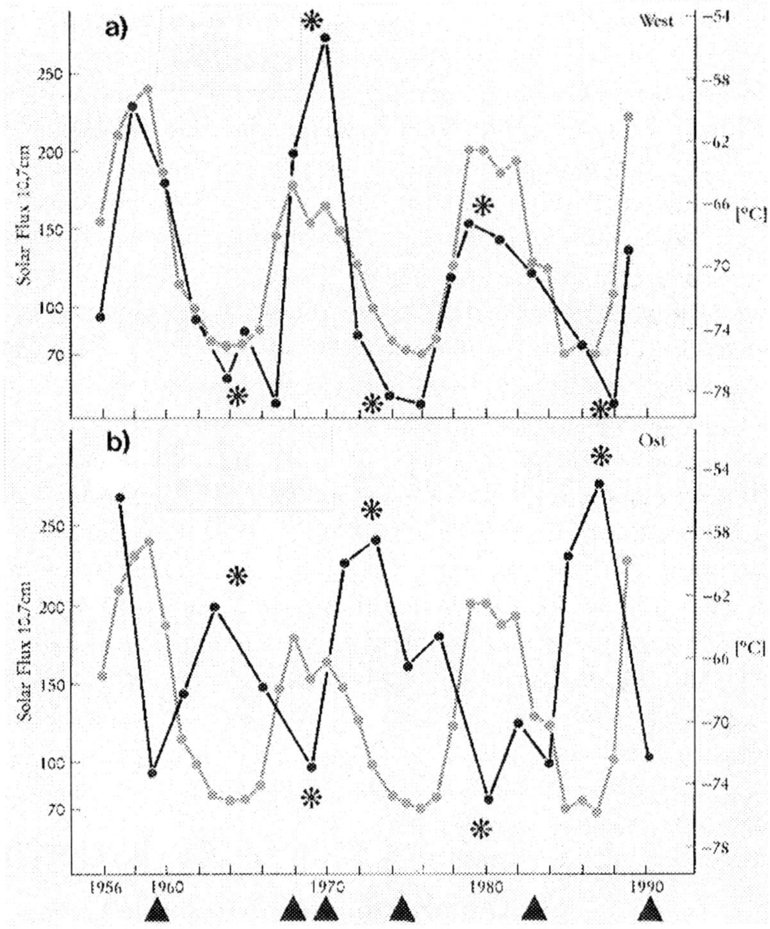

Abb. 50: 11-jähriger Sonnenfleckenzyklus, Wintertemperaturen der Stratosphäre über dem Nordpol und Windrichtung der quasibiennalen Oszillation (QBO) nach K. LABITZKE und H. van LOON. Werden die Nordpoltemperaturen (schwarze Kurven) getrennt nach der Windrichtung der QBO in der tropischen Stratosphäre aufgezeichnet, so ergibt sich, wie K. LABITZKE entdeckt hat, ein deutlicher Zusammenhang mit dem Sonnenfleckenzyklus (graue Kurven). Bei westlichen Winden (Bild a oben) ergibt sich ein Gleichlauf beider Kurven, während sich bei östlicher Windrichtung (Bild b unten) eine gegenläufige Entwicklung zeigt. Diese Beziehung scheint eine Vorhersage des allgemeinen Charakters der Winter in der nördlichen Hemisphäre möglich zu machen. Die Abbildung zeigt einen weiteren Zusammenhang mit noch besserer Korrelation, der auch eine langfristigere Vorhersage ermöglicht. Die Dreiecke unter der horizontalen Achse des Bildes b) kennzeichnen die Anfangsphasen „kleiner Finger". Die Major-Schnitte der durch die „kleinen Finger" gebildeten Zyklen, jeweils durch Sterne angezeigt, fallen bei westlichen und östlichen Winden mit den Extrema der Temperatur zusammen.

Eine noch engere Korrelation, die auch eine langfristigere Vorhersage ermöglicht, wird unmittelbar sichtbar, wenn wir den von der Dynamik der Sonnenschwingung abgeleiteten KF-Zyklus und den Goldenen Schnitt heranziehen. Die Dreiecke unter der Jahresskala in Abb. 50 kennzeichnen die Nullphasen der KF-Zyklen, die in den Beobachtungszeitraum fallen. Der Schnittpunkt des Major, der jeweils zwischen zwei aufeinanderfolgende Anfangsphasen fällt, wird im oberen und unteren Bild durch Sterne angezeigt. Es ist augenfällig, daß die jeweiligen Major-Schnittstellen mit den aufeinanderfolgenden Extrema der schwarzen Kurven für die Westwinde und die Ostwinde der QBO zusammenfallen. Dies ist um so erstaunlicher, als die Zeitintervalle zwischen den Nullphasen der KF-Zyklen ganz unterschiedlich lang sind. Der nächste Major wird in das Jahr 1995 fallen. Ist der Zusammenhang tragfähig, so ist um das Jahr 1995 herum in der *Westwind-Phase* der QBO mit starken stratosphärischen Erwärmungen und mit einem Zusammenbruch des kalten Tiefdruckwirbels im Januar oder Februar zu rechnen. Dabei ist interessant, daß der *Sonnenfleckenzyklus* um 1995 herum voraussichtlich ein Minimum erreichen wird, das bisher bei westlichen Winden der QBO mit einem stabilen polaren Wirbel und tiefen Temperaturen in der Stratosphäre über dem Nordpol einherging. Ein Unsicherheitsmoment in der Vorhersage ist die Rückläufigkeit der Sonne von 1989 bis 1991. Es ist nicht auszuschließen, daß die damit einhergehende Instabilität in dem hier interessierenden KF-Rhythmus einen Phasensprung ausgelöst hat. Schließlich ist zu bedenken, daß die Zeitreihe der zur Verfügung stehenden Temperaturdaten mit 33 Jahren recht kurz ist und weniger Sicherheit bietet als andere Datenreihen der kleinen Finger, die sich auf mehr als ein Jahrhundert erstrecken.

f) Zyklen „großer Finger" und internationale Kriege

Auch innerhalb des GF-Zyklus gliedert der Goldene Schnitt die Prozesse, die dem Rhythmus dieses langwelligen Zyklus folgen. Die Kurve in Abb. 51 nach R. MOGEY[182] stellt WHEELERs Index der Schlachten in internationalen Kriegen für die Jahre ab 1850 dar. Die vertikale Achse mißt die Zahl dieser Schlachten im jeweiligen Jahr. Die Anfangsphasen der GF-Zyklen sind durch Dreiecke gekennzeichnet. Sie gehen abwechselnd mit Minima und Maxima der Kriegsaktivität einher. Die restlichen Extre-

182 R. MOGEY: The Kondratieff Wave (1991), 326

ma werden ohne Ausnahme durch die Schnittpunkte von Minor und Major innerhalb der GF-Zyklen angezeigt. Die Minor-Schnittpunkte sind durch schwarze Kreise und die Major-Schnittstellen durch Sterne kenntlich gemacht. Sowohl der Minor als auch der Major gehen ebenso wie die GF-Nullphasen abwechselnd mit Kriegsperioden und friedlicheren Zeiten einher. Der 1. Weltkrieg fiel in dieser rhythmischen Folge mit einem Major und der 2. Weltkrieg mit einem Minor zusammen.

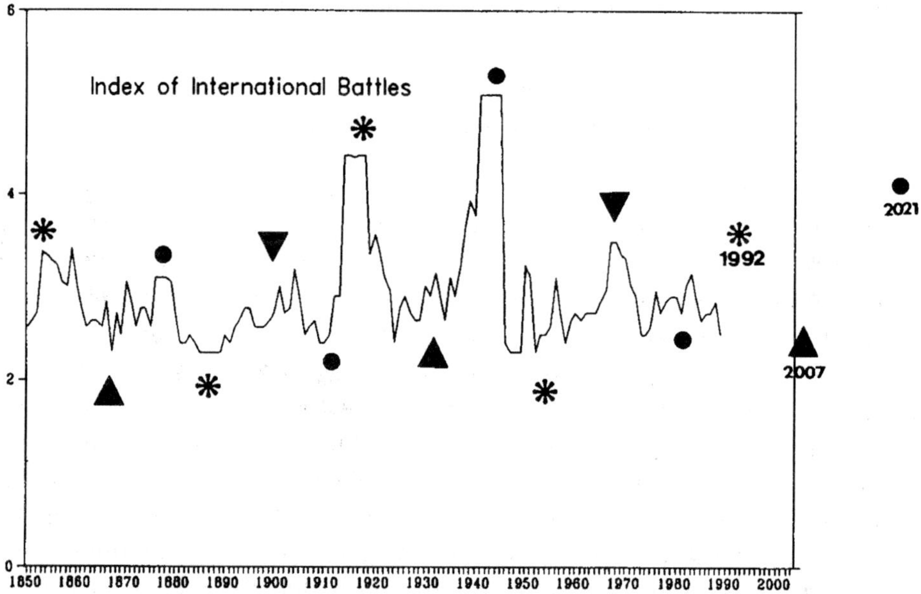

Abb. 51: Wheeler-Index der Schlachten in internationalen Kriegen von 1850 bis 1989 nach R. MOGEY. Die Anfangsphasen „großer Finger", durch Dreiecke gekennzeichnet, weisen abwechselnd auf relativ friedliche und kriegerische Phasen hin. Minor und Major innerhalb der Zyklen „großer Finger" (schwarze Kreise und Sterne) folgen ebenfalls einem solchen alternierenden Rhythmus. Der erste Weltkrieg ging mit einem Major und der zweite Weltkrieg mit einem Minor einher. Der Wirkungsbereich des Major 1992 fiel mit dem Golfkrieg und dem Krieg der Nachfolgestaaten Jugoslawiens zusammen. Die Extrapolation des Rhythmus läßt die nächste ruhigere Phase um 2007 und die nächste kriegerische Periode um 2021 erwarten.

In dem GF-Zyklus, der im Jahre 1968 begann und sich bis zum Jahre 2007 erstreckt, fiel der Major auf das Jahr 1992. Im Wirkungsbereich dieser Major-Phase, die nach dem Umpolungsrhythmus zu dieser Zeit eine kriegerische Periode anzeigte, ereigneten sich der Golf-Krieg, die Kriege zwischen den Nachfolgestaaten Jugoslawiens und die kriegerischen Auseinandersetzungen in Georgien, Somalia, Ruanda und Jemen. Die Vorhersage der weiteren Entwicklung ergibt sich aus der Extrapolation des seit 1850 stabilen Musters: eine friedlichere Periode ist um das Jahr 2007 zu erwarten und eine kriegerische Zeit in den Jahren um 2021. Für jemanden, der von der eingefleischten Vorstellung ausgeht, daß es ausgeschlossen sei, daß ein und derselbe Faktor in einem vorangehenden Zyklus mit einem Minimum und im folgenden Zyklus mit einem Maximum einhergehe, wird die fortlaufenden Umpolungen als irritierend empfinden. Tatsächlich sind solche Umschwünge jedoch eine häufige Naturerscheinung. Wer dies nicht weiß oder nicht wahrhaben will, wird zyklische Muster, die durchaus real sind, einfach nicht sehen, weil sie sich nicht so entwickeln, wie er sich vorstellt, daß sie ablaufen sollten.

g) „Große Finger", „kleine Finger" und Bruttosozialprodukt der USA

Die Kurve in Abb. 52 nach R. MOGEY[183] stellt die jährliche Änderung des Bruttosozialprodukts der USA für die Jahre 1974 bis 1990 dar. Die Zeichen, die ich hinzugefügt habe, bilden ein scheinbar verwirrendes Muster. Der Zusammenhang ist komplizierter als bei den vorhergehenden Beispielen; er wird aber sogleich verständlich, wenn man weiß, wie die großen Finger, die kleinen Finger und der Goldene Schnitt, die hier beteiligt sind, bei der Entwicklung des zyklischen Musters zusammenwirken. Die Nullphasen der GF-Zyklen 1901, 1933 und 1968 sind durch senkrechte Rechtecke kenntlich gemacht. Die Anfangsphasen der kleinen Finger werden durch Pfeile angezeigt, die oberhalb der Maxima oder unterhalb der Minima der Kurve der jährlichen Änderungen eingezeichnet sind. Der Major des Goldenen Schnitts innerhalb der KF-Zyklen ist durch schwarze Kreise markiert; er wird jeweils von der Nullphase her bestimmt.

Die Zyklen, die durch die großen Finger, die kleinen Finger und die Major-Schnittpunkte gebildet werden, verhalten sich wie bistabile Oszillatoren; jeweils in der Nullphase der GF-Zyklen ereignet sich in den KF-Zyklen ein Phasensprung. In dem Abschnitt der Kurve vor der GF-Anfangsphase 1901 fallen die KF-Anfangsphasen mit Maxima und die Major-Schnittstellen mit Minima der Kurve der jährlichen Änderung des Bruttosozialprodukts zusammen. Nach 1901 springt der Rhythmus um. Nun gehen bei jedem der Zyklen die KF-Nullphasen mit Minima und die Major-Schnittpunkte mit Maxima der Kurve einher. Nach dem erneuten Phasensprung 1933 kehren die Zyklen zu dem Rhythmus vor 1901 zurück, während sich nach dem weiteren Umsprung 1968 der Rhythmus wieder-

183 Ders., ebd., S. 325

holt, der vor 1933 die Maxima und Minima der Kurve bestimmte. Der nächste Phasenwechsel wird sehr wahrscheinlich erst 2007 eintreten, wenn der GF-Zyklus die nächste Nullphase durchläuft. Hiernach ist das

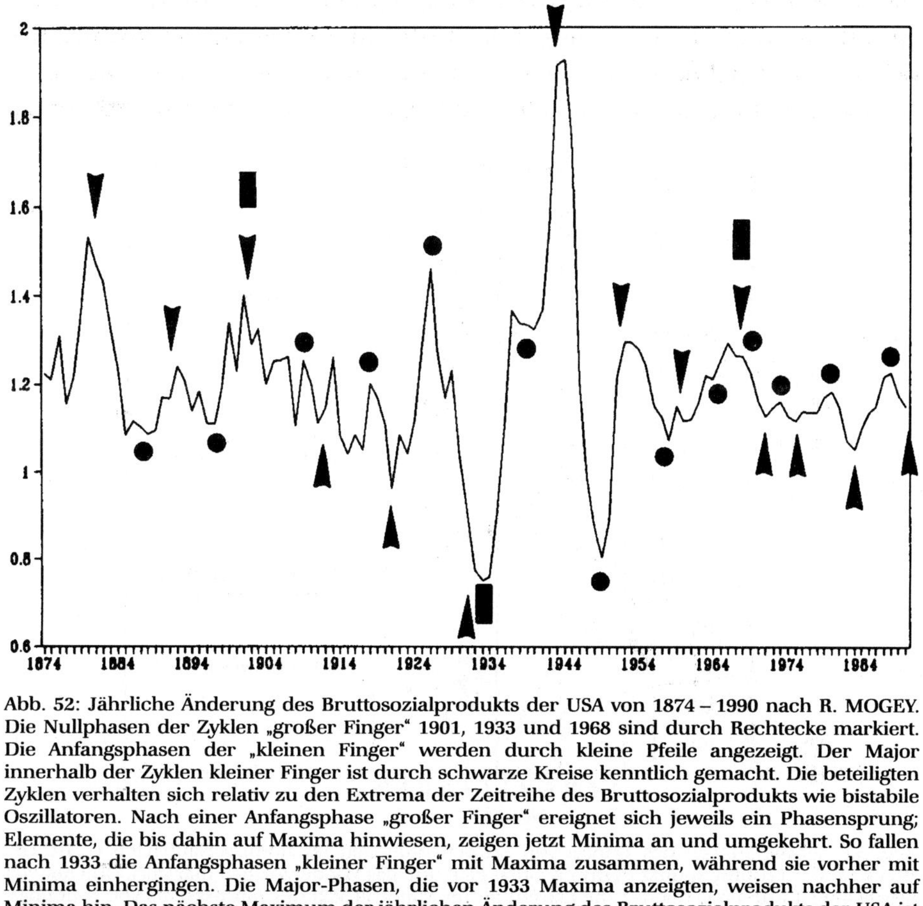

Abb. 52: Jährliche Änderung des Bruttosozialprodukts der USA von 1874 – 1990 nach R. MOGEY. Die Nullphasen der Zyklen „großer Finger" 1901, 1933 und 1968 sind durch Rechtecke markiert. Die Anfangsphasen der „kleinen Finger" werden durch kleine Pfeile angezeigt. Der Major innerhalb der Zyklen kleiner Finger ist durch schwarze Kreise kenntlich gemacht. Die beteiligten Zyklen verhalten sich relativ zu den Extrema der Zeitreihe des Bruttosozialprodukts wie bistabile Oszillatoren. Nach einer Anfangsphase „großer Finger" ereignet sich jeweils ein Phasensprung; Elemente, die bis dahin auf Maxima hinwiesen, zeigen jetzt Minima an und umgekehrt. So fallen nach 1933 die Anfangsphasen „kleiner Finger" mit Maxima zusammen, während sie vorher mit Minima einhergingen. Die Major-Phasen, die vor 1933 Maxima anzeigten, weisen nachher auf Minima hin. Das nächste Maximum der jährlichen Änderung des Bruttosozialprodukts der USA ist hiernach 1995 zu erwarten und das nächste Minimum 1998.

nächste Maximum in der jährlichen Änderung des Bruttosozialprodukts der USA in der Major-Phase des KF-Zyklus 1990,3 – 1998,6 zu erwarten, die 1995 erreicht wird. Aller Voraussicht nach wird sich das nächste Minimum 1998 entwickeln, wenn der KF-Zyklus wieder in seine Nullphase tritt. Die Entwicklungsmuster anderer Volkswirtschaften folgen dem gleichen dynamischen Grundmuster, zeigen aber ganz verschiedene individuelle Züge. Jede dieser Zeitreihen muß frei von vorgefaßten Vorstellungen betrachtet werden, bevor Aussagen über die zukünftige Entwicklung gemacht werden können.

h) Das tropische Jahr: Schwankungen des Erfolgs von Kurbehandlungen

Das *Jahr,* das an die scheinbare Bewegung der Sonne um die Erde anknüpft, ist für die Lebewesen auf der Erde ein fundamentaler kosmischer Zyklus. Es ist daher zu erwarten, daß auch der Jahreszyklus durch den Goldenen Schnitt gegliedert wird. Abb. 53 nach G. HILDEBRANDT[184] ist

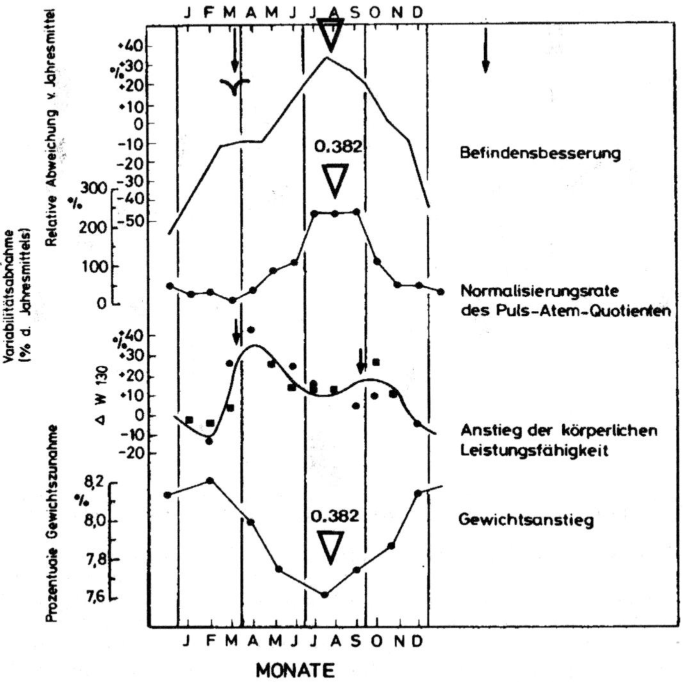

Abb. 53: Schwankungen des Erfolgs von Kurbehandlungen im Jahresverlauf nach G. HILDEBRANDT. Der Frühlingspunkt ist durch einen Pfeil und das Widderzeichen markiert. Drei der vier beschrifteten Kurven erreichen ihr Extremum im Minor (0,382) des Jahreszyklus von Frühlingspunkt zu Frühlingspunkt. Nur die beiden Maxima der Kurve des Anstiegs der körperlichen Leistungsfähigkeit folgen einem anderen Rhythmus; sie fallen mit dem Frühlingspunkt und dem Herbstpunkt zusammen.

ein Beispiel hierfür. Sie stellt die jahresrhythmischen Schwankungen des Erfolges mehrwöchiger Kurbehandlungen dar. Die Beziehung zum Goldenen Schnitt zeichnet sich innerhalb des tropischen Jahres ab, das jeweils mit dem von der Erde her beobachteten Durchgang der Sonne durch den mittleren Frühlingspunkt um den 21. März beginnt. Der Frühlingspunkt, der auch Widderpunkt genannt wird, ist oben in Abb. 53 durch einen schmalen Pfeil und das Widder-Zeichen gekennzeichnet.

184 G. HILDEBRANDT: Rhythmen (1981), S. 3677

Der zweite Pfeil rechts im Bild zeigt an, wo das folgende tropische Jahr beginnt.

Die Maxima der Kurven der Befindensbesserung und der Normalisierungsrate des Puls-Atem-Quotienten fallen genau mit dem Minor zusammen, der sich ergibt, wenn die Jahreslänge mit 0,382 multipliziert wird. Ich habe diese Schnittpunkte durch offene Dreiecke gekennzeichnet. Die Kurve des Gewichtsanstiegs erreicht dagegen im Schnittpunkt des Minor ihr Minimum. Bei der Kurve der körperlichen Leistungsfähigkeit ist im Gegensatz zu den drei anderen Kurven nicht der Goldene Schnitt maßgeblich. Die auffälligsten Extrema der Kurve werden durch den Frühlingspunkt selbst und die Mitte des Jahreszyklus angezeigt. Kurz nach diesen beiden Äquinoktialpunkten, die durch kurze Pfeile markiert sind, liegen die beiden Maxima der Kurve. Insgesamt zeigt sich wiederum, daß sich die unterschiedliche Qualität der einzelnen Zeitreihen in der Variation der Muster der zyklischen Gliederungselemente widerspiegelt. Gerade dies ist zu erwarten, wenn wir die Welt als das sehen, was sie ist: eine unvorstellbar verschlungene Schwingungsstruktur, deren Form identisch ist mit dem, was wir als Qualität empfinden.

Die kosmische Nullphase des Jahreszyklus ist, wie wir noch sehen werden, nicht nur im vorliegenden Fall mit dem Frühlingspunkt identisch. Insoweit scheint von Bedeutung zu sein, daß der Widderpunkt dort liegt, wo die Sonne den Himmeläquator – die Ausdehnung des Erdäquators in die Himmelssphäre – bei ihrer Bewegung von Süden nach Norden durchläuft. Dieser Schnittpunkt von Äquator und Ekliptik verbindet die autonome Rotation der Erde um ihre Achse, die durch die Lage des Äquators ausgedrückt wird, mit dem gebundenen Lauf der Erde um die Sonne, der in der Ekliptikebene stattfindet. Interessanterweise sind *geomagnetische Stürme* überzufällig häufig, wenn die Sonne um den 21. März den Widderpunkt und um den 23. September den gegenüberliegenden Äquinoktialpunkt durchläuft.[185] Dies gilt auch für die Häufigkeit von Nordlichtern.

i) Tageszyklen

1) Menschliche Reaktion auf Reize und Medikamente

Die bisherigen Ergebnisse sprechen dafür, daß der Goldene Schnitt die verschiedenartigsten Zyklen aus den unterschiedlichsten Bereichen

185 M. WALDMEIER: Sonne und Erde (1958), S. 215

strukturiert. Es wäre merkwürdig, wenn es bei einem der wichtigsten irdischen Zyklen, dem *Tag*, nicht ebenso wäre. Abb. 54 nach G. HILDEBRANDT[186] zeigt, daß die Reaktion von Menschen auf *Reize und Medikamente* im Verlauf des Tages ganz unterschiedlich ist. In diesem Zusammenhang fällt die Nullphase des Zyklus mit der Mitternacht zusammen,

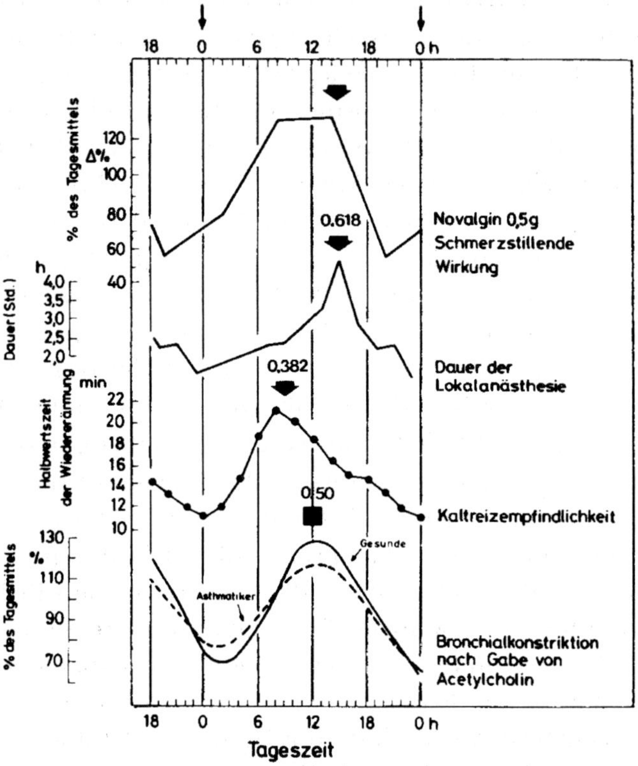

Abb. 54: Menschliche Reaktion auf Reize und Medikamente im Tagesverlauf nach G. HILDEBRANDT. Anfang und Ende des Tageszyklus von Mitternacht zu Mitternacht sind durch kleine Pfeile gekennzeichnet. Die Maxima der drei oberen beschrifteten Kurven fallen mit dem Minor (0,382) oder dem Major (0,618) des Tageszyklus zusammen. Die unterste Kurve erreicht dagegen ihr Maximum in der Mittelphase des Tageszyklus, die zugleich die Nullphase eines halbtägigen Zyklus von Mittag zu Mitternacht ist.

also mit der unteren Kulmination der Sonne. Die Länge des Zyklus von Mitternacht bis Mitternacht ist oben im Bild durch schmale Pfeile markiert. Die Maxima der schmerzstillenden Wirkung von Novalgin und der Dauer der Lokalanästhesie fallen mit dem Major (0,618) des Zyklus zusammen, während das Maximum der Kältereizempfindlichkeit mit dem Minor (0,382) einhergeht. Die untere Kurve folgt wieder dem Muster, in

186 G. HILDEBRANDT: Rhythmen, S. 3676

dem die Eckphasen des Zyklus im Vordergrund stehen. Das Maximum der Bronchialkonstriktion nach Gaben von Acetylcholin wird mittags erreicht, zur Zeit der oberen Kulmination der Sonne; dies ist zugleich die Mittelphase des Tageszyklus.

2) Moskitoaktivität

Abb. 55 nach A. T. WINFREE[187] stellt einen ganz anderen Sachverhalt dar. Das Strichmuster gibt die Aktivitätsperioden eines *Moskitos* wieder, der ähnlich wie die Menschen im Andechser Zeitbunker isoliert wurde. Die

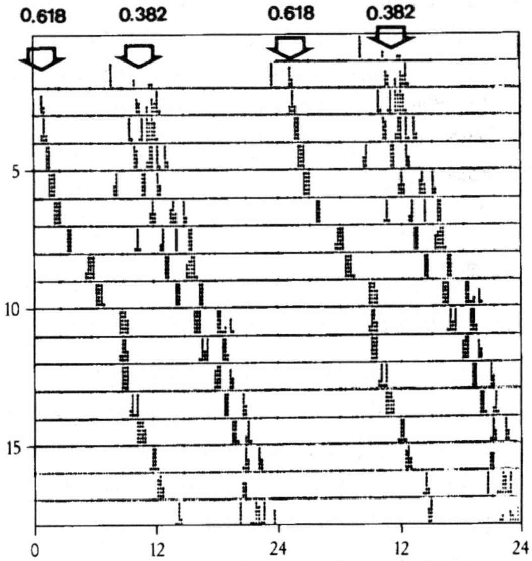

Abb. 55: Zirkadiane Aktivitätsperioden eines zeitisolierten Moskitos nach A. T. WINFREE. Das Strichmuster kennzeichnet die Phasen der jeweiligen Aktivität. Sie verschieben sich bei dem allmählichen Übergang zur endogenen zirkadianen Periode von 25 Stunden nach rechts. Die Strukturierung der Intervalle durch den Major und den Minor des Goldenen Schnitts bleibt dabei jedoch erhalten.

vertikale Achse, von oben nach unten gelesen, bezeichnet die Zahl der Tage, die jeweils nach dem Beginn des Experiments verstrichen sind. Die horizontale Achse gibt den zeitlichen Ablauf in Stunden während zweier aufeinanderfolgender Tage an, die jeweils um Mitternacht beginnen. Das Strichmuster verschob sich von Tag zu Tag mehr nach rechts, weil sich wie bei den isolierten Menschen ein endogener Rhythmus von 25 Stunden entwickelte. Das auf je zwei aufeinanderfolgende Tage bezogene Abstandsmuster der Aktivitätsperioden blieb jedoch ständig gleich. Wird die

187 A. T. WINFREE: The Timing of Biological Clocks (1987), S. 104

erste Aktivitätsperiode des ersten Tages links oben im Bild, die mit 0,618 beschriftet ist, als Nullphase eines Zyklus angesehen, der bis zur ersten Aktivitätsperiode des nächsten Tages läuft, die wiederum mit 0,618 gekennzeichnet ist, so liegt die zweite Aktivitäsphase des ersten Tages im Minor (0,382) des Zyklus. Wird dagegen die zweite Aktivitätsperiode des ersten Tages bei 0,382 als Anfangsphase eines Zyklus betrachtet, der bis zur nächsten 0,382-Phase des nächsten Tages läuft, so fällt die erste Aktivitätsperiode des zweiten Tages mit dem Major (0,682) zusammen. Diese auf den Goldenen Schnitt bezogenen Intervalle blieben erhalten, auch als sich das Strichmuster infolge der Isolierung von der Außenwelt immer mehr nach rechts verschob. Dies spricht dafür, daß der Goldene Schnitt auch auf die Gliederung endogener Zyklen Einfluß hat. Die erste Aktivitätsphase, links oben in der Abbildung, ereignete sich ganz zu Beginn des Experiments, als der exogene Tagesrhythmus noch vorherrschte; sie ereignete sich gegen Mitternacht, zur Zeit der unteren Kulmination der Sonne.

3) Körpertemperatur, Harnausscheidung, Leistungsfähigkeit, Herzinfarkte, Fieber und Zahnschmerzen

Es gibt viele weitere Beispiele, die zeigen, in welchem Maße der Goldene Schnitt Tagesrhythmen strukturiert. Die *Körpertemperatur* des gesunden Menschen erreicht um 4 Uhr morgens ein Minimum und zwischen 18 und 19 Uhr ein Maximum.[188] Wird das Minimum als Anfangs- und Endphase des 24-stündigen Zyklus angesehen, so liegt das Maximum im Major (0,618). Die Kurve der *Harnausscheidung* des Menschen zeigt morgens um 6 Uhr ein Minimum und zwischen 20 und 21 Uhr ein Maximum.[189] Dient das Minimum um 6 Uhr als Nullphase eines 24-stündigen Zyklus, so fällt das Maximum mit dem Major des Zyklus zusammen.

Die allgemeine *Leistungsfähigkeit* und Leistungsbereitschaft des Menschen erreicht in Mitteleuropa gegen 9 Uhr und 18 Uhr ein Maximum und gegen 3 Uhr morgens ein Minimum.[190] In mitteleuropäischen Breiten geht die Sonne im Jahresdurchschnitt um 18 Uhr unter. Lassen wir den ganztägigen Leistungszyklus um 18 Uhr beginnen, so fällt das erste Maximum mit dieser Nullphase zusammen. Das Minimum um 3 Uhr

188 Brockhaus Enzyklopädie. Bd. 10 (1970), S. 521 (Zitat aus: MAIR-SCHÜTZ: Einführung in die Anatomie und Physiologie des Menschen)

189 L. RENSING: Die innere Uhr des Menschen (1970), S. 789

190 Ders., ebd., S. 788

morgens geht dann mit dem Minor (0,382) und das weitere Maximum um 9 Uhr mit dem Major (0,618) des Goldenen Schnitts einher. Ein kleineres Leistungsminimum zeichnet sich gegen 13.30 Uhr ab.[191] Es fällt genau mit der Schnittstelle 0,854 zusammen, die auch bei Sonneneruptionen eine Rolle spielt und im kosmischen Modulor erscheint.

Elektroenzephalogramme erreichen dagegen ihren maximalen Wert gegen 12 Uhr.[192] Dies ist die Zeit der oberen Kulmination der Sonne. *Herzinfarkte* ereignen sich besonders häufig vormittags zwischen 9 und 10 Uhr.[193] In einem Zyklus von Mitternacht zu Mitternacht, der durch zwei aufeinanderfolgende untere Konjunktionen der Sonne gekennzeichnet wird, fällt das Häufigkeitsmaximum der Herzinfarkte mit dem Minor (0,382) zusammen. Dieser Minor kennzeichnet zugleich den Zeitpunkt, in dem *Fieber* infolge von bakteriellen Infektionen besonders häufig einsetzt.[194] Im Major (0,618) desselben Zyklus, gegen 15 Uhr, treten dagegen kariös bedingte *Zahnschmerzen* besonders selten auf.[195]

j) Halbtägige Zyklen: Virusinfektion, Zahnschmerzen und Todesfälle

Oft ist nicht der ganze Tag der Zyklus, der durch den Goldenen Schnitt gegliedert wird, sondern ein halber Tag, der durch *Eckkonstellationen* der Sonne begrenzt wird, die sich auf denselben Großkreis beziehen wie den Meridian oder den Horizont, aber als obere Kulmination und untere Kulmination oder als Aufgang und Untergang. Zwischen 19 und 20 Uhr ist das Einsetzen von Fieber infolge viraler *Infektionen* mehr als fünfmal häufiger als im Tagesdurchschnitt.[196] Zu dieser Zeit erreichen auch kariös bedingte *Zahnschmerzen* ein zweites Maximum.[197] Hier liegt der Major eines halbtägigen Zyklus, der von Mittag bis Mitternacht läuft, also zwischen der oberen und unteren Kulmination der Sonne liegt. *Todesfälle* und kariös bedingte Zahnschmerzen erreichen zwischen 4 und 5 Uhr morgens ihr Hauptmaximum.[198] Dort liegt in einem Zyklus, der sich von

191 Ders., ebd.
192 Ders., ebd.
193 J. ZULLEY: Schlafen und Wachen (1993), S. 326
194 Ders., ebd.
195 Ders., ebd.
196 Ders., ebd.
197 Ders., ebd.
198 Ders., ebd.

der Mitternacht bis zum Mittag erstreckt, der Minor des Goldenen Schnitts.

Dies sind aus der Vielzahl der Fälle herausgegriffene Beispiele. Ich habe sie nicht systematisch gesucht, sondern bei der Beschäftigung mit anderen Problemen en passant gesehen.[199] Der Leser wird, wenn er sich andere zyklische Daten anschaut, zahlreiche weitere Belege für die gliedernde Funktion des Goldenen Schnitts finden, da es sich um ein Naturprinzip handelt, das aus der Tiefe wirkend in die verschiedenartigsten Entwicklungsprozesse eingreift. Dabei ist es wichtig, nicht nur den ganzen Tag als Zyklus zu untersuchen, sondern auch halbe Tage oder sogar viertel Tage, wenn es sich um natürliche Untereinheiten handelt, wie zum Beispiel das Intervall vom Sonnenaufgang bis zur oberen Kulmination der Sonne. Auch hier scheint ein Oktavprinzip wirksam zu sein, wie wir es schon bei der Folge G^1, G^2, G^4, ... gefunden haben und ebenso bei ganzen, halben und viertel großen Fingern. Dieses Prinzip scheint den Charakter eines Fraktals zu haben. So wie bei der Oktaventwicklung in der Musik, die trotz der jeweiligen Verdoppelung der Frequenz stets wieder zu dem gleichen, selbstähnlichen Ton führt c, c', c'', ... sind die Zyklen, die durch den Oktavprozeß entstehen, insoweit selbstähnlich, als sie der gleichen Gliederungsordnung folgen.

IV. DER GOLDENE SCHNITT IM TAGESKREIS

Der Biophysiker A. T. WINFREE hat eindrucksvoll die Bedeutung des *Tagesrhythmus* für die Lebewesen auf der Erde hervorgehoben:

> „Wir leben auf einem Planeten, der sich unaufhörlich dreht. Wir wuchsen hier heran. Drei Milliarden Jahre lang hat sich das Leben entwickelt, indem es unzählige Male in ununterbrochener Folge von Zelle zu Zelle übertragen wurde, von Generation zu Generation. Während dieser Äonen fühlten wir, wie der Himmel sich erhellte und wieder dunkel wurde, immer wieder und wieder, während sich der Planet unaufhaltsam drehte. Wir waren Trillionen von Zyklen aus Helligkeit und Dunkelheit ausgesetzt, die wir mit den tiefsten Schichten unseres Seins erlebten. So ist der

199 Einige der Datenreihen verdanke ich Horst GRÜTZNER aus Berlin, der nach der Teilnahme an einem meiner Seminare seinerseits en passant auf Muster des Goldenen Schnitts gestoßen ist.

Rhythmus von Sonnenaufgang und Sonnenuntergang ein Teil unser selbst geworden."[200]

Im Prinzip gilt dies auch für den Mond und andere Himmelskörper, wenn auch nicht mit solch eindringlicher Evidenz. Es liegt hiernach nahe, eingehend zu untersuchen, inwieweit der Tageszyklus systematisch durch den Goldenen Schnitt gegliedert werden kann und ob solche Gliederungsmuster tatsächlich in Datenkomplexen zu finden sind.

1. Vom Minor abgeleitete „goldene Kreuze" im Tageskreis

Abb. 56 zeigt eine schematische Darstellung des Tageskreises. Da sich die Erde täglich einmal um ihre Achse dreht, gehen die Himmelskörper von einem Ort auf der Erde her gesehen am östlichen Horizont auf, erreichen die obere Kulmination – den höchsten Punkt über dem Horizont – gehen am westlichen Horizont unter, durchlaufen die untere Kulmination – den tiefsten Punkt unter dem Horizont – und kehren wieder zum Ausgangspunkt zurück. Diese Eckpunkte im Tageslauf sind in Abb. 56 mit A für *Aufgangspunkt*, OK für *obere Kulmination*, U für *Untergangspunkt* und UK für *untere Kulmination* gekennzeichnet. Die Eckpunkte im Horoskop, *Aszendent (AS), Medium coeli* (MC) oder *Himmelsmitte, Deszendent* (DS) und *Imum coeli* (IC) oder Himmelstiefe liegen im statistischen Mittel ganz in der Nähe von A, OK, U und UK. Der Horizont A–U und der Meridian OK–UK sind in der Abbildung als gestrichelte Linien eingezeichnet.

Qualitativ erhält der Tageskreis jeweils ein anderes Gesicht, wenn ein anderer Eckpunkt als Nullphase gewählt wird. Ebenso wie beim *synodischen Monat*, der von Neumond zu Neumond, von Vollmond zu Vollmond, oder von den verschiedenen Mondvierteln aus gemessen werden kann, ist es bei natürlicher Betrachtung ein Unterschied, ob als Anfangs- und Endpunkt des Tageskreises A, U, OK oder UK dient. Ich teile daher die vier qualitativ verschiedenen Tageskreise im Goldenen Schnitt, wobei ich mit dem Minor beginne. Der Minor des Tageskreises von Aufgang zu Aufgang (A–A), der in der Richtung der Rotation der Erde, also gegen den Lauf des Uhrzeigers, von 0° – 360° gemessen wird, liegt bei 137,5° und ist durch einen schwarzen Kreis markiert. Es wird daran erinnert, daß sich der Minor ergibt, wenn der ganze Kreis von 360° mit 0,382 multipliziert wird. Der Minor des Tageskreises von Untergang zu Untergang (U–U) liegt bei 317,5°, also gegenüber 137,5°. Dieser Wert stellt sich als Ergebnis ein,

200 A. T. WINFREE: The Timing of Biological Clocks, S. 5

wenn 137,5° zu 180° als neuem Ausgangspunkt addiert wird; 180° ist der Gradwert, der U in den Kreis von 360° einordnet, der bei A mit dem Wert 0° beginnt. Für OK–OK und UK–UK kommen wir zu den Minorpunkten 47,5° und 227,5°, die ebenfalls einander gegenüberliegen und durch schwarze Kreise gekennzeichnet sind. Die durchgezogenen Linien, welche die Minor-Schnittpunkte verbinden, bilden insgesamt ein Kreuz, das scheinbar keine Beziehung zu den Eckpunkten des Tageskreises hat und doch über den Goldenen Schnitt sehr genau auf sie bezogen ist.

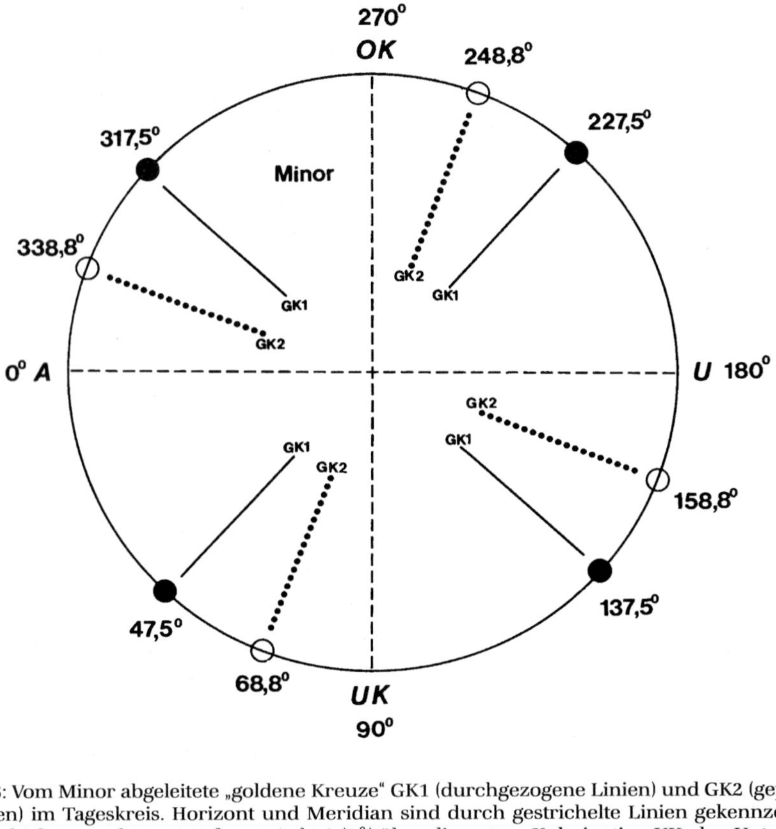

Abb. 56: Vom Minor abgeleitete „goldene Kreuze" GK1 (durchgezogene Linien) und GK2 (gepunktete Linien) im Tageskreis. Horizont und Meridian sind durch gestrichelte Linien gekennzeichnet. Die Laufrichtung geht vom Anfangspunkt A (0°) über die untere Kulmination UK, den Untergangspunkt U und die obere Kulmination OK zurück zu A (360°). Die weißen und schwarzen Kreise kennzeichnen Minor-Schnitte der jeweiligen Zyklen. Die Teilung der vollen Kreise A–A, U–U, OK–OK und UK–UK ergibt die Schnittpunkte 137,5°, 317,5°, 47,5° und 227,5° des Kreuzes GK1, während die Teilung der Halbkreise A–U, U–A, OK–UK und UK–OK die Schnittphasen 68,8°, 248,8°, 338,8° und 158,8° erzeugt. Himmelskörper, welche die Teilungspunkte der goldenen Kreuze besetzen, stehen in Korrelation zum Berufserfolg.

Wie unter anderem das angeführte Beispiel des aufsteigenden und absteigenden Sonnenfleckenzyklus zeigt, enthalten die in der Natur vorgefundenen Zyklen oft Unterzyklen, die durch eine funktionelle Zweiteilung und manchmal sogar durch eine Vierteilung entstehen. Der Horizont teilt den ganzen Tageskreis in eine Tageshälfte und eine Nachthälfte, während der Meridian den Vollkreis in eine östliche und eine westliche Hälfte zerlegt. Der qualitative Unterschied von Tag und Nacht ist evident. Aber auch die Meridianhälften unterscheiden sich qualitativ, denn in der östlichen Hälfte steigen die Himmelskörper auf, während sie in der westlichen Hälfte absteigen. Damit die Minor-Schnittpunkte der vier Hälften, die an sich je einen neuen abgeschlossenen Zyklus bilden, in denselben 360°-Kreis eingetragen werden können wie die der ganzen Kreise, bestimmen wir den Betrag des Minor durch die Multiplikation von 180° mit 0,382. Für die Nachthälfte A–U ergibt sich dann mit A als Ausgangspunkt der Schnittpunkt 68,8°. Für die Tageshälfte U–A und die beiden Meridianhälften OK–UK und UK–OK liegen die Schnittpunkte bei 248,8°, 338,8° und 158,8°. Alle vier Punkte sind in Abb. 56 durch offene Kreise markiert und bilden ebenfalls ein Kreuz. Dieses goldene Kreuz wird als GK2 bezeichnet, während das vom ganzen Tageskreis abgeleitete Kreuz GK1 genannt wird.

2. Die Entdeckungen M. Gauquelins: Beziehungen zwischen Berufserfolg und Planetenpositionen im Tageskreis

Bei der Prüfung, ob diese theoretisch abgeleitete Gliederung des Tageskreises praktische Bedeutung hat, kann ich auf die Ergebnisse der bahnbrechenden Untersuchungen des Psychologen M. GAUQUELIN[201] zurückgreifen, die sich insgesamt auf mehr als 46 000 Fälle stützen. Er beschaffte sich die amtlich belegten Geburtsdaten hervorragender Vertreter bestimmter Berufsgruppen und analysierte die Verteilung der Sonne, des Mondes und der Planeten im Tageskreis. Mit fachgerecht durchgeführten statistischen Tests, die sich jeweils auf Tausende von Fällen erstreckten, hat er den Nachweis geführt, daß Mond, Mars, Jupiter, Saturn, in manchen Fällen auch Venus, bei Geborenen mit herausragendem Berufserfolg besonders häufig dort zu finden sind, wo sie rund 1 bis 2 Stunden nach dem Aufgang und nach der oberen Kulmination der betreffenden

201 M. GAUQUELIN: L'influence des astres (1955); ders.: Der Einfluß der Gestirne und die Statistik (1957); ders.: Neue Untersuchungen über den Einfluß der Gestirne (1959); ders.: Les hommes et les astres (1960); ders.: L'astrologie devant la science (1966); ders.: Die Uhren des Kosmos gehen anders (1973); ders.: Cosmic Influences on Human Behaviour (1974); ders.: Kosmische Einflüsse auf menschliches Verhalten (1983); ders.: „Neo-Astrologie“ (1986)

Himmelskörper stehen, und in schwächerem Maße an den jeweils gegenüberliegenden Punkten. Diese Abweichungen von der bei Zufallseinfluß zu erwartenden Verteilung sind so hochsignifikant, daß sie nach menschlichem Ermessen nicht durch Zufall erklärt werden können. Für Sonne, Merkur, Uranus, Neptun und Pluto fand M. GAUQUELIN jedoch keinen solchen Zusammenhang.

Alle Daten, auf die sich die statistischen Tests stützen, sind von M. GAUQUELIN und F. GAUQUELIN als Schriften des *Laboratoire d'Etude des Relations entre Rythmes Cosmiques et Psychophysiologiques* in Paris veröffentlicht worden. Replikationen mit neuen Datengruppen, die von Skeptikerorganisationen in Belgien, USA und Frankreich durchgeführt wurden, haben zu einer Bestätigung der Ergebnisse geführt.[202] H. J. EYSENCK und D. NIAS[203], die sich eingehend mit den Untersuchungen GAUQUELINs auseinandergesetzt haben, halten die Ergebnisse für zuverlässig:

> „Die Arbeit der Gauquelins ... hält jeder Prüfung stand und gehört zu dem Besten, was in der Psychologie, der Psychiatrie, der Soziologie oder einer sonstigen Sozialwissenschaft geleistet wurde."

Eine Überprüfung der Daten und der statistischen Analyse durch den Psychologen S. ERTEL[204] hat ebenfalls zu einem positiven Resultat geführt. Obwohl M. GAUQUELIN seine Forschungsergebnisse mit den Methoden moderner Wissenschaft erarbeitet und gesichert hat, ist er von den Vertretern der orthodoxen Wissenschaft wie ein Aussätziger behandelt worden. Er durfte die Bibliothek der Sorbonne nicht mehr betreten und war ständigen weltweiten Anfeindungen ausgesetzt.

Bei ihren Angriffen machten orthodoxe Wissenschaftler immer wieder geltend, daß die Ergebnisse, abgesehen von ihrer Unvereinbarkeit mit dem wissenschaftlichen Weltbild, schon deshalb nicht überzeugend seien, weil die Häufungspunkte sich nicht unmittelbar auf den Horizont und den Meridian konzentrierten, sondern in den Raum dazwischen fielen, und nicht einmal symmetrisch. Die Astrologen bemängelten dagegen, daß die fraglichen Planeten nicht in den richtigen Häusern stünden, nämlich nicht im 1. Haus vor dem Aufgangspunkt, sondern im 12. Haus danach, und nicht im 10. Haus vor der Himmelsmitte, sondern im 9. Haus danach. Alle Kritiker, auf welcher Seite auch immer, stießen sich daran, daß aus-

202 S. ERTEL: Die Gauquelin-Planeteneffekte (1993)

203 H. J. EYSENCK / D. NIAS: Astrologie, S. 306

204 S. ERTEL: Wissenschaftliche Qualität und progressive Dynamik im Gauquelin-Paradigma (1986); ders.: Purifying Gauquelin's „Grain of Gold" (1989)

gerechnet die Sonne als Zentralkörper des Systems von dem Zusammenhang ausgeschlossen blieb, während die Astrologen keinen Sinn darin sahen, daß Planeten wie Mars, Jupiter und Saturn sich als relevant erwiesen, nicht aber Merkur, Uranus, Neptun und Pluto.

3. Korrelation zwischen Gauquelin-Daten und goldenen Kreuzen des Minor

Trotz meiner vielfältigen Erfahrungen mit dem Gestaltungsprinzip des Goldenen Schnitts war es für mich eine Heureka-Erfahrung, als ich sah, daß die von M. GAUQUELIN aufgezeigten Häufungspunkte mit den goldenen Kreuzen zusammenfallen. Abb. 57 nach M. GAUQUELIN[205] und

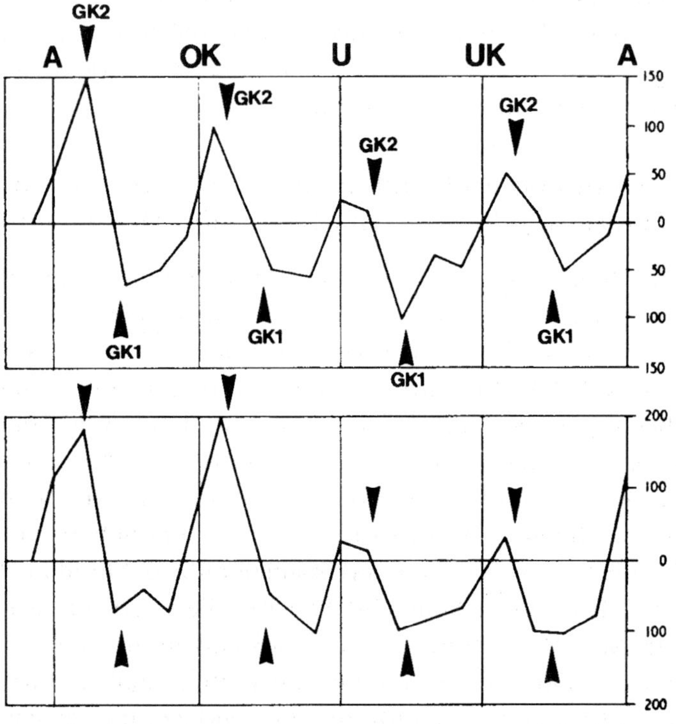

Abb. 57: Linear dargestellte Tageskreispositionen von Mars, Jupiter, Saturn und Mond nach M. GAUQUELIN und J. M. ADDEY. Die obere Kurve beruht auf 11 000 Geburtsdaten von herausragenden französischen Vertretern verschiedener Berufsgruppen. Die untere Kurve faßt die Positionen von 19 000 Replikationsdaten aus Italien, Belgien, den Niederlanden und Deutschland zusammen. Die Häufigkeitsmaxima fallen in beiden Kurven mit den Schnittpunkten von GK2 zusammen. Die Minima fallen auf die Schnittpunkte von GK1. Die Laufrichtung folgt im Gegensatz zu Abb. 56 dem Uhrzeiger.

205 M. GAUQUELIN: Les hommes et les astres, S. 193

J. M. ADDEY[206] zeigt die Zusammenfassung der Tageskreis-Positionen von Mond, Mars, Jupiter und Saturn für eminente Vertreter verschiedener Berufe. Oben in der Abbildung ist die Verteilung für 11 000 französische Geburten dargestellt. Die untere Kurve bildet die Verteilung für 19 000 Geburten aus Belgien, Holland, Italien und Deutschland ab, die genau das gleiche Muster zeigt wie die früher untersuchten französischen Daten. Das ist bei dieser großen Datenmenge sicher kein Zufall. Die lineare Darstellung ergibt sich, wenn der Tageskreis beim Aufgangspunkt A aufgeschnitten und horizontal ausgestreckt wird. Die Laufrichtung der Himmelskörper von A über OK, U und UK zu A zurück ist oben im Bild gekennzeichnet. Die Schnittpunkte des goldenen Kreuzes GK2 – 338,8°, 248,8°, 158,8° und 68,8° – sind in Abb. 57 durch nach unten zeigende Pfeile markiert. Sie fallen mit den Maxima der Verteilung zusammen. Die Schnittpunkte von GK1 sind durch nach oben zeigende Pfeile markiert. Sie weisen auf die Positionen der Minima hin.

4. Marspositionen und goldene Kreuze bei Sportlern und bei Schauspielern und Wissenschaftlern mit „Marseigenschaften"

Die zeitliche Übereinstimmung ist gut, aber nicht immer ganz genau. Dies liegt daran, daß in Abb. 57 verschiedene Berufsgruppen zusammengefaßt sind, die sich teilweise durch unterschiedliche Verteilungsmuster auszeichnen. M. GAUQUELIN hat durch zeitraubende Untersuchungen getrennter Berufsgruppen den Beweis erbracht, daß bei den herausragenden Vertretern spezieller Berufe nur ganz bestimmte Planeten in den Sektoren nach den Eckpunkten besonders häufig erscheinen, nämlich Mars bei Sportlern, Militärs und Chirurgen, Jupiter bei Schauspielern, Politikern und Journalisten, Saturn bei Wissenschaftlern, Mond bei Schriftstellern und Politikern sowie Venus bei Schriftstellern. Durch weitere Detailanalysen hat M. GAUQUELIN den Eindruck gewonnen, daß die Beziehungen zwischen bestimmten Berufen und Planeten nichts mit irgendwie gearteten Schicksalsmächten zu tun haben, sondern mit Eigenschaften des Geborenen, die günstig für den Erfolg in dem betreffenden Beruf sind. In diese Richtung weist auch, daß dort, wo bei Sportlern und Soldaten der Mars besonders häufig steht, eine überzufällig geringe Marsbesetzung bei Künstlern und Schriftstellern zu finden ist. Umgekehrt haben Sportler und Soldaten ein Defizit an Mondpositionen dort, wo der Mond bei

206 J. M. ADDEY: Harmonics in Astrology, S. 36

Schriftstellern und Politikern besonders häufig steht. Das gleiche gilt für andere inkongruente Berufspaare im Verhältnis zu anderen Himmelskörpern. Zum großen Erstaunen der orthodoxen Wissenschaftler hat sich insgesamt herausgestellt, daß die aus der jeweiligen Beziehung isolierten Eigenschaften recht genau mit den Entsprechungen übereinstimmten, welche die überlieferte Astrologie dem Mond und den beteiligten Planeten zuschreibt. Es scheint insbesondere dieses Ergebnis zu sein, welches orthodoxe Wissenschaftler dazu gebracht hat, M. GAUQUELIN jene Unvoreingenommenheit zu verweigern, ohne die ein Fortschritt in der Wissenschaft nicht möglich ist.

Abb. 58 nach M. und F. GAUQUELIN[207] stellt die isolierte Verteilung von Mars bei 2299 herausragenden Sportlern (untere Kurve) und 4506 Schauspielern und Wissenschaftlern (obere Kurve) mit „marsischen" Eigenschaften dar. Allen diesen Versuchspersonen ist gemeinsam, daß in ihren

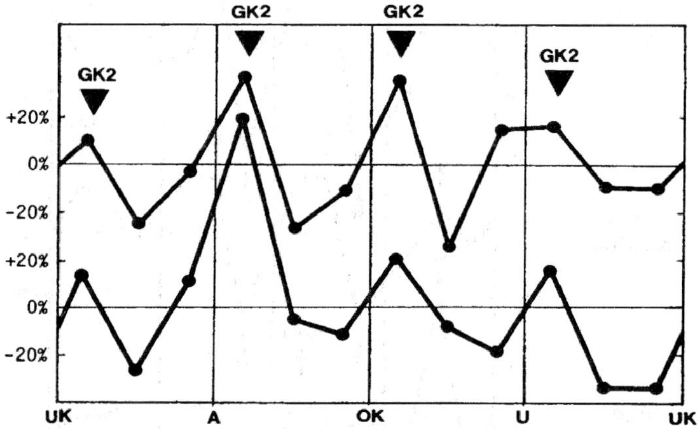

Abb. 58: Tageskreisposition des Mars bei 2299 herausragenden Sportlern (untere Kurve) und 4506 Schauspielern und Wissenschaftlern mit „marsischem" Charakter (obere Kurve) nach M. und F. GAUQUELIN. Die Häufigkeitsmaxima beider Kurven fallen genau mit den Teilungspunkten des goldenen Kreuzes GK2 zusammen.

Biographien besonders häufig Verhaltensweisen zu finden sind, die nach den Ergebnissen GAUQUELINs der Beziehung zu dem Planeten *Mars* zuzuordnen sind wie: *aktiv, kampfbereit, mutig, tapfer, kämpferisch, dynamisch, energisch, unermüdlich, furchtlos, unerschrocken, robust, aggressiv, vital, eigenwillig, erregt, ungeduldig, streitsüchtig, rücksichtslos.* Abb. 58 zeigt, daß unter diesen Voraussetzungen die Verteilung der Marspositionen bei den Schauspielern und Wissenschaftlern mit „Marseigenschaften" genau der Kurve der Sportler mit einem „Marsberuf" gleicht.

207 M. und F. GAUQUELIN: The Planetary Factors in Personality (1976)

Dies scheint dafür zu sprechen, daß nicht der Beruf das entscheidende Kriterium ist, sondern eine spezielle Eigenschaft des jeweiligen erfolgreichen Berufsvertreters. Die durch Pfeile gekennzeichneten GK2-Schnittpunkte treffen die Maxima beider Kurven sehr genau.

5. Marspositionen und goldene Kreuze bei Künstlern

Abb. 59 nach M. GAUQUELIN[208] gibt die Verteilung der Marspositionen von herausragenden Vertretern verschiedener Künstlerberufe wieder, die weder kollektiv noch von der Biographie her „Marseigenschaften" haben.

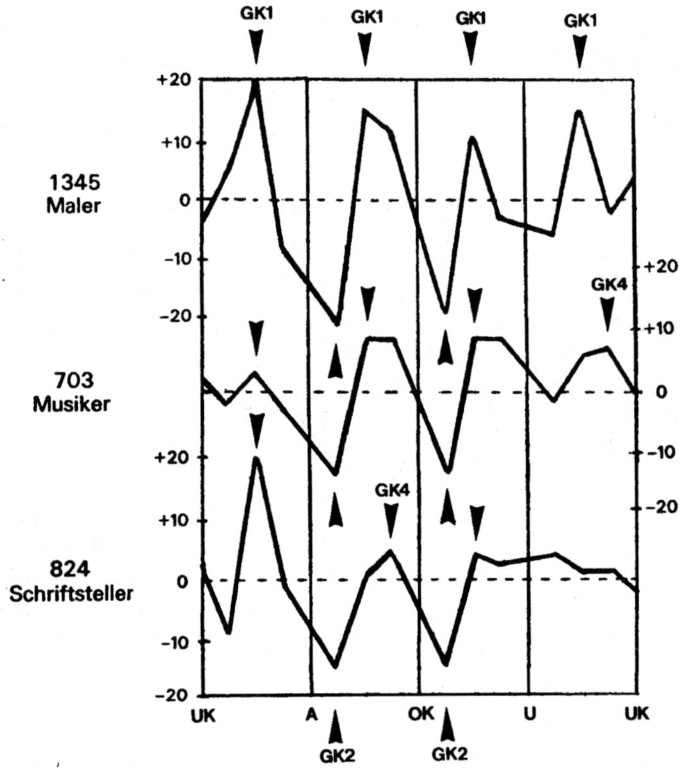

Abb. 59: Marspositionen im Tageskreis bei 1345 Malern, 703 Musikern und 824 Schriststellern mit typischen Künstlereigenschaften nach M. GAUQUELIN. Die starken Maxima der Häufigkeiten fallen bei allen drei Gruppen mit GK1 zusammen und die tiefen Minima mit GK2. Dies ist eine Umkehrung der Zuordnung der Abb. 58. Zwei schwächere Maxima, die mit GK4 einhergehen, differenzieren die Berufsgruppen.

Die starken Maxima der Verteilung zeigen im Gegensatz zu Abb. 58 keine Beziehung zu GK2. Sie fallen vielmehr bei allen drei Gruppen – Malern,

208 M. GAUQUELIN: Die Uhren des Kosmos gehen anders, S. 148

Musikern und Schriftstellern – genau mit den Schnittpunkten von GK1 zusammen, die durch nach unten zeigende Pfeile gekennzeichnet sind. Da solche Gruppen in die Gesamtdarstellung der Abb. 57 einbezogen worden sind, ist nachvollziehbar, daß sie in der Gesamtverteilung eine systematische Verschiebung der Maxima nach rechts bewirkt haben. Die tiefen Minima in Abb. 59 stehen dagegen in einer engen Beziehung zu GK2. Die entsprechenden Schnittpunkte sind durch nach oben weisende Pfeile markiert. Verglichen mit Abb. 58 hat sich die Zuordnung von GK1 und GK2 zu den Maxima und Minima der Verteilung in folgerichtiger Weise umgekehrt, denn dort waren die ausgeprägten Minima mit GK1 und die Maxima mit GK2 korreliert. Trotz der Übereinstimmungen bei den drei Gruppen von Künstlern in Abb. 59 gibt es auch Unterschiede. Bei den Musikern und Schriftstellern taucht an zwei verschiedenen Stellen das neue Muster GK4 auf, das im folgenden behandelt wird.

6. Korrelation zwischen goldenen Kreuzen des Major, Berufserfolg und Tageskreis-Positionen von Sonne, Merkur und den fernen Planeten

Die Ergebnisse der Abb. 56 beruhen ausschließlich auf dem Minor. Wird der Major in gleicher Weise eingesetzt wie der Minor, so erhalten wir die Werte, die in Abb. 60 dargestellt sind. Das vom ganzen Tageskreis abgeleitete Kreuz, dessen Schnittpunkte wiederum durch fette schwarze Kreise markiert sind, wird als GK3 bezeichnet, während das auf den Halbkreisen A–U, U–A, OK–UK und UK–OK beruhende Kreuz mit den offenen Kreisen die Bezeichnung GK4 erhält. Es war zu vermuten, daß diese goldenen Kreuze ebenfalls in einer Beziehung zu Positionen von Himmelskörpern im Tageskreis stehen und vielleicht gerade jene Elemente betonen, die merkwürdigerweise bei den Untersuchungen M. GAUQUELINs bisher nicht aufgetaucht waren. Ich habe daher Daten, die T. SHANKS berechnet und im November 1987 unter dem Titel *„Searching for Significant Factors in the Gauquelin Professional Data“* auf der *„Sixth International Astrological Research Conference“* in London präsentiert hat, auf entsprechende Zusammenhänge untersucht. Es handelt sich um insgesamt 10 464 Geburtsdaten, die sechs Berufsgruppen umfassen: 1409 Schauspieler, 3047 Offiziere, 1473 Maler, 1095 Wissenschaftler, 2088 Sportler und 1352 Schriftsteller. T. SHANKS hat den Tageskreis in 72 Sektoren unterteilt und die Häufigkeit von Sonne, Mond und allen Planeten in diesen Sektoren ausgezählt. Die in den jeweiligen Sektoren zu erwartende Durchschnittsverteilung hat er durch 50 Kontrollgruppen bestimmt. Die Ergebnisse liegen bisher nur in graphischer Form vor, erlauben aber trotzdem ein zuverlässiges Urteil, wenn sie einem an diese Form angepaßten Test unterworfen werden.

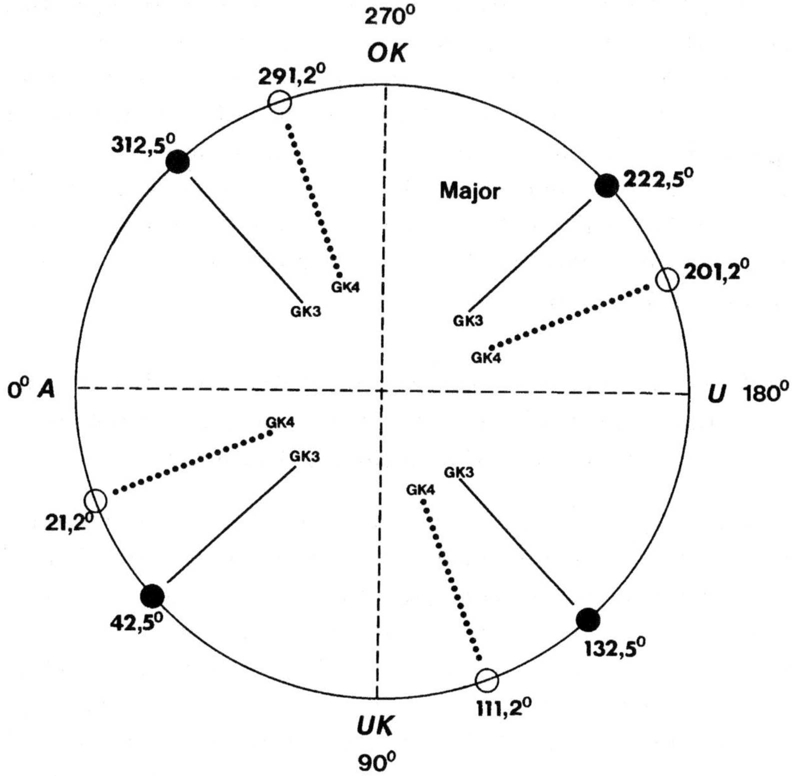

Abb. 60: „Goldene Kreuze" GK3 und GK4. Die Teilungspunkte werden in gleicher Weise abgeleitet wie bei Abb. 56, basieren aber im Gegensatz zu GK1 und GK2 auf dem Major (0,618) des Goldenen Schnitts.

T. SHANKS hat eine graphische Form gewählt, die das jeweilige Gesamtergebnis für jeden einzelnen Himmelskörper in jeder Berufsgruppe in leicht geglätteter Form so darstellt, daß mit einem Blick zu sehen ist, an welcher Stelle im Tageskreis die größten Abweichungen von der bei Zufallseinfluß zu erwartenden Verteilung zu beobachten sind. Ich habe aus diesem Material jeweils für Sonne, Merkur, Uranus, Neptun und Pluto in jeder der sechs Berufsgruppen die drei stärksten Abweichungen herausgezogen und vermerkt, wie häufig sie in welche Sektoren fielen. Die entsprechende Häufigkeitsverteilung ist in Abb. 61 für 36 Sektoren von je 10

Grad dargestellt. Die Daten sind mit einem Gaußschen Tiefpaßfilter geglättet worden. T. SHANKS hat die Sektoren wie die Häuser in der Astrologie entgegen dem Uhrzeiger laufen lassen. Abb. 61 ist daher ebenso zu lesen. Die Sektoren laufen also vom Aufgangspunkt A bei 0° über UK bei

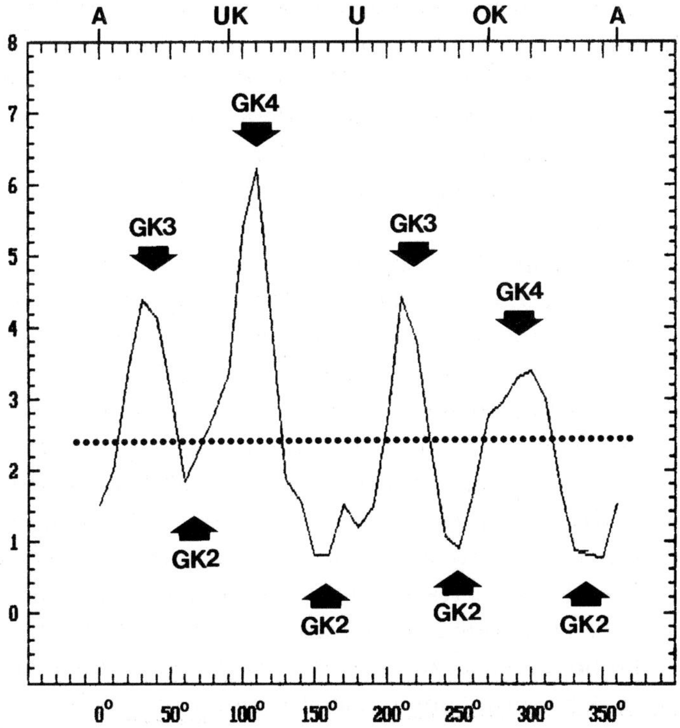

Abb. 61: Häufigkeitsverteilung im Tageskreis von Sonne, Merkur, Uranus, Neptun und Pluto bei 10 464 Geburten aus sechs Berufsgruppen. Die Maxima sind auf je zwei einander gegenüberliegende Teilungspunkte von GK3 und GK4 ausgerichtet. Die Minima fallen mit den Schnittpunkten von GK2 zusammen.

90°, U bei 180° und OK bei 270° zu A bei 360° zurück. Die senkrechte Achse mißt die Häufigkeit, mit der die herausgezogenen maximalen Abweichungen von der erwarteten Verteilung in einen bestimmten Sektor fallen. Bei den ungeglätteten Werten liegen die Extreme bei den Häufigkeiten 0 und 8 und der Durchschnitt bei 2,4. Dieser Mittelwert wird durch eine gepunktete Gerade angezeigt.

Bei einem Vergleich mit Abb. 60 ist sofort zu sehen, daß die Spitzen der Häufigkeitsverteilung abwechselnd mit Schnittpunkten von GK3 und GK4 zusammenfallen. Die Position der Schnittpunkte ist in Abb. 61 durch Pfeile angezeigt. Eine detaillierte Analyse zeigt, daß ausschließlich die Achsen

42,5° – 222,5° von GK3 und 111,2° – 291,2° von GK4 betont sind. Das sind die Major-Schnittpunkte, die sich von A und U her ergeben. OK und UK spielen bisher insoweit keine Rolle. Es ist aber im Hinblick auf den Gesamtzusammenhang zu erwarten, daß sich bei einer anderen Datenkombination auch insoweit Beziehungen ergeben werden. Im übrigen ist zu berücksichtigen, daß es sich hier um eine erste grobe Untersuchung handelt, bei der ebenso wie in dem in Abb. 57 dargestellten Ergebnis unterschiedliche Berufsgruppen und verschiedene Planeten zusammengeworfen worden sind. Interessant ist weiter, daß die Minima der Häufigkeitsverteilung in Abb. 61 mit den vier aufeinanderfolgenden Schnittpunkten von GK2 zusammenfallen.

Schon im Hinblick auf diese engen Beziehungen zu den goldenen Kreuzen stellt sich das Ergebnis als sinnvoll dar. Es ist aber auch hochsignifikant. Werden die Häufigkeiten der Sektoren 3 – 6, 10 – 13, 21 – 24 und 28 – 31, in denen die betonten Schnittpunkte liegen, als eine Klasse behandelt und die restlichen Sektoren als eine weitere Klasse, so ergibt sich mit einem Pearson-Test bei 1 Freiheitsgrad ein χ^2-Wert von 28,1. Das entspricht bei der Ablehnung der Nullhypothese, daß kein Zusammenhang bestehe, einer Irrtumswahrscheinlichkeit von P = 0,000 000 15. Dabei ist noch nicht einmal berücksichtigt worden, daß hinter den 90 starken Abweichungen von der zu erwartenden Verteilung, von denen 65 in die 16 GK-Sektoren fallen und nur 25 in die restlichen 20 Sektoren, größere Zahlen stehen, die bei einer anderen Form des statistischen Tests stark ins Gewicht fallen. Ich werde eine entsprechende Untersuchung durchführen, sobald die genauen Zahlen zur Verfügung stehen, die den zeichnerischen Ergebnissen von T. SHANKS zugrunde liegen. Das Ergebnis ist insgesamt hinreichend, um als Arbeitshypothese für weitere Untersuchungen zu dienen. Zu den starken Abweichungen von der zu erwartenden Verteilung haben Sonne und Merkur ebenso beigetragen wie Uranus, Neptun und Pluto. Die Zusammenhänge, die sich abzeichnen, beziehen sich also auf alle in die Untersuchung einbezogenen Elemente. Um ein genaues Bild zu erhalten, ist es jedoch erforderlich, weitere detaillierte Einzeluntersuchungen durchzuführen.

Das Ergebnis dieser ersten Darstellung zeigt schon, welche Perspektiven sich erschließen, wenn wir dem Vorbild KEPLERs folgen, indem wir die anstehenden Probleme holistisch unter wenigstens potentieller Einbeziehung des gesamten Wissensbestandes unserer Zeit angehen. Die aufgezeigten Grundzusammenhänge sprechen dafür, daß der Goldene

Schnitt eine reale Funktion hat, auch soweit es um die Position der Himmelskörper im Tageskreis geht. Wie fruchtbar dieses Konzept ist, zeigt der Umstand, daß es nicht nur erklärt, warum die von M. GAUQUELIN beobachteten Häufungen in den Raum zwischen Meridian und Horizont fallen, sondern auch die Möglichkeit eröffnet, die Sonne, den Merkur und die fernen Planeten in den Zusammenhang einzubeziehen, der überdies an Tiefe gewinnt, weil der Goldene Schnitt ein fundamentales Funktionsprinzip ist. Bei näherem Hinsehen zeigt sich, daß das Beziehungsmuster bei den einzelnen Berufsgruppen deutlich differenziert ist. Es kommt jetzt darauf an, diese Unterschiede sauber herauszuarbeiten und das sich abzeichnende Gesamtbild vorurteilsfrei zu werten. Es leuchtet ein, daß sich hier ein weites Forschungsfeld eröffnet, das wegen der engen Bindung der Eckpunkte des Tageskreises an die individuelle Geburtszeit von besonderer Bedeutung ist. Schon in vier Zeitminuten rücken diese Eckpunkte, grob gerechnet, um 1° weiter.

V. TIERKREISJAHR, GOLDENER SCHNITT UND GOLDENE KREUZE

1. Dauerhafte Wetterlagen

Bisher hat sich stets gezeigt, daß Strukturelemente, die sich in spezifischen Zyklen zeigen und als tragfähig erweisen, auch auf andere Zyklen übertragen werden können. Zyklen verhalten sich insoweit wie Fraktale, die sich über eine unbegrenzte Maßstabskala erstrecken. Es ist daher zu vermuten, daß die goldenen Kreuze auch in anderen Zyklen als dem Tageslauf eine Rolle spielen. Das tropische Jahr ist insoweit besonders interessant, weil seine Nullphase, der Widderpunkt, zugleich der Anfangs- und Endpunkt des astrologischen Tierkreises ist. Die bereits erörterte Abb. 53 illustriert ein erstes Beispiel für die Gliederung des Tierkreises durch den Goldenen Schnitt. Bei dieser Untersuchung des unterschiedlichen Kurerfolgs zu verschiedenen Zeiten des Jahres geht es um die physiologische Reaktion von Menschen. Abb. 62 nach H. H. LAMB[209] zeigt, daß die „unbelebte“ Natur ähnlich reagiert. Die Kurve stellt die Häufigkeit dar, mit der *Wetterlagen*, die länger als 25 Tage andauerten, an bestimmten Tagen der

209 H. H. LAMB: Climate: Present, Past, and Future, S. 186

Jahre 1898 bis 1947 beobachtet wurden. Die vertikale Skala zeigt an, auf wieviel Prozent der insgesamt untersuchten Jahre sich die jeweiligen Muster erstrecken. Ein langer Pfeil weist auf den Widderpunkt hin. Der Minor (0,382) und der Major (0,618) des Tierkreises liegen gerade dort, wo

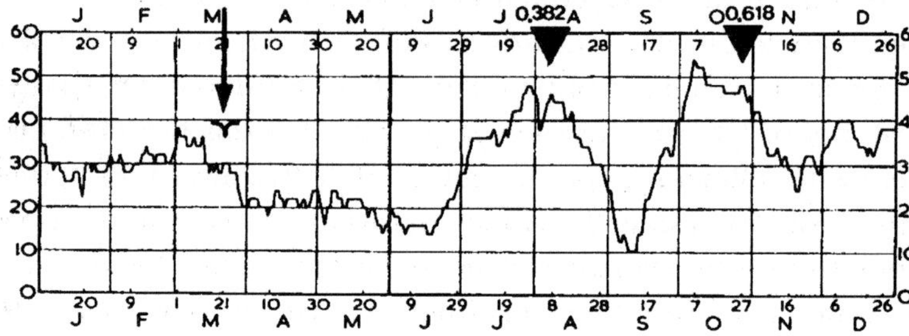

Abb. 62: Langandauernde Wetterlagen nach H. H. LAMB. Die Kurve stellt dar, wie häufig Wetterlagen, die 25 Tage überdauerten, an den jeweiligen Tagen der Jahre 1898 – 1947 beobachtet wurden. Der Frühlingspunkt als Beginn des Jahreszyklus ist durch einen Pfeil angezeigt. Die Maxima der dauerhaften Wetterlagen fallen mit dem Minor (0,382) und dem Major (0,618) des Jahreszyklus zusammen.

sich die dauerhaften Wetterlagen häufen; sie sind durch Dreiecke kenntlich gemacht. Diese Positionen entsprechen dem Minor (137,5°) und dem Major (222,5°) des Tageskreises, der von Aufgangspunkt zu Aufgangspunkt läuft. Wie wir noch sehen werden, kommt es nicht von ungefähr, daß die stabilen Wetterlagen eine Beziehung zum Goldenen Schnitt haben.

2. Jahreszeit der Geburt, Extraversion und Emotionalität

H. J. EYSENCK und D. NIAS haben bei einer Gruppe von 1160 Jugendlichen, deren psychologisches Profil bekannt war, die Werte der Extraversion und der Emotionalität mit den entsprechenden astrologischen Aussagen über den Sonnenstand in den Tierkreiszeichen verglichen. Obwohl sie die Sonnenposition für den Tag der Geburt einsetzten, also mit einer feinen Differenzierung arbeiteten, fanden sie keinerlei Übereinstimmung. Das Ergebnis ist in Abb. 63 wiedergegeben.[210] Der aufmerksame Leser wird jedoch sofort sehen, daß bei der *Extraversion* (oben) ebenso wie bei der *Emotionalität* (unten) die Maxima im mittleren Bereich der Kurven mit dem Minor (0,382) und dem Major (0,618) des Tierkreises zusammenfallen, die wiederum 137,5° und 222,5° des Tageskreises entsprechen. Das

210 H. J. EYSENCK / D. NIAS: Astrologie, S. 86. Die Skalenstriche auf der horizontalen Achse der Abb. 63 beziehen sich auf die Mitte der jeweiligen Tierkreiszeichen. Die Gesamtskala geht also über den ersten und letzten Skalenstrich hinaus; sie entspricht dem gezeichneten Rahmen. Der kritische Leser, der die Richtigkeit der Eintragung der Schnittpunkte prüfen möchte, wird gebeten, dies zu berücksichtigen.

hohe Maximum der Extraversion oben rechts im Bild fällt mit GK3 zusammen und das mittelhohe Maximum der Emotionalität unten links mit GK2. Alle tiefen Minima der beiden Kurven der Profilwerte fallen dorthin, wo die Schnittpunkte von GK4 liegen. Die betreffenden Schnittstellen sind

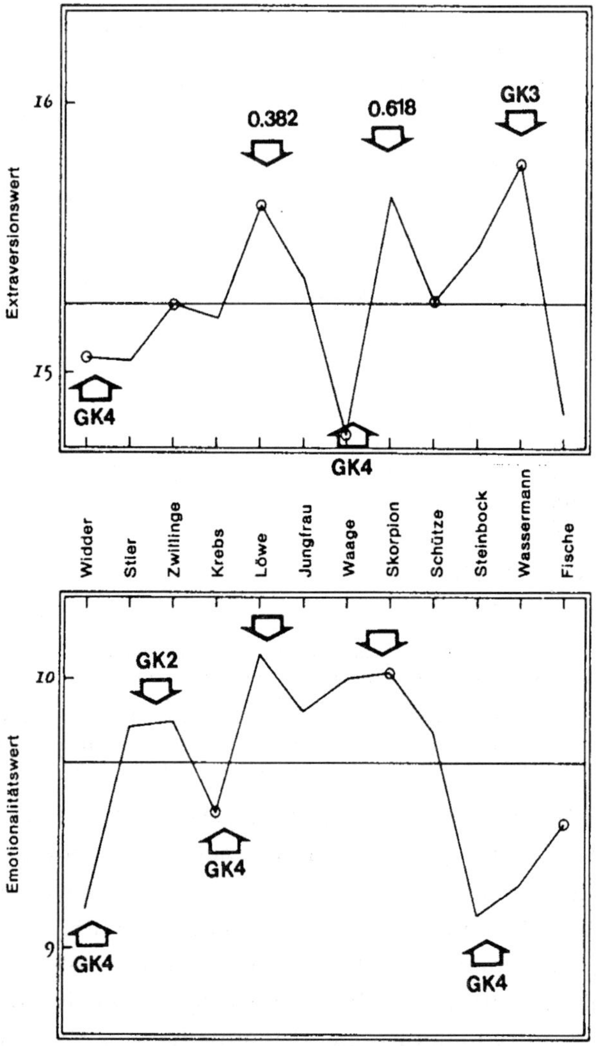

Abb. 63: Extraversion und Emotionalität nach H. J. EYSENCK und D. NIAS. Die Kurven zeigen die Verteilung des Sonnenstandes zur Zeit der Geburt im Jahreszyklus von Frühlingspunkt zu Frühlingspunkt in Relation zu Extraversion (oben) und Emotionalität (unten) bei einer Gruppe von 1160 Jugendlichen. Alle tiefen Minima beider Kurven fallen mit Schnitten des „goldenen Kreuzes" GK4 zusammen. Bei beiden Kurven gehen hohe Maxima mit dem Minor (0,382) und dem Major (0,618) des Jahreszyklus einher. Zur Differenzierung der Extraversion und der Emotionalität tragen zwei Maxima bei, die im oberen Bild rechts und im unteren Bild links erscheinen; sie fallen mit GK3 und GK2 zusammen.

durch beschriftete Pfeile gekennzeichnet. Obwohl alle Maxima und Minima auf goldene Kreuze bezogen sind, unterscheiden sich die Muster bei Extraversion und Emotionalität hinreichend deutlich.

3. Geburtspositionen der Sonne bei britischen und amerikanischen Offizieren

H. J. COOPER und A. G. SMITHERS[211] haben in ähnlicher Weise die Verteilung des *Sonnenstandes* in den Tierkreiszeichen für den Geburtstag von 28 000 *Soldaten* untersucht. Abb. 64 nach H. J. EYSENCK und D. NIAS[212] zeigt das Ergebnis. Die durchgezogene Kurve gibt die Verteilung für

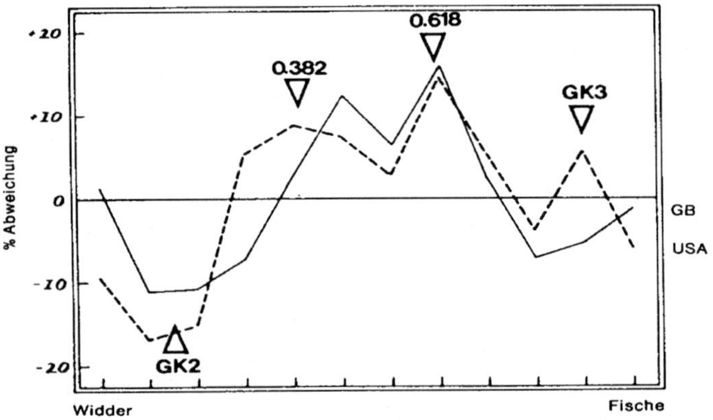

Abb. 64: Position der Sonne im Jahreszyklus von Frühlingspunkt zu Frühlingspunkt zur Zeit der Geburt von 16 000 britischen Offizieren (durchgezogene Kurve) und 12 000 Offizieren der USA (gestrichelte Kurve) nach H. J. EYSENCK und D. NIAS. Die Maxima beider Kurven liegen mehr oder weniger genau bei 0,382 (Minor) und 0,618 (Major) des Jahreszyklus. Das tiefe Minimum links im Bild fällt mit GK2 zusammen. Die amerikanischen Offiziere unterscheiden sich von den britischen Offizieren durch ein Maximum rechts im Bild, das mit GK3 zusammentrifft.

16 000 britische Offiziere wieder und die gestrichelte Kurve für 12 000 Offiziere der USA. Die höchsten Maxima in beiden Verteilungen, die an derselben Stelle liegen, fallen zugleich mit dem Major (0,618) des Tierkreises zusammen. Dies ist einer der Schnittpunkte von GK3. Ein Vergleich mit der durchschnittlichen monatlichen Geburtsrate Großbritanniens zeigt, daß es sich hierbei, zumindest bei den britischen Offizieren, um eine sehr starke Abweichung von der Zufallsverteilung handelt.[213] Die tiefen Minima links im Bild, die ebenfalls zeitlich koordiniert sind, decken sich mit einer

211 H. J. COOPER / A. G. SMITHERS: Do the Seasons Govern Our Career? (1973); dies.: Birth Patterns Among American Army Officers (1975)

212 H. J. EYSENCK / D. NIAS: Astrologie, S. 102

213 Dies., ebd., S. 101

GK2-Schnittstelle. Das zweithöchste Maximum der gestrichelten Kurve fällt mit dem Minor (0,382) zusammen, also einem Schnittpunkt von GK1, während das zweithöchste Maximum der durchgezogenen Kurve nur in der Nähe liegt. Ein drittes Maximum der gestrichelten Kurve ganz rechts im Bild deckt sich mit GK3. Aufschlußreich ist, daß dort, wo die Emotionalität der Kinder bei GK2 ein Maximum zeigte, bei beiden Offiziersgruppen ein tiefes Minimum erscheint. Obwohl es sich hier nur um erste tastende Versuche handelt, die feinere Hintergrund-Zusammenhänge noch nicht erkennen lassen, so ist doch schon deutlich zu sehen, daß die Schnittpunkte der goldenen Kreuze auch im Tierkreiszyklus eine wichtige Rolle spielen.

4. Sonnenstand, Arztberuf und goldene Kreuze

Ein letztes Beispiel hierfür ist Abb. 65 nach J. M. ADDEY. Sie zeigt die Verteilung der Sonnenstände im Tierkreis am Tage der Geburt von 7 302 britischen *Ärzten*[214]. Der Astrologe J. M. ADDEY hat zu diesem Ergebnis der von ihm durchgeführten Untersuchung bemerkt:

> „Die Bereiche starker und schwacher Besetzung laufen über die Grenzen der Tierkreiszeichen hinweg, als ob sie gar nicht existierten."[215]

Dafür zeichnet sich ein anderes Muster deutlich ab. Die aus dem Umfeld herausragenden Spitzen der Verteilung werden von den je vier aufeinanderfolgenden Schnitten von GK4 und GK1 erfaßt, die ich entsprechend gekennzeichnet habe. Dieser systematische Zusammenhang würde sich bei einer Glättung der Verteilungskurve noch schärfer abzeichnen; eine Glättung mit einem Tiefpaßfilter ist mir jedoch nicht möglich, da ich nicht über die Originaldaten verfüge. Der deutlich hervortretende Rhythmus in der Verteilung, der dem Goldenen Schnitt folgt, zeigt überdies, daß es im Gegensatz zu der Meinung wissenschaftsfeindlicher Astrologen durchaus möglich ist, einzelne Faktoren, wie hier den Sonnenstand, selbst mit schlichten statistischen Mitteln so zu untersuchen, daß aufschlußreiche Zusammenhänge sichtbar werden, wenn sie real sind. Dies gilt auch für die Tierkreis-Ergebnisse der Abbildungen 62 bis 64.

214 J. M. ADDEY: Harmonics in Astrology, S. 61
215 Ders., ebd., S. 62

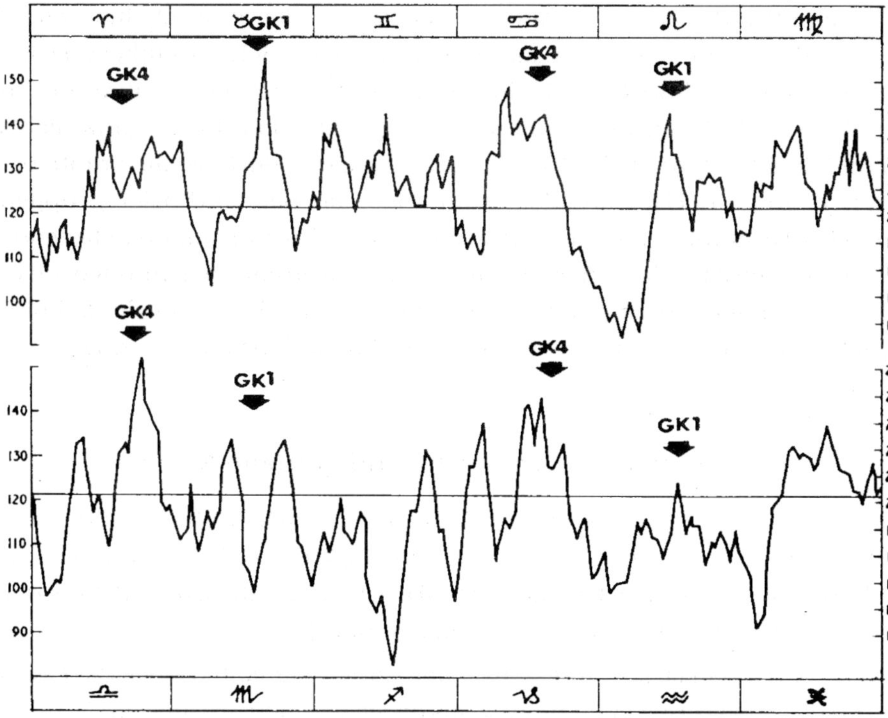

Abb. 65: Verteilung des Sonnenstandes im Jahreszyklus von Widderpunkt zu Widderpunkt bei der Geburt von 7 302 britischen Ärzten nach J. M. ADDEY. Die aus dem Umfeld herausragenden Spitzen der Besetzung werden von den je vier aufeinanderfolgenden Schnitten der „goldenen Kreuze" GK4 und GK1 erfaßt.

VI. GOLDENE ASPEKTE

1. Aspektkonzeption

Schauen wir auf die vielfältigen Resultate zurück, die sich im Tageskreis und im Tierkreis mit den goldenen Kreuzen ergeben haben, so liegt es nahe zu fragen, ob wir hier nicht ein Instrument in der Hand haben, das uns einen neuen Zugang zu dem mehrfach erörterten Problem der *astrologischen Aspekte* erschließt. Folgen wir also wieder dem Beispiel KEPLERs, indem wir interdisziplinär im weitesten Sinne des Wortes vorgehen und das assoziationsbeflügelnde Integrationspotential der Astrologie mit modernen wissenschaftlichen Ergebnissen und Methoden verbinden. Ich fasse die bisherigen Ergebnisse zusammen, indem ich die *Tageskreise* der

Abb. 56 mit den *Minor-Beziehungen* und der Abb. 60 mit den *Majorbeziehungen* übereinanderlege, und zwar so, daß sich die Aufgangspunkte A bei 0° decken. Handelt es sich um Zeichnungen auf transparentem Material, so lassen sich auch die Gradzahlen der Schnitte auf der unteren Abbildung ablesen.

Der Leser stelle sich nun vor, er stehe bei 0° vor dem Aufgangspunkt A, der auch als Konjunktionspunkt angesehen werden kann, und schaue zum Untergangspunkt U bei 180° hinüber, der den Charakter eines Oppositionspunktes hat. Die rechts von 0° liegenden Minor- und Major-Schnittpunkte 21,2°, 42,5°, 47,5°, 68,8°, 111,2°, 132,5°, 137,5° und 158,8° können dann versuchsweise als ein Satz von „goldenen Aspekten" angesehen werden. Die links von 0° liegenden Schnittpunkte 338,8°, 317,5°, 312,5°, 291,2°, 248,8°, 227,5°, 222,5° und 201,2° entwickeln den gleichen Aspektsatz noch einmal auf der anderen Seite. Der Anfangspunkt 0° ist zugleich der Endpunkt 360° des Tageskreises. 338,8° ist 21,2° von 360° entfernt, 317,5° steht dazu im Abstand von 42,5°, und auch die weiteren Aspekte auf der linken Seite ergeben sich als Ergänzungswinkel zu 360°. Insgesamt finden wir somit acht verschiedene goldene Aspekte, die sich innerhalb eines Bereichs von 180° links und rechts vom Konjunktionspunkt 0° entwickeln.

Bei der Ableitung der goldenen Kreuze und der entsprechenden Aspekte sind wir bisher nur von 0,618 (G^1) und 0,382 (G^2) ausgegangen. Wie wir gleich sehen werden, sprechen praktische Ergebnisse dafür, daß es bei den Aspekten erforderlich ist, noch einen Schritt weiter zu gehen und auch noch G^3 (0,236) in den Prozeß einzubeziehen. Als zusätzliche goldene Aspekte ergeben sich dann 85° und 175°. Praktische Experimente zeigen, daß auch in diesem Zusammenhang das Oktavprinzip wirksam ist. Dehnen wir das Verfahren für den ganzen und den halben Tageskreis, dessen Ergebnisse in Abb. 56 und 60 wiedergegeben sind, auf den Viertelkreis aus, so kommen bei den Aspekten noch die Winkel 34,4°, 55,6°, 124,4° und 145,6° hinzu. Insgesamt ergeben sich so 14 goldene Aspekte:

21,25°	34,38°	42,49°	47,51°	55,62°	68,75°	84,98°
111,25°	124,38°	132,49°	137,51°	145,62°	158,75°	174,98°.

Erinnern wir uns daran, daß KEPLER nach unermüdlichen Vergleichen des täglichen Wetters mit den geozentrischen Konstellationen von Sonne, Mond und Planeten die Aspekte 30°, 72°, 135° und 144° neu in die Astrologie eingeführt hat, so sehen wir, daß er damit den *goldenen Aspekten* 34,4°, 68,8°, 132,5°, 137,5° und 145,6° recht nahe gekommen ist.

2. Maximum-Entropie-Spektralanalyse der Winkelabstände zwischen Sonne und galaktischem Zentrum am Geburtstag von 600 Berühmtheiten

Die *goldenen Aspekte* hängen mit den goldenen Kreuzen zusammen, die sich bereits im Tageskreis und im Jahreszyklus der Sonne von Widderpunkt zu Widderpunkt als tragfähig erwiesen haben. Es spricht daher einiges dafür, daß sie sich auch bei Winkelabständen zwischen Himmelskörpern im Geburtshoroskop bewähren werden. Die auf der Ekliptik gemessenen Winkelabstände zweier Planeten auf der Ekliptik lassen sich als Phasen in einem Zyklus ansehen, der von einer Konjunktion der beiden Planeten bis zur nächsten Konjunktion läuft. Da die bisher dargestellten Gliederungsfaktoren sich ganz allgemein bei Zyklen der verschiedensten Art und Länge als wirksam erwiesen haben, sollten sie sich auch in dem hier interessierenden Zusammenhang als tragfähig erweisen.

Das folgende Ergebnis zeigt, daß sich entgegen den Behauptungen statistikfeindlicher Astrologen auch auf dem Gebiet der Astrologie mit relativ wenigen Daten statistisch hochsignifikante Ergebnisse erzielen lassen. Ich habe aus dem Lexikon *„Das kluge Alphabet"* des Ullstein-Verlages die Geburtsdaten von 600 berühmten Persönlichkeiten herausgezogen. Dabei habe ich fortlaufend und ohne Auslassungen alle Namen einbezogen, bei denen die Geburt nach dem 1. Januar 1850 lag. Die Datenliste beginnt mit *Abderhalden* und endet mit *Kandinski*. Als Aspekt habe ich den Winkelabstand der Sonne vom galaktischen Zentrum zur Zeit der jeweiligen Geburt untersucht. Wie wir gesehen haben, ist dies sinnvoll, da es sich bei diesen Faktoren um hierarchisch angeordnete kosmische Regulationszentren handelt, die ähnliche Aufgaben haben wie biologische Regulationszentren. Der Leser möge sich an die zitierten Forschungsergebnisse erinnern, die zeigen, daß das galaktische Zentrum eine wichtige kosmische Funktion ausübt, welche die Sonnenaktivität ebenso berührt wie das Leben auf der Erde. Besonders interessant ist, daß die meisten der besonders energetischen Sonneneruptionen sich ereigneten, als das Sonnenzentrum, das Massenzentrum CM und das galaktische Zentrum auf einer Linie lagen. Morphologisch betrachtet ist dies die gleiche Konstellation wie bei den heliozentrischen Konjunktionen und Oppositionen von Jupiter und dem Massenzentrum CM, die auch mit einer Verstärkung der Eruptionstätigkeit der Sonne einhergehen, wenn auch nicht in so starkem Maße.

Die Sonne und das galaktische Zentrum können im Laufe eines Jahres, von der Erde her gesehen, jeden Winkel zwischen 0° und 360° bilden. Wird die Position des galaktischen Zentrums mit 0° gleichgesetzt und der jeweilige Winkelabstand der Sonne zur Mittagszeit der 600 Geburtsdaten von diesem Nullpunkt aus berechnet und in einen Kreis von 360° eingetragen, so verteilen sich die gemessenen Winkelabstände über den ganzen Kreis, häufen sich aber in bestimmten Bereichen. Die Vermutung, daß zyklische Variationen hinter dieser Verteilung stecken, läßt sich mit den Methoden der Spektralanalyse überprüfen. Besonders geeignet ist das Verfahren der Maximum-Entropie-Spektralanalyse nach J. P. BURG[216], das Frequenzspektren erzeugt, die der Schärfe optischer Spektren nahekommen. Ich habe daher für je 180° links und rechts vom galaktischen Zentrum die Besetzung der einzelnen Grade durch Winkelabstände der Sonne ausgezählt, das Ergebnis auf eine gemeinsame 180°-Skala übertragen, diese Häufigkeitsverteilung mit einem Tiefpaßfilter geglättet und das Ergebnis der Maximum-Entropie-Spektralanalyse unterworfen. Abb. 66 zeigt das Ergebnis für die 180 Häufigkeitsdaten der einzelnen Grade und die Wahl von 100 Filterkoeffizienten. Die waagrechte Achse bezeichnet die Frequenz, aus der sich als Kehrwert die Wellenlänge des entsprechenden Zyklus errechnen läßt, oder auch, wie hier, der Winkelabstand zweier Elemente. Die senkrechte Achse mißt die Varianz der Winkelabstände. Scharfe Spitzen der Varianz weisen auf Winkelabstände hin, die erheblich häufiger vorkommen als andere Abstände.

Wie in Abb. 66 zu sehen ist, liegen die einzigen stark herausragenden Varianzwerte auf der gesamten Frequenzskala im Bereich der goldenen Aspekte 47,5°, 68,8° und 137,5°. Beschriftete Pfeile weisen auf diesen Zusammenhang hin. Es existieren bisher leider keine Verfahren, mit denen Ergebnisse der Maximum-Entropie-Spektralanalyse auf ihre Signifikanz untersucht werden können. Ich greife daher zusätzlich auf das Blackman-Tukey-Potenzspektrum[217] zurück, für das H. A. PANOFSKY und G. W. BRIER[218] einen zuverlässigen Signifikanztest entwickelt haben. Nach diesem Test liegen die Spitzen in Abb. 66 jenseits des Signifikanzniveaus

216 J. P. BURG: Maximum Entropy Analysis (1975); siehe auch J. H. JUSTICE (Hg.): Maximum Entropy and Bayesian Methods in Applied Statistics (1986)

217 R. B. BLACKMAN / J. W. TUKEY: The Measurement of Power Spectra (1959)

218 H. A. PANOFSKY / G. W. BRIER: Some Applications of Statistics of Meteorology (1958). Ich habe in der bereits zitierten Arbeit „Cyclic Distribution of Energetic X-Ray Flares“ mit allen technischen Einzelheiten gezeigt, wie die Maximum-Entropie-Spektralanalyse mit dem Blackman-Tukey-Potenzspektrum und den dafür entwickelten Signifikanztests kombiniert werden kann. Zur Erleichterung des technisch komplizierten Verfahrens habe ich ein ent-

P = 0,001. Wenn man bedenkt, daß die goldenen Aspekte aus Zusammenhängen herausgewachsen sind, die sich bereits als konsistent und zuverlässig erwiesen hatten, läßt sich die Feststellung rechtfertigen, daß sie sich im ersten Stadium ihrer Prüfung bewährt haben. Es handelt sich aber nur um die ersten Schritte in einem langwierigen Bestätigungsprozeß, in dem die Grundelemente durch immer neue *Replikationsstudien* abgesichert werden müssen. Bei einer positiven Entwicklung ist damit zu rechnen, daß sich ganz allmählich Differenzierungen herausschälen werden, die auf komplexere Hintergrundbeziehungen hinweisen. Es ist wichtig, solchen Indizien ganz ohne präkonzipierte Vorstellungen nachzugehen.

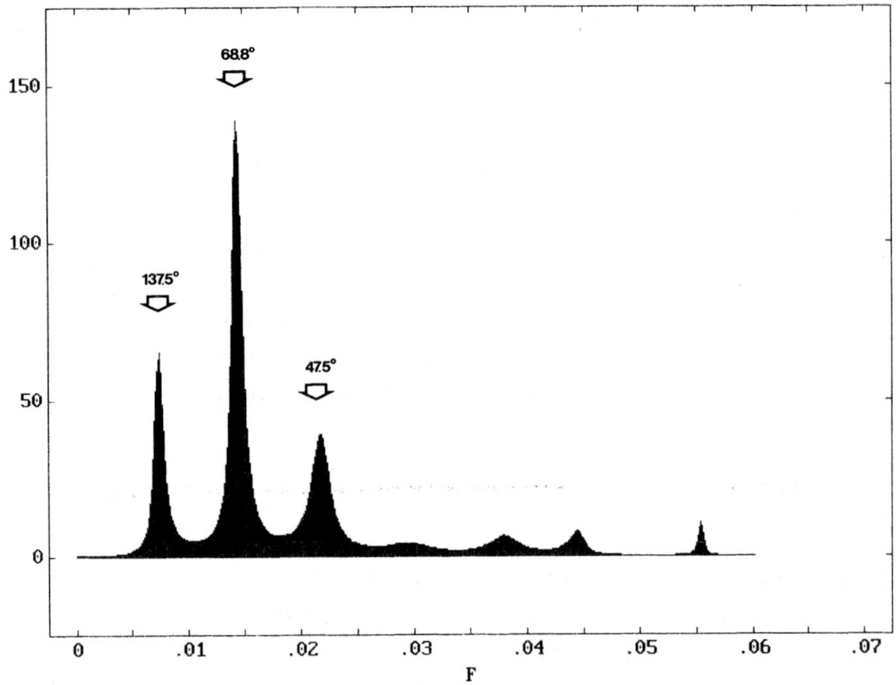

Abb. 66: Maximum-Entropie-Spektralanalyse des Winkelabstands der Sonne vom galaktischen Zentrum zur Zeit der Geburt von 600 Berühmtheiten. Die Varianz wird durch die senkrechte Achse angezeigt und die Frequenz, deren Kehrwert den Winkelabständen entspricht, durch die waagerechte Achse. Die Abbildung zeigt das Ergebnis der Analyse für die 180 Häufigkeitsdaten jedes einzelnen Grads und 100 Filterkoeffizienten. Die herausragenden Spitzen der Varianz liegen im Bereich „goldener Aspekte". Nach einer Replikation mit dem Blackman-Tukey-Potenzspektrum und einem darauf zugeschnittenen Signifikanztest ist die Korrelation hochsignifikant.

sprechendes Programm für IBM-kompatible Computer geschrieben, das nach Eingabe der zu analysierenden Daten die Endergebnisse abbildet und ausdruckt; es ist unter meiner Anschrift erhältlich.

3. Diskriminanzanalyse von Tageskreispositionen und planetaren Winkelabständen

Eine mittelbare Bekräftigung der Wirksamkeit der goldenen Kreuze im Tageskreis und der Tragfähigkeit der goldenen Aspekte zwischen Horoskopfaktoren ergibt sich aus einer statistischen Untersuchung von M. URBAN-LURAIN.[219] Der bereits erörterte Einwand einiger Astrologen, die statistischen Verfahren seien viel zu grob, um das komplexe Beziehungsgeflecht der Horoskopfaktoren zu erfassen, verkennt unter anderem, daß es mit den Methoden der *multivariaten Statistik* möglich ist, beliebig viele Merkmale gleichzeitig auf ihre wechselseitigen Beziehungen zu untersuchen.[220] URBAN-LURAIN hat solche Verfahren zur Analyse der Geburtskonstellationen herausragender Berufsvertreter eingesetzt, die von M. und F. GAUQUELIN veröffentlicht worden sind. Die 12 714 Fälle des Untersuchungsmaterials wurden in zwei ungefähr gleich große Gruppen geteilt, die sich aus je acht Berufen zusammensetzten. Untersuchungsmerkmale waren die genauen Positionen von Sonne, Mond und Planeten im Tageskreis und die wechselseitigen Winkelabstände dieser Himmelskörper. Der Test war also nicht auf überlieferte astrologische Aspekte und Konstellationen ausgerichtet, sondern untersuchte alle Winkelabstände ohne Rücksicht darauf, welche Vorstellungen die Astrologen von wirksamen Aspekten haben. URBAN-LURAIN ermittelte dann eine *Diskriminanzfunktion*, welche die Geborenen optimal ihrem jeweiligen Beruf zuordnet. Diese Funktion, die mit den untersuchten Merkmalen verknüpft ist, führte im Durchschnitt bei 38,7 Prozent der Fälle zu einer richtigen Klassifikation, während bei einer Zufallsverteilung 12,5 Prozent zu erwarten waren. Bei drei der acht Berufsgruppen, den Sportlern, Musikern und Journalisten, lag der Prozentsatz sogar bei 78 Prozent, 83 Prozent und 85 Prozent. Ein Pearson-Test ergab $\chi^2 = 6\,904$ bei 49 Freiheitsgraden; $P < 10^{-16}$. Die Wahrscheinlichkeit, daß die Zuordnungsgüte auf Zufall beruht, ist also außerordentlich gering. Der Kontingenzkoeffizient lag bei 0,72. Dieses Maß ähnelt dem Korrelationskoeffizienten und zeigt die Stärke der Beziehungen an. Die Werte können zwischen 0 und 1 liegen. Als die Diskriminanzfunktion auf die zweite Datengruppe angewandt wurde, bestätigten die Testwerte das erste Ergebnis.

219 M. URBAN-LURAIN: Introduction to Multivariate Analysis (1987), S. 8 – 12

220 A. LINDER / W. BERCHTOLD: Statistische Methoden III (1982); W. W. COOLEY / P. R. LOHNES: Multivariate Data Analysis (1971); M. G. KENDALL: A Course in Multivariate Data Analysis (1957)

Insgesamt lagen also schon 1987 Beweise dafür vor, daß irgendwie die Geburtspositionen von Sonne, Mond und Planeten im Tageskreis und irgendwelche Winkelabstände zwischen diesen Himmelskörpern eine Beziehung zu herausragendem Berufserfolg haben. Genaueres darüber konnte aber mit den Mitteln der multivariaten Statistik allein nicht gesagt werden, weil es anders als bei der univariaten oder bivariaten Statistik bisher nicht möglich ist, das komplexe Ergebnis durch einfach zu interpretierende Graphiken darzustellen. Hier hilft, soweit ich sehe, nur ein interdisziplinärer Ansatz weiter, wie ich ihn hier vertrete. Wir wissen jetzt, welche verschiedenen individuellen Muster sich hinter der Diskriminanzfunktion verbargen. In jedem Falle verstärken aber die Ergebnisse M. URBAN-LURAINs die Beweisgründe, die dafür sprechen, daß die herausgearbeiteten Einzelbeziehungen tragfähig sind, und zwar auch, soweit es um Sonne, Merkur und die fernen Planeten geht.

VII. FAZIT DER PRAKTISCHEN UNTERSUCHUNG

1. Bestätigung astrologischer Grundkonzeptionen

Bekräftigen weitere Untersuchungen das bisher gewonnene Ergebnis, das für die Zuverlässigkeit der goldenen Aspekte und der ihnen zugrunde liegenden goldenen Kreuze spricht, so hat dies weitreichende Konsequenzen. Auch Gegner der Astrologie wie der insoweit bereits zitierte S. WEINBERG erkennen an, daß jeder Nachweis irgendwelcher astrologischen Zusammenhänge, wie unscheinbar auch immer, von kaum zu überschätzender wissenschaftlicher Bedeutung wäre. Der Astronom P. COUDERC, der ein Buch gegen die Astrologie geschrieben hat, bemerkt hierzu:

> „Wenn die Sterne sich als Persönlichkeitsfaktor von Individuen erwiesen und bei der Entwicklung der körperlichen und geistigen Anlagen tatsächlich eine Rolle spielten, wie gering diese auch unter Tausenden von anderen entwicklungsbestimmenden Faktoren wie Vererbung, Umwelt und Zufall erscheinen mag, dann wäre das Wissen hierum von unschätzbarem Wert, da man es zum Wohl der Menschheit einsetzen könnte."[221]

221 P. COUDERC: L' Astrologie (1978)

Als wie stark sich letzten Endes der kosmische Faktor erweisen wird, der bei unseren Untersuchungen zutage getreten ist, mag dahingestellt bleiben. Immerhin hat sich gezeigt, daß er in vielen Fällen so stark ist, daß er praktische Vorhersagen möglich macht.

In jedem Fall ist in der Argumentationskette des vorliegenden Buches in diesem Stadium der Gedanken- und Beweisführung folgende Feststellung gerechtfertigt: Die Grundvorstellungen der Astrologie und selbst spezielle Denkgebilde wie astrologische Aspekte sind nicht nur mit den Ergebnissen moderner Wissenschaft vereinbar; sie entsprechen nach den ersten vorliegenden Ergebnissen auch der Wirklichkeit. Wie die mit anerkannten wissenschaftlichen Methoden geführten Beweise zeigen, hat sich das astrologische Grundkonzept, daß die Konstellationen der Himmelskörper Einfluß auf das Geschehen im Sonnensystem und insbesondere auf der Erde haben, als richtig erwiesen. Bei den solar-terrestrischen Zusammenhängen sind die Ergebnisse so vielfältig, daß sie insgesamt bereits ein solides Beweisfundament bilden. Sie haben sich nicht nur bei Vorhersagen bewährt, sondern stützen sich auch in konsistenter Weise auf Naturprinzipien, deren allgemeine Bedeutung deutlich geworden ist.

Richtig ist, daß die Astrologen, die eigentlich für solche Forschungen zuständig wären, die aufgezeigten Beziehungen zwischen heliozentrischen Konstellationen der Planeten und den solar-terrestrischen Zyklen nicht einmal untersucht, geschweige denn gesehen haben. Dieses Versagen der Astrologen unserer Zeit, die im Gegensatz zu KEPLER, GALILEI und NEWTON das Wissen von den tieferen Naturzusammenhängen zumeist geringschätzen, statt es interdisziplinär zu integrieren, ändert nichts daran, daß sich die in der Vergangenheit entwickelten Grundkonzeptionen der Astrologie bewährt haben. Dies gilt selbst für den Begriff des Aspekts im Keplerschen Sinne. Auch hier mindert der Umstand, daß die goldenen Aspekte nicht mit den überlieferten astrologischen Aspekten übereinstimmen, nicht die Tragweite des Resultats, da es nur darauf ankommt, ob es überhaupt Aspekte im Sinne der astrologischen Definition gibt.

Immerhin ist unverkennbar, daß die hier vorgestellten Ergebnisse und Hintergrundzusammenhänge zum Teil sehr stark vom Inhalt der astrologischen Lehrbücher abweichen. Ich habe daher den 2. Teil dieses Buches mit „Neo-Astrologie" überschrieben. Damit folge ich einer Anregung von M. GAUQUELIN.[222]

222 M. GAUQUELIN: Neo-Astrology (1991), S. 76 – 86

2. Erste Bewährungsschritte der Quantensystem-Hypothese der Geburts-Synchronisation und der Morphogenetik

Die *Quantensystem-Hypothese* der *Geburts-Synchronisation*, die ich aufgestellt habe, erhält durch die Ergebnisse der Aspekt-Untersuchung ein Realitätsfundament, das es rechtfertigt, in der eingeschlagenen Richtung weiterzugehen. Zugleich läßt sich sagen, daß ein erstes Experimentum crucis, das zur Unterscheidung zwischen R. SHELDRAKEs Hypothese der formbildenden Verursachung und meiner *Quantensystem-Hypothese der Morphogenetik* beiträgt, bereits stattgefunden hat. Der Zusammenhang zwischen herausragendem Erfolg in speziellen Berufen und den Positionen bestimmter Himmelskörper zur Zeit der Geburt, welche durch den Goldenen Schnitt auf astronomisch herausgehobene Eckpunkte des Tageszyklus bezogen sind, stellt sich ebenso wie die goldenen Aspekte zwischen Sonne und galaktischem Zentrum bei der Geburt berühmter Persönlichkeiten als kosmische Verknüpfung dar, die nicht auf energetischer Wechselwirkung wie bei den solar-terrestrischen Beziehungen beruht und sich anders als die heliozentrischen Zusammenhänge nur aus der geozentrischen Perspektive erschließt. Das Bohmsche Quantenpotential auf dem hierarchischen Niveau des Quantensystems Mensch hat die Fähigkeit, solche strukturellen Gesamtzusammenhänge aus der irdischen Perspektive zu erkennen und auf sie mit Gestaltresonanz zu reagieren. Da nach R. SHELDRAKE nur morphische Resonanz zwischen Wesen der gleichen „Spezies" in Betracht kommt, während es hier gerade um Beziehungen zwischen ganz unterschiedlichen Entitäten geht, ist der beobachtete Zusammenhang als Kriterium geeignet, das gegen SHELDRAKEs Hypothese spricht.

Für uns Menschen, die wir Tag für Tag in einer Welt leben, wie sie sich unseren makroskopischen Sinnen darstellt – bar aller nichtlokalen Zusammenhänge und mit scharf getrennten Kategorien von Raum und Zeit – ist ein Universum kaum vorstellbar, in dem Myriaden von Quantensystemen auf allen hierarchischen Ebenen über Quantenpotentiale verfügen, die sie in nichtlokaler Weise mit allen anderen Quantensystemen verbinden und jegliche Information, die ein Quantensystem der fraglichen Art benötigt, aus einem sich dynamisch entwickelnden *Gestaltspeicher* „ablesen", der von der Dimension des Universums ist. Dieses „Ablesen" geschieht dadurch, daß sich das Quantenpotential als komplexes Wellengefüge auf die betreffende Struktur einschwingt und sie dadurch in Wellenform abbildet. Hier liegt das Bindeglied zu meiner klassischen *Hypothese der Geburts-Synchronisation,* die auch von Schwingungsvorgängen ausgeht, nämlich der Phasensynchronisation endogener Rhythmen und exogener Zyklen zur Zeit der Geburt. Nach dieser Hypothese ist es leichter nachzuvollziehen, wie sich zwischen der hochkomplexen Schwingungsstruktur, die der Fetus darstellt, und den durch den Goldenen Schnitt gegliederten Oktaven des Tageszyklus als einem exogenen Rhythmus eine besondere Schwingungsbeziehung entwickelt, obwohl für das Tiefenverständnis die Quantenkomponente der Hypothese unerläßlich ist.

Daß sich letzten Endes der Goldene Schnitt als maßgebliches Aspektelement erweist, spricht wiederum für die Intuition und Weitsicht KEPLERs, denn bei der bereits zitierten Erklärung der Funktionsweise astrologischer Aspekte geht er von geometrischen Urbildern in den Tiefenschichten der Kreatur aus, die der Grund für eine instinktmäßige Resonanzreaktion auf die geometrische Natur der Aspekte sind. Für KEPLER stellt der Archetypus der Geometrie die Beziehung zwischen Aspekt und Psyche her, oder wie der bereits zitierte Physiker W. PAULI es ausgedrückt hat:

> „Die Ursache liegt in den Einzelseelen mit ihrem auf gewisse Proportionen spezifisch selektiven Reaktionsvermögen".

Der Goldene Schnitt ist eine derartige fundamentale geometrische Struktur mit Proportionscharakter. Wir wissen auch, daß die menschliche Seele, die nach KEPLER selbst ein Urmuster ist,[223] auf diese Proportion in besonderer Weise reagiert, insbesondere wenn sie sich in der Form einer Schwingung ausdrückt. Wie KEPLER hervorgehoben hat, reagiert der Instinctus geometriae unmittelbar unter Umgehung der Ratio. Wie dies genau vor sich geht, konnte KEPLER nicht sagen. Daher seine bereits zitierte Bemerkung:

> „Wenn Pico eine Begründung herbeibrächte, warum die Geometrie in der Tonwelt den Menschen ergreift, würde ich dieselbe Begründung nehmen, um darzutun, warum die Geometrie in den Strahlen der Gestirne die sublunare Natur affiziert."

Der Instinkt für die Geometrie in der Tonwelt scheint aus tiefliegenden Bereichen der Natur herzurühren. Wie wäre es sonst möglich, daß Kühe mehr Milch geben und Hühner mehr Eier legen, wenn sie klassische Musik hören. Neue Versuchsreihen in Kitagata in Nordjapan haben sogar gezeigt, daß ein einfacher einzelliger Organismus wie der Hefepilz auf die Musik verschiedener klassischer Komponisten unterschiedlich reagiert:

223 S. STRAUSS-KLOEBE: Das kosmopsychische Phänomen, S. 29

Bierhefe wächst zehnmal schneller als gewöhnlich, wenn Mozart gespielt wird, während Hefe, die zum Brotbacken verwendet wird, besonders positiv auf Beethoven anspricht.[224] Dies spricht dafür, daß auch der Instinctus geometriae des Menschen, der auf den Goldenen Schnitt in Schwingungsprozessen der Natur reagiert, sehr tiefschichtig angelegt ist. Die Quantensystem-Hypothese der Geburts-Synchronisation trägt dem Rechnung.

3. Interludium: Hildegard von Bingens Vision „Der Kosmosmensch" und die Teilung von Halbkreisen und Viertelkreisen im Goldenen Schnitt

Mystiker haben Zugang zu tiefen Schichten der menschlichen Existenz und der Natur. Ihre Zeugnisse sprechen dafür, daß sie die nichtlokale Realität, die Physiker mittelbar durch Experimente erschlossen haben, unmittelbar wahrnehmen.[225] Echte mystische Erfahrung ist durch Schwingungsprozesse gekennzeichnet. Obwohl sich die Erfahrungsberichte der Mystiker über Jahrtausende erstrecken, schildern sie in beeindruckender Übereinstimmung ein schwingendes Urlicht als untrügliches und unabdingbares Wesensmerkmal der Ganzheitsschau. Die Schöpfungsenergie, die in diesem vibrierenden Licht steckt, das sich von jeglichem materiellen Licht in der Erscheinungswelt unterscheidet, ergreift den Mystiker im tiefsten Seelengrund, versetzt ihn in Schwingungen, wie nichts in der materiellen Welt schwingt, und füllt ihn mit Schöpferkraft und Gestaltkeimen, die ihn verwandeln und treiben, selbst schöpferisch zu wirken.[226] Mystiker besitzen so ein besonderes *Sensorium für Schwingungsprozesse*. HILDEGARD von Bingen (1098 – 1179), Klostergründerin, Äbtissin, Ärztin und Mystikerin, scheint hiervon erkenntnisfördernden Gebrauch gemacht zu haben. In ihrer Vision „Der Kosmosmensch", die sie selbst als 2. Vision in ihrem *„Liber divinorum operum simplicis hominis"*[227] dargestellt hat, scheint sie Hinweise auf das Muster zu geben, das den goldenen Aspekten zugrunde liegt.

Abb. 67 zeigt HILDEGARDs Vision.[228] Es ist unverkennbar, daß sie den Menschen in seiner Beziehung zum Kosmos darstellt. Das Zentrum des

224 S. PEDERSEN: Japanese Yeast / Music Experiment (1993)

225 T. LANDSCHEIDT: Wir sind Kinder des Lichts, S. 47 – 88

226 T. LANDSCHEIDT: Mystik und Liebe, S. 514

227 HILDEGARD v. Bingen: Liber divinorum operum simplicis hominis (1952), S. 739 – 1038

228 Aus dem Codex Latinus 1942 „Liber divinorum operum" der Biblioteca Statale di Lucca, mit besonderer Genehmigung

Abb. 67: Hildegard von Bingen: "Der Kosmosmensch", 2. Vision des Codex Latinus 1942 "Liber divinorum operum" der Biblioteca Statale di Lucca, mit besonderer Genehmigung. Wie die Beschreibung im Text zeigt, läßt diese Vision die Gliederungsprinzipien erkennen, die auch den "goldenen Kreuzen" und "goldenen Aspekten" zugrunde liegen.

Kosmos-Mandala fällt mit dem Zentrum eines kosmischen Körpers und der Zeugungsregion des vom Kosmos eingehegten Menschen zusammen. Die Wellenformen im blauen Außenbereich scheinen die Schwingungsdynamik des Kosmos anzudeuten. Vielleicht sind sie auch ein Hinweis darauf, daß es sich nicht um einen statischen Kreis handelt, sondern um einen Kreis, der zyklischer Wandlung unterworfen ist. Der Kosmoskreis ist wie unser Tageskreis in vier verschiedene Hälften geteilt. Die vertikale Teilung wird durch den aufrecht stehenden Menschen betont und durch die Köpfe und Beine, die aus dem roten Kreis herausragen. Die horizontale Teilung wird durch einen goldenen Strahl angedeutet, der von den dunklen „strahlenspeienden" Köpfen undefinierbarer Kreaturen links und rechts ausgeht und durch das Zentrum läuft. Auf der vertikalen Linie sind oben und unten auch solche dunklen Köpfe zu finden.

Ganz erstaunlich ist nun folgendes: Schauen wir uns die vertikalen Halbkreise an, die je 180° des ganzen Kreises erfassen, so erkennen wir je zwei weitere Köpfe, die blauweiße Strahlen „ausspeien", und zwar genau dort, wo der Minor und der Major des Halbkreises liegen. Das gleiche gilt für die horizontalen Halbkreise, nur daß hier die Köpfe rot und braun sind und von unten goldene Strahlen „speien" und von oben blauweiße Emanationen. Damit nicht genug: Die vier braunen Strahlenspeier markieren zugleich die vier Eckpunkte des Kreises. In den dazwischen liegenden Viertelkreisen werden wieder jeweils der Minor und der Major hervorgehoben. Die blauen Gebilde, die zu fliegen scheinen und durch blaue Strahlen miteinander verbunden sind, kennzeichnen gerade diese Teilungspunkte des Goldenen Schnitts. Wo genau jeweils der Minor und der Major zu finden sind, wird durch dickere goldene Linien angezeigt, die von den blauen Gestalten im hellen Innenbereich ausgehen und zum äußeren roten Kreis laufen. Die unterschiedliche Farbe der Strahlen, die von den jeweiligen Strahlenspeiern ausgeht, scheint auf eine Differenzierung der jeweiligen Schnittpunkte hinzuweisen, wie sie auch bei den von uns untersuchten Zyklen und insbesondere den Berufsdaten im Tageskreis hervorgetreten ist. Insgesamt sind hier die Gliederungsprinzipien zu erkennen, die auch den goldenen Kreuzen und Aspekten zugrunde liegen; sie wurden nur mehr als 800 Jahre früher gesehen.

4. Unterschiedliche Qualität goldener Aspekte?

In dem augenblicklichen Stadium der Untersuchungen wäre es verfrüht, zuverlässige Aussagen über unterschiedliche Funktionen verschiedener

Schnittpunkte oder goldener Aspekte machen zu wollen. Erst nach der Aufarbeitung eines umfangreichen Datenmaterials und weiteren theoretischen Überlegungen ist damit zu rechnen, daß solche Fragen einigermaßen zuverlässig beantwortet werden können. Es ist nicht einmal auszuschließen, daß die beobachteten Differenzierungen nichts mit den Aspekten selbst zu tun haben, sondern durch die Qualität der Schwingungsgebilde bedingt sind, die auf die Aspekte mit Resonanz reagieren. KEPLER hat insoweit die Astrologen zu Recht ermahnt, nicht zu viel in die kosmischen Konstellationen hineinzulegen:

> „Vergebens wird der Astrolog in der Nativität die Ursachen dafür suchen, daß ich im Jahre 1596 die Verhältnisse zwischen den Himmelsbahnen entdeckt habe, im Jahre 1604 die Gesetze des Sehens, im Jahre 1618 die Ursachen, warum die Exzentrizität jedes Planeten gerade so groß und nicht größer oder kleiner ist ... All das ist nicht mit dem Himmelsbild in jenes eben erst entzündete und aktiv gewordene Flämmchen des vitalen Vermögens eingeströmt. Es lag vielmehr zum Teil verborgen im innersten Wesen der Seele, teils wurde es auf anderem Wege, nämlich durch die Augen, in das Innere aufgenommen. Die einzige Wirkung der Geburtskonstellation bestand darin, daß sie jene Flämmchen der angeborenen Anlage und der Urteilskraft geschneuzt, den Geist zu unermüdlicher Arbeit angespornt und den Wissensdurst vermehrt hat; kurz sie hat den Geist und die genannten Seelenvermögen nicht inspiriert, sondern nur geweckt."[229]

Die Psychologin S. STRAUSS-KLOEBE geht noch weiter:

> „Dadurch aber, daß der Astrologe glaubt, es ließen sich aus dem Symbolgebilde des Horoskops charakterologische Schlüsse ziehen, beziehungsweise aus planetaren Aspekten oder Positionen auf seelische Eigenschaften schließen, verfehlt er die Dimension, in welcher die dem astrologischen Symbol innewohnende Wirklichkeit zu Hause ist – eine Dimension weit unterhalb aller Eigenschaften. Er verfehlt den archetypischen Hintergrund des astrologischen Symbols. Dies allein aber ist es, was sich merklich spüren läßt."[230]

229 J. KEPLER: Weltharmonik, S. 270 – 271. An dieser Stelle heißt es weiter: „Aus diesem Beispiel wird es jedermann leicht klar, daß die Astrologie weit davon entfernt ist, aus einer einzigen Nativität genauen Aufschluß geben zu können über die gewöhnlich aufgeführten Hauptpunkte wie Eltern, Geschlecht, Vermögen, Kinder, Zahl der Frauen, Religion, Vorgesetzte, Freunde, Feinde, Erbschaften, Wohnorte und was es sonst noch unendlich vieles dergleichen gibt."

230 S. STRAUSS-KLOEBE: Kosmische Bedingtheit der Psyche, S. 41 – 42

Vielleicht liegen bei den goldenen Aspekten die Dinge ähnlich wie bei der grundlegenden Erscheinung der Instabilität, die günstige Bedingungen für die Auslösung ausgereifter kreativer Potentiale und neuer Entwicklungen bietet, aber instabile Systeme der verschiedensten Art völlig aus dem Gleichgewicht wirft. Möglicherweise ergeben sich insoweit Hinweise, wenn wir uns näher mit dem Wesen des Goldenen Schnitts befassen.

VIII. DER GOLDENE SCHNITT ALS ELEMENT POLARER SPANNUNG

1. Die goldene Zahl G: die irrationalste aller Zahlen

Schauen wir auf das Gesamtergebnis zurück, so ist es gerechtfertigt, von *kosmischen Funktionen* des *Goldenen Schnitts* zu sprechen. Hinter solchen umfassenden Zusammenhängen stehen stets Grundprinzipien, die noch umfassender sind. Dank der Betonung der qualitativen Elemente in der Forschung der letzten Jahrzehnte zeichnen sich bereits die Umrisse dieser Grundprinzipien ab. Was Chaos sei, läßt sich am besten vor dem Hintergrund der Ordnung ermessen und umgekehrt. *Pole eines Polaritätspaars* wie Leben und Tod, Gerechtigkeit und Ungerechtigkeit oder positiv und negativ stehen nicht nur für die Spaltung einer qualitativen Einheit in entgegengesetzte Wirkungsreihen, sondern sind auch ein Symbol für gegenseitige Bedingtheit und Ergänzung, für das Streben zur Vereinigung scheinbar unvereinbarer Gegensätze. So war Polarität für GOETHE ein Grundprinzip der Natur, das durch den Wechsel von gegensätzlicher Aufspaltung, Spannung, Ergänzung und erneuter Verschmelzung neue Strukturen schafft.[231] Läßt sich der Goldene Schnitt einer solchen Polarität zuordnen, die mehr Licht auf seine fundamentalen Eigenschaften wirft? Bei der Beantwortung dieser Frage spielt eine wichtige Rolle, daß G eine irrationale Zahl ist. Im Gegensatz zu rationalen Zahlen wie 1/2 oder 3/4, die als Dezimalzahlen mit einer endlichen Zahl von Ziffern dargestellt werden können oder wie 1/3 = 0,33333 ... als einfacher periodischer Dezimalbruch, lassen sich irrationale Zahlen nicht als Brüche schreiben. Als Dezimalzahlen enthalten sie eine unendliche Zahl von Ziffern, deren Muster sich nie wiederholt. Die Eigenschaft der Irrationalität

231 J. HOFFMEISTER: Wörterbuch der philosophischen Begriffe (1955), S. 476

ist bei G besonders ausgeprägt. G ist die *irrationalste aller Zahlen*. Es gibt mathematische Kriterien, welche „messen" wie „weit" eine irrationale Zahl von den rationalen Zahlen „entfernt" ist. Es zeigt sich, daß G von seinen rationalen Approximationen größere Abstände einhält als jede andere Zahl.[232]

2. Das irrationalste und das rationalste Zahlenverhältnis: Pole einer Polarität

Die irrationalen Zahlen stehen in einem Polaritätsverhältnis zu den rationalen Zahlen. Als Gegenpol der herausragenden Irrationalität von G müssen daher rationale Zahlen mit besonders stark ausgeprägter Rationalität angesehen werden. Hier bieten sich elementare Brüche an, die sich aus den kleinsten Zahlen zusammensetzen wie 1/1, 1/2, 2/3 etc. Bei der erneuten Erörterung des bereits zuvor angeschnittenen Themas der Instabilität des Sonnensystems wird sich zeigen, wie die ineinandergreifenden Funktionen des Polaritätspaares Rationalität – Irrationalität wechselseitig Licht auf ihre spezielle Rolle werfen.

P. H. RICHTER und H. J. SCHOLZ haben dargelegt, daß es eine Klasse der „noblen Zahlen" gibt, die in hohem Grade irrational sind, aber trotzdem nicht an die „Noblesse" von G heranreichen, so wie 3/4 nicht der Rationalität von 1/1 gleichkommt. Sie haben klar erkannt, in welchem Verhältnis die Pole des Polaritätspaares zueinander stehen:

> „Es sind also schon aus rein zahlentheoretischen Erwägungen die Klassen der rationalen und der noblen Zahlen Antipoden zu nennen. Ihre prominentesten Repräsentanten 1 : 1 und 1 : G stehen für extreme Konsonanz und Dissonanz, für Kommensurabilität und Inkommensurabilität oder wie immer man die gegensätzlichen Prinzipien nennen will. A priori gibt es keinen Grund, das eine gegenüber dem anderen zu favorisieren."[233]

P. H. RICHTER und H. J. SCHOLZ stützen ihr Urteil auch auf Sachverhalte der *Phyllotaxis*:

> „Wir schließen daraus, daß die Regulation der Blattstellung eine sehr ausgeprägte Tendenz zum Goldenen Winkel und damit zu maximaler Irrationalität aufweisen muß. Nun kann das aber nicht generell der Fall sein, denn viele Pflanzen verhalten sich genau gegenteilig: Sie zeigen

232 P. H. RICHTER / H. J. SCHOLZ: Der Goldene Schnitt in der Natur (1991), S. 182 – 187
233 Dies., ebd., S. 188

> kein Spiralmuster, sondern zweizeilige (distiche), gegenständige (dekussierte) oder wirtelige (quirlige) Blattstellung. Die Winkel zwischen aufeinanderfolgenden Blättern sind dabei 180° (bei den meisten Monocotylen und vielen Schmetterlingsblütlern), 90° (bei Lippenblütlern, Nelkengewächsen und Oleaceen) beziehungsweise höhere Teiler von 360° (bei Schachtelhalmen), sie sind also in höchstem Maße rational. Auffällig ist hier vor allem, daß die Natur fast ausschließlich die beiden Möglichkeiten rationalen beziehungsweise irrationalen Verhaltens wählt. Es gibt sogar in der Entwicklung einzelner Pflanzen Übergänge von einem Extrem ins andere, etwa von der 180°- in die 137,5°-Blattstellung; aber es lassen sich nur äußerst selten Blattanordnungen mit Winkeln zwischen 180 und dem Goldenen Winkel finden."[234]

Cum grano salis gelten diese Beobachtungen auch für Zyklen der Sonnenaktivität. Große Finger, kleine Finger und Flutkraftzyklen kommen in der Form 1/1, 1/2 und 1/4 der Länge des Grundzyklus vor, was den zitierten rationalen Blattstellungen entspricht. Wie wir gesehen haben, folgen auch viele andere Zyklen einschließlich des Tageskreises diesem Oktavprinzip. Innerhalb der Zyklen, die auf rationaler Teilung beruhen, herrscht jedoch das irrationale Prinzip der Potenz-Folge des Goldenen Schnitts vor. So entsteht eine fruchtbare Spannung. Goldene Schnitte benötigen für ihre Entwicklung eine abgeschlossene Rahmenstruktur, werden dadurch aber einem Potential polarer Gegensätze ausgesetzt, weil die Gestalt dieses Rahmens rationalen Formprinzipien unterworfen ist.

3. Irrationalität und Rationalität in der Himmelsmechanik

Besonders aufschlußreich für die Funktion des Goldenen Schnitts ist das bereits angeschnittene Problem der Stabilität des Sonnensystems. Hier treten die Unterschiede der Pole der *Polarität Rationalität – Irrationalität* besonders deutlich hervor. Rationale Zahlen werden, weil sie ein gemeinsames Maß haben, als kommensurabel bezeichnet, während die irrationalen Zahlen wegen des Fehlens eines solchen gemeinsamen Maßes inkommensurabel genannt werden. POINCARÉ hat im 3. Band seines Werkes *„Les méthodes nouvelles de la mécanique céleste"* die Probleme untersucht, die sich aus der Kommensurabilität der Umlaufzeiten von Planeten ergeben. Läuft ein Planet allein um einen Zentralkörper, so ist und bleibt seine elliptische Bahn stabil. Kommt jedoch nur ein weiterer

234 Dies., ebd., S. 194

Planet hinzu, so wird die Bahn gestört. Diese Störung kann sich aufschaukeln, wenn die Umlaufzeiten der beiden Planeten kommensurabel sind und damit die Voraussetzungen für Resonanz erfüllen. Bei jedem Umlauf wird dann die Wirkung der Störung erneut verstärkt. POINCARÉ hat gezeigt, daß es im Falle solcher Resonanz zwei Extreme gibt: Hält der gestörte Planet den größtmöglichen Abstand von der Störung, so entwikkelt sich stabile Resonanz. Kommt er jedoch der Störung nahe, so wird seine Bahn derart instabil, daß nicht ausgeschlossen werden kann, daß er das System verläßt. Dies gilt auch für sehr kleine Störungen, so daß nicht durch quantitative Methoden entschieden werden kann, ob und gegebenenfalls wann sich eine solche katastrophale Instabilität ereignen wird.

Die Rolle der Irrationalität in diesem Szenario ist erst in den fünfziger und sechziger Jahren dieses Jahrhunderts von den Mathematikern A. N. KOLMOGOROW[235], W. ARNOLD[236] und J. MOSER[237] geklärt worden. Das Ergebnis wird heute als KAM-Theorem bezeichnet. Hiernach wird eine Instabilitätskatastrophe verhindert, wenn die Umlaufzeiten der Planeten in einem Verhältnis stehen, das durch starke Irrationalität gekennzeichnet ist. Die Bahn des gestörten Planeten verläuft dann im Verhältnis zur Störung so wechselvoll, daß diese sich nicht zu bedrohlicher Stärke aufschaukeln kann. Solche quasiperiodischen, störungsresistenten Bahnen werden heute *KAM-Bahnen* genannt. In die gleiche Richtung weisen die numerischen Ergebnisse des Plasmaphysikers J. GREENE[238], wonach quasiperiodische Plasma-Schwingungen, die vom Goldenen Schnitt beherrscht werden, am unempfindlichsten gegenüber Störungen sind. Die besondere Härte von Quasikristallen, die nichtperiodisch angeordnet sind, kann auf die gleiche Weise erklärt werden. Kristalle dieser Art, die aus Aluminium, Kupfer und Eisen bestehen, sind härter als Stahl. Dies hängt damit zusammen, daß sich kleine Störungen nicht so leicht ausbreiten können wie in einem periodischen Gitter. Darüber hinaus halten die Quasikristalle Temperaturen über 700 °C aus; für Legierungen auf Aluminiumbasis ist dies eine ganz unerwartete Hitzebeständigkeit.[239]

235 A. N. KOLMOGOROW: Preservation of Conditionally Periodic Movements With Small Change in the Hamiltonian Function (1979), 51

236 W. I. ARNOLD: Mathematical Methods of Classical Mechanics (1978); ders.: Small Denominators and Problems of Stability of Motion in Classical and Celestial Mechanics (1963), S. 85

237 J. MOSER: Stable and Random Motions in Dynamical Systems (1973)

238 J. GREENE, in: Journal of Mathematical Physics; 20 (1979), 1183

239 A. HARDY: Harte und hitzebeständige Quasikristalle, Frankfurter Allgemeine Zeitung vom 2. 6. 1993

Abb. 68: Siegel-Disk nach H. O. PEITGEN und P. H. RICHTER. Der Mathematiker L. SIEGEL hat bei der Erforschung der Dynamik rückgekoppelter Iterationsprozesse in der Gaußschen Zahlenebene nachgewiesen, daß instabile Systeme einen stabilen Endzustand erreichen, wenn der Goldene Schnitt als spezieller Parameter eingesetzt wird. Die hier abgebildete Julia-Menge ist Beweis und Symbol für die Stabilitätsfunktion des Goldenen Schnitts.

Zu der Einsicht, daß der Goldene Schnitt als irrationalstes aller Zahlenverhältnisse in Geometrie und Dynamik den polaren Gegensatz zu Kommensurabilität und Resonanz bildet, haben insbesondere bahnbrechende Arbeiten des Mathematikers C. L. SIEGEL[240] beigetragen. Er hat bei der Untersuchung der Dynamik von rückgekoppelten Iterationsprozessen in der Gaußschen Zahlenebene nachgewiesen, daß Systeme, die in ihrem Stabilitätsverhalten zum „Umkippen“ neigen, vor allem dann einen stabilen Endzustand erreichen, wenn der Goldene Schnitt als spezieller Parameter eingesetzt wird. SIEGEL konnte sich diesen Endzustand nur vorstellen, weil er noch nicht über einen graphikfähigen Computer verfügte. Mit unseren heutigen Mitteln können wir das Ergebnis sehen. In Abb. 68 nach H. O. PEITGEN und P. H. RICHTER[241] ist es als *Julia-Menge* dargestellt. Während sich der Prozess $z \rightarrow \mu z + z^2$, $\mu = \exp(2\pi iG)$ entwickelt, entweichen Punkte außerhalb der Grenzen der Figur nach Unendlich. Punkte im Inneren erscheinen zunächst in den kleineren „Blättern“, springen von dort in größere Blätter und erreichen schließlich das untere große Blatt, das *Siegel-Disk* genannt wird. Die gelb gezeichneten konzentrischen Bahnen, die sie hier endlos durchlaufen, sind ihr stabiler Endzustand. Der Winkelzuwachs pro Einzelschritt der Iteration entspricht dabei dem goldenen Winkel. Ist dieser Zustand auf dem Siegel-Disk etabliert, breitet er sich auch auf die anderen Blätter aus.

4. Der irrationale Schnitt und die rationalen Zahlen in der Musik B. Bartóks

Der Polarität Rationalität – Irrationalität lassen sich hiernach die gegensätzlichen Begriffskomplexe „Instabilität durch exzessive Resonanzverstärkung“ und „Stabilität durch quasiperiodische Variabilität“ zuordnen. Dies darf aber nicht als Wertung im positiven oder negativen Sinne verstanden werden. Eine katastrophale Bahninstabilität, welche die Erde aus dem Sonnensystem in den kalten Weltraum katapultierte, wäre sicher für das Leben auf der Erde das negativste aller vorstellbaren Ereignisse. Andererseits haben wir gesehen, daß Instabilität eine unerläßliche Voraussetzung für die Entstehung neuer Strukturen ist, auch soweit es um menschliche Kreativität geht. Chaos und Ordnung bedingen einander. Die Harmonie der wunderbaren Werke der klassischen Musik beruht ge-

240 C. L. SIEGEL: Iteration of Analytic Functions (1942)
241 H. O. PEITGEN / P. H. RICHTER: The Beauty of Fractals, S.77

rade auf jenen rationalen Verhältnissen kleiner Zahlen, die bei Bahnstörungen zerstörerische Resonanzerscheinungen bewirken. Im Grunde handelt es sich auch hier um eine natürliche polare Funktionseinheit, die schon formal dadurch angedeutet wird, daß die ersten rationalen Verhältnisglieder der Fibonacci-Folge – 1/2, 2/3, 3/5, 5/8 – Konsonanzen in der musikalischen Harmonie erzeugen – Oktave, Quint, große Sext, kleine Sext – obwohl die Folge im ganzen auf den irrationalen Wert des Goldenen Schnitts zustrebt, der fern vom symmetrischen Gleichgewicht liegt.

Der Komponist Béla BARTÓK, der von diesen theoretischen Zusammenhängen nichts wissen konnte, weil er schon 1945 starb, hat als Künstler diese Funktionseinheit verwirklicht. E. LENDVAI[242], der BARTÓKs Werk gründlich analysiert hat, kommt zu dem Ergebnis, daß das Hauptmerkmal seiner chromatischen Technik sich in jedem Element den Regeln des Goldenen Schnitts unterwirft. So ist zum Beispiel in der Sonate für zwei Klaviere und Schlagzeug ebenso wie in der Musik für Saiteninstrumente, Schlagzeug und Celesta jede Einheit vom Kompositionsganzen bis in die kleinste Zelle nach dem Goldenen Schnitt gegliedert. Überall erscheinen exakt die Zahlen der Fibonacci-Folge als Elemente der Komposition. Major und Minor "umschlingen einander wie die sich hinauf- und hinabschwingende Bogenlinie einer einzigen Welle". Dabei kennzeichnet der Goldene Schnitt fast immer den wichtigsten Formwendepunkt.

Andererseits sind in BARTÓKs Form-, Melodie- und Harmoniebildung die Oberton-Harmonisierung und der periodisierte Satzbau im Wiener klassischen Stil ebenso wichtige Elemente wie die Strukturbeherrschung durch den Goldenen Schnitt. Im Kontrast der polar-dualen Systeme wird die Wirkung der Klangfiguren wechselseitig erhöht. Ein schlichter Dur-Dreiklang wirkt in dieser Formumgebung wie eine Offenbarung. Es ist erstaunlich, wie treffsicher LENDVAI durch seine musikalische Analyse das irrationale Wesen des Goldenen Schnitts erfaßt und dem rationalen Pol der Polarität gegenüberstellt. So betont er, daß der Goldene Schnitt ein geschlossenes System voll innerer Spannung hervorbringe, während das harmonische System offen sei und danach strebe, Spannung durch Oberton-Konsonanz aufzulösen. Weiter stellt er gegenüber: Irrationalität und Rationalität, Geometrie und Algebra, sich anpassendes Wachstum und verfestigte Form, zyklischen Rhythmus und ausgreifenden Schwung

242 E. LENDVAI: Dualismus und Synthese in der Musik Béla Bartóks (1969), S. 174-193

nach außen, kreisförmig und geradlinig, asymmetrisch und symmetrisch, Ungleichgewicht und Gleichgewicht. Im übertragenen Sinn sieht LENDVAI unter anderem die Begriffspaare instinktiv und intellektuell, weiblich und männlich, Inspiration und Gedanke als typisch für den Goldenen Schnitt und seinen rationalen Gegenspieler an. Wer *goldene Aspekte* näher untersucht, sollte diese Ergebnisse im Kopf behalten.

D. SCHLUSSWORT

Am Ende dieser Rundreise durch mannigfaltige Wissensgebiete läßt sich rückschauend feststellen, daß eine vorurteilsfreie Interdisziplinarität, die wie zur Zeit KEPLERs und GALILEIs grundlegende astrologische Vorstellungen mit den jüngsten Ergebnissen kontemporaner Wissenschaft verbindet, durchaus in der Lage ist, konkrete Resultate zu erzielen, die sowohl für die überlieferte Astrologie als auch die moderne Naturwissenschaft jenseits ihrer abgegrenzten Assoziationshorizonte liegen. Es hat sich gezeigt, daß so verschiedene Erscheinungen wie die variable Aktivität der Sonne, solar-terrestrische Effekte, die Struktur der „intelligentesten" Kristalle und eine moderne Form astrologischer Aspekte auf ein und demselben Grundprinzip beruhen, nämlich auf Fraktalen des Goldenen Schnitts, die durch rückgekoppelte Schwingungen entstehen. Dabei dürfte klar geworden sein, daß die Probleme des Verhältnisses von Astrologie und heutiger Wissenschaft tiefer liegen, als dies nach den gängigen Diskussionen in Literatur, Rundfunk und Fernsehen den Anschein hat. Leider lassen oft gerade diejenigen, die sich hier auf beiden Seiten in den Vordergrund drängen, die Unvoreingenommenheit und die interdisziplinäre Allgemeinbildung vermissen, die unabdingbare Voraussetzung für ein sachkundiges und zukunftsoffenes Urteil sind.

Trotz der Hinweise auf praktische Anwendungsmöglichkeiten der erörterten Beziehungen, die sich auch in spezifischen Prognosen niedergeschlagen haben, werden Leser, die selbst praktisch arbeiten möchten, vielleicht detaillierte technische Ausführungen vermissen, wie sie in Lehrbüchern geboten werden. Insoweit kann ich nur noch einmal wiederholen, daß es nicht meine Absicht war, ein Lehrbuch für Spezialisten zu schreiben. Dies ist eine erste grundlegende Arbeit, die auch für den gebildeten Laien zugänglich sein sollte. Technische Spezialschriften für Fachwissenschaftler, Zyklusforscher und Neoastrologen werden in absehbarer Zeit folgen.[243] Als erste Hilfe sind in der angefügten Tabelle die

243 Leser, welche die goldenen Aspekte selbst analysieren wollen, können ein entsprechendes Programm für IBM-kompatible Computer, das der Autor entwickelt hat, unter folgender Adresse beziehen: Software-Haus Astron, Klaus W. Bonert, Peter Marquard-Straße 4 A, D-22303 Hamburg. Das Programm berechnet die Positionen der Sonne, des Mondes, der Planeten und der Eckpunkte Aszendent, Medium coeli und Vertex für den Zeitraum 3 000 v. Chr. bis 3 000 n. Chr. und ermittelt für einen gewählten Orbis die goldenen Aspekte zwischen den Horoskopfaktoren.

Epochen der Nullphasen der KF-Zyklen von 1800 – 2040 angeführt. Ein beigefügtes Minuszeichen weist darauf hin, daß sich die Sonne nach der Nullphase zum Massenzentrum CM hin bewegt, während ein Pluszeichen eine Bewegung vom Massenzentrum weg anzeigt.

Die *Quantensystem-Hypothesen* der Geburts-Synchronisation und der Morphogentik, die hier vorgestellt wurden, tragen nicht nur zur Lösung von Fachproblemen bei, sondern eröffnen auch eine Weltperspektive, welche der Weite und Tiefe des Blickfelds neue Dimensionen erschließt. Wahrscheinlich lassen sich die Grundvorstellungen der Quantensystem-Hypothesen auch auf andere Gebiete als die Astrologie und den Problembereich der Formentwicklung anwenden. Es liegt nahe, hier an die Parapsychologie zu denken, die gerade durch ein *„Ganzfeldexperiment“* Aufmerksamkeit erregt hat. Nach einem Bericht des *„New Scientist“* vom 15. Mai 1993 hat der Psychologe C. HONORTON an den Universitäten New Jersey und Edinburgh Versuche durchgeführt, die von der Psychologin S. BLACKMORE, die einen Ruf als scharfe Kritikerin der Parapsychologie hat, als „eine Herausforderung für alle Skeptiker“ bezeichnet werden. Nach ihrem Urteil entspricht die Konzeption der Experimente „in hohem Maße den Forderungen, die von Skeptikern erhoben wurden, und die Resultate sind sicher nicht durch Zufall zustande gekommen.“[244]

Die Versuche gingen folgendermaßen vor sich: Der ersten Versuchsperson, dem „Sender“, wurden in einem abgeschlossenen Raum Bilder gezeigt, die ein Computer mit Zufallsgenerator auswählte. Diese Versuchsperson konzentrierte sich auf die vorgeführten Bilder. Die zweite Versuchsperson, der „Empfänger“ hielt sich derweil in einem anderen, schallisolierten Raum auf. Die Augen waren abgedeckt und wurden zusätzlich mit Rotlicht bestrahlt. Die Ohren waren mit Kopfhörern abgedeckt, in denen es rauschte. Nach Abschluß der Bildvorführung im Raum des „Senders“ wurde dem „Empfänger“ eine Bildsequenz vorgelegt, in der unter anderem auch die Bilder erschienen, auf die sich der „Sender“ konzentriert hatte. Der Empfänger hatte die Aufgabe, diejenigen Bilder zu bezeichnen, die ihn am meisten ansprachen. Dies waren überzufällig häufig die Bilder, die der „Sender“ gesehen hatte.

Nach der Quantensystem-Hypothese ist folgende Erklärung möglich: Zwei Quantensysteme auf dem hierarchischen Niveau des Lebewesens Mensch sind hier durch die Versuchsanordnung und die gemeinsame

244 G. v. RANDOW: Telepathische Neuigkeiten aus Schottland – Verdatterte Skeptiker, Die Zeit, No. 21, vom 28. 5. 1993, S. 17

Aufgabe in Kontakt miteinander getreten. Durch die Exotik der wissenschaftlichen Fragestellung wurde ein Interesse an der Übertragung entsprechender Information geweckt. Die beteiligten Quantenpotentiale, die ständig die Umwelt sondieren, waren ohne Schwierigkeiten in der Lage, diese Aufgabe mit Hilfe ihrer Informationsfelder und Wellenformen zu bewältigen. Bilder sind auch nichts anderes als Schwingungsformen. Das Quantenpotential des „Senders", der sich auf die Bilder konzentrierte, hat die Informationsübertragung dadurch erleichtert, daß es die Bilder in seine Wellenform aufnahm, von wo der „Empfänger" sie leichter übernehmen konnte, weil menschliche Quantensysteme einander ähnlich sind. Es wäre interessant zu sehen, was geschähe, wenn der „Sender" ausschiede und der „Empfänger" versuchte, die im Nebenraum gezeigten Bilder unmittelbar zu „sehen".

Ich hoffe, daß sich die in den Gesamtzusammenhang einfügende Darstellung der jüngsten Ergebnisse kreativer Naturwissenschaft positiv auf die Haltung begabter junger Menschen auswirkt, die oft dem Einfluß wissenschafsfeindlicher Kreise ausgesetzt sind, die ihren Vorurteilen in den Medien lautstarken Ausdruck geben, aber gar nicht wissen, wovon sie reden. Vielleicht trägt dieser Überblick, der naturwissenschaftliche Erkenntnisse in einer ungewöhnlichen Perspektive zeigt, auch gerade bei jenen zu einer Änderung ihrer Haltung bei, die bisher von der Vorstellung ausgingen, die Naturwissenschaften seien ungeistig und lebensfeindlich. Was ein Wissensgebiet zu leisten vermag, zeigen die Werke der herausragenden Vertreter der Disziplin. Unter *Naturwissenschaften* ist nicht die Hamsterradaktivität engstirniger Manager eines mechanistischen Materialismus zu verstehen, der längst überholt ist, sondern das Wirken jener Wissenschafts-Künstler an der Front der Forschung, deren phantasiesprühende Eingebungskraft immer tiefer in die wundersame Natur eindringt und dabei im Gegensatz zu vielen Theologen unserer Zeit dem Schöpfer immer näherkommt. So hat EINSTEIN gesagt:

> „Das tiefste und erhabenste Gefühl, dessen wir fähig sind, ist das Erlebnis des Mystischen. In ihm allein keimt wahre Wissenschaft."[245]

Es ist unverkennbar, daß der holistische Rahmen, in den sich die erzielten Ergebnisse einfügen, durchaus dem Resultat der Experimente entspricht, welche die Bellsche Ungleichung widerlegen. Die praktischen Zusammenhänge, auf die sich sogar Prognosen stützen lassen, sollten

245 L. BARNETT: Einstein und das Universum (1962), S. 133

nicht darüber hinwegtäuschen, daß es ein Grundanliegen dieser Arbeit ist, Hintergründe aufzuhellen und vielleicht sogar etwas zu einem tieferen Verständnis unseres Lebens in dieser Welt beizutragen. Dichter sind oft ihrer Zeit weit voraus. So ist erst heute rational nachzuvollziehen, was NOVALIS wußte, als er sagte:

> „Jeder Mensch hat seinen individuellen Rhythmus".[246]

Er hat auch gesagt:

> „Wir stehen in Verhältnissen mit allen Teilen des Universums, sowie mit Zukunft und Vorzeit."[247]

Der Wissenschaftler EINSTEIN hat dies ähnlich ausgedrückt:

> „Der Mensch ist Teil eines Ganzen, das wir Universum nennen. Er erfährt sich in seinen Gedanken und in seinem Gefühl als von diesem Ganzen getrennt. Dies ist eine Art optischer Täuschung unseres Bewußtseins, die für uns als Gefängnis wirkt. Unsere Aufgabe ist es, uns aus diesem Gefängnis zu befreien, indem wir die Reichweite unserer Liebe so weit ausdehnen, daß wir alle lebenden Kreaturen und die gesamte Natur in ihrer Schönheit umarmen."[248]

Folgen wir EINSTEINs Rat. Lauschen wir, tief drinnen, dem Schwingungskonzert des Universums.

246 G. BERRON (Hg.): Novalis – Ausgewählte Kostbarkeiten (1985), S. 26
247 O. BETZ (Hg.): Novalis – Im Einverständnis mit dem Geheimnis (1980), S. 35
248 *New York Post* vom 28. 11. 1972

Tafel

Epochen der Nullphasen „kleiner Finger“ von 1800 - 2040

+	2.	2.	2030	2030,09	–	11.	6.	2038	2038,44
+	18.	8.	2013	2013,63	–	25.	12.	2021	2021,98
+	20.	4.	1990	1990,30	–	22.	7.	1998	1998,56
+	24.	6.	1974	1974,48	–	31.	10.	1982	1982,83
+	20.	10.	1967	1967,80	–	9.	1.	1970	1970,02
+	16.	5.	1951	1951,37	–	13.	8.	1959	1959,62
+	1.	5.	1930	1930,33	–	15.	4.	1942	1942,29
+	18.	1.	1912	1912,05	–	25.	10.	1920	1920,82
+	2.	3.	1891	1891,17	–	8.	10.	1901	1901,77
+	11.	4.	1873	1873,28	–	20.	11.	1881	1881,89
+	26.	11.	1850	1850,90	–	16.	3.	1859	1859,21
+	22.	11.	1834	1834,89	–	5.	3.	1843	1843,18
+	3.	6.	1811	1811,42	–	9.	9.	1819	1819,69

– 14. 9. 1803 1803,70

BIBLIOGRAPHIE

ADDERLEY, E. E. / BOWEN, E. G.: Lunar Component in Precipitation Data. In: Science; 137 (1962), 749 – 750

ADDEY, J. M.: Harmonics in Astrology. – Romford: L. N. Fowler, 1976

ALBERT, D. Z.: Quantum Mechanics and Experience. – Cambridge; London: Harvard University Press, 1992

ALLEN, C. W.: Astrophysical Quantities. – London: The University of London, 1964

ALLEN, J. / SAUER, H. / FRANK, L. / REIFF, P.: Effects of the March 1989 Solar Activity. In: Eos; 14. Nov. 1989

ALLGEYER, K.: Paracelsus. – München: Heyne, 1984

ARNOLD, W. I.: Small Denominators and Problems of Stability of Motion in Classical and Celestial Mechanics. In: Russ. Math. Surv.; 18 (1963)

ARNOLD, W. I.: Mathematical Methods of Classical Mechanics. – New York: Springer, 1978

ASPECT, A. / GRANGIER, P.: Experiments on Einstein-Podolsky-Rosen-Type Correlations With Pairs of Visible Photons. In: R. PENROSE / C. J. ISHAM: Quantum Concepts in Space and Time. – Oxford: Oxford University Press, 1986

ASPECT, A. / GRANGIER, P. / ROGER, G.: Experimental Test of Realistic Local Theories Via Bell's Theorem. In: Phys. Rev. Lett; 47 (1982)

ATKINS, P. W.: Quanta. – Oxford; New York; Tokio: Oxford University Press, 1991

AUTRUM, H.: Präzision und Toleranzen der lebenden Natur. In: Bild der Wissenschaft; Okt. 1970

BACHELARD, H. S.: Brain Biochemistry. – London: Chapman and Hall, 1974

BAGGOTT, J.: The Meaning of Quantum Theory. – Oxford; New York; Tokio: Oxford University Press, 1992

BARAVALLE, H. v.: Geometrie als Sprache der Formen. – Stuttgart: Verlag Freies Geistesleben, 1980

BARNETT, L.: Einstein und das Universum. – Frankfurt: Fischer Taschenbücher, 1962

BARNSTON, A. G. / LIVEZEY, R. E.: A Closer Look at the Effects of the 11-Year Solar Cycle and the Quasi-Biennial Oscillation on Northern Hemisphere 700 mb Height and Extratropical North American Surface Temperature. In: J. Climate; 2 (1989), 1295 – 1313

BARROW, J. D.: Theories of Everything. – Oxford: Clarendon Press, 1991

BAUR, F.: Abweichungen der Monatsmittel der Temperatur Mitteleuropas und des Niederschlags in Deutschland. Beilage zur Wetterkarte des Instituts für Meteorologie der Freien Universität Berlin vom 24. 6. 1975

BAYLOR, D. A. / LAMB, T. D. / YAU, K. W.: Responses of Retinal Rods to Single Photons. In: J. Physiol.; 288 (1979), 613 – 643

BARTHÉLEMY-MADAULE, M.: Bergson und Teilhard de Chardin. – Olten; Freiburg: Walter, 1970

BARTHOTY, M. F.: Biological Effects of Magnetic Fields. – New York: Plenum Press, 1965, 1969

BECKER, G.: Communication Between Termites and the Influence of Magnetic and Electric Fields. In: F. A. POPP / G. BECKER / H. L. KÖNIG / W. PESCHKA (Hg.): Electromagnetic Bio-Information. – München; Wien; Baltimore: Urban & Schwarzenberg, 1979

BECKER, R. S. / WENTWORTH, W. E.: Allgemeine Chemie. Bd. 1. – Stuttgart: dtv; Thieme, 1976

BECKER, U.: Sonnenaktivität und chemische Tests. In: Les Conférences du Palais de la Découverte; (1960), 113 – 116

BECKER, U.: Lexikon der Astrologie. – München: Goldmann, 1984

BELL, J. S.: On the Einstein-Podolsky-Rosen-Paradox. In: Physics; (1964) 1

BELL, J. S.: Speakable and Unspeakable in Quantum Mechanics. – Cambridge: Cambridge University Press, 1987

BENVENISTE, R. E. / TODARO, G. J.: Evolution of C-Type Viral Genes. In: Nature; 252 (1974), 456 – 458

BERGER, A.: Accuracy and Frequency Stability of the Earth's Orbital Elements During the Quarternary. In: A. L. BERGER / J. IMBRIE / J. D. HAYS / G. KUKLA / B. SALTZMAN: Milankovich and Climate. Bd. 1. – Dordrecht: Verlag D. Reidel, 1984, S. 3 – 39

BERGER, A. L.: Long-Term Variations of Caloric Insolation Resulting From the Earth's Orbital Elements. In: Quarternary Research; 9 (1978), 139 – 167

BERGMANN, P. G.: The Riddle of Gravitation. – New York: Charles Scribner's Sons, 1968

BERRON, G. (Hg.): Novalis – Ausgewählte Kostbarkeiten. – Lahr: SKV-Edition, 1985

BERTALANFFY, L. v.: General Systems Theory. – New York: Braziller, 1968

BERTSCH, G. F.: Vibrations of the Atomic Nucleus. In: Scientific American; 248 (1983), 40 – 51

BETTLEY, F. R.: Ichthyosis and Hypnosis. In: British Medical Journal; 2 (1952)

BETZ, O. (Hg.): Novalis – Im Einverständnis mit dem Geheimnis. – Freiburg: Herder, 1980

BIGG, E. K.: J. Geophys. Res.; 68 (1963), 1409 – 1413

BLACK, S.: Mind and Body. – London: William Kimber, 1969

BLACKMAN, R. B. / TUKEY, J. W.: The Measurement of Power Spectra. – New York: Dover Publications, 1959

BÖER, W.: Astrologie und Astrologen auf dem Prüfstand: Wiederholung eines Unfäller-Tests. In: Meridian; (1984) 4, 7 – 15

BOHM, D.: Quantum Theory. – New York: Prentice Hall, 1951

BOHM, D.: A Suggested Interpretation of the Quantum Theory in Terms of Hidden Variables. In: Physical Review; 85 (1952)

BOHM, D.: Wholeness and the Implicate Order. – London: Routledge and Paul Kegan, 1980

BOHM, D. / PEAT, F. D.: Science, Order and Creativity. – New York: Bantam Books, 1987

BOHM, D. / PEAT, F. D.: Das neue Weltbild. – München: Goldmann, 1990

BOHM, D. / HILEY, B.: On the Intuitive Understanding of Non-Locality as Implied by Quantum Theory. – London: University of London, Birbeck College, 1974

BOHR, N.: Can Quantum-Mechanical Description of Physical Reality Be Considered Complete? In: Phys. Rev.; 48 (1935)

BOK, B. J. / JEROME, L. E. / KURTZ, P.: Objections to Astrology: a Statement by 186 Leading Scientists. In: The Humanist; September / Oktober, 1975

BONDI, H.: Assumption and Myth in Physical Theory. – Cambridge: Cambridge University Press, 1967

BOREL, E.: Introduction géométrique à quelques théories physiques. – Paris: Gauthier-Villars, 1914

BORN, M.: Die Relativitätstheorie Einsteins. – Berlin, 1922. Neue Aufl.: Berlin; Göttingen; Heidelberg: Springer, 1964

BRADLEY, D. A. / WOODBURY, M. A. / BRIER, G. W.: Lunar Synodical Period and Widespread Precipitation. In: Science; 137 (1964), 748 – 749

BREUER, R.: Das Chaos. In: Geo; Juli 1985

BREWSTER, D.: Memoirs of the Life, Writings, and Discoveries of Sir Isaac Newton. – Boston, 1855

BRIGGS, J. / PEAT, F. D.: Die Entdeckung des Chaos. – München; Wien: Carl Hanser, 1990

Brockhaus Enzyklopädie. Bd. 10. – Wiesbaden: F. A. Brockhaus, 1970

BROGLIE, L. de: The Current Interpretation of Wave Mechanics. – Amsterdam: Elsevier, 1964

BROWN, F. A. / PARK, Y. H.: Synodic Monthly Modulation of the Diurnal Rhythms of Hamsters. In: Proceedings of the Society for Experimental Biology and Medicine; 125 (1967), 712 – 715

BURG, J. P.: Maximum Entropy Analysis. – Palo Alto: Stanford University (Doktorthese), 1975

BUROS, O. K.: The Eighth Mental Measurements Yearbook. – Highland Park: Verlag Gryphon, 1978

BURR, H. S.: Blueprint for Immortality: the Electric Patterns of Life. – London: Verlag Neville Spearman, 1972

BUSE, L.: Selbst-Attribuierung als differentiell-psychologische Moderatorvariable. In: Zeitschrift für Sozialpsychologie; 10 (1979), 54 – 69

CAPEL-BOUTE, C.: Observations sur les tests chimiques de Piccardi effectués de 1950 à 1958. In: Les Conférences du Palais de la Découverte; (1960), 51 – 109

CAPEL-BOUTE, C.: Résultats numériques des tests chimiques de Piccardi obtenus à Bruxelles, 1952 – 1978. 7 Bde. – Brüssel: Presses Universitaires de Bruxelles, Centre Interdisciplinaire de Recherches et d'Études des Facteurs del l'Ambience, 1966 – 1981

CAPRA, F.: The Tao of Physics. – Berkeley: Shambhala, 1975

CARLSON, S.: A Double-blind Test of Astrology. In: Nature; 318 (1985), 419 – 425

CAROLI, G.: Med. Met. Hefte; 4 (1950)

CASPAR, M.: Johannes Kepler: Weltharmonik. – Darmstadt: Wissenschaftliche Buchgesellschaft, 1973

CASTI, J. L.: Paradigms Lost. – New York: William Morrow, 1989

CASTI, J. L.: Searching for Certainty: What Scientists Can Know About the Future. – New York: William Morrow, 1990

CHARON, J. E.: Théorie de la Relativité Complexe. – Paris: Albin Michel, 1977

CHARON, J. E.: Der Geist der Materie. – Frankfurt a. M.: Ullstein, 1982

CHARON, J. E.: Les Lumières de l'Invisible. – Paris: Albin Michel, 1985

CHARON, J. E.: Der Sündenfall der Evolution. – Wien; Hamburg: Paul Zsolnay, 1987

CHIAO, R. Y. / KWIAT, P. G. / STEINBERG, A. M.: Faster than Light? In: Scient. American, August 1993

CHOISNARD, P.: Preuves et bases de l'astrologie scientifique. – Paris, 1921

CLARK, V.: Experimental Astrology. In: Search; Winter / Frühjahr 1961

CLARK, V.: An Investigation of the Validity and Reliability of the Astrological Technique. In: Aquarian Agent; Herbst 1970

CLEMENCE, G. M. / BROUWER, D.: The Accuracy of the Five Outer Planets and the Invariable Plane. In: The Astron. Journal; 60 (1955)

COCHRAN, A. A.: Quantum Mechanics and Biology. In: Found. Phys.; 1 (1971)

CONEL, J. L.: Life As Revealed by the Microscope. – New York, 1970

COOK, T. A.: The Curves of Life. – New York: Dover Publications, 1979

COOLEY, W. W. / LOHNES, P. R.: Multivariate Data Analysis. – New York: John Wiley, 1971

COOPER, H. J. / SMITHERS, A. G.: Do the Seasons Govern Our Career? In: New Society; 5. April 1973

COOPER, H. J. / SMITHERS, A. G.: Birth Patterns Among Army Officers. In: Journal of Social Psychology; 97 (1975), 61 – 66

COSTA, P. T. / ROBERT, R. M. / ARENBERG, D.: Recent Longitudinal Research on Personality and Aging. In: K. W. SCHAIE (Hg.): Longitudinal Studies of Adult Psychological Development. – New York: Verlag Guilford, 1983, S. 256 – 262

COUDERC, P.: L'Astrologie. – Paris: Presses Universitaires de France, 1978

CSAPO, A.: Function and Regulation of the Myometrium. In: Ann. N. Y. Acad. Sc.; 75 (1959), 790 – 808

CULVER, R. B. / IANNA, P. A.: The Gemini Syndrome: a Scientific Evaluation of Astrology. – Buffalo: Prometheus Books, 1979

DANJON, A.: Solar Flares and Changes in the Length of the Day. In: C. R. Acad. Sci. Ser. B; 249 (1959); 250 (1960)

DAVIDSON, E. H.: Hormones and Genes. In: Scient. American; Juni 1965, 36 – 45

DAVIES, P. / GRIBBIN, J.: The Matter Myth. – New York; London; Toronto: Simon & Schuster, 1992

DEAN, G.: Forecasting Radio Quality by the Planets. In: Skeptical Inquirer; 8 (1983), 48 – 56, und in: Correlation; 3 (1983) 1, 4 – 36

DEAN, G.: Can Astrology Predict E and N? – 1. Individual factors. In: Correlation; 5 (1985) 1, 3 – 17

DEAN, G.: Can Astrology Predict E and N? – 2. The whole chart. In: Correlation; 5 (1985) 2, 2 – 24

DEAN, G.: Can Astrology Predict E and N? – 3. Discussion and further research. In: Correlation; 6 (1986) 2, 7 – 52

DEAN, G.: Does Astrology Need to Be True? Part 1: A Look at the Real Thing. In: The Skeptical Inquirer; 11 (1986/1987), Winterausgabe, 166 – 184

DEAN, G.: Does Astrology Need to Be True? Part 2: The Answer is No. In: The Skeptical Inquirer; 11 (1987), Frühlingsausgabe, 257 – 272

DEAN, G. / MATHER, A.: Recent Advances in Natal Astrology: a Critical Review 1900 – 1976. – Subiaco: Verlag Analogic, 1977

DEKER, U. / THOMAS, H.: Die Chaos-Theorie. In: Bild der Wissenschaft; (1983) 1

D'ESPAGNAT, B.: The Quantum Theory and Reality. In: Scient. American; 241 (1979), 128 – 140

DEWEY, E. R.: Cycles. – New York: Manor Books, 1973

DeWITT, S.: Quantum Gravity. In: Scient. American; 249 (1983), 104 – 115

Dictionary of Scientific and Technical Terms. – New York; St. Louis; San Francisco: McGraw-Hill, 1989

DITFURTH, H. v. / ARZT, V.: Querschnitte. – München: dtv, 1984

DOUADY, A.: Julia Sets and the Mandelbrot Set. In: H. O. PEITGEN / P. H. RICHTER: The Beauty of Fractals: Images of Complex Dynamical Systems. – Berlin; Heidelberg; New York; Tokio: Springer, 1986, S. 172 – 173

DRESSLER, A.: The Large-Scale Streaming of Galaxies. In: Scient. American; 257 (1987), 38 – 45

DRONIA, H.: Verändern wir unser Klima? In: Bild der Wissenschaft; 12 (1975)

DUBROV, A. P.: The Geomagnetic Field and Life. – New York: Plenum Press, 1978

DÜRRENMATT, F.: Albert Einstein: ein Vortrag. – Zürich: Diogenes, 1979

EBERTIN, R.: Kombination der Gestirneinflüsse. – Freiburg i. Br.: Ebertin-Verlag, 1950

EDDINGTON, A.: The Nature of Physics. – Ann Arbor, 1958

EDDY, J. A.: The Maunder Minimum. In: Science; 192 (1976)

EDDY, J. A.: The Case of the Missing Sunspots. In: Scient. American; 236 (1977)

EDDY, J. A.: An Historical Review of Solar Variability, Weather, and Climate. In: B. M. McCORMAC: Weather and Climate Responses to Solar Variations. – Boulder: Colorado Associated University Press, 1983, S. 1 – 15

EIGEN, M. / WINKLER, R.: Das Spiel: Naturgesetze steuern den Zufall. – München; Zürich: Piper, 1978

EINSTEIN, A.: Über die spezielle und allgemeine Relativitätstheorie. – Braunschweig, 1920

EINSTEIN, A. / PODOLSKY, B. / ROSEN, N.: Can Quantum-mechanical Description of Physical Reality Be Considered Complete? In: Physical Review; 47 (1935)

EKELAND, I.: Das Vorhersehbare und das Unvorhersehbare. – München: Verlag Harnack, 1985

ELWELL, D.: The Demonstration of Astrology. In: Astrological Journal; 24 (1982) 2, 68 – 75

ERTEL, S.: Wissenschaftliche Qualität und progressive Dynamik im Gauquelin-Paradigma. In: Zeitschr. f. Parapsychol. u. Grenzgeb. d. Psychol.; (1986) 1/2, 104 – 135

ERTEL, S.: Purifying Gauquelin's „Grain of Gold": Planetary Effects Defy Physical Interpretation. In: Correlation; 9 (1989) 1, 5 – 23

ERTEL, S.: Die Gauquelin-Planeteneffekte: Forschungsstand 1993. In: Grenzgebiete der Wissenschaft; 42 (1993) 2, 99 – 114

ESKOLA, P.: Kristalle und Gesteine. – Wien: Springer, 1946

EYSENCK, H. J.: Methodology in Astrological Research. In: Astrological Journal; 24 (1982) 2, 76 – 83

EYSENCK, H. J.: A Double Blind Test of Astrology. In: Correlation; 6 (1986) 1, 15 – 16

EYSENCK, H. J. / EYSENCK, M. W.: Personality and Individual Differences: a Natural Science Approach. – New York: Plenum, 1985

EYSENCK, H. J. / NIAS, D.: Astrologie: Wissenschaft oder Aberglaube? – München: List Verlag, 1982

FECHNER, G. T.: Zend-Avesta. – Leipzig: Insel, 1919

FEDOROFF, N. / BOTSTEIN, D.: The Dynamic Genome: Barbara McClintock's Ideas in the Century of Genetics. – Cold Spring Harbor: Cold Spring Harbor Laboratory Press, 1992

FEYNMAN, R. P. / LEIGHTON, R. B. / SANDS, M.: The Feynman Lectures on Physics. Bd. 1. – New York; Toronto; London: Addison-Wesley, 1966

FIELD, M. / GOLUBITSKY, M.: Symmetry in Chaos. – Oxford; New York; Tokio: Oxford University Press, 1992

FIGALA, K.: Das verheimlichte Leben des Sir Isaac Newton. In: Bild der Wissenschaft; Dez. 1980, 155 – 161

FINKELNBURG, W.: Einführung in die Atomphysik. – Berlin; Göttingen; Heidelberg: Springer, 1964

FLOHN, H.: Das Problem der Klimaänderungen in Vergangenheit und Zukunft. – Darmstadt: Wissenschaftliche Buchgesellschaft, 1985

FOUKAL, P. V.: Solar Astrophysics. – New York; Toronto; Singapur: John Wiley, 1990

FOUKAL, P. V.: The Variable Sun. In: Scient. American; 262 (1990), S. 34 – 41

FRANK-KAMENEZKI, D.: Das Zeitproblem in der modernen Wissenschaft. In: Ideen des exakten Wissens; November 1970

FRANKE, H. (Hg.): Lexikon der Physik. Bd. 2. – Stuttgart: Francksche Verlagsbuchhandlung, 1969

FREEMAN, R. D. / MITCHELL, D. E. / MILLODOT, M.: A Neural Effect of Partial Visual Deprivation in Humans. In: Science; 175 (1972)

FRIIS-CHRISTENSEN, E. / LASSEN, K.: Length of the Solar Cycle: an Indicator of Solar Activity Closely Associated With Climate. In: Science; 254 (1991), 698 – 700

FRISCH, C. (Hg.): Johannes Kepler: Opera omnia. Bd. 1. – Hildesheim: Verlag A. H. Gerstenberg, 1973

FRITZSCH, H.: Quarks: Urstoff unserer Welt. – München; Zürich: Piper, 1984

FUCHS, W. R.: Knaurs Buch der modernen Physik. – München; Zürich: Droemer Knaur, 1965

FULLAM, F. A.: Contemporary Belief in Astrology – Magister-Dissertation (Soziologie), Department of Sociology, University of Chicago, 1984

GARDNER, M.: Some Mathematical Curiosities Embedded in the Solar System. In: Scient. American; 222 (1946), 106 – 109

GARDNER, M.: The ERP Paradox and Rupert Sheldrake. In: Skeptical Inquirer; 11 (1986 / 1987) 2

GAUQUELIN, M.: L' Influence des astres: Étude critique et expérimentale. – Paris: Éditions du Dauphin, 1955

GAUQUELIN, M.: Der Einfluß der Gestirne und die Statistik. In: Zeitschr. f. Parapsychol. u. Grenzgeb. d. Psychol.; 1 (1957), 102 – 123

GAUQUELIN, M.: Neue Untersuchungen über den Einfluß der Gestirne. In: Zeitschr. f. Parapsychol. u. Grenzgeb. d. Psychol.; 3 (1959), 10 – 31

GAUQUELIN, M.: Les hommes et les astres. – Paris: Éditions Denoël, 1960

GAUQUELIN, M.: L'astrologie devant la science. – Paris: Éditions Planète, 1966

GAUQUELIN, M.: Die Uhren des Kosmos gehen anders. – Bern; München; Wien: Scherz, 1973

GAUQUELIN, M.: Cosmic Influences on Human Behaviour. – London: Garnstone Press, 1974

GAUQUELIN, M.: Dreams and Illusions of Astrology. – Buffalo, 1979

GAUQUELIN, M.: Kosmische Einflüsse auf menschliches Verhalten. – Freiburg: Bauer, 1983

GAUQUELIN, M.: Astrological Aspects at the Birth of Eminent People. In: Correlation; 5 (1985) 1

GAUQUELIN, M.: „Neo-Astrologie“: ein Überblick über ein vierzigjähriges Forschungsprogramm. In: Zeitschr. f. Parapsychol. u. Grenzgeb. d. Psychol.; 28 (1986), 76 – 86

GAUQUELIN, M.: Neo-Astrology. – London: Arkana, 1991

GAUQUELIN, M. / GAUQUELIN, F.: Review of Studies in the U.S.S.R. on the Possible Biological Effects of Solar Activity. In: J. Interdiscipl. Cycle Research; 6 (1975) 3, 249 – 252

GAUQUELIN, M. / GAUQUELIN, F.: The Planetary Factors in Personality. – Paris: Laboratoire d'Etude des Relations entre Rythmes Cosmiques et Psychologiques, 1976

GAYNOR, V. M.: Astrology and Psychology: Keys to Understanding Human Personality – Dissertation (Psychologie) der University of California, 1981

GEISSLER, H. W.: Der ewige Tempel. – München-Planegg: O. W. Barth-Verlag, 1949

GENZ, H.: Symmetrie: Baustein der Natur. – München; Zürich: Piper, 1992

GENZ, H. / DEKER, U.: Gottesbeweis oder mathematischer Trick. In: Bild der Wissenschaft; Dezember 1987, 94 – 105

GERHARDT, J. C. et al.: The Cellular Basis of Morphogenic Change. In: J. T. BONNER (Hg.): Evolution and Development. – Berlin: Springer, 1982

GERTHSEN, C. / KNESER, H. O. / VOGEL, H.: Physik. – Berlin; Heidelberg; New York: Springer, 1977

GIÃO, A.: Interprétation relativiste. In: Les Conférences du Palais de la Découverte; (1960), 139 – 158

GINGERICH, O.: The Galileo Affair. In: Scient. American; 247 (1982), 118 – 128

GLEICK, J.: Chaos – Making a New Science. – New York; London: Viking Penguin, 1988

GLEISSBERG, W.: The 80-year Sunspot Cycle. In: J. Brit. Astron. Ass.; 68 (1958)

GLEISSBERG, W.: Gibt es in der Sonnenfleckentätigkeit eine 179-jährige Wiederholungstendenz? – Veröff. d. Astron. Inst. d. Univ. Frankfurt; 57 (1975)

GOODWIN, B. C.: Pattern Formation and Regeneration in the Protozoa. In: Society for General Microbiology Symposium; 30 (1980), 377 – 404

GOODWIN, B. C.: Development and Evolution. In: Journal of Theoretical Biology; 97 (1982), 43 – 55

GOODWIN, B. C.: Developing Organisms as Self-Organizing Fields. In: P. ANTONELLI (Hg.): Mathematical Essays on Growth and the Emergence of Form. – Edmonton: University of Alberta Press, 1985, S. 185 – 200

GOODWIN, B. C.: Morphogenesis and Heredity. In: M. W. HO / S. FOX: Evolutionary Processes and Metaphors. – Chichester: Verlag Wiley, 1988, S. 145 – 162

GOODWIN, B. C.: Organisms and Minds as Dynamic Forms. In: Leonardo; 22 (1989), 27 – 31

GORDON, H. / COHEN, K.: A Case of Congenital Linear Naevus Treated by Hypnosis. In: International Dermatology Congress; 10 (1952)

GREEN, M. / SCHWARZ, J. H.: Superstrings. In: Physics Today; Juli 1985

GREEN, M. / SCHWARZ, J. H. / WITTEN, E.: Superstring Theory. – Cambridge: Cambridge University Press, 1987

GREENE, J.: Journal of Mathematical Physics; 20 (1979)

GREENE, R.: Steuerungsvorgänge im menschlichen Organismus. – München: Kindler, 1970

GREENSTEIN, G.: Die zweite Sonne. – München: dtv, 1991

GROSSER, M.: Entdeckung des Planeten Neptun. – Frankfurt: Suhrkamp, 1970

GROSSMANN, S.: Deterministisches Chaos. – Opladen: Westdeutscher Verlag, 1983

GURWITSCH, A.: Über den Begriff des embryonalen Feldes. In: Archiv für Entwicklungsmechanik; 51 (1922), 383 – 415

GUTHMANN, H. / OSTWALD, D.: Menstruation und Mond. In: Monatsschrift für Geburtshilfe und Gynäkologie; 103 (1936), 232 – 235

GUTZWILLER, M. C.: Quantum Chaos. In: Scient. American; Jan. 1992

HAKEN, H.: Synergetics – Nonequilibrium Phase Transitions and Self-Organization in Physics, Chemistry, and Biology. – Berlin; Heidelberg; New York: Springer, 1978

HAKEN, H.: Erfolgsgeheimnisse der Natur – Synergetik: die Lehre vom Zusammenwirken. – Stuttgart: Deutsche Verlags-Anstalt, 1981

HALLIWELL, J. J.: Quantum Cosmology and the Creation of the Universe. In: Scient. American, Dez. 1991

HARTLE, J. B. / HAWKING, S. W.: Wave Function of the Universe. In: Physical Review D; 28 (1983) 12, S. 2960 – 2975

HARVEY, R.: Letter to the Editor. In: Correlation; 4 (1984) 2, 36 – 38

HAWKING, S.: A Brief History of Time. – New York; Toronto; London: Bantam Books, 1990

HAYS, J. D. / IMBRIE, J. / SHACKLETON, N.: Variations in the Earth's Orbit: Pacemaker of the Ice Ages. In: Science; 194 (1976), 1112 – 1132

HECHT, S. / SHLAER, S. / PIRENNE, M. H.: Energy, Quanta, and Vision. In: J. of Gen. Physiol.; 25 (1941)

HELLER, S.: Die Entdeckung der stetigen Teilung durch die Pythagoräer. – 1958

HERBERT, N.: Quantenrealität. – München: Goldmann, 1990

HERMAN, J. R. / GOLDBERG, R. A.: Sun, Weather, and Climate. – New York: Dover Publications, 1978

HERRMANN, J.: Großes Lexikon der Astronomie. – München: Mosaik-Verlag, 1980

HILDEBRANDT, G.: Rhythmen. In: K. H. SCHRIEVER / F. SCHUH: Enzyklopädie Naturwissenschaft und Technik. – Weinheim: Zweiburgen Verlag, 1981, S. 3666 – 3679

HILDEGARD v. Bingen: Liber divinorum operum simplicis hominis. In: J. P. MIGNE: Patrologia Latina. S. Hildegardis abtissae opera omnia. Bd. 197. – Paris, 1952, S. 739 – 1038

HÖFLING, O.: Mehr Wissen über Physik. – Köln: Aulis Verlag Deubner, 1970

HOFFMEISTER, J.: Wörterbuch der philosophischen Begriffe. – Hamburg: Felix Meiner Verlag, 1955

HOFSTADTER, D. R.: Gödel, Escher, Bach: An Eternal Golden Braid. – New York: Basic Books, 1979

HORGAN, J.: Quantum Philosophy. In: Scient. American; (1992)

HOYT, D. V.: Using the Boundary Conditions of Sunspots as a Technique for Monitoring Solar Luminosity Variations. In: K. H. SCHATTEN / A. ARKING (Hg.): Climate Impact of Solar Variability. – Greenbelt: NASA Publication 3086, 1990

HÜBNER, K.: Kritik der wissenschaftlichen Vernunft. – Freiburg; München: Alber, 1979

HUIZINGA, J.: Homo ludens: Proeve eener bepaling van het spel-element der cultuur. – Haarlem, 1938

HUNTLEY, H. E.: The Divine Proportion. – New York: Dover Publications, 1970

ISRAËL, H.: Luftelektrizität und Radioaktivität. – Berlin; Göttingen; Heidelberg: Springer, 1957

JACOB, S. W.: Human Cardiovascular System. In: The New Encyclopaedia Britannica, Macropaedia. Bd. 3. – 15. Aufl. – London; Toronto; Genf; Tokio: Helen Hemingway Benton, 1977

JAMMER, M.: Le paradoxe d'Einstein-Podolsky-Rosen. In: La Recherche; 11 (1980), 510 – 519

JANTSCH, E.: Die Selbstorganisation des Universums. – München: dtv, 1982

JEANS, J.: Werdegang der exakten Wissenschaft, – Bern: A. Francke Verlag, 1948

JEANS, J.: Physik und Philosophie. – Zürich: Rascher, 1951

JENNY, H.: Cymatics. – Basel: Verlag Basilius, 1966

JENNY, H.: Visualising Sound. In: Science Journal; Juni 1968

JEON, K. W. / DANIELLI, J. F.: Microsurgical Studies with Large Free Living Amoebas. In: International Revue of Cytology; 30 (1971), 49 – 89

JORDAN, P.: Das Bild der modernen Physik. – Frankfurt a. M.: Ullstein, 1957

JORDAN, P.: Erkenntnis und Besinnung. – Oldenburg; Hamburg: Gerhard Stalling Verlag, 1972

JOSE, P. D.: Sun's Motion and Sunspots. In: Astron. J.; 70 (1965), 193 – 200

JOSEPH, R. A.: A Vernon Clark-model Experiment Distinguishing Exceptionally Gifted High Performance From Profoundly Retarded Low Performance Children. In: Journal of Geocosmic Research; 1 (1975) 3, 55 – 72

JOSELYN, J. A.: The Impact of Solar Flares and Magnetic Storms on Humans. In: Eos; 18. Februar 1992

JUDAJEW, N.: Hormone und Gen-Regulation. In: Ideen des exakten Wissens; April 1971

JÜNGER, E.: An der Zeitmauer. – Stuttgart: Ernst Klett Verlag, 1959

JUNG, C. G.: Psychologie und Alchemie. – Olten; Freiburg: Walter, 1975

JUNG, C. G.: Synchronizität, Akausalität und Okkultismus. – München: dtv, 1990

JUNG, C. G. / PAULI, W.: Naturerklärung und Psyche. – Zürich: Rascher, 1952

JURKA, E. M.: Brain Patterns Characteristic of Dowsers. In: The American Dowser; 23 (1983)

JUSTICE, J. H. (Hg.): Maximum Entropy and Bayesian Methods in Applied Statistics. – Cambridge: Cambridge University Press, 1986

KADANOFF, L. P.: Roads to Chaos. In: Physics Today; Dezember 1983, 46 – 53

KAFATOS, M. / NADEAU, R.: The Conscious Universe: Part and Whole in Modern Physical Theory. – New York; Berlin; London: Springer, 1990

KAPLAN, R. W.: Der Ursprung des Lebens. – Stuttgart: dtv, 1972

KAPPRAFF, J.: Connections: the Geometric Bridge Between Art and Science. – New York; Tokio; Toronto: McGraw-Hill, 1991

KAYSER, H.: Lehrbuch der Harmonik. – Zürich: Occident Verlag, 1950

KELLERT, S. H.: In the Wake of Chaos. – Chicago; London: The University of Chicago Press, 1993

KENDALL, M. G.: A Course in Multivariate Data Analysis. – London: Charles Griffin, 1957

KEPLER, J.: Weltharmonik. Übers. u. eingel. v. M. Caspar. – Darmstadt: Wissensch. Buchges., 1973

KEPLER, J.: Über die zuverlässigeren Grundlagen der Astrologie (De fundamentis astrologiae certioribus). – Kassel: Rosenkreuz-Verlag, 1975

KIEHL, J. T.: Clouds and Climate Change. In: Eos; 5 März 1991

KLÖCKLER, H. von: Astrologie als Erfahrungswissenschaft. – Leipzig, 1927

KLÖCKLER, H. von: Kursus der Astrologie. Bd. 2. Grundlagen für die astrologische Deutung. – Freiburg: Bauer, 1974

KOESTLER, A.: Die Nachtwandler. – Bern; Stuttgart; Wien: Alfred Scherz, 1959

KOESTLER, A.: The Act of Creation. – New York: Dell Publishers, 1967

KOESTLER, A.: The Ghost in the Machine. – London: Hutchinson, 1967

KOESTLER, A.: Jenseits von Atomismus und Holismus: der Begriff des Holons. In: A. KOESTLER / J. R. SMYTHIES (Hg.): Das neue Menschenbild. – Wien; München; Zürich: Fritz Molden, 1970, S. 192 – 209

KOESTLER, A.: Die Armut der Psychologie. – Bergisch Gladbach: Lübbe, 1980

KÖBERL, T.: Re-Analyse der „Untersuchung wissenschaftlich nicht anerkannter Deutungs- und Beratungspraktiken" in den Jahren 1952 – 1955 – Psychologische Diplom-Arbeit an der Universität Freiburg, 1984

KÖNIG, H. L.: Unsichtbare Umwelt. – München: Eigenverlag H. L. König, 1977

KÖNIG, H. L. / ANKERMÜLLER, F.: Über den Einfluß besonders niederfrequenter elektrischer Vorgänge in der Atmosphäre auf den Menschen. In: Naturw. u. Medizin; 21 (1960)

KOLISKO, L.: The Moon and the Growth of Plants. – London: Anthroposophical Publishing Company, 1936

KOLLERSTROM, N.: A Lunar Sidereal Rhythm in Crop Yield and its Phasing in the Zodiacal Circle. In: Correlation; 1 (1981) 1, 44 – 53

KOLLERSTROM, N.: Wheat Germination and Lunar Phase: a Pilot Study. In: Correlation; 4 (1984) 1, 25 – 31

KOLLERSTROM, N. / O'NEILL, M.: The Eureka Effect. – London: Urania, 1988

KOLLERSTROM, N. / O'NEILL, M.: Invention Moments and Aspects to Uranus. In: Correlation; 11 (1992) 2, 11 – 23

KOLMOGOROW, A. N.: Preservation of Conditionally Periodic Movements with Small Change in the Hamiltonian Function. In: Lecture Notes in Phys.; 93 (1979)

KRAFFT, K. E.: Traité d'astro-biologie. – Paris; Lausanne; Brüssel, 1939

KRUEGER, F. R.: Physik und Evolution. – Berlin; Hamburg: Paul Parey, 1984

KÜNDIG, H.: Das Horoskop. – Zürich: Verlag Max S. Metz, 1950

KÜNDIG, H.: Astrologische Prognose. – Zürich: Verlag Max S. Metz, 1955

KUNICK, A. / STEEB, W. H.: Chaos in dynamischen Systemen. – Mannheim; Wien; Zürich: B.I.-Wissenschaftsverlag, 1986

KUSNEZOW, B.: Einstein und Mozart. In: Ideen des exakten Wissens; 12 (1972), 783 – 788

KWIAT, P. G. / STEINBERG, A. M. / CHIAO, R. Y.: Hig-Visibility Interference in a Bell-Inequality Experiment for Energy and Time. In: Physical Review A; 47 (1993) 4, R2472 – R2475

LABITZKE, K.: Sunspots, the QBO, and the Stratospheric Temperature in the North Polar Region. In: Geophys. Res. Lett.; 14 (1987), 535 – 537

LABITZKE, K. / van LOON, H.: Association Between the 11-year Solar Cycle, the QBO, and the Atmosphere. Part 1: The Troposphere and Stratosphere on the Northern Hemisphere in Winter. In: J. Atmos. Terr. Phys.; 50 (1988), 197 – 206

LABITZKE, K. / van LOON, H.: Sonnenflecken und Wetter: gibt es doch einen Zusammenhang? In: Die Geowissenschaften; 8 (1990) 1, 1 – 6

LAMB, H. H.: Climate: Present, Past and Future. Bd. 1. – London: Methuen, 1972

LAMB, H. H.: Climate: History and the Modern World. – London; New York: Methuen, 1982

LANDSCHEIDT, T.: Die Abstände der Planeten und ihre Entsprechungen zu Strukturen der Primzahlfolge und der Mikrophysik. In: Nachrichten der Olbers-Gesellschaft Bremen; (1969), 2 – 24

LANDSCHEIDT, T.: The Derivation of the Distances and Qualities of the Planets From Primordial Structures of the Universe. In: T. LANDSCHEIDT: Cosmic Cybernetics, 1973, S. 23 – 44

LANDSCHEIDT, T.: Kosmische Kybernetik: Besteht ein Zusammenhang zwischen der Sonnenaktivität und der Aktivität im Zentrum der Milchstraße? In: Jahrbuch der Wittheit zu Bremen; 18 (1974), 275 – 296

LANDSCHEIDT, T.: Beziehungen zwischen der Sonnenaktivität und dem Massenzentrum des Sonnensystems. In: Nachrichten der Olbersgesellschaft Bremen; 100 (1976), 3 – 24

LANDSCHEIDT, T.: Cycles of Solar Flares and Weather. In: N. A. MOERNER / W. KARLEN (Hg.): Climatic Changes on a Yearly to Millenial Basis. – Dordrecht: Reidel, 1984, S. 473 – 481

LANDSCHEIDT, T.: Funktionen kosmischer Organismen: Schwingungen der Sonne und irdische Resonanzen. Zyklen von Sonne, Erde, Bios und Psyche. In: A. RESCH: Geheime Mächte: der Innenraum des Menschen. – Innsbruck: Resch, 1984, S. 68 – 128

LANDSCHEIDT, T.: Long-Range Forecast of Energetic X-Ray Bursts Based on Cycles of Flares. In: P. A. SIMON / G. HECKMAN / M. A. SHEA (Hg.): Solar-Terrestrial Predictions. Proceedings of a Workshop at Meudon, France, June 18 – 22, 1984. – Boulder: National Oceanic and Atmospheric Administration, 1986, S. 81 – 89

LANDSCHEIDT, T.: Mystik und Liebe: Wurzeln der Lebensbejahung. In: A. Resch: Psyche und Geist: Fühlen, Denken, Weisheit. – Innsbruck: Resch, 1986, S. 505 – 548

LANDSCHEIDT, T.: Cyclic Distribution of Energetic X-Ray Flares. In: Solar Physics; 107 (1986), 195 – 199

LANDSCHEIDT, T.: Long-Range Forecasts of Solar Cycles and Climatic Change. In: M. R. RAMPINO / J. E. SANDERS / W. S. NEWMAN / L. K. KOENIGSSON (Hg.): Climate History, Periodicity, and Predictability. – New York: van Nostrand Reinhold, 1987, S. 421 – 445

LANDSCHEIDT, T.: Wir sind Kinder des Lichts: kosmisches Bewußtsein als Quelle der Lebensbejahung. – Freiburg; Basel; Wien: Herder, 1987 (Herderbücherei; 1379), nur noch lieferbar im Resch Verlag, Innsbruck

LANDSCHEIDT, T.: Solar Rotation, Impulses of the Torque in the Sun's Motion, and Climatic Change. In: Climatic Change; 12 (1988), 265 – 295

LANDSCHEIDT, T.: Mini-Crash in Tune with Cosmic Rhythms. In: Cycles; Nov. / Dez. 1989, 1 – 3

LANDSCHEIDT, T.: Predictable Cycles in Geomagnetic Activity and Ozone Levels. In: Cycles; 40 (1989), 261 – 264

LANDSCHEIDT, T.: Sun – Earth – Man: a Mesh of Cosmic Oscillations. How Planets Regulate Solar Eruptions, Geomagnetic Storms, Conditions of Life, and Economic Cycles. – London: Urania, 1989

LANDSCHEIDT, T.: Cosmic Regulation of Cycles in Nature and Economy. – 1990 Conference Proceedings of the Foundation for the Study of Cycles. – Irvine: Foundation for the Study of Cycles, 1990, S. 13 – 20

LANDSCHEIDT, T.: Relationship between Rainfall in the Northern Hemisphere and Impulses of the Torque in the Sun's Motion. In: K. H. SCHATTEN / A. ARKING (Hg.): Climate Impact of Solar Variability. Proceedings of a Conference Held at NASA Goddard Space Flight Center Greenbelt, Maryland, April 24 – 27, 1990. – NASA Conference Publication 3086 (1990), S. 259 – 266

LANG, T.: Ergebnisse einer ersten massenstatistischen Erhebung hinsichtlich der Bedeutung eines astrologischen Faktors für die Gattenwahl. In: Natur und Kultur; 89 (1952)

LANGE-EICHBAUM, W.: Das Genie-Problem. – München; Basel: Ernst Reinhardt, 1951

LAPLACE, P. S. de: Traité de mécanique céleste. – Paris: Verlag J. B. M. Duprat, 1798, 1805, Bd. 1, 2. Buch, 7. Kap., Par. 65 und Bd. 4, 8. Buch, 2. Kap., Par. 4

LAUWERIER, H.: Fraktale verstehen und selbst programmieren. – Hückelhoven: Wittig Fachbuchverlag, 1989

LE CORBUSIER: Le Modulor. – Ed. de l'Architecture d'Aujourd'hui, 1954

LEE, R. B.: Long-Term Solar Irradiance Variability: 1984 – 1989 Observations. In: K. H. SCHATTEN / A. ARKING (Hg.): Climate Impact of Solar Variability. – Greenbelt: NASA Conference Publication 3086 (1990), S. 301 – 308

LEIBACHER, J. W. / NOYES, R. W. / TOOMRE, J. / ULRICH, R. K.: Helioseismology. In: Scient. American; Sept. 1985

LENDVAI, E.: Dualismus und Synthese in der Musik Béla Bartóks. In: G. KEPES (Hg.): Modul, Proportion, Symmetrie, Rhythmus. – Brüssel: La Connaissance, 1969, Alleinauslieferung Weber, Paris, S. 174 – 193

LEONARD, G.: Der Rhythmus des Kosmos. – Bern; München: Scherz, 1980

LERNER, R. G. / TRIGG, G. L.: Encyclopedia of Physics. – New York; Weinheim; Cambridge; Basel: VCH Publishers, 1991

LEWIN, R.: Why is Development So Illogical? In: Science; 224 (1984)

LICHTENBERG, G. C.: Aphorismen, Briefe, Schriften. – Stuttgart: Kröner, 1940

LIEBER, A. L.: Der Mondeffekt. – Berlin; Frankfurt; Wien: Ullstein, 1980

LINDER, A. / BERCHTOLD, W.: Statistische Methoden III: Multivariate Verfahren. – Basel; Boston; Stuttgart: Birkhäuser, 1982

LINK, F.: Solar Cycles Between 1540 and 1700. In: Solar Physics; 59 (1978), S. 175 – 178

LORENZ, E. N.: Deterministic Nonperiodic Flow. In: J. Atmos. Sci.; 20 (1963)

LOVELOCK, J. E.: Unsere Erde wird überleben – Gaia: eine optimistische Ökologie. – München; Zürich: Piper, 1982

LUCE, G. G.: Body Time: The Natural Rhythms of the Body. – London: Verlag Paladin, 1973

MACH, E.: Die Mechanik. – Darmstadt: Wissenschaftliche Buchgesellschaft, 1982

MACHARG, S. J.: The Use of the Natal Chart in the Identification lf Alcoholism and a Comparison of its Diagnostic Efficacy with MMPI – Philosophische Dissertation (Erziehung) der University of Southern California, 1975

MANDELBROT, B. B.: The Fractal Geometry of Nature. – New York: W. H. Freeman, 1983

MANNSPERGER, D.: Harmonices mundi libri V. In: Kindlers Literatur-Lexikon. – München: dtv, 1974

MARGULIS, L. / LOVELOCK, J. E.: Biological Modulation of the Earth's Atmosphere. In: Icarus; 21 (1974), 471 – 489

MASON, A. A.: A Case of Congenital Ichthyosiform. In: British Medical Journal; 2 (1952), 422 – 423

MASON, B. J.: Towards the Understanding and Prediction of Climatic Variations. In: Quart. J. R. Meteorol. Soc.; 102 (1976)

MAYAUD, P. N.: A Hundred Year Series of Geomagnetic Data 1868 – 1967. – In: IAGA, Bulletin; (1973) 33, IUGG Publication Office, Paris

MAYAUD, P. N. / ROMANA, A.: Supplementary Geomagnetic Data 1957 – 1975. – In: IAGA Bulletin; (1977) 39, IUGG Publication Office, Paris

McCORMAC, B. M. / T. A. SELIGA (Hg.): Solar-Terrestrial Influences on Weather and Climate. – Dordrecht; Boston; London: Verlag D. Reidel, 1979

McGREW, J. H. / McFALL, R. M.: A Collaborative Vernon Clark Experiment. In: Correlation; 11 (1992) 2, 2 – 10

McGREW, J. H. / McFALL, R. M.: A Scientific Inquiry Into the Validity of Astrology. In: Journal of Scient. Exploration; 4 (1990), 75 – 83

McKINNON, J. A.: Sunspot Numbers: 1610 – 1985. – Boulder: World Data Center A for Solar-Terrestrial Physics, 1987

MEEUS, J.: On the "Correlation" Between Radio Disturbance and Planetary Positions. In: The Skeptical Inquirer; 6 (1982) 4, 30 – 33

MERKELBACH, R.: Hermetic Writings. – The New Encyclopaedia Britannica, Micropaedia, Bd. IV. – Chicago; London; Toronto; Genf: Verlag Hemingway Benton, 1977

MIGNARD, F.: La rotation de la Terre. In: La Recherche; 136 (1981)

MILANKOVICH, M.: Mathematische Klimalehre und astronomische Theorie der Klimaschwankungen. In: W. KÖPPEN / R. GEIGER: Handbuch der Klimatologie. Bd. 1. – Berlin, 1930, S. 1 – 176

MILANKOVICH, M.: Astronomische Mittel zur Erforschung der erdgeschichtlichen Klimate. In: Handbuch der Geophysik. Bd. 9. – Berlin, 1938, S. 593 – 698

MÖLLER, F.: Gibt es kosmische Einflüsse auf das Wetter? In: Bild der Wissenschaft; Juni 1967

MÖLLER, F.: Einführung in die Meteorologie. Bd. 1. – Mannheim; Wien; Zürich: Bibliographisches Institut, 1984

MÖRTH, H. T. / SCHLAMMINGER, L.: Planetary Motion, Sunspots and Climate. In: B. M. McCORMAC / T. A. SELIGA (Hg.): Solar-Terrestrial Influences on Weather and Climate. – Dordrecht; Boston; London: Verlag D. Reidel, 1979

MOGEY, R.: The Kondratieff Wave, Stocks, Interest Rates, and Gold. In: Cycles; 42 (1991)

MOLCHANOV, A. M.: The Resonant Structure of the Solar System. In: Icarus; 8 (1968), 203 – 215

MOSER, J.: Stable and Random Motions in Dynamical Systems. – Princeton: Princeton University Press, 1973

MÜLLER, A.: Eine statistische Untersuchung astrologischer Faktoren bei dauerhaften und geschiedenen Ehen. In: Zeitschr. f. Parapsychol. u. Grenzgeb. d. Psychologie; 1 (1957 / 1958)

MULLINS, J. F.: Pachyonychia Congenita Treated by Hypnosis. In: Archives of Dermatology; 71 (1955)

NARLIKAR, J. V.: Introduction to Cosmology. – Cambridge: Cambridge University Press, 1993

NELSON, D. R.: Quasicristals. In: Scient. American; Aug. 1986

NELSON, J. H.: Shortwave Radio Propagation Correlation With Planetary Positions. In: RCA Review; März 1951, 26 – 34

NELSON, J. H.: Certain Planetary Angles Related to Magnetic Storms. In: Cycles; 30 (1979) 6, 129 – 133

NEUMANN, J. v.: Die mathematischen Grundlagen der Quantenmechanik. – Berlin: Springer, 1934

NIAS, D.: Storms in the Ionosphere: a Re-Appraisal of Nelson's Work. In: Correlation; 1 (1981) 2, 37 – 40

NICHOLS, J. G. / MARTIN, A. R. / WALLACE, B. G.: From Neuron to Brain: a Cellular and Molecular Approach to the Function of the Nervous System. – New York: Sinauer Associates, 1992

NIEHENKE, P.: Statistische Untersuchungen über die Wirksamkeit der astrologischen Aspekte. In: Meridian; (1984) 3, 3 – 9

NIEHENKE, P.: Kritische Astrologie. – Freiburg: Aurum, 1987

NOCK, A. D. / FESTIGUERE, A. J.: Corpus Hermeticum. 4 Bde. – Paris, 1945 – 1954

OEPIK, E.: Planetary Tides and Sunspots. In: Irish Astron. J.; 10 (1972)

OGILVY, C. S. / ANDERSON, J. T.: Zahlentheorie. – München: Goldmann, 1970

OGINO, K.: Conception Period of Woman. – Harrisburg, 1934

PANETH, L.: Zahlensymbolik im Unbewußtsein. – Zürich: Rascher, 1952

PANOFSKY, H. A. / BRIER, G. W.: Some Applications of Statistics of Meteorology. – University Park: The Pennsylvania State University, 1958

PAULI, W.: Der Einfluß archetypischer Vorstellungen auf die Bildung naturwissenschaftlicher Theorien bei Kepler. In: C. G. JUNG / W. PAULI: Naturerklärung und Psyche. – Zürich: Rascher, 1952

PEAT, F. D.: Einstein's Moon: Bell's Theorem and the Curious Quest for Quantum Reality. – Chicago: Contemporary Books, 1990

PEITGEN, H. O.: Fantastic Deterministic Fractals. In: H. O. PEITGEN / D. SAUPE (Hg.): The Science of Fractal Images. – New York: Springer, 1988

PEITGEN, H. O. / RICHTER, P. H.: Schönheit im Chaos: Bilder aus der Theorie komplexer Systeme. – Bremen: Forschungsgruppe Komplexe Dynamik, Universität Bremen, 1985

PEITGEN, H. O. / RICHTER, P. H.: The Beauty of Fractals: Images of Complex Dynamical Systems. – Berlin; Heidelberg; New York; Tokio: Springer, 1986

PEIXOTO, J. P. / OORT, A. H.: Physics of Climate. – New York: American Institute of Physics, 1992

PENROSE, R.: The Emperor's New Mind. – New York; Oxford: Oxford University Press, 1989

PERSINGER, M. A.: ELF and VLF Electromagnetic Field Effects. – New York; London: Plenum Press, 1974

PETIT, J. P.: Alles ist relativ. – Weinheim: Physik-Verlag, 1982

PFEUTY, P. / TOULOUSE, G.: Introduction to the Renormalization Group and Critical Phenomena. – New York: Wiley, 1977

PICCARDI, G.: Phénomènes astrophysiques et événements terrestres. In: Les Conférences du Palais de la Découverte, Série B., No. 27. – Paris: Université de Paris, 1959, S. 5 – 25

PICCARDI, G.: Une hypothèse solaire. In: Symposium International sur les Relations entre phénomènes solaires et terrestres en chimie-physique et en biologie. – Brüssel: Presses Académiques Européennes, 1960, S. 121 – 130

PLASSMANN, G.: Himmelswelt. – Halle, 1923

PLAYFAIR, G. L. / HILL, S.: Die Zyklen des Himmels. – Wien; Hamburg: Zsolnay, 1979

POINCARÉ, H.: Les Méthodes Nouvelles de la Mécanique Céleste. – Paris: Gauthiers-Villars, 1892, 1893, 1899

POINCARÉ, H.: Science and Hypothesis. – New York: Dover Publications, 1952

POPP, F.: Weak Quantization. In: J. Math. Phys.; 14 (1973)

POPP, F.: Wenn Zellen nicht mehr miteinander reden. In: Bild der Wissenschaft; August 1977

POPP, F. / RUTH, B.: Untersuchungen zur ultraschwachen Photonenemission aus biologischen Systemen. In: Drug Research; 27 (1977)

POPP, F. / STRAUSS, V. E.: So könnte Krebs entstehen. – Stuttgart: dtv, 1977

PRESMAN, A. S.: Electromagnetic Fields and Life. – New York; London: Plenum Press, 1970

PRESS, F.: Resonant Vibrations of the Earth. In: Scientific American; November 1965, 28 – 37

PRESS, F. / SIEVER, R.: Earth. – San Francisco: W. H. Freeman, 1982

PRESSMAN, A.: Elektromagnetische Felder: Informationsträger in der lebenden Natur. In: Ideen des exakten Wissens; Dezember 1968

PRESSMAN, A.: Individuelle Entwicklung und Biosphäre. In: Ideen des exakten Wissens; Oktober 1972

PRIGOGINE, I.: Vom Sein zum Werden: Zeit und Komplexität in den Naturwissenschaften. – München; Zürich: Piper, 1980

PRIGOGINE, I. / STENGERS, I.: Dialog mit der Natur. – München; Zürich: Piper, 1983

PROKOP, O. / WIMMER, W.: Der moderne Okkultismus. – Stuttgart; New York: Gustav Fischer Taschenbücher, 1987

PTOLEMÄUS, C.: Tetrabiblos. – W. MATHIESSEN / W. HAIDYL: Übersetzung aus dem griechischen Original. – Den Haag: Verlag J. J. Couvreur, o. J.

RAPP, P. E.: An Atlas of Cellular Oscillations. In: Journal of Experimental Biology; 81 (1979), 281 – 306

RATTENSI, P. M.: Science, Medicine, and Society in the Renaissance. – London, 1972

RAUSCH, J.: Ernst Jüngers Optik. – Stuttgart: Deutsche Verlagsanstalt, 1951

REINERS, L.: Steht es in den Sternen? – München: Paul List, 1951

REITER, L.: Wissenschaftstheoretische Probleme der Psychotherapie. In: H. STROTZKA (Hg.): Psychotherapie: Grundlagen, Verfahren, Indikationen. – München: Urban und Schwarzenberg, 1975

RENNIE, J.: DNA's New Twist. In: Scient. American; März 1993, 122 – 132

RENSING, L.: Die innere Uhr des Menschen. In: Bild der Wissenschaft; August 1970

RENSING, L.: Biologische Rhythmen und Regulation. – Stuttgart: Gustav Fischer Verlag, 1973

RICHTER, P. H. / SCHOLZ, H. J.: Der Goldene Schnitt in der Natur. In: B. O. KÜPPERS (Hg.): Ordnung aus dem Chaos. – München; Zürich: Piper, 1991, S. 175 – 214

RIEDL, R.: Biologie der Erkenntnis. – Berlin; Hamburg: Paul Parey, 1981

RING, T.: Das Lebewesen im Rhythmus des Weltraums. – Stuttgart: Deutsche Verlagsanstalt, 1939

RING, T.: Astrologische Menschenkunde: Ausdruck und Richtung der Kräfte. – Zürich; Stuttgart: Rascher, 1959

RITTER, J. (Hg.): Historisches Wörterbuch der Philosophie. Bd. 2. – Darmstadt: Wissenschaftliche Buchgesellschaft, 1972

ROBBINS, K. A.: A Moment Equation Description of Magnetic Reversals in the Earth. Proceedings of the National Academy of Science; 73 (1976), 4297 – 4301

ROHRACHER, H.: Muskelzittern als Wärmeregulativ. In: Bild der Wissenschaft; April 1972

ROY, A. E. / OVENDEN, M. W.: On the Occurrence of Commensurable Mean Motions in the Solar System. In: Mon. Not. R. Astron. Soc.; 114 (1954)

RUDOLPH, J.: Moderne Chemie. – Herrsching; Manfred Pawlak Verlagsgesellschaft, 1970

RUDLOFF, H. v.: Die Schwankungen und Pendelungen des Klimas in Europa seit dem Beginn der regelmäßigen Instrumentenbeobachtungen (1670). – Braunschweig: F. Vieweg u. Sohn, 1967

RUELLE, D.: Les attracteurs étranges. In: La Recherche; 11 (1980)

RUELLE, D.: Chance and Chaos. – Princeton: Princeton University Press, 1991

RUSKA, J.: Tabula Smaragdina: ein Beitrag zur Geschichte der Alchemie. – Heidelberg: Verlag, 1931

RUYER, R.: Jenseits der Erkenntnis. – Wien; Hamburg: Paul Zsolnay, 1977

RUZMAIKIN, A. A. in: Comm. Astrophys.; 9 (1981)

SAGAN, C.: ... und werdet sein wie Götter: das Wunder der menschlichen Intelligenz. – München; Zürich: Droemersche Verlagsanstalt, 1978

SCHADE, F. D.: Untersuchungen zur Problematik von Selbstbeschreibungs-Fragebogen. – Frankfurt: Peter Lang, 1983 (Europäische Hochschulschriften, Reihe 6: Psychologie; 110)

SCHERHAG, R.: Die explosionsartigen Stratosphärenerwärmungen des Spätwinters 1952. In: Ber. Deut. Wetterd. (US-Zone); 38 (1952), 51 – 63

SCHÖNWIESE, C. D.: Klimaschwankungen. – Berlin; Heidelberg; New York: Springer, 1979

SCHOSTAKOWITSCH, W. B.: Bodenablagerungen der Seen und periodische Schwankungen der Naturerscheinungen. In: Mémoires de l'Institut Hydrologique; 13 (1934), 95 – 140

SCHOSTAKOWITSCH, W. B.: Geschichtete Bodenablagerungen der Seen als Klima. In: Ann. Met. Z.; 53 (1936), 176 – 182

SCHRÖDINGER, E.: What is Life? – New York: Cambridge University Press, 1944; dt.: Was ist Leben? – München; Zürich: Piper, 1989

SCHUH, F.: Enzyklopädie Naturwissenschaft und Technik. – Weinheim: Zweiburgen Verlag, 1981

SCHWAB, F.: Sternenmächte und Mensch: statistische und experimentelle Beiträge zur modernen Astrologie. – Zeulenrode, 1923

SCHWARZ, J. H.: Superstrings: the First 15 Years of Superstring Theory. – Singapur: World Scientific, 1985

SCHWARZ, J. H.: Superstrings. In: Physics Today; Nov. 1987, 33 – 40

SCIAMA, D. W.: The Unity of the Universe. – London, 1959

SEGRÈ, E.: Die großen Physiker und ihre Entdeckungen. – München; Zürich: Piper, 1984

SEYMOUR, P.: Astrology: The Evidence of Science. – London: Lennard Publishing, 1988

SEYMOUR, P.: The Scientific Basis of Astrology. – London: St. Martins Press, 1992

SHAW, H. R.: The Periodic Structure of the Natural Record, and Nonlinear Dynamics. In: Eos; 15. Dezember 1987

SHELDRAKE, R.: A New Science of Life: the Hypothesis of Formative Causation. – London: Blond and Briggs, 1981

SHELDRAKE, R.: Das schöpferische Universum: die Theorie des morphogenetischen Feldes. – München: Goldmann, 1985

SHELDRAKE, R.: Das Gedächtnis der Natur: das Geheimnis der Entstehung der Formen in der Natur. – Bern; München; Wien: Scherz, 1992

SEILER, J.: Philosophie der unbelebten Natur. – Olten: Otto Walter, 1948

SELLERI, F.: Die Debatte um die Quantentheorie. – Braunschweig; Wiesbaden: Vieweg, 1984

SERGEJEW, J.: Psychologische Hintergründe großer Entdeckungen. In: Bild der Wissenschaft; 6 (1970), 546 – 553

SHPITAL'NAYA, A. A.: Flares in the Heliocentric Galactic Coordinate System. In: Soln. Dannye 1980 Byull.; 12 (1981)

SIEGEL, C. L.: Iteration of Analytic Functions. In: Annals of Mathematics; 43 (1942), 607 – 612

SISCOE, G. L.: Solar Activity: In: Eos; 5. März 1991

SMITH, A.: Unser Körper. – München: Piper, 1969

SNYDER, M.: Warum Vorurteile sich immer bestätigen. In: Psychologie Heute; 10 (1983) 7, 49 – 57

SOKOLOW, A. A. / LOSKUTOW, J. M. / TERNOW, I. M.: Quantenmechanik. – Berlin: Akademie-Verlag, 1964

SPRINGER, S. P. / DEUTSCH, G.: Left Brain, Right Brain. – New York: Verlag W. H. Freeman, 1989

SOMMERFELD, A.: Mechanik. – Frankfurt a. Main: Verlag Harri Deutsch, 1977

STAPP, H. P.: S.-Matrix Interpretation of Quantum Theory. In: Physical Review; (1971) No. D3

STAPP, H.: Bell's Theorem and World Process. In: Nuovo Cimento (1975) 29 (B)

STARTUP, M.: The Validity of Astrological Theory as Applied to Personality, with Special Reference to the Angular Separation Between Planets – Dissertation (Psychologie) des Goldsmith College, London University, 1984

STEFFERT, B.: Marital Bliss or Misery: Can Synastry Distinguish? In: Astrological Journal; 25 (1983) 3, 166 – 172

STEFFERT, B.: Reductionist Versus Wholistic Judgements of Horoscopes. In: Astro-Psychological Problems; 1 (1983) 2, 25 – 30

STEGMÜLLER, W.: Hauptströmungen der Gegenwartsphilosophie. Bd. 2. – Stuttgart: Kröner, 1975

STENT, G. S.: Prematurity and Uniqueness in Scientific Discovery. In: Scient. American; Dez. 1972, 84 – 93

STEPHENS, P. W. / GOLDMAN, A. I.: The Structure of Quasicrystals. In: Scient. American; April 1991

STÖCKLE, F.: Gold aus der Retorte. – Würzburg: Arena Verlag, 1981

STRAUSS, H. A. / STRAUSS-KLOEBE, S.: Die Astrologie des Johannes Kepler. – Fellbach: Adolf Bonz, 1981

STRAUSS-KLOEBE, S.: Das kosmopsychische Phänomen. – Olten; Freiburg: Walter, 1977

STRAUSS-KLOEBE, S.: Kosmische Bedingtheit der Psyche. – Weilheim: O. W. Barth, 1968

STUMPFF, K.: Himmelsmechanik. Bd. 1. – Berlin: Deutscher Verlag der Wissenschaften, 1973

TEICHMANN, H. / KUNSEMÜLLER, J.: Wie funktioniert das? – Information. – Mannheim; Wien; Zürich: Bibliographisches Institut, Allgemeiner Verlag, 1969

The New Encyclopaedia Britannica. Micropaedia. – 15. Aufl. – London; Toronto; Genf; Tokio: Helen Hemingway Benton, 1977

THOM, R.: Stabilité Structurelle et Morphogénèse. – Reading: Benjamin, 1972

THOM, R.: D'un Modèle de la Science a une Science des Modèles. In: Synthèse; 31 (1975), 359 – 374

THOM, R.: Structural Stability and Morphogenesis. – Reading: Benjamin, 1975

THOMAS, L.: The Lives of a Cell: Notes of a Biology Watcher. – New York: Viking Press, 1974

THUMSHIRN, W.: Unsere innere Uhr. – Zürich: Schweizer Verlagshaus, 1975

TOLLNER, H.: Zum Eisschwund der Alpengletscher. In: Wetter und Leben; 1 (1948)

TOMASCHEK, R.: Kosmische Kraftfelder und astrale Einflüsse. – Aalen: Ebertin-Verlag, 1959

UNSÖLD, A.: Evolution kosmischer, biologischer und geistiger Strukturen. – Stuttgart: Wissenschaftliche Verlagsgesellschaft, 1981

URBAN-LURAIN, M.: Introduction to Multivariate Analysis. – London: Selbstverlag, 1987

VEHRENBERG, H.: Mein Messier-Buch. – Düsseldorf: Treugesell Verlag, 1966

VESTER, F.: Denken, Lernen, Vergessen. – München: dtv, 1978

VESTER, F.: Neuland des Denkens. – München: dtv, 1984

VESTER, F. / HENSCHEL, G.: Krebs ist anders. – München: Kindler, 1973

VIDMAR, J. E.: Astrological Discrimination Between Authentic and Spurious Birthdates. In: Cosmecology Bulletin; März 1979

VORE, N. de: Encyclopedia of Astrology. – Totowa; New Jersey: Verlag Littlefield and Adams, 1977

VORLÄNDER, K.: Philosophie des Mittelalters. Bd. 2. – Hamburg: Rowohlt, 1973

WADDINGTON, C. H.: The Strategy of the Genes. – London: Allen and Unwin, 1957

WALDMEIER, M.: Sonne und Erde. – Zürich: Büchergilde Gutenberg, 1958

WALLIS, W. A. / ROBERTS, H. V.: Methoden der Statistik. – Freiburg: Rudolf Haufe Verlag, 1960

WALSH, J. E.: The Arctic As a Bellwether. In: Nature; 352 (1991)

WATSON, L.: Der unbewußte Mensch. – Frankfurt a. M.: Umschau, 1979

WEBSTER, G. / GOODWIN, B. C.: The Origin of Species: a Structuralist Approach. In: Journal of Social and Biological Structure; 5 (1982), 15 – 47

WEINBERG, S.: Die ersten drei Minuten. – München; Zürich: Piper, 1977

WEINBERG, S.: Dreams of a Final Theory. – New York: Pantheon Books, 1992

WEISS, P.: Principles of Development. – New York: Verlag Holft, 1939

WEIZSÄCKER, C. F. v.: Aufbau der Physik. – München: Carl Hanser, 1985

WERTHMANN, H. V.: Zur psychologischen Prüfung wissenschaftlich nicht anerkannter psychodiagnostischer Deutungspraktiken – Inaugural-Dissertation der philosophischen Fakultät der Universität Freiburg. – Bamberg, 1968

WESTPHAL, W. H.: Physik: ein Lehrbuch. – Berlin; Göttingen; Heidelberg: Springer, 1963

WEVER, R. A.: The Circadian System of Man. – Heidelberg: Springer, 1979

WIESEL, T. N. / HUBEL, D. H.: Long-term Changes in the Cortex After Visual Deprivation. In: Proceedings of the 25th International Congress of Psychological Science. – München, 1971

WILSON, K. G.: The Renormalization Group: Critical Phenomena and the Kondo Problem. In: Rev. of Modern Physics; 47 (1975)

WILSON, K. G.: Problems in Physics With Many Scales of Length. In: Scient. American; 241 (1979), S. 158 – 179

WINFREE, A. T.: The Timing of Biological Clocks. – New York: Scientific American Books, 1987

WOLPERT, L.: The Triumph of the Embryo. – Oxford; New York; Tokio: Oxford University Press, 1991

YAMANE, T.: Statistik. Bd. 2. – Frankfurt a. Main: Fischer Taschenbuch Verlag, 1976

ZASLAVSKY, G. M. / SAGDEEV, R. Z. / USIKOV, D. A. / CHERNIKOV, A. A.: Weak Chaos and Quasi-Regular Patterns. – Cambridge; New York: Cambridge University Press, 1991

ZEEMAN, E. C.: Levels of Structure in Catastrophe Theory Illustrated by Applications in the Social and Biological Sciences. Proceedings of the International Congress of Mathematicians in Vancouver. – Vancouver: Canadian Mathematical Congress, 1975, S. 533 – 546

ZEEMAN, E. C.: Catastrophe Theory. In: Scient. American; April 1976, 65 – 83

ZEEMAN, E. C.: Catastrophe Theory: Selected Papers. – Reading: Addison-Wesley, 1977

ZEHNDER, L.: Die zyklische Sonnenbahn als Ursache der Sonnenfleckenperiode. – Halle: Ludwig Hofstetter, 1923

ZIMAN, J. M.: Electron. In: The New Encyclopaedia Britannica, Macropaedia. Bd. 6. – 15. Aufl. – London; Toronto; Genf; Tokio: Helen Hemingway Benton, 1977

ZINK, K. / KUNSEMÜLLER, J.: Wie funktioniert das? – Der Mensch. – Mannheim; Zürich: Bibliographisches Institut, Allgemeiner Verlag, 1968

ZUKAV, G.: Die tanzenden Wu Li Meister. – Hamburg: Rowohlt, 1981

ZULLEY, J: Schlafen und Wachen. In: Universitas; April 1993

NAMENREGISTER

Adams, J. C. 49
Adderley, E. E. 273, 341
Addey, J. M. 163, 182, 297, 298, 309, 341
Albert, D. Z. 43, 341
Allen, C. W. 69, 268, 341
Allen, J. 211, 341
Allgeyer, K. 9, 341
Anderson, J. T. 235, 351
Ankermüller, F. 118, 348
Antonelli, P. 346
Archimedes 157
Arenberg, D. 161, 343
Arking, A. 347, 349, 350
Arnold, W. 328, 341
Arzt, V. 71, 152, 344
Aspect, A. 16, 341
Atkins, P. W. 45, 133, 341
Autrum, H. 118, 119, 341

Bachelard, H. S. 121, 341
Baggott, J. 25, 42, 43, 341
Baravalle, H. v. 234, 341
Barnett, L. 337, 341
Barnston, A. G. 280, 341
Barrow, J. D. 62, 341
Barthélemy-Madaule, M. 19, 341
Barthoty, M. F. 211, 341
Bartók, B. 331, 332
Baur, F. 228, 341
Baylor, D. A. 22, 341
Becker, G. 274, 275, 341
Becker, R. S. 45, 102, 199, 341
Becker, U. 71, 115, 341
Bell, J. S. 10, 14, 15, 16, 20, 43, 341
Benendo, F. 277
Benveniste, R. E. 73, 341
Berchtold, W. 315, 350
Berger, A. L. 38, 39, 342
Bergmann, P. G. 62, 342
Bernoulli, J. 248
Berron, G. 338, 342
Bertalanffy, L. v. 32, 342
Bertsch, G. F. 101, 342
Berzin, M. 165
Best, S. 149
Bettley, F. R. 78, 342
Betz, O. 338, 342
Bigg, E. K. 278, 342
Black, S. 77, 342
Blackman, R. B. 313
Blackmore, S. 336
Böer, W. 154, 342
Bohm, D. 11, 17, 26, 30, 40, 41, 42, 43, 87, 88, 342
Bohr, N. 13, 133, 342
Bok, B. J. 5, 7, 342
Bondi, H. 34, 342
Borel, E. 35, 342
Born, M. 6, 40, 61, 62, 342
Botstein, D. 72, 344
Bowen, E. G. 273, 341
Bradley, D. A. 272, 342
Brenner, S. 83
Breuer, R. 53, 342
Brewster, D. 177, 342
Brier, G. W. 272, 313, 342, 351
Briggs, J. 45, 106, 108, 127, 217, 250, 342
Broglie, L. de 40, 43, 342
Brouwer, D. 69, 343
Brown, F. A. 275, 342
Burg, J. P. 313, 342
Buros, O. K. 161, 342
Burr, H. S. 276, 342
Buse, L. 155, 342

Cairns, J. 74
Capel-Boute, C. 115, 343
Capra, F. 22, 343
Carlson, S. 155, 343
Caroli, G. 271, 343
Caspar, M. 182, 343
Casti, J. L. 43, 61, 84, 85, 93, 343
Chadwick, J. 212
Chargaff, E. 18, 19
Charon, J. E. 23, 24, 343
Chernikov, A. A. 198, 355
Chiao, R. Y. 16, 343, 348
Choisnard, P. 150, 343
Clark, V. 154, 343
Clemence, G. M. 69, 343
Cochran, A. A. 23, 24, 343
Cohen, K. 78, 346
Conel, J. L. 96, 343
Cook, T. A. 249, 343
Cooley, W. W. 315, 343
Cooper, H. J. 308, 343
Costa, P. T. 161, 343
Couderc, P. 316, 343
Csapo, A. 123, 343
Culver, R. B. 158, 343
Curie, I. 212

D'Espagnat, B. 16, 28, 29, 138, 344
Danielli, J. F. 73, 347
Danjon, A. 207, 343
Davidson, E. H. 76, 343
Davies, P. 27, 62, 63, 343
Dean, G. 128, 148, 149, 151, 153, 154, 155, 159, 160, 161, 162, 163, 164, 180, 181, 343, 344
Deker, U. 35, 50, 53, 125, 344, 346
Deutsch, G. 111, 354
Dewey, E. R. 222, 223, 344
DeWitt, B. S. 62, 64, 344
Ditfurth, H. v. 70, 71, 85, 95, 152, 344
Douady, A. 255, 344
Dressler, A. 62, 344
Dronia, H. 191, 192, 344
Dubrov, A. P. 211, 344
Dürer, A. 240
Dürrenmatt, F. 68, 177, 344

Ebertin, R. 151, 344
Eddington, A. 32, 344
Eddy, J. A. 190, 204, 206, 344
Eigen, M. 82, 85, 86, 99, 344
Einstein, A. 5, 11, 13, 15, 26, 34, 40, 41, 61, 62, 63, 68, 83, 177, 337, 338, 344
Ekeland, I. 36, 48, 49, 50, 54, 60, 61, 218, 344
Elwell, D. 160, 344
Ertel, S. 296, 344
Eskola, P. 197, 344
Euklid 234, 247
Euler, L. 125
Eysenck, H. J. 124, 130, 143, 148, 155, 158, 159, 161, 165, 166, 170, 171, 180, 183, 195, 275, 296, 306, 307, 308, 344
Eysenck, M. W. 161, 344

Fatou, P. 250, 254
Fechner, G. T. 240, 344
Fedoroff, N. 72, 344
Festiguere, A. J. 8
Feynman, R. P. 24, 345
Fibonacci 235
Field, M. 245, 247, 345
Figala, K. 177, 345
Finkelnburg, W. 133, 135, 345
Fisher, R. A. 153
Flohn, H. 38, 39, 345
Foukal, P. V. 70, 192, 211, 221, 222, 250, 345
Fox, S. 346
Frank, L. 211, 341
Frank-Kamenezki, D. 105, 345
Franke, H. 6, 137, 345
Freeman, R. D. 98, 345
Friis-Christensen, E. 190, 204, 345
Frisch, C. 151, 167, 176, 345
Fritzsch, H. 136, 137, 345
Fuchs, W. R. 188, 345
Fullam, F. A. 171, 345
Fuzeau-Braesch, S. 169

Galilei, G. 140, 176, 177, 178, 179, 317, 335
Galle, J. G. 48
Gardner, M. 6, 10, 345
Gauquelin, F. 211, 299, 315, 345
Gauquelin, M. 118, 148, 150, 151, 158, 159, 211, 295, 296, 297, 298, 299, 300, 301, 305, 317, 345
Gaynor, V. M. 154, 346
Geissler, H. W. 128, 346
Gentle, R. 93
Genuit, H. 166
Genz, H. 125, 136, 346
Gerhardt, J. C. 81, 346
Gerthsen, C. 133, 346
Gião, A. 115, 346
Gingerich, O. 176, 346
Gleick, J. 53, 67, 99, 346
Gleissberg, W. 190, 195, 200, 346
Goethe, J. W. v. 31, 247
Goldberg, R. A. 38, 347
Goldman, A. I. 200, 265, 354
Golubitsky, M. 245, 247, 345
Goodwin, B. 83, 84, 346, 355
Gordon, H. 78, 346
Grangier, P. 16, 341
Green, M. 65, 346
Greene, J. 328, 346
Greene, R. 123, 346
Greenstein, G. 21, 24, 25, 346
Gribbin, J. 27, 62, 63, 343
Grosser, M. 49, 346
Grossmann, S. 67, 346
Grünewald, M. 239
Grützner, H. 292
Gurwitsch, A. 83, 346
Guthmann, H. 276, 346
Gutzwiller, M. C. 101, 346

Haidyl, W. 352
Haken, H. 53, 81, 82, 86, 210, 346
Hall, B. G. 74
Halliwell, J. J. 27, 346
Hamilton, W. R. 125
Hardy, A. 328
Hartle, J. B. 27, 346
Harvey, R. 160, 346
Hawking, S. 21, 27, 47, 91, 139, 346
Hays, J. D. 38, 342, 346

Hecht, S. 22, 347
Heckman, G. 349
Heiss, R. 169
Heitler, W. 22
Heller, S. 234, 347
Hénon, M. 218
Henschel, G. 74, 76, 80, 105, 355
Herbert, N. 20, 21, 25, 26, 27, 347
Herman, J. R. 38, 347
Herrmann, J. 112, 347
Hesse, H. 171
Highfield, R. 199
Hildebrandt, G. 286, 288, 347
Hildegard v. Bingen 320, 321, 347
Hiley, B. 17, 342
Hill, S. 271, 352
Hiltmann, H. 169
Hippasos 198
Ho, M. W. 346
Höfling, O. 188, 347
Hoffmann, K. 93
Hoffmeister, J. 325, 347
Hofstadter, D. R. 236, 347
Honorton, C. 336
Horgan, J. 43, 347
Houck, M. A. 73
Houwink, R. 136
Hoyt, D. V. 225, 226, 347
Hubel, D. H. 97, 355
Hübner, K. 30, 347
Huizinga, J. 171, 347
Huntley, H. E. 240, 243, 244, 249, 347
Huygens, C. 108

Ianna, P. A. 158, 343
Imbrie, J. 38, 342, 346
Isham, C. J. 341
Israël, H. 114, 347

Jacob, S. W. 121, 347
Jammer, M. 16, 347
Jantsch, E. 90, 107, 109, 137, 276, 347
Jeans, J. 61, 198, 347
Jehle, M. 146
Jenny, H. 135, 347
Jeon, K. W. 73, 347
Jerome, L. E. 5, 342
Joliot, F. 212
Jordan, P. 23, 347
Jose, P. D. 189, 347
Joselyn, J. A. 211, 347
Joseph, R. A. 154, 347
Judajew, N. 76, 347
Jünger, E. 69, 168, 347

Julia, G. 250, 254
Jung, C. G. 47, 130, 144, 170, 171, 347, 351
Jurka, E. M. 112, 347
Justice, J. H. 313, 347

Kadanoff, L. P. 182, 348
Kafatos, M. 27, 29, 42, 138, 348
Kaluza, T. 63, 64
Kaplan, R. W. 72, 348
Kappraff, J. 74, 242, 343
Kayser, H. 248, 348
Kazazian, H. H. 73
Kellert, S. H. 59, 348
Kendall, M. G. 348
Kepes, G. 350
Kepler, J. 44, 46, 47, 48, 58, 66, 67, 128, 129, 151, 157, 164, 166, 167, 168, 176, 178, 179, 182, 241, 261, 304, 310, 317, 319, 324, 335, 348
Kidwell, M. G. 73
Kiehl, J. T. 205, 348
Klein, O. 64
Klöckler, H. v. 144, 145, 146, 148, 150, 151, 152, 162, 348
Knaus, H. 277
Kneser, H. O. 133, 346
Köberl, T. 154, 348
König, H. L. 106, 111, 114, 118, 271, 341, 348
Koenigsson, L. K. 349
Koestler, A. 18, 19, 35, 46, 89, 141, 171, 178, 211, 348
Kolisko, L. 279, 348
Kollerstrom, N. 157, 266, 278, 279, 348
Kolmogorov, A. N. 218, 328, 348
Kopernikus, N. 6
Krafft, K. E. 150, 348
Kritzinger, H. H. 167
Krueger, F. R. 16, 31, 48, 109, 137, 138, 210, 348
Kündig, H. 99, 162, 348
Küppers, B. O. 353
Kukla, G. 342
Kunick, A. 52, 348
Kunsemüller, J. 116, 123, 124, 354, 355
Kurtz, P. 5, 342
Kusnezow, B. 178, 348
Kwiat, P. G. 16, 343, 348

Labitzke, K. 280, 281, 348
Lagrange, J. de 125
Lamb, H. H. 39, 191, 270, 271, 305, 306, 349
Lamb, T. D. 22, 341
Landscheidt, T. 17, 18, 34, 114, 115, 116, 134, 141, 171,183, 188, 189, 195, 206, 208, 211,

222, 226, 228, 230, 231, 232, 259, 320, 349
Lang, T. 153, 349
Lange-Eichbaum, W. 210, 350
Laplace, P. S. de 117, 350
Lassen, K. 190, 204, 345
Laue, M. v. 265
Lauwerier, H. 217, 248, 350
Le Corbusier 260, 261, 350
Le Verrier, J. 49
Lee, R. B. 192, 350
Leibacher, J. W. 117, 350
Leibniz, G. W. 125
Leighton, R. B. 24, 345
Lemaître, G. 172
Lendvai, E. 332, 333, 350
Leonard, G. 108, 112, 118, 134, 136, 137, 142, 350
Leonardo da Pisa 235
Leonardo da Vinci 184, 240
Lerner, R. G. 102, 133, 350
Lewin, R. 83, 350
Lichtenberg, G. C. 6, 350
Lieber, A. L. 276, 350
Linder, A. 315, 350
Link, F. 195, 200, 350
Livezey, R. E. 280, 341
Lohnes, P. R. 315, 343
London, F. 22
Lorenz, E. N. 50, 51, 52, 53, 55, 350
Loskutow, J. M. 133, 354
Lovejoy, S. 217
Lovelock, J. E. 122, 208, 350
Lucas, E. 239
Luce, G. G. 121, 350
Lysipp 239

Mach, E. 34, 87, 350
Macharg, S. J. 154, 350
Majorana, E. 212
Mandelbrot, B. B. 59, 196, 216, 217, 248, 350
Mannsperger, D. 176, 350
Margulis, L. 122, 350
Martin, A. R. 22, 351
Mason, A. A. 77, 350
Mason, B. J. 38, 350
Mather, A. 128, 153, 160, 180, 344
Mathiessen, W. 352
Maupertuis, P. L. M. de 125
Maxwell, J. C. 50
Mayaud, P. N. 227, 350
McClintock, B. 72
McCormac, B. M. 344, 350, 351
McFall, R. M. 155, 350
McGrew, J. H. 155, 350
McKinnon, J. A. 268, 350
McKlintock, B. 73
Meeus, J. 181, 350
Merkelbach, R. 8, 351
Mignard, F. 207, 208, 351
Migne, J. P. 347
Milankovich, M. 37, 38, 351
Millodot, M. 98, 345
Mirandola, Pico della 47
Mitchell, D. E. 98, 345
Möller, F. 113, 272, 273, 351
Mörth, H. T. 117, 351
Mogey, R. 282, 284, 285, 351
Molchanov, A. M. 117, 351
Moser, J. 328, 351
Müller, A. 153, 351
Mullins, J. F. 78, 351

Nadeau, R. 27, 29, 42, 138, 348
Narlikar, J. V. 62, 351
Nelson, D. R. 199, 351
Nelson, J. H. 180, 181, 351
Neumann, J. v. 30, 351
Newman, W. S. 349
Newton, I. 31, 46, 87, 176, 177, 178, 179, 317
Neyman, J. 153
Nias, D. 124, 130, 143, 148, 155, 158, 159, 166, 170, 180, 181, 183, 195, 275, 296, 306, 307, 308, 344, 351
Nichols, J. G. 22, 351
Niehenke, P. 148, 149, 151, 154, 156, 157, 166, 351
Nock, A. D. 8, 351
Novalis 338
Noyes, R. W. 117, 350

O'Neill, M. 157, 169, 266, 348
Ockham, W. v. 87
Oepik, E. 232, 351
Ogilvy, C. S. 235, 236, 351
Ogino, K. 277, 351
Oort, A. H. 184, 352
Ostwald, D. 276, 346
Ovenden, M. W. 117, 353

Pacioli, L. 239, 240
Paneth, L. 197, 198, 351
Panofsky, H. A. 313, 351
Paracelsus 9, 28, 62, 128
Park, Y. H. 275, 342
Pauli, W. 47, 319, 351
Pauling, L. 22, 45
Pawlik, K. 155
Pearson, E. S. 153

Pearson, K. 153
Peat, F. D. 16, 17, 26, 28, 40, 42, 45, 108, 127, 217, 250, 342, 351
Pedersen, S. 320
Peitgen, H. O. 68, 82, 99, 250, 251, 253, 255, 256, 257, 329, 331, 344, 351, 352
Peixoto, J. P. 184, 352
Penrose, R. 21, 22, 42, 43, 45, 66, 68, 129, 199, 254, 341, 352
Persinger, M. A. 121, 352
Peschka, W. 341
Petit, J. P. 68, 352
Pfeuty, P. 196, 352
Piccardi, G. 115, 352
Pirenne, M. H. 22, 347
Planck, M. 125
Plassmann, G. 189, 352
Playfair, G. L. 271, 352
Podolsky, B. 11, 344
Poincaré, H. 36, 37, 49, 61, 188, 217, 218, 250, 327, 352
Pollard, J. W. 76
Polyklet 239
Popp, F. 100, 101, 341, 352
Presman, A. S. 352
Press, F. 53, 109, 352
Pressman, A. 107, 211, 352
Prigogine, I. 137, 209, 352
Prokop, O. 71, 352
Ptolemäus, C. 44, 66, 128, 166, 217, 352
Pythagoras 168

Rampino, M. R. 349
Randow, G. v. 336
Rapp, P. E. 76, 352
Rattensi, P. M. 177, 352
Rausch, J. 68, 69, 352
Reiff, P. 211, 341
Reiners, L. 166, 352
Reiter, L. 148, 352
Rennie, J. 73, 74, 75, 76, 352
Rensing, L. 107, 290, 352
Richter, P. H. 68, 82, 99, 241, 242, 250, 253, 255, 256, 257, 266, 267, 326, 329, 331, 344, 352, 353
Riedl, R. 48, 353
Ring, T. 9, 144, 151, 162, 353
Ritter, J. 148, 177, 353
Robbins, K. A. 53, 353
Robert, R. M. 161, 343
Roberts, H. V. 147, 355
Roger, G. 16, 341
Rohracher, H. 106, 353
Romana, A. 227, 350
Rosen, N. 11, 344
Roy, A. E. 117, 353
Rudloff, H. v. 191, 192, 353
Rudolph, J. 102, 105, 133, 136, 137, 353
Ruelle, D. 7, 218, 219, 353
Ruska, J. 8, 353
Russell, B. 34
Ruth, B. 100, 352
Rutherford, A. 24
Ruyer, R. 35, 353
Ruzmaikin, A. A. 218, 353

Sagan, C. 106, 143, 353
Sagdeev, R. Z. 198, 355
Saltzman, B. 342
Sanders, J. E. 349
Sands, M. 24, 345
Sauer, H. 211, 341
Saupe, D. 352
Schade, F. D. 353
Schaie, K. W. 343
Schatten, K. H. 347, 349, 350
Scherhag, R. 279, 353
Schlamminger, L. 117, 351
Schönwiese, C. D. 183, 191, 192, 193, 353
Scholz, H. J. 241, 242, 266, 267, 326, 353
Schostakowitsch, W. B. 205, 206, 353
Schriever, K. H. 347
Schrödinger, E. 19, 22, 26, 29, 40, 139, 353
Schuh, F. 120, 121, 123, 347, 353
Schwab, F. 150, 152, 353
Schwabe, H. 190
Schwarz, J. H. 65, 346, 353
Sciama, D. W. 34, 353
Segrè, E. 212, 353
Seiler, J. 61, 354
Seliga, T. A. 350, 351
Selleri, F. 15, 16, 30, 139, 354
Sergejew, J. 178, 354
Seurat, G. 240
Seymour, P. 211, 353
Shackleton, N. 38, 346
Shanks, T. 301, 302, 303, 304
Shaw, H. R. 114, 353
Shaw, R. 48
Shea, M. A. 349
Shechtman, D. S. 199
Sheldrake, R. 85, 92, 93, 94, 95, 147, 184, 318, 353, 354
Shlaer, S. 22, 347
Shpital'naya, A. A. 116, 354
Siegel, C. L. 329, 331, 354
Sieggrün, F. 167, 168
Siever, R. 53, 352

Signac, P. 240
Simon, P. A. 349
Siscoe, G. L. 214, 354
Slater, J. 22
Smith, A. 124, 354
Smithers, A. G. 308, 343
Smythies, J. R. 348
Snyder, M. 147, 354
Sohnius, K. 169
Sokolow, A. A. 133, 354
Sommerfeld, A. 125, 133, 354
Springer, S. P. 111, 354
Stapp, H. 10, 21, 354
Startup, M. 156, 159, 354
Steeb, W. H. 52, 348
Steffert, B. 154, 354
Stegmüller, W. 30, 354
Steinberg, A. M. 16, 343, 348
Stengers, I. 209, 352
Stent, G. S. 178, 354
Stephens, P. W. 200, 265, 354
Stöckle, F. 9, 354
Strauss, H. A. 47, 58, 151, 164, 166, 167, 168, 176, 354
Strauss, V. E. 100, 352
Strauss-Kloebe, S. 47, 58, 151, 164, 165, 166, 167, 168, 170, 176, 181, 319, 324, 354
Strotzka, H. 352
Stumpff, K. 167, 354

Teichmann, H. 116, 354
Teilhard de Chardin, M.-J. P. 18, 19
Ternow, I. M. 133, 354
Thom, R. 59, 60, 61, 354
Thomas, H. 35, 50, 53, 344
Thomas, L. 73, 208, 209, 354
Thumshirn, W. 108, 109, 110, 111, 112, 113, 276, 277, 278, 354
Todaro, G. J. 73, 341
Tollner, H. 192, 354
Tomaschek, R. 119, 137, 354
Toomre, J. 350
Toulouse, G. 196, 352
Trigg, G. L. 102, 133, 350
Tukey, J. W. 313, 342

Ulrich, R. K. 117, 350
Unsöld, A. 32, 68, 354
Urban-Lurain, M. 147, 315, 316, 355
Usikov, D. A. 198, 355

Van Loon, H. 280, 281, 349
Vehrenberg, H. 249, 355
Vester, F. 32, 33, 74, 76, 79, 80, 97, 98, 105, 122, 129, 130, 132, 355
Vetter, R. 145
Vidmar, J. E. 154, 355
Vidmar, V. 154
Vogel, H. 133, 346
Vore, N. de 132, 355
Vorländer, K. 87, 355

Waddington, C. H. 83, 355
Waldmeier, M. 287, 355
Wallace, B. G. 22, 351
Wallis, W. A. 147, 355
Walsh, J. E. 204, 355
Watson, L. 78, 355
Weaver, W. 147
Webster, G. 83, 84, 355
Weinberg, S. 22, 27, 65, 91, 139, 140, 141, 316, 355
Weiss, P. 83, 255
Weizsäcker, C. F. v. 18, 19, 30, 34, 355
Wentworth, W. E. 45, 102, 341
Werthmann, H. V. 152, 153, 154, 355
Westphal, W. H. 22, 116, 133, 137, 355
Wever, R. A. 110, 111, 355
Wiesel, T. N. 97, 355
Wilson, K. G. 196, 355
Wimmer, W. 71, 352
Winfree, A. T. 110, 289, 292, 293, 355
Winkler, R. 82, 85, 86, 99, 344
Witte, A. 167, 168
Witten, E. 65, 346
Wolf, R. 267
Wolpert, L. 75, 76, 79, 355
Woodbury, M. A. 272, 342

Yamane, T. 194, 355
Yau, K. W. 22, 341

Zaslavsky, G. M. 198, 355
Zeeman, E. C. 59, 60, 355
Zehnder, L. 189, 355
Ziman, J. M. 134, 355
Zink, K. 123, 124, 355
Zukav, G. 20, 355
Zulley, J. 291, 355

SACHREGISTER

Ästhetik 239
Alchimisten 175
Allgemeine Relativitätstheorie 61
Allgemeine Systemtheorie 32
Alpharhythmus 111
Alphawellen 111
Arztberuf 309
Aspekte, astrologische 44
Aspekte, heliozentrische 180
Aspektkonzeption 46, 47, 310
Astrologen 175
Astrologie 5, 7, 28, 33, 48, 54, 61, 99, 130, 143
Astrologie / Praxis 169
Astrologiekritik / Fazit 140
Astrologische Überlieferung 150
Atmospherics 271
Atome, schwingende 101
Attraktoren 52, 55, 57
Aufgangspunkt 293

Befruchtung 277
Bell-Experimente 15, 16, 20
Bells Theorem 14
Bellsche Ungleichung 9
Berufserfolg 295, 301
Bewährungstests / Astrologie 143
Blitze 271
Börsenkurse 223
Börsenpreise 224
Bohms Führungswelle 40
Bruttosozialprodukt 284, 285

Chaos-Forschung 49, 58, 250
Cheopspyramide 234
Corpus hermeticum 8

Deformationsschwingungen 102
Deszendent 293
Diskriminanzanalyse 315

Einflüsse, destabilisierende 212
Einstein-Podolsky-Rosen-Paradoxon 10
Einzelbeziehungen 155
Eiszeit 39
Eiszeitalter 37
Ekliptikebene 69
El Chichón 184
Elektrodynamik 63
Elementarkatastrophen 59
Embryo 123
Emotionalität 306
EPR-Experiment 10, 11
Erbinformation 71, 72, 81
Erde 37, 38
Erkenntnistheorie, Kosmische 172
Eruptionstätigkeit 214
Evidenz, trügerische 147
Experimentum crucis 92
Extraversion 306

Felder, morphogenetische 83, 85
Fetus 122
Fibonacci-Folge 235, 242
Fieber 290
Flächensatz 67
Fleckenaktivität 204
Flutkräfte / Planeten 231
Flutkraftzyklus 232, 259
Formentwicklung 85
Fraktale 215, 217
Fünffingrige Hände 196
Fünfzählige Symmetrie 197
Fünfzahl 185, 244
Fundamental-Schwingung 100

Galaxien 114, 249
Gauquelin-Daten 297
Geburt 28, 29, 119, 124, 129, 137
Geburts-Synchronisation 120, 125, 128, 318
Geburtspositionen 308
Geburtszeit 125
Gen-Dynamik 73, 77
Gene 73
Generationenfolge 262
Genom 73
Genotyp 84
Geometrische Formen 48
Geometrische Projektion 66
Geometrische Stürme 227, 287
Geometrische Urverhältnisse 182
Gesamtanalysen 158
Gewitterhäufigkeit 270
Gletschersee Saki 205
Goldene Aspekte 310, 323
Goldene Kreuze 293, 294, 297, 302, 305
Goldene Rechteck, das 247
Goldene Schnitt, der 95, 231, 234, 239, 305
Goldene Spirale 247, 248, 256
Goldene Zahl G 325
Golfkrieg 215
Graviton 65
Grenzstrukturen 254

Große Finger 200, 205, 212, 218, 282
Grundkonzeptionen 316

Hamster / Aktivität 275
Harnausscheidung 290
Heisenbergsche Unschärferelation 24
Herzinfarkte 291
Himmelsmechanik 217, 327
Hirn 105
Hirnschwingungen 99
Hirnzellen / Verknüpfung 95
Hitlers Machtergreifung 219
Hypnose 77

Imum coeli 293
Instabilität 209
Instabilität, menschliche 210
Interdisziplinarität 177
Internationale Kriege 282

Jahreszyklus 113, 286
Jahrhundert-Zyklus 200
Julia-Mengen 250
Junge oder Mädchen 276

KAM-Theorem 328
Kalkül 49
Kaluza-Klein-Theorie 63
Katastrophen-Theorie 59
Klassische Kräfte 35
Kleine Finger 218, 222, 279
Kleine Hände 218
Klima, kaltes 204
Klimaschwankungen 190
Klimatologie 37
Körpertemperatur 290
Konjunktionszyklen 132
Konstellationen, heliozentrische 184
Kosmische Modulor, der 259, 263, 265
Kosmos 9
Kosmosmensch 320
Kriege 282
Kugelfunktionen 84
Kunst 239
Künstler 300
Kurbehandlungen 286

Laplacesche Gleichung 84
Leere und Rhythmus 136
Leistungsfähigkeit 290
Lichtschwingungen 100
Logarithmische Spirale 247, 250, 254
Lokalität 11
Lorenz-Abbildung 67
Lorenz-Attraktor 53

Machsche Prinzip, das 33, 34
Mädchen 276
Magnetfeld / Erde 53
Magnetismus-Modell 256
Major 267
Mandelbrot-Menge 250, 251
Marseigenschaften 299
Marspositionen 298
Maximum-Entropie-Spektralanalyse 312
Medikamente 287
Menschliche Reaktionen 208
Merkur 301
Methoden, statistische 145
Mikrophysikalische Systeme 23
Milankovich-Theorie 38
Minor 267
Modulor 259, 263
Moleküle, schwingende 102
Mondphasen 272
Mondumlauf 112
Mondzyklen 272, 273
Morphische Resonanz 94
Morphogenese 80, 87
Morphogenetik 90, 94, 95, 318
Moskitoaktivität 289
Mount Pinatubo 184
Musik / Bartók 331
Mystiker 17

Nahrungsaufnahme / Termiten 274
Nautilusmuschel 249
Neo-Astrologie 175
Nervenzellen 96
Nichtlokalität 11, 25, 26, 28, 42

Ockhams „Rasiermesser“ 87
Offiziere 308
Organismen, schwingende 106
Organizismus 83

Parapsychologie 336
Partikel, schnelle 211
Pflanzen 242, 266
Pflanzenkeime 278
Phänotyp 84
Phasensynchronisation 106, 113
Phasenübergang 250
Photonen 68
Planeten 37
Planetenpositionen 295
Plazenta 123
Poincaré-Abbildung 67

Polare Spannung 325
Psychische Faktoren 77
Ptolemäisches System 5

Qualität / Schwingungsform 133
Quanteneffekte 22
Quantengesetze 24
Quantenphänomene 21
Quantenpotential 41, 44, 87, 125
Quantenprozesse 25
Quantensystem-Hypothese 125, 128, 318
Quantensysteme, kosmische 25, 137
Quasikristalle 198, 265

Radiowellen 271
Raum-Zeit-Geometrie 62, 63
Raumdimension, vierte 64
Reaktionsfähigkeit, geistige 98
Regelungsorgan, biologisches 122
Regen-Zyklen 205
Regenfälle 228, 272
Renormalisierung 196
Resonanz / Sonnensystem 116
Resonanz-„Organe" 118
Resonanzen, irdische 205
Rettich / Wachstum 278
Reynolds-Zahl 52
Rhythmen, endogene 119
Rhythmus 136
Riesenplaneten 185
Roheisenpreise 222, 223
Rotation / Erde 206
Rückläufigkeit / Sonne 201, 213

Schauspieler 298
Schmetterlingseffekt 50
Schrödingersche Wellenfunktion 40
Schumann-Resonanzschwingungen 111
Schwingung / Sonne 185, 194
Schwingungsangleichung 108
Schwingungseigenschaften, individuelle 131
Schwingungselemente 99
Schwingungsform 133
Schwingungskopplung 114
Schwingungsmuster 129
Sectio aurea 244
Sectio divina 240, 241
Separabilität 15
Sichelzellenanämie 79
Siegel-Disk 329, 331
Signalmoleküle 75
Sinnvermittlung 170
Solarkonstante 192
Sonnen-Hände 200
Sonnenaktivität 112
Sonnenaktivität, schwache 203
Sonnenbewegung 196
Sonnenblume 242
Sonneneruptionen 210, 213, 231, 233, 254, 269
Sonnenfackeln 221
Sonnenfinger 263
Sonnenfleckenminima 228
Sonnenfleckentätigkeit 190
Sonnenfleckenzyklus 114, 267, 282
Sonnenfleckenzyklus, 11-jähriger 189, 192, 222, 267, 281
Sonnenjahr 112
Sonnenschwingung 189, 215
Sonnensystem 116, 129
Sonnenwind 69
Spin 12
Spin-Bahn-Kopplung 188
Spinoren 45
Sportler 298
Stammbaum / Drohne 244
Statistik, astrologische 152
Störungen, erdmagnetische 278
Störungen, magnetische 278
Strahlung, elektromagnetische 211
Strahlungsminimum 39
Stratosphärenerwärmung 279
Stringtheorie 64
Stürme, geomagnetische 210, 225
Südpolare Fackeln 221
Superstring-Theorie 64, 65
Symbolstrukturen 57
Synchronisationsfaktoren 112
Systemtheorie, allgemeine 32

Tageskreis 292, 293
Tageskreispositionen 315
Tageszyklen 287
Temperaturdaten 228
Termiten / Nahrungsaufnahme 274
Tierkreisjahr 305
Todesfälle 291
Trophoblast 123
Tropische Jahr, das 286

Umpolung 214
Umwelteinflüsse 73
Unruhe / DDR 215
Unruhe, menschliche 213
Untergangspunkt 293
Urbilder 254

Valenzschwingungen 102

Varianz, 3-jährige 220
Varianz, 9-jährige 201, 202
Verfahren, qualitative 52
Verfahren, quantitative 145
Virusinfektion 291
Vision / Hildegard von Bingen 320
Volksaufstände 212
Vorhersagen 183, 189

Wachstum / Pflanzen 278
Wechselwirkung, elektroschwache 64
Weizenkeime 279
Wellenmechanik 136
Weltgrund 17
Weltsicht, astrologische 195
Wetterlagen, dauerhafte 305
Winkelabstände, planetare 315
Winterverlauf 279
Wissenschaft 7
Wissenschaftler 298

Zahlenverhältnis, irrationalste 326
Zahlenverhältnis, rationalste 326
Zahnschmerzen 290, 291
Zeugung 70, 277
Zinsentwicklung 230
Zirkadiane Aktivitätsperioden 289
Zirkadiane Rhythmus, der 109
Zuordnungstests 154
Zyklen 267
Zyklen, exogene 119
Zyklen, halbtägige 291
Zyklen, solar-terrestrische 185
Zyklus, 90-jähriger 190